KB126770

식민지적 근대와 조선 사회 1

식민지적 근대와 조선 사회 ❶

초판 1쇄 발행 2024년 2월 29일

엮은이	정태헌
펴낸이	윤관백
펴낸곳	◪선인
등 록	제5-77호(1998.11.4)
주 소	서울시 양천구 남부순환로 48길 1(신월동 163-1) 1층
전 화	02) 718-6252 / 6257
팩 스	02) 718-6253
전자우편	suninbook@naver.com

정가 36,000원
ISBN 979-11-6068-879-5 94910
       979-11-6068-878-8 (세트)

· 잘못된 책은 바꿔 드립니다.

식민지적 근대와 조선 사회 1

정태헌 엮음

선인

5년 전쯤으로 기억한다. 박사 논문을 준비하던 제자들이 자기들끼리 주제가 모아지니 필자의 정년을 기념하는 의미도 겸해서 책을 기획해 보자고 제안했다. 정년기념논총이 의례적인 형식에 치우쳐 근자에는 거의 사라진 과거의 관행이거니와, 필자 개인적으로는 그동안의 강의를 바탕으로 세계 근대사와 견줘 본 한국 근대사 관련 책에 대한 집필 구상을 하고 있었다(이 구상은 정년퇴임을 앞둔 최근 단행본으로 출간했다). 게다가 최근에는 치열한 실적주의, 정량 평가를 중시하는 환경으로 바뀌어 특히 신임 박사들에게 공들여 쓴 논문 하나하나가 얼마나 중요한지 잘 알기에 쓸데없는 짓 하지 말라고 거절했다.

한참 시간이 지난 어느 날 그들이 다시 찾아왔다. 의례적 방식을 답습하는 게 구태이지 중요한 건 내용이라면서 서두를 꺼냈다. 중국과 일본 대학의 교수로 있는 선배, 동료를 포함해서 한 울타리에서 공부한 자신들의 학문적 성장을 위해 문제의식을 모으고 성찰하면서 학계의 평가를 받는 계기를 만들겠다고 강조했다. 단지 나의 퇴임을 명분으로 활용하겠다는 것인데 내 고집만 부릴 수 없어 결국 수용했다.

그 대신 절대로 각자의 연구 실적에 방해되는 방식으로, 또는 내키지 않는 의무감으로 글을 모으지 말라는 조건을 달았다. 학술지에 게재를 마쳤거나 향후 연구를 위해 새로운 방법론을 제시하는 글로 문제의식을 모아 조금이라도 한국 근대사 연구에 기여하는 데 일조하자고 강조했다. 필자가 이 책의 편자로 나서게 된 경위이다.

자유로운 사유는 역사학자의 생명이다. 이들이 박사학위논문을 쓰는 과정에서도 필자는 조언자로서 실증과 논리의 심도를 높이라고 다그쳤을 뿐, 각자의 소재 설정이나 문제의식을 존중했다. 이 과정에서 그들도 지도교수의 생각을 비판하고 수용하면서 자신의 문제의식을 가다듬었을 것이다. 이 책의 준비 과정도 그러했다. 사실은 예전의 학생이 아니라 이미 중견 교수로, 소장 연구자로 성장한 그들에게 이제는 필자가 배워야 하는 상황으로 변하기도 했다.

기획에 착수하자마자 닥친 코로나 때문에 2023년에 출간하기로 한 계획이 늦어졌다. 주제를 모으기 위해 일제강점기에 초점을 두기로 했다. 저자들에게 가목차를 받아 주제별 분류 과정을 거쳐 원고를 모으고 보니 다양한 세대가, 다양한 문제의식을 갖고 한 울타리에서 연구에 매진했구나 하는 생각이 새삼 든다. 이 모든 과정에 윤효정 박사의 노고가 컸다.

이 책은 19명의 저자들이 쓴 21편의 글을 주제에 따라 다음과 같이 여섯 부로 구성했다.

제1부 식민지 자본주의와 '개발'의 특징
제2부 식민통치의 무력 기반, 조선 주둔 일본군

제3부 식민지적 근대의 복합성과 조선인 엘리트층 동향
제4부 조선 여성의 식민지 경험과 기억
제5부 식민지 문화에 맞선 지식층의 조선 추구
제6부 반(反)식민지 민족운동 전선의 여러 단면

  책의 내용과 수록 논문의 의의를 소개하기 전에 저자들도 비판적으로 공유했을 것으로 생각하는, 필자가 그동안 이런 저런 글에서 강조했던 내용을 약술한다. 흔히 사용하는 근대 개념은 한국 근대의 현실이나 사실에 조응하지 않는다. 세계사 차원에서 근대사로 이해되는 일제강점기는 근대를 특징짓는 개념(주권 국가, 민주주의, 자본주의)과는 동떨어진 시대였기 때문이다. 국가를 상실한 식민지에서 이 세 개념은 오히려 압살되었고 한국인들이 일제와의 투쟁을 통해 추구해야 하는 과제였다. 이러한 '식민지적 근대' 사회는 구미나 일본의 근대 사회보다 훨씬 복합성이 컸다. 그래서 책의 제목도 "식민지적 근대와 조선 사회"로 설정했다.

  '일제강점기도 자본주의 경제였는데?'라는 의문을 달 수 있다. 자본주의 경제의 세 주체는 개인, 기업, 정부(국가)이다. 이 가운데 가장 중요한 요소가 국가이다. 즉 국가와 자본주의의 관계는 엄마와 아이의 관계에 비유할 수 있다. 그러나 자국 기업가를 뒷받침할 국가가 없는 식민지에서는 제국주의 정부와 자본이 운영하는 식민지 자본주의 경제 체제가 고착되었다.

  이와 관련하여 한 가지 질문을 던져 보자. 유럽의 산업 혁명이나 자본주의가 과연 자유 시장 경제나 민주주의를 기반으로 번성했을까? 유럽 경제의 급성장은 '대항해시대'에 국가(왕실) 권력이 '공인'한 해적 활동과 약탈에서 시작하여 세계 시장을 폭력적으로 독점한 바탕에서 근대 국민 국가가 자행한 식민 지배의 산물이었다. 영국의 산업 혁명은 영국인들의 기술 혁신으로만 이뤄진 것이 아니라 식민지 인도의 면직업을 폭력적으로 무너뜨리면서 진행되었다. 서구 자본주의 경제가 국가의 보호와 지원 없이 자유 시장 경제 하에서 기업-자본의 힘만으로 운영되었다는 '이념'은 '대항해시대' 이후 오늘까지 '현실'에서 구현된 적이 없었다.

한때 일제가 조선을 개발했는가, 수탈했는가를 둘러싸고 수탈과 개발 사이의 상관관계를 대립적으로 바라본, 의미 없는 논쟁이 벌어진 적도 있었다. 어느 입장이든 식민지 경제를 '반(半)'봉건적이라고 인식한 선험적 규정이 일제강점기 이래 고착된, 즉 자본주의는 좋고 선진적인 체제여서 제국주의가 이를 이식할 리 없다는 근대주의에 매몰된 것은 같았다. 그러나 제국주의 국가들은 근대 이전의 지배-복속 관계와 원시적 수탈 수준을 뛰어넘어 식민지 수탈의 효율성을 높이기 위해 자신들에게 익숙한 제도인 자본주의를 이식해 식민지를 개발하고 성장시켜야 했다. 당연한 일이었다. 한 세대가 지난 과거 이야기지만, 필자가 일제강점기를 (식민지) 자본주의 경제로 봐야 한다고 주장할 때 식민사학이라는 힐난도 들었다. 한국 근현대사의 연구방법론은 많이 발전되었지만 아직 갈 길이 멀다.

제1부는 식민지 금융정책의 핵심기구인 조선은행과, '개발'의 실체를 다룬 4편의 논문으로 구성했다. 조선은행은 조선은행권을 발행하는 기관으로서 '식민지 중앙은행'으로 이해하지만, 일본은행의 리스크를 줄이고 일본의 대외 침략에 필요한 금융 업무를 수행하면서 예금·대출 업무 등 일반 상업은행의 역할까지 겸한 특수은행이었다. 일본 법률에 따라 설립된 조선은행은 일제가 어떤 방식으로 식민지를 경영하고 활

식민지적 근대와 조선 사회 1

용하려 했는지 보여주는 핵심 소재로서 조명근의 글은 생각할 여지를 많이 제공한다. 앞에서 언급한 일제의 조선 '개발' 관련 소재는 앞으로 역사학계가 천착해야 할 분야이다. '개발'의 목적과 진행 과정의 특징, 그리고 결과를 제대로 분석해야 식민지 자본주의의 실상이나 조선인과 일본인 이해관계 집단의 동학 파악이 가능할 뿐만 아니라 해방 후 남겨진 식민지 유산의 성격을 제대로 구명할 수 있다. 그런 점에서 토지 수용, 철도, 면양을 통한 식민지 '개발'의 실체를 분석한 이명학, 박우현, 노성룡의 논문은 큰 시사점을 준다.

제2부는 일본 학계의 '조선군'(조선 주둔 일본군) 관련 연구 성과를 범주화하고 앞으로의 연구 과제를 제시한 안자코 유카, 3·1운동 후 헌병대의 역할 변화를 다룬 김상규의 논문으로 구성했다. '조선군'에 대해서는 식민통치의 무력 기반으로서 군부를 중심으로 한 일본 근대사 흐름과 밀접한 관련을 가진 만큼 한국 학계가 큰 관심을 가져야 하는 데도 이 주제를 다룬 박사학위논문이 나온 것은 근자의 일이다. 일제강점기 연구에서 매우 역설적인 현상이다. 향후 한국 학계가 천착해야 할 분야이고 독자들의 관심을 촉구하기 위해 별도의 주제로 구분했다.

제3부로 모은 5편의 논문은 양 극단에 존재했던 두 계층의 사례를 통해 식민지적 근대 사회의 복합성을 조망했다. 이송순은 사회 최하층으로서 강제 동원의 주대상이 되면서 어떤 조직체의 주체로도 등장하지 못한 채 1950~60년대까지도 존재하여 전근대적 전통과 식민지적 근대성이 중첩된 대표적 사례로 머슴을 분석했다. 생각할 거리를 많이 던져 준다. 식민지에서 일차적 극복 대상은 제국주의였지만, 조선인 엘리트층은 일제와 협력하는 길을 택한 경우가 많아 한국 근대의 과제나

민족운동 전선 또한 복잡했다. 문영주는 협력과 침묵 속에서 차별적 현실을 개인적 차원의 불만으로 희석시킨 금융조합 이사를, 장인모는 일본 시찰을 통해 식민 교육에 협력하는 정서를 갖게 된 교원을, 임동현은 공설운동장 건설에 필요한 토지와 비용을 제공하면서 지역 사회에서 헤게모니를 확보하고자 한 자산층을 다뤘다. 세 연구는 엘리트층의 동향을 보는 결이 다르다는 점에서 흥미롭다. 최선웅은 1920년 '지방의회'에서 처음 도입된 투표제도와 기호투표를 소재로 민주주의 문제를 다뤘는데, 해방 후 시기까지 아우른 접근으로 흥미로운 시도라 생각된다.

제4부는 각 계층별 여성과 일본군 '위안부' 문제를 다룬 4편의 논문으로 구성했다. 여성은 계층을 떠나 식민 지배에 더해 가부장제의 모순까지 떠안아야 했던 존재였다. '혁명의 나라' 프랑스에서도 여성이 투표권을 갖게 된 시점은 유럽에서도 오히려 늦은 제2차 세계대전 이후였다. 사회적 관습이나 문화는 그만큼 강하고 질기다. 한 세대 전만 해도 남아 선호 관습이 강해 태아의 성 감별이 불법적으로 자행되었고 여성의 대학 진학률도 낮았다. 격세지감이다. 일제강점기에는 말할 것도 없었다. 여성들이 사회 관습에 눌리고 제국주의 권력에 활용되는 와중에서도 가부장제 문화의 변화를 추동해 나가는 실제 모습을 밝힐 필요가 있다. 황영원은 보편적인 여성주의 시각에서 전시 성폭력의 형성 과정을 직시한 중국 사회의 일본군 '위안부' 인식과 서사를 다루었다. 또 다른 논문에서는 한국 근대 시기에 등장한 대표적인 여성 엘리트층인 여의사들이 여성해방운동과 결합하지 못하고 기존의 성규범과 사회 질서에 순종했다는 점을 지적했다. 많은 고민거리를 던져 준 셈이다. 문영주는 농촌 가정의 일상생활을 재편하여 여성 주부를 동원하

기 위해 발행된 관변 잡지를 통해 그녀들에게 강요된 '새로운 부인상'의 실체를 규명했다. 김미정은 드라마 '파친코'의 주인공 '선자' 등 여성들을 중심으로 1세대 재일조선인의 여성상을 분석했다.

제5부는 민족주의와 사회주의 지식층의 조선적인 정체성 추구를 다룬 세 편의 논문으로 구성했다. 심층적 분석이 이뤄진 사상사 연구라고 생각한다. 류시현은 3·1운동 후 조선의 역사와 문화 연구를 통해 민족적 자아를 추구하려는 목적에서 1920년대 초 최남선의 주도로 창간된 잡지 『동명』을 중심으로 조선 미술에 관한 서술을 분석했다. 조형열은 1930년대 역사유물론 체계의 조선사 적용에서 드러난, '과학적 조선학' 수립을 주장했던 이들의 세계사적 보편성론과 소련으로부터 프롤레타리아문화운동의 영향을 받은 아시아적 특수성론이라는 두 연구 경향을 분석했다. 주동빈은 해방 전후 월북 이전(1941~1949) 전석담의 독특한 시대구분론을 도호쿠(東北)제국대학 경제학과 스승들의 입론과 비교하여 분석했다. 역사유물론에서 주체적으로 추구된 조선사 연구 방법론이 주목된다.

제6부는 반제 민족운동 전선의 여러 단면을 다룬 세 편의 논문으로 구성했다. 제1차 세계대전 후 파리강화회의 제국주의적인 성격을 인식한 혁명적 민족운동 세력은 종전 직전 일어난 러시아 혁명의 영향과 더불어 사회주의 이념을 독립운동 방략으로 설정하기 시작했고 조선공산당을 창립했다. 이와 관련하여 윤상원은 혁명적 민족주의자에서 사회주의자가 된 이후 상해파와 이르쿠츠크파를 대변하는 위치에 선 박진순과 조훈의 활동을 통해 조훈의 길이 초기 한국 사회주의운동의 길이 되었다고 평가했다. 근대 사회는 물론, 제국주의 지배를 극복해야

하는 식민지 사회에서 좌우 세력의 대립은 필연이지만, 연합도 필연이었다. 이 때문에 통일전선, 연합전선이 끊임없이 모색되었다. 이와 관련하여 윤효정은 비타협적 민족주의 세력에도, 사회주의 세력에도 속하지 않는 지역 유지들이 적극 참여한 신간회 인천지회 사례를 통해 해소 과정에서 전개된 민족부르주아지에 대한 투쟁과 배격이 지역 유지층의 운동 이탈로 귀결되는 양상을 분석했다. 박한용은 1920년대 후반 국제반제동맹이 민족주의를 배격하고 '국제적 좌익조직'으로 변질되면서, 조선의 민족주의자들과 관계가 단절되는 과정을 분석했다. 당시는 물론 향후 한국 사회가 추구해야 할 방향을 고민할 때 세 논문은 시사하는 바가 크다.

전체적으로 6개 주제로 나눠 연구사적으로 의미가 있는 글들을 모았다고 생각하지만, 독자들이 어떻게 평가할지 두렵다. 독자 여러분들의 질정을 기다린다.

2024년 2월
정 태 헌

차례

제2부 식민 통치의 무력 기반, 조선 주둔 일본군 / 205

제3부 식민지적 근대의 복합성과 조선인 엘리트층의 동향 / 265

제1부

식민지 자본주의와 '개발'의 특징

01 일제시기 조선은행 개조론의
전개와 함의

조명근

1. 머리말

일제하 조선은행은 은행권을 독점적으로 발행하고 국고금을 취급하는 등 중앙은행 업무를 수행하였다. 그러나 조선은행은 상업금융을 겸영하여 영리를 추구하였고, 조선 이외의 일본·만주·중국에서 적극적으로 영업활동을 하는 등 일반적 의미의 중앙은행과는 큰 차이가 있었다.

제1차 세계대전의 전쟁 호경기를 계기로 1910년대 후반 만주 및 일본에서 방만한 자금 운용을 하였던 조선은행은 전후 반동공황 속에서 막대한 불량채권을 안게 되었다. 결국 일본 정부의 자금 지원을 받아 겨우 불량채권을 정리할 수 있었는데, 이는 조선은행 존재 자체에 대한 문제 제기로 이어지게 되었다.

1920년대 이후부터 일본 정계를 중심으로 조선은행 개조론이 등장하고 있었다. 개조론의 핵심은 은행권 발행특권의 폐지, 즉 중앙은행의 기능을 박탈하여 일반은행으로 전환하는 데 있었다. 일본 정부가 적극적으로 추진한 개조론으로 1925년에 입안한 '조선은행법 폐지법률안'과 1935년 대장대신 다카하시 고레키요(高橋是淸)가 주장한 조선은행권의 일본은행권 통일 방침이라는 두 사례를 들 수 있다. 첫 번째 사례에서는 조선은행을 개조할 경우 그 대안으로서 구상될 수 있는 여러 방법론이 제시되어 있는 것과 법안으로까지 발전된 점에 주목할 필요가 있다. 두 번째 다카하시의 방침은 조선은행 개조와 관련하여 가장 큰 논란이 되었던 사건이다. 이를 통해 조선은행 개조의 근본적인 이유를 탐구해보고자 한다.

한편 개조론에 대한 반대론이 동시에 제기되고 있었는데, 이를 조선은행 측과 식민지 조선 내 반대 여론으로 나누어 살펴보고자 한다. 양자는 개조를 반대한다는 점에서는 의견이 일치하지만 각자의 입장에 따라 서로 다른 이유를 들어 반대하고 있다는 점에서 이를 구별할 필요가 있다. 조선은행 측은 자신의 영리추구 수단인 발행권 특권을 보호하기 위해 일본의 대외금융정책의 구조적 문제점을 활용하였다. 반면 조선 내 반대 여론은 식민지 조선 경제의 특수성을 들어서 이를 반대하고 있었음을 검토하고자 한다.

그런데 조선은행 개조론을 둘러싼 논의는 일제 식민통치정책과 긴밀한 관련성을 가지고 진행되었다. 따라서 이 개조론을 통해 제국과 식민지 간의 관계를 확인할 수 있다. 그런데 이 개조론은 사실상 실현 불가능한 논의였다. 그러나 그 실현 가능성 여부는 차치하더라도 이 논의에는 단순히 조선은행 발행권을 어떻게 할 것인가라는 기능적인 논의뿐만 아니라 그 근저에는 제국-식민지 간의 관계를 어떻게 재편할 것인가라는 근본적인 질문이 내재되어 있음에 주목하고자 한다. 실현 불가능한 개조론이 그 정당성을 가지고 계속해서 제기될 수 있는 근저에는 바로 제국의 이상과 식민지의 현실이 서로 길항하고 있었기 때문이다.

2. 조선은행 정리 및 이상론에 입각한 개조론

1) 조선은행 정리 수습책으로서의 개조론의 대두

조선은행 개조론이 본격적으로 제기된 것은 1920년대 정리 과정에서 였다. 1910년대 후반 제1차 세계대전의 호황을 틈타 급격하게 대출을 늘렸던 조선은행은 종전 후 반동공황의 여파로 인해 막대한 불량채권을 안게 되었다.[1] 당시 조선은행이 보유한 불량채권의 내용과 금액, 향후 처리 방향을 두고 여러 의견들이 개진되었는데, 당사자인 조선은행에 대해서는 매우 격렬한 비난이 쏟아지고 있었다고 한다.[2] 이 과정에서 조선은행 개조 문제가 언론에서 제기되고 있었는데, 이는 일본의 금융제도 개혁과 연동되어 진행되고 있었다. 금융제도 개혁론의 주요 내용은 첫째 기구개혁에 관한 의견, 둘째 방만한 영업영역의 시정에 관한 의견, 셋째 은행권 발행권의 시비에 관한 의견으로 구별할 수 있다. 조선은행과 관련된 내용만으로 한정해 보면, 우선 기구개혁에 있어 핵심 내용은 조선은행 감독권의 대장성 이관문제로 다른 특수은행과 동일

---

[1] 이에 대해서는 조명근, 2019, 『일제하 조선은행 연구: 중앙은행 제도의 식민지적 변용』, 아연출판부, 301~305쪽을 참조할 것.

[2] 이하 일본 내 언론에서의 조선은행 개조 논의에 대해서는 波形昭一, 1987, 「植民地銀行政策の展開」, 渋谷隆一 編著, 『大正期日本金融制度政策史』, 早稻田大学出版部, 282~285쪽을 참조하였다.

하게 감독권의 대장성 통일을 요구한 의견이었다. 다음 조선은행의 특수은행으로서의 특권을 폐지하고 조선의 본래 영업구역인 조선으로 복귀해야 한다는 의견이 다수였다고 한다. 마지막으로 은행권 발행 특권을 몰수하여 일본은행권에 통일해야 한다는 의견이 압도적으로 많았다고 한다.[3] 그렇다면 조선 및 대만은행의 은행권 발행 특권을 박탈할 경우, 향후 어떻게 개편할 것인가를 두고서는 양행을 합병하여 채권 발행권을 가진 식민지은행으로 하자는 의견과 각각 조선 및 대만에서의 순연한 일반은행으로 하자는 의견으로 나누어졌다고 한다.

이 논의는 정치권에서도 공식적으로 제기되었는데, 1923년 2월 5일 제46회 제국의회에서 헌정회 소속의 스즈키 후지야(鈴木富士彌) 의원은 조선은행은 원래 본거지인 "조선에서보다 일본이나 만주에 더 많은 대출"을 실시하였는데, 이는 "식민지은행의 본질을 잃"은 것이라고 지적하였다. 이런 폐해는 식민지인 조선에 은행권 발행의 권리를 부여한 것에서 기인한 것으로 아무리 방만한 대출을 한다 하더라도 지불 불능에 빠질 염려가 없기 때문에 가능해진 것이라고 비판하였다. 또한 발행특권을 가진 채 일반은행 업무를 겸영하고 있기 때문에 조선에서는 다른 "보통은행[4]이 비상한 압박"을 받고 있는 현실 등을 들어 그 부당함을 지적하였다. 그는 지금이 조선은행의 발행권 특권을 몰수하여 일본은행에 통일해야 할 시기라고 하면서 이에 대한 정부의 답변을 요구하였다. 이에 대장대신인 이치키 오토히코(市来乙彦)는 조선은행권을 일본은행

---

3   조선은행 및 대만은행의 발행권 폐지는 일본 정부뿐만 아니라 당시 학계의 대세였다고 한다(日本銀行百年史編纂委員會, 1983, 『日本銀行百年史 第三券』, 日本銀行, 309~310쪽).

4   당시 일반은행은 보통은행으로 불렸는데, 직접 인용의 경우는 보통은행을 그대로 쓰도록 하겠다.

권으로 통일하는 것은 "이상적으로 말하면 동의"한다고 하면서도 아직은 실시 시기가 아니며 "시간이 지나면 자연히 이는 행해지게 될 것"이라고 하여 당장 실시할 의향이 없음을 분명히 하였다.[5]

그런데 당시 대장성에서는 1923년 조선은행 감독권을 조선총독부에서 대장성으로 이관[6]하는 법률 개정안 설명자료에서 조선은행권을 일본은행권으로 통일할 필요가 있음을 명기하고 있었다. 이 문건에서는 "은행권 통일이 필요한 것은 누구도 다른 의견이 없는 것으로 오직 문제는 그 실행시기 여하에 있다"면서 만약 은행권을 통일하게 된다면 일본은행과 조선은행 간에 특권의 승계 및 보상 등으로 인해 "상당한 기간을 거치기 때문에" 이를 해결하기 위해서도 조선은행은 조선총독이 아닌 중앙정부에서 직접 간섭하는 것이 유효하고 또 편리할 것이라고 주장하였다. 이 문건은 원래 조선은행이 감독권을 일본 정부로 옮기는 것이 타당하다는 것을 주장하기 위해 만든 것으로서 조선은행은 요코하마정금은행이나 일본흥업은행, 대만은행과 같이 "해외은행으로서 국제금융에 종사하고 특히 중국, 만몽 및 시베리아"에서 특수 활동을 하는 사실은 누구나 다 아는 것이기 때문에 하나의 지방을 "관할하는 관청에게 감독권을 행하게 하는 것"은 매우 불철저한 것이라고 하였다.[7]

이는 대장성에서 상반된 견해를 가지고 있다기보다는 조선은행 문제를 여러 각도에서 검토하고 있었음을 보여주는 것이라고 할 수 있다. 다음에 보듯이 대장성에서는 조선은행을 비롯한 국책 금융기관들을 어떻게 개조할 것인가를 두고 다양한 방법을 검토하고 있었던 것처럼

---

5 ·　1923년 2월 5일 제46회 帝國議會 衆議院 豫算委員會(제3분과: 대장성) 會議錄.
6 　조선은행 감독권 이관에 관련해서는 조명근, 2019, 앞의 책, 55~60쪽 참조.
7 　大藏省, 1923, 「(秘)朝鮮銀行ノ監督權ニ關シ閣議ヘ提出ノ件閣議案」, 『昭和財政史資料』 2-70-7.

이도 그중 하나라고 생각된다. 감독권 이관은 1924년 실현되었는데, 어차피 장기적인 관점에서 보면 은행권 통일이라는 작업은 중앙에서 진행되어야 하기 때문에 이를 감독권 이관의 명분을 쌓는 작업으로 활용하고 있었던 것이다.

대장성은 다시 1925년에 조선은행 개조안을 정리하였는데, 그 방법은 다음과 같이 다양하게 구상되고 있었다.[8] 기본전제는 조선은행과 대만은행의 발행특권은 박탈하여, 일본은행권으로 통일한다는 것이다. 그럴 경우 다음 세 가지 문제를 해결해야 하는데, 첫째는 은행권을 발행할 수 없게 된 양행을 어떻게 개편할 것인가, 둘째 만주에서의 금융정책을 어떻게 재편할 것인가, 셋째 이로 인해 파생되는 문제, 즉 식민지를 비롯한 일본 대외금융체계의 근본적 개편문제까지 고려되어야 하는 것이다. 먼저 양행을 채권발행 기능을 가진 특수은행으로 하거나 아니면 순연한 상업은행으로 전환할 수도 있다. 은행권 발행이라는 거대한 특권을 박탈하였기에 이에 대한 보상으로서 채권발행의 특권을

---

[8] 1. 조선, 대만 양행의 발행권을 일본은행에 통일시킬 것.
  1. 일본은행 보증준비의 확장, 납부금제도의 채용, 기타 동행 조례정관의 개정을 할 것.
  1. 조선, 대만 양행을 채권발행은행으로 할 것.
  1. 조선, 대만 양행을 보통은행으로 할 것.
  1. 조선, 대만 양행을 단독 또는 병합하여 소위 해외은행으로 할 것.
  1. 조선은행을 조선식산은행과 합병 또는 합병하지 않으면 조선에 한정된 은행으로 할 것.
  1. 대만은행을 요코하마정금은행에 합병하고 조선은행을 일본은행에 합병할 것.
  1. 만주를 조선은행의 영업구역으로 하는 동시에 동양척식주식회사를 사업경영의 채권발행은행으로 하거나 또는 현상 그대로 주로 만주에서 활동케 할 것.
  1. 조선은행은 발행권 반환 후에도 만주에서는 현상을 유지하게 할 것과 동양척식주식회사를 은행(당분간 사업겸영)으로 하여 부동산금융의 중추기관으로 할 것.
  1. 만주에서의 각 은행의 지점을 하나로 묶어 만주중앙은행을 신설할 것.
  1. 만주에서의 은권 발행도 조선은행에게 통일할 것 또는 조선은행에게도 허용할 것.
  1. 만주에서의 금권 발행권을 조선은행에게서 요코하마정금은행으로 옮길 것(朝鮮銀行史硏究會, 1987, 『朝鮮銀行史』, 東洋經濟新報社, 306~307쪽).

부여한다는 구상은 조선은행의 경우, 조선식산은행 업무와 중복될 수 있기 때문에 조정이 이루어져야 한다.[9] 다음으로 조선은행권은 조선뿐만 아니라 만주에서도 법화로서 유통되고 있었기 때문에, 조선과 달리 만주에서의 조선은행 업무를 어떻게 개편할 것인가는 매우 중요한 문제였다. 만주에서의 업무는 그대로 두자는 안과 아예 새로운 금융기구(만주중앙은행)를 신설하자는 안, 혹은 발행권을 요코하마정금은행에 넘기자는 안 등이 제시되고 있었다. 마지막으로 기존 조선은행과 대만은행을 중심으로 한 일본의 식민지 금융체계가 근본적으로 와해됨에 따라 일본의 해외식민지 금융체계의 정비도 함께 고려해야 할 대상이 되었다. 조선은행-대만은행 합병, 조선은행-조선식산은행 합병, 대만은행-요코하마정금은행의 합병 등 일본의 소위 국책은행 간의 합병 등을 통해 해외 식민지 금융체계를 재조정하는 안도 여러 각도에서 검토되어야 했던 것이다. 즉 조선은행의 개조는 조선은행 문제에만 그치는 것이 아니라 근본적으로 일본의 식민지 금융체계를 변혁하는 것이라는 점을 확인할 수 있을 것이다.

대장성은 위의 여러 안 가운데 일단 대만·조선 양행을 일반은행으로 전환시킬 것을 내용으로 하는 법률안을 1925년 3월에 마련하였다. 대장성에서 작성한 '조선은행법 폐지법률안'[10]에 따르면 1911년에 제정

---

9   가령 일본권업은행이나 일본흥업은행처럼 모두 채권발행의 특권을 가지면서도 전자는 농업 및 부동산금융 중심으로, 후자는 공업 및 동산담보 금융기관으로 발전한 것처럼 서로 중복되지 않도록 조정할 수도 있다. 일본의 금융체계에서는 일본은행은 '상업의 중앙은행', 일본권업은행은 '농업의 중앙은행', 일본흥업은행은 '공업의 중앙은행'으로 기능하도록 분화된 것이다(後藤新一, 1970, 『日本の金融統計』, 東洋經濟新報社, 235쪽).

10   「조선은행법 폐지법률안」
        제1조 1911년 법률 제48호 조선은행법은 이를 폐지한다.
        제2조 조선은행은 그 상호를 주식회사 東亞銀行으로 고쳐 본법 시행일로부터 은행조례에 의해 은행으로서 설립된 것으로 간주한다.

된 「조선은행법」은 폐지하고 제5조 및 제6조에서 조선은행권은 5년의 유예기간을 설정하여 일본은행권으로 교환하도록 되어 있다. 상호도 '동아은행(東亞銀行)'으로 고쳐 그 본점을 도쿄에 두고, 현 본점은 경성지점으로 하여 일반은행으로 개조한다는 것이 주요 내용이다. 이 개조안은 발행권 박탈에 관한 보상이 전혀 제시되어 있지 않다는 점에서 조선은행에게는 매우 가혹한 방법이었다. 이 개조에 따라 「태환은행권조례」 개정안도 기안되고, 조선은행권은 일본은행권에 통합되어 5년을 한도로 회수될 예정으로 되었다. 당시 경영실태가 악화되고 있던 조선은행에게 강력한 업무 축소를 요구한 것으로서, 발권특권을 박탈하여 일반은행으로 전환하겠다는 매우 엄격한 개조안이었다.[11] 그러나 조선은행

제3조 주식회사 동아은행은 그 본점을 도쿄시에 둔다.
　　　조선은행의 본점은 주식회사 동아은행의 경성지점으로 한다.
제4조 조선은행의 총재, 이사 및 감사는 주식회사 동아은행의 두취, 취체역 및 감사역으로서 각각 취직한 것으로 간주한다.
제5조 조선은행이 발행한 은행권은 태환은행권조례에 의해 일본은행에서 발행한 태환은행권으로 간주하여 본법 시행의 날로부터 5년간 공사일체의 거래에 무제한으로 통용한다.
제6조 조선은행이 발행한 은행권은 전조의 기간 내에 일본은행이 발행한 태환은행권으로 교환할 것을 필요로 한다.
　　　조선은행이 발행한 은행권으로 전조의 기간 경과 후 1년 이내에 교환을 마치지 못한 것은 일본은행에서 태환의 의무가 없는 것으로 하고, 이로 인한 손실은 그 소지인의 부담으로 한다.
제7조 조선은행이 발행한 은행권 교환에 관한 수속은 명령으로써 이를 정한다.
제8조 조선은행이 한 행위는 주식회사 동아은행이 한 것으로 간주한다. (중략)
제9조 주식회사 동아은행은 아래의 사항에 대해 주무대신의 인가를 받아야 한다.
　　　1. 정관의 作製 또는 변경
　　　2. 취체역 및 두취의 선임
　　　3. 이익금의 처분
제10조 주무대신은 주식회사 동아은행에 대해 감독상 필요한 명령을 할 수 있다.
〈부칙〉
제11조 본법은 1926년 7월1일부터 이를 시행한다(朝鮮銀行史研究會, 1987, 앞의 책, 307~308쪽).
11　대만은행의 경우도 「대만은행법」은 폐지되고, 은행명은 南洋銀行으로 고치는 등 조선은행과 농일한 취지의 개조 내용을 담은 법안이 입안되었다(朝鮮銀行史研究會, 1987, 앞의 책, 308쪽).

에 대한 자본금 및 배당금 감축이라는 정리계획 수립과 일본 정부의 원조 방침이 결정되면서 이 개조안은 실행되지 못하였다.[12]

2) 일본의 관리통화제 도입과 만주 철수에 따른 개조론의 전개

1930년대 들어서 조선은행 개조론을 둘러싼 환경에 큰 변화가 발생한다. 우선 1931년 12월 국제금본위제를 다시 이탈한 일본은 1932년 7월 1일자로 일본은행권 보증발행 한도를 1억 2천만 엔에서 10억 엔으로 대거 확장하였고, 또 제한외발행세율을 5%에서 3%로 인하함으로써 실질적인 관리통화제도로 이행하였다. 따라서 일본은행권의 발행은 이전 정화준비의 제약에서 해방됨으로써 탄력적인 통화관리가 가능하게 되었고, 이는 일본 밖에서의 통화공급의 증대 또한 용이하게 된 것을 의미한다. 조선은행 설립 당시에는 금본위제였기 때문에 "금준비 없이도 어느 정도까지 은행권을 마음대로 발행할 수 있게 하기 위하여 각지에 발권은행을 따로 두었던" 것인데, 1932년 금본위제 이탈로 인해 "일본은행권이 금의 구속"에서 벗어나게 되었기 때문에 "각지에 발권은행을 따로 둔 근본이유가 소멸"되었다는 점에서 굳이 조선은행권을 별도로 유통시킬 필요가 없게 된 것이다.[13]

이를 계기로 대장성 및 일본은행을 중심으로 제기된 개조론[14]의 기

---

12 조선은행 정리에 대해서는 조명근, 2019, 앞의 책, 244~275쪽 참조.
13 「(社說) 銀行券의 統一問題」, 『東亞日報』 1932. 7. 4.
14 당시 대장대신 다카하시 고레키요(高橋是淸)와 일본은행 총재 히지카타 히사요시(土方久徵) 사이에는 합의되어 있었다고 한다. 특히 히지카타 총재는 조선, 대만 양행의 발행권 상실에 배상으로서 "현행 보증준비 및 은행권 발행액에 상당한 일본은행태환권을 무이자로 대부하여 양행 발행권을 각기 회수케 하는 방법이 고려"되고 있다고 구체적인 회수방침까지 언급하고 있었다(「日銀 兌換券에 統一, 朝銀券은 廢止乎, 銀行券 統一이 得策이라는 日銀과 大藏省 意嚮」, 『朝鮮日報』 1932. 7. 4).

본 입장은 '조선은행의 은행권 발행특권 회수 → 일본은행권 발행(조선에는 일본은행 지점 설치) → 일본 정부의 통화정책 통일 및 발권 통제력 강화'라는 구도였다. 개조론에서는 일본 제국 전체를 대상으로 하여 "일국 중앙은행으로서 일본은행이 마음대로 통화를 조절치 못한다는 것은 중앙은행의 실(實)을 다할 수 없다"[15]라는 점을 들어 발권통제를 통한 전체 금융통제력의 강화를 주장하고 있었다. 또한 은행권 발권특권을 가진 은행이 일반은행 업무를 겸영함으로써 발생하는 폐단 즉, "일반시중은행이 극도의 견제를 받아 민간금융기관의 발달이 현저히 저해되는 한편" 금리정책에 있어서도 조선의 금리를 일본보다 고율로 "유지케 하고 그로서 각종 산업의 건전한 발달에 장해를 주고 있다"[16]는 비판도 개조론을 지지하는 중요한 근거로 작용하였다. 요컨대 관리통화제의 실시로 인해 재량적인 통화정책이 가능해질 수 있기 때문에 조선 등지의 식민지에도 일본은행권을 유통시킬 수 있다는 것이다.

한편 1932년 만주중앙은행이 설립되어 만주국폐를 발행하게 되면서 만주에서 중앙은행으로 활동해 온 조선은행 위상에 큰 변화가 일어났다. 즉 당시 금권 통화로서 유통되고 있던 조선은행권은 언젠가는 만주중앙은행에 회수되어야 할 존재로 그 시기만이 문제시되고 있었다.[17] 이와 같이 기존 조선은행권의 만주 유통 문제가 해결되면서 다시 개조론이 힘을 얻을 수 있는 여건이 조성되고 있었다. 이런 상황 속에서 당시 다카하시 재정이라 할 정도로 1930년대 전반기 일본 경제정책을 주

---

15 「(社說)朝鮮銀行券의 日銀統一說, 實現되면 影響은 莫大」, 『朝鮮日報』 1935. 2. 27.
16 「(社說)鮮銀存廢問題, 充分考覈せよ」, 『京城日報』 1932. 7. 5.
17 만주국폐의 금권화에 따라 1917년부터 만철부속지를 비롯한 관동주, 만주 지역에서 법화로서 통용되던 조선은행권은 마침내 1935년 말로서 만주 내 유통이 전면 금지되었다. 또 1936년 말 조선은행의 재만주 20개 지점이 1937년 1월 1일에 신설되는 만주 흥업은행에게 이양됨으로써 만수에서의 영업 기반을 완전히 상실하게 되었다.

도하고 있던 대장대신 다카하시 고레키요가 조선은행권 폐지를 정면
으로 주장하고 나섰다.

1935년 2월 의회에서는 조선은행법의 제한외발행세율을 5%에서 3%
로 인하하는 법률 개정이 진행되고 있었다. 2월 22일 다카하시 대장대
신은 의회에서 답변 도중에 갑자기 속기를 정지시킨 채 대만은행과 조
선은행의 발행권을 회수하여 일본은행에 통일한다는 방침을 발표하였
다. 이 발언은 상당히 큰 파장을 불러 일으켰는데,[18] 다카하시가 발언
한 내용은 다음과 같다고 전해진다.

> 금회의 개정[발행세 인하]은 당장의 필요에서 행하는 것이고, 근본적으로
> 는 대만은행, 조선은행 양행의 태환권발행권을 일본은행권에 통일하고 싶
> 다. 대만은행은 대만을 하나의 경제구역으로서 보통은행과 동일하게 경영
> 했어야 했다고 믿는다. 조선은행도 역시 마찬가지이다. 지금까지 종종 국
> 가를 어지럽힌 주된 원인은 발행권이 있기 때문에 지나치게 돈이 자유롭
> 게 된 점에 있다. 우리나라 전체로서도 통화발행권을 중앙은행에 통일해
> 두지 않으면 금융이나 자본의 통제를 할 수 없기 때문이다. 양행에게서
> 발행권을 몰수하는 방법으로는 이전 국립은행의 발행권을 몰수한 관례도
> 있으므로 양행을 위해 또 주주를 위해 어렵지 않을 방법이 나올 수 있다고
> 생각한다.[19]

여기서 다카하시는 다음 네 가지로 요약할 수 있다. 첫째 양 은행에
게 발행권이 있기 때문에 이를 남용하여 국가에 피해를 주었다는 점이
다. 둘째 일본뿐만 아니라 식민지까지 아울러서 통일적인 금융·자금

---

[18] 다음날인 23일에 각 신문은 이 내용을 1면 머리기사로 취급할 정도였는데, "22일 중
의원 적자위원회에서 다카하시 장상이 '장차 조선 대만 양행의 태환권 발행권은
일본은행에 통일하겠다'는 성명을 한 것은 각 방면에 충동"을 주었다고 전하고 있다
(「(社說)朝鮮銀行券의 日銀統一說, 實現되면 影響은 莫大」, 『朝鮮日報』 1935. 2. 27).
[19] 朝鮮銀行史研究會, 1987, 앞의 책, 448쪽.

통제를 하기 위해서는 일본은행권을 단일 법화로 하여 식민지에 유통시켜야 한다는 것이다. 셋째 발행권이 몰수됨에 따라 받을 수 있는 피해에 대해서는 일본은행 설립 시 국립은행에게 했던 방식을 고려하여 적당히 보상할 수 있으니 크게 문제가 되지 않을 것이다. 넷째 조선은행과 대만은행은 각각 조선과 대만만을 영업구역으로 하는 순연한 일반은행으로 개조한다. 다카하시는 이 발언에 앞서 2월 9일의 중의원 예산분과회에서도 "장래에는 조선은행권도 대만은행권도 일괄하여 일본은행권에 통일할 필요가 있다"고 주장한 적이 있었다. 그러나 츠보가미 데이지(坪上貞二) 척무차관이 1주일 뒤 중의원에서 "조선의 산업개발의 필요상 조선은행의 태환권 발행권을 폐지하는 것은 현재 전혀 고려하고 있지 않다"라고 정면으로 부정하였다.[20] 당시 조선에서도 다카하시 대장대신의 발언에 대해서는 "이상론으로서 진술한 것으로 보"이는데 "이상론으로서는 일반적으로 이론(異論)은 없"지만 현실적으로 "외지의 경제 특수사정은 어디까지든지 존중해야 될 것이"[21]라고 주장하는 등 대체로 실현 불가능할 것이라는 의견이 우세하였다.

그렇다면 사실상 실현 가능성이 매우 희박해 보이는 조선은행권 폐지를 대장대신이 직접 언급한 이유는 무엇일까? 우선 제기 주체인 다카하시[22]에 주목할 필요가 있다. 그는 대장대신을 일곱 번이나 역임했

---

20   朝鮮銀行史硏究會, 1987, 앞의 책, 448쪽.
21   「鮮銀券 統一의 實行은 時期尙早, 外地의 特殊事情 尊重하라고, 今後 問題化豫想」, 『每日申報』 1935. 2. 24.
22   다카하시 고레키요는 1854년 출생으로, 1867~1869년 미국에 유학 후 귀국하여 관리가 되었다. 1892년 일본은행으로 옮겨 1899년 부총재, 1906년 요코하마정금은행 두취(겸임), 1911년 일본은행 총재가 되었다. 1905년 귀족원 의원에 칙선되었고, 러일전쟁 후 외채모집의 공을 인정받아 1907년 남작(1920년 자작)에 서임되었다. 1913년 야마모토 곤베에(山本權兵衛)내각에서 대장대신에 취임하였고, 입헌정우회에 늘어가 1921년 하라 다카시(原敬)가 암살되자 뒤를 이어 내각총리대신 겸 대장상, 정우회 총재를 역임하였다.

던 인물로, 특히 1931년 12월 13일 금수출 재금지, 즉 금본위제 이탈 이후부터 1936년 2월 '2·26사건'으로 암살될 때까지 3대에 걸친 내각에서 대장대신으로 재임하면서 일본 경제정책을 주도하였다. 다카하시는 시종일관 조선은행권의 만주 유통을 적극적으로 반대하고 더 나아가 조선은행권 폐지를 주장하던 인물이었다.[23] 일찍이 만주에서 조선은행과 요코하마정금은행이 김건(金建) 대 은건(銀建)으로 대립하고 있었을 때, 다카하시는 바로 요코하마정금은행의 두취를 지낸 인물로서 만주의 폐제 문제에 대해서는 조선은행의 금권 유통을 반대한 "이른바 은파(銀派)의 중심인물"이었다. 그러나 다카하시의 조선은행권 폐지론을 단순히 요코하마정금은행과의 관계만으로 파악하는 것보다는 그가 군부와 밀접하게 연결된 조선은행권의 속성에 대해 깊이 우려하고 있었던 점에 주목해야 한다. 만주에서의 금권 유통을 반대했던 이유도 조선은행이 관동군과 합작하여 만주의 통화제도를 마음대로 지배하는 것을 막기 위한 것이었다. 만주사변 이후 내각의 방침과는 달리 대륙 침략정책을 계속 추구했던 일본 군부에게 조선은행권은 군표로서 기능하고 있었다. 시베리아 출병이나 만주사변에도 그러했듯이 이후 중국 침략에도 조선은행권은 언제나 일본군의 대륙 침략과 함께 있었다. 따라서

1924년 제2차 호헌운동으로 작위와 귀족원의원을 사직, 대의사에 당선, 호헌3파 내각에 입각하였고, 1925년 4월 정우회 총재에서 물러났다. 1927년 다나카 기이치(田中義一)내각의 대장대신으로 금융공황시 3주간의 지불유예긴급칙령을 공포하고, 또 거액의 손실보상을 실시하여 재계를 위기에서 구하였다. 1931년 이후 이누카이 쓰요시(犬養毅), 사이토 마코토(齊藤實), 오카다 게이스케(岡田啓介) 3대 내각의 대장대신으로서 금수출 재금지(1932)를 실시하고, 만주사변 하에서의 군부와 금융자본 쌍방의 요구를 조화시키기 위해 적자재정 정책을 시행하였다. 대장대신을 7회나 역임한 일본의 대표적 경제관료로 만주사변 이후 군부 확전에 반대하던 그는 1936년 2·26사건 때 암살당했다.

23   "조선·대만 양은행의 은행권 발행권을 폐지하고 이를 일본은행에서 통일해야 한다라는 의향은, 다카하시 장상의 다년의 지론"(「鮮銀券 統一問題」, 『朝鮮新聞』 1934. 12. 19)이라는 것이다.

육군의 화북진출을 어떻게 해서라도 저지하고 싶었던 다카하시로서는 군부 예산을 억제함과 함께 조선은행의 발행권을 회수하여 군용통화로서 사용되는 길을 막는 것을 검토했던 것이고, 이를 근본적으로 해결할 수 있는 방법은 조선은행 개조론밖에는 없었을 것이라고 생각했던 것이다.[24] 즉 다카하시로서는 군부의 확전을 막기 위해서는 그 행동부대의 역할을 하는 조선은행의 기능을 정지시킬 조치를 강구해야 할 필요가 있었던 것이다. 이와 같이 다카하시의 조선은행 개조 문제에는 식민지통화로서 조선은행권의 본질에 대한 우려가 깊이 자리잡고 있었다. 중일전쟁 이후 일본의 중국 침략에 있어 첨병 역할을 '훌륭하게' 수행했던 조선은행의 향후 행보를 생각하면, 다카하시의 이 우려가 현실화되었던 것을 확인할 수 있다.[25]

3. 식민지 현실론에 입각한 개조 반대론

1) 일본 대외정책의 구조적 문제에 입각한 개조 반대론

앞에서 살펴보았듯이 조선은행 개조론이 등장하게 된 근본 원인은 조선에 별도의 발권은행을 두었기 때문이다. 개조론에 대한 반대를 검토하기 전에 왜 식민지에 일본은행권을 유통할 수 없었는지에 대해 확인해야 할 것이다. 일본정부는 조선은행법안의 일본 제국의회에서 심

---

24 이상 다카하시의 입장에 대해서는 朝鮮銀行史硏究會, 1987, 앞의 책, 453~456쪽을 참조하였다.
25 중일전쟁 이후 조선은행권의 역할에 대해서는 조명근, 2019, 앞의 책, 160~168쪽을 참조할 것.

의과정에서 그 이유를 분명히 밝히고 있었다.[26] 1911년 3월 의회에서는
1909년에 제정된 「한국은행조례」를 대신할 「조선은행법」을 심의하고
있었다.[27] 하마오카 코우테츠(濱岡光哲) 의원은 강제병합으로 인해 조선은
이미 "일본의 영토"가 되었음에도 불구하고 별도의 중앙은행을 설립하
여 일본은행권을 발행하지 않는 것은 문제가 있다라고 질의하였다. 한
국에 중앙은행을 두고서 일본과 다른 은행권을 발행하는 것은 한국 정
부가 존속하고 있을 때는 가능할지 모르나 병합이 된 이상 중앙은행은
일본은행 하나로 통일해야 한다는 것이다. 법안대로 한다면 한국은행
은 조선은행으로 개칭된 채 그대로 유지되는데 마치 한국 정부가 여전
히 존속하고 있는 것처럼 오해할 여지가 있다는 것이다. 그는 조선과
일본은 동일한 화폐제도가 시행되어야 한다고 강조하였다.

정부위원으로 답변에 나선 이는 조선총독부 탁지부장관 아라이 겐
타로(荒井賢太郞)였다. 그는 우선 조선이 일본 영토에 병합되었음에도 불구
하고 별도의 중앙은행을 설립한 이유로 양 지역 경제상태의 근본적 차
이를 들고 있다. 금융면에서 보면 일본은 상업은행, 동산 및 부동산은
행 등 각종 금융기관이 구비되어 있으므로 일본은행은 오로지 은행의
은행으로서의 역할만 하면 된다. 그러나 조선은 단지 몇 개의 상업은
행만이 있을뿐더러 이마저도 열악한 경영실적으로 인해 정상적인 기
능을 하고 있지 못하다는 것이다. 조선에 진출한 일본의 상업은행은
거류지나 개항장의 일본인만을 대상으로 하기 때문에 역시 제한적인

---

26   1911년 3월 10일 제27회 帝國議會 衆議院 朝鮮銀行法案委員會 會議錄.

27   「조선은행법」은 1909년에 제정된 「한국은행조례」(法律 제22호, 1909. 7. 26)를 큰 수
정 없이 계승한 것이었다. 변경된 내용은 조선은행으로 명칭 변경, 은행권 보증준비
발행한도의 확장이었다. 그런데 양 법안의 계승 과정에서 가장 문제가 된 것은 감독
권의 소재 여부, 즉 조선은행을 일본 대장성에서 감독할 것인가, 아니면 조선총독부
에서 할 것인가였다. 이에 대해서는 조명근, 2019, 앞의 책, 41~55쪽을 참조할 것.

기능을 할 수밖에 없는 것이 현실이었다. 따라서 발권기능을 가진 조선은행이 상업은행의 업무를 보완해주지 않으면 안 되기 때문에 순연한 중앙은행제도는 도저히 조선에 적용할 수 없다는 것이다. 양 지역의 현격한 경제적 격차로 인해 일본식의 금융제도를 조선에는 그대로 도입할 수 없다는 것이다.

또한 일본과 조선의 지폐를 통일시켜야 한다는 주장에 대해서도 반대의 입장을 분명히 했다. 일본은행은 "일본의 금융기관의 중추로써 태환권의 기초를 정말이지 견고하게 하지 않으면 안"되기 때문에 "태환권의 기초에 동요를 가져올 수 있"는 것은 그 어떤 것이라도 항상 피해야 한다는 것을 "유념해"야 한다는 것이다. 그런데 조선은 아직 경제적으로 안정되지 못한 상태이고, 더구나 본토와 국경을 바로 접하고 있기 때문에 여기에 일본은행권을 유통시킨다면 유사시 조선 경제 상태의 동요로 인해 태환권의 기초가 크게 위협받게 될 우려가 크다는 것이다. 따라서 "조선에는 특수의 은행을 설치하고 일본은행권 이외의 태환권을 발행케 해 두는 것이 전체적으로 안전"하기에 특별히 조선은행을 설립한 것이라고 답변하고 있다. 여기서 아라이가 가장 힘을 주어 강조한 것은 바로 일본 본토경제의 보호를 위해서는 본국의 화폐를 유통시킬 수 없다는 것이었다.

'일본 경제의 보호'라는 논리는 이후 개조 반대론의 가장 강력한 무기로 작동하였다. 특히 조선은행 측에서 적극 활용한 반대 논리였다. 개조론에 대한 조선은행 측의 기본 입장은 다음과 같다. 조선은행권은 "일본 경제권 옹호를 위한 하나의 완충적 효과를 부여한 점에서 중요한 사명을 띠고 있"는데, "유사시 경제계에 어떤 이변"이 일어날지도 모르는 상황은 조선은행 설립 당시와 비교해 보아도 "조금도 변하지 않았"기 때문에 여전히 유효하다는 것이다.[20] 조선은행은 애초 조선에 일본은행 지점이 아닌 별도의 발권은행을 설립한 이유를 들어 개조론에 반대하고 있었다.

또 하나의 강력한 반대론의 근거는 만주중앙은행 수립 이전에 조선은행권이 만주에서 법화로서 유통되고 있던 현실이다. 당시 만주는 일본과 달리 강력한 은본위제 하에서 통일된 통화제도를 구축하지 못한 채 각종 통화가 난립하고 있던 상태였다. 그런데 이렇게 불안정한 지역인 만주에서 조선은행권을 대신하여 일본은행권을 법화로 인정하게 되면 과연 그 통제가 가능할 것인가라는 근본적인 문제가 발생하게 된다.[29] 일찍이 일본과 동일한 금본위제로 통일하여 안정된 화폐제도를 구축하였던 조선도 못 믿어서 별도의 화폐를 발행하고 있는 마당에 만주에 일본은행권을 유통시킨다는 것은 어불성설이라는 것이다. 따라서 "조선은행의 발행권 폐지는 단순한 조선만의 문제가 아니라, 만주국 통화제도의 문제이고, 일만경제블록의 문제"[30]라는 지적은 개조론에 내재된 복잡성을 잘 보여주고 있다. 즉 조선은행 측은 개조론이 일본 대외정책상의 큰 수정을 요하게 되어 사실상 실현불가능한 것임을 주장하면서 무력화시키고 있음을 알 수 있다.

조선은행 측 개조 반대론의 근저에는 조선은행의 존재 이유, 즉 이윤추구 경향이 자리잡고 있다. 조선은행은 은행권의 발행을 통해 값싼 비용으로 얻은 다액의 자금을 가지고 "식민지 개발을 위해 필요한 대부를 행하고, 이윤을 거두는 것을 주된 업무로 하고 있기" 때문에 만약 "발행권을 박탈"당한다면 사실상 존속할 수 없다고 호소하였다.[31] 이와

---

28   朝鮮銀行, 1936. 6, 「朝鮮銀行券問題ニ關スル意見書」(朝鮮銀行史硏究會, 1987, 앞의 책, 451쪽).

29   『朝日新聞』 1935. 2. 23(朝鮮銀行史硏究會, 1987, 앞의 책, 449쪽에서 재인용).

30   「鮮銀券 統一問題」, 『朝鮮新聞』 1934. 12. 19.

같이 조선은행은 이윤의 원천인 발행권을 유지하기 위한 논리로서 일본 본토를 위해 희생하는 조선이라는 구도를 활용하고 있었던 것이다. 조선이 일본 경제를 보호해야 한다는 이른바 '완충론'은 시기에 관계없이 가장 강력한 반대론의 근거로 자리잡고 있었다. 반면 만주 문제는 만주중앙은행이 설립되면서 새로운 국면에 들어서게 된다. 앞에서 보았듯이 다카하시가 이를 계기로 개조를 단행하려 했으나 실패로 돌아갔다. 만주의 상황은 변했다 하더라도 일본 본토 보호라는 원래의 사명은 변하지 않았기 때문이다.

2) 조선특수사정론에 입각한 개조반대론

조선은행과 달리 조선 측[32]에서는 조선특수사정론을 들어 반대하고 있었다. 일본과 근본적으로 다른 조선 경제의 특수성을 고려해야 한다는 것으로 조선총독부 이재과장인 미즈구치 류조(水口隆三)의 아래 발언은 이를 잘 보여준다.

> 만약 조선은행권을 폐지하고 일본은행권을 통용케 한다하면 내지와 조선은 경제관계가 같지 않기 때문에 종종의 폐해가 있을 것은 물론이오 또 조선만으로서 말하면 금융경제계의 건전한 발달을 함에 있어 일본은행권을 사용한다 하면 조선 내에서 용이히 이를 완화케 하기 불능하기 때문에 또 영향의 미침이 단순히 경제계뿐 아니라 상업, 교육, 기타 일반에 대영향이 있을 터인 고로 금후년을 거쳐 경제력이 충실하여 내지와 조선이 전연 동일한 경제계의 현상이 되지 아니하면 선은권 폐지는 절대 불능한 바이라.[33]

31 　朝鮮銀行史硏究會, 1987, 앞의 책, 449쪽.
32 　여기서 조선 측이라는 것은 개조론에 대한 조선 내 여론을 지칭한 것이다.
33 　「鮮銀券 廢止說無根, 鮮銀 臺銀合倂說도 亦無根」, 『每日申報』 1922. 11. 23.

한마디로 조선 경제는 후진적이어서 일본과 동일하게 볼 수 없다는 것이다. 당시 조선은행은 "태환은행, 환은행, 보통은행 3자 및 권업은행의 업무 일부까지 겸영하"고 있었는데, 만약 일본은행이 조선은행을 대신할 경우, "조선의 특수사정을" 감안한다 하더라도 "결국은 일본은행 정관이 허락하는 정도 이내 또는 본점 방침이 허가하는 범위 이내에" 국한될 것이다. 그러나 "조선의 특수사정이 아직 조선 특수금융통제기관을" 필요로 하기 때문에 당국에서는 신중하게 고려할 것을 주문하고 있다.[34] 조선 경제의 특수성으로 인해 조선은행이 수행할 수밖에 없는 다양한 기능이 있는데, 오로지 중앙은행 업무만 담당하는 일본은행이 이를 다 아우를 수 있느냐라는 것이다.

조금 더 구체적으로 접근해보면, 당장 문제가 되는 것은 조선은행이 사라진다면 조선 내 자금수요에 어떻게 대처할 것인가이다. 본국과 달리 금융이 발달되지 못한 식민지에서 일본처럼 "자금을 예금에만 억제하는 보통은행"만으로는 "식민지금융기관으로서의 사명을 달성하는 것이 충분"하지 않기 때문에 만약 "발행권을 박탈한다면 이를 대신할 수 있는 자금획득방법이 강구되지 않으면 안"된다는 것이다.[35] 조선은행보다 금리가 낮은 일본은행 지점이 설치되면 충분한 자금 공급이 이루어질 수 있다는 주장에 대해서는 조선의 경우 일본은행이 제시한 기준을 만족시킬 수 있는 어음이나 담보물이 거의 없기 때문에 오히려 자금 공급이 경색될 것이라고 주장하고 있다.[36] 즉 조선 내 일반은행의

---

34 「(社說) 鮮銀發券制 廢止說」, 『每日申報』 1932. 7. 5.
35 『朝日新聞』 1935. 2. 23(『朝鮮銀行史』 449쪽 재인용). 다음의 신문 사설도 이와 같은 논리이다. "조선은행이 통화조절권을 상실한다 하면 일본은행이 아무리 조선의 경제를 잘 살피고, 조절책을 쓴다 할지라도 조선에 앉아서 조선 실정에 맞게 통화정책을 쓰는 것과 같이 원활하지 못할 것이다"(「(社說) 朝鮮銀行券의 日銀統一說, 實現되면 影響은 莫大」, 『朝鮮日報』 1935. 2. 27).

경우 일본은행의 "거래은행이 될 자격이 있는 자는 거의 없"으며 또 재할인을 받을 만한 상업어음도 매우 적기 때문에 일본은행이 조선에 진출한다면 "중앙은행인 직능을 다할 수 없는 상태"가 될 것이라고 우려하였다. 만약 일본은행이 일본과 기준을 달리하여 "조선을 특별히 대접하여" 자격에 미달되는 어음을 "억지로 재할인"하게 된다면 그 피해가 일본은행에 돌아갈 위험성이 크기 때문에 "조선 진출은 조선의 현상으로는 불가능하"다고 단정하고 있다.[37] 또 만약 조선은행이 일반은행으로 된다면 조선 내 일반은행에게 심대한 타격을 주는 점을 들고 있다. 조선은행이 "태환권 발행권이란 권한이 있기 때문에 다른 보통은행과 같이 순전한 영리에만 급급치 않더라도 그만한 이익이 있"었는데, "만일 그 특권을 상실하면 부득이 다른 보통은행과 경쟁치 아니치 못할지니 나머지 군소은행은 이 대은행의 이기적 행동에 유린되기가 쉽다"는 것이다.[38]

이와 같이 조선 내 반대 여론에는 '조선특수사정론'이 자리 잡고 있다. 특히 일부 언론에서는 조선이라는 "1개 경제적 단위로서 금융체계의 중추기관인 중앙은행"을 상실한다는 것은 "심장을 잃은 인체"와 다름없게 되기 때문에 조선은행이 존치되어야 된다고 강하게 주장하고 있었다. 즉 "조선 경제계는 후진인 것만큼 금융정책에 특수"성을 고려해야 한다는 것이다. 양 지역 간에 경제적 격차가 엄연히 존재하고 있는 상태에서 이를 하나로 묶는다면 어느 한쪽은 피해를 감수할 수밖에 없을 것이고, 그 대상은 당연히 조선이 될 수밖에 없다는 것이다. 따라

---

36   「日銀支店은 不當, 鮮銀改善이 得策」, 『東亞日報』 1925. 3. 13.
37   「鮮銀券의 日銀統一은 不能, 朝鮮의 現狀이 不許」, 『東亞日報』 1928. 8. 16.
38   「(社說) 朝鮮銀行券의 日銀統一說, 實現되면 影響은 莫大」, 『朝鮮日報』 1935. 2. 27.

서 비록 매우 부족하기는 하나 발권기능을 가진 조선은행이 존재함으로써 "비로소 조선의 화폐의 유통액을 조절할 것이며 지불결제를 용이히 하는 동시에 사용의 가능성이 있는 자본의 이용을 도"모할 수 있는 여지라도 남겨둘 수 있다는 것이다.[39] 즉 조선과 일본의 경제적 차이가 큰 만큼 독자적인 발권은행의 존재는 반드시 필요하다는 것이다. 조선은행권을 폐지하고 일본은행권을 조선에서 유통하려고 하는 것은 "조선인의 조선경제라는 것은 완전히 소멸시키고 온전한 일본의 경제연장을 성취하자는 것"[40]이 된다고 생각했기 때문이다. 조선은행과 같이 '중앙은행' 역할을 하는 기구는 '조선'을 위해서 또 '조선인'을 위해서도 필요한 존재이기 때문에 조선은행 개조에 대해 강하게 반대하고 있었던 것이다.

조선은행 개조 반대론은 크게 일본 대외정책의 구조적 문제를 배경으로 한 반대론과 조선특수사정론에 입각한 반대론이 제기되고 있음을 알 수 있다. 이 줄기는 1920~30년대에 걸쳐 거의 변화 없이 유지되고 있었다. 다만 이 반대론에는 조선은행 측과 조선 내 여론에서 미묘한 차이를 발견할 수 있다. 조선은행 측은 일본의 대외정책의 구조적 문제를 반대론의 근거로 삼고 있는데, 이 논리 속에서 조선은 부차적이고 종속적인 존재에 불과하며 철저하게 일본을 위한 것이라는 것을 강조하고 있음을 알 수 있다. 반면 조선 측은 조선 경제를 위해서 별도의 발권 기능을 가지는 '중앙은행'이 필요함을 역설하고 있다. 즉 방점이 전혀 다른 곳에 찍혀 있었던 것이다. 1920년대 정리 시에 조선은행에 대한 조선 내 여론은 극도로 악화되어 있었음에도 불구하고 개조 반대

39　「金融體系 改善問題와 朝鮮銀行前途」, 『東亞日報』 1927. 2. 23.
40　「(財經時話) 鮮銀券 폐지설을 駁함(上), 帝國主義 心理의 反映」, 『時代日報』 1924. 5. 4.

론을 주장한 이유는 비록 기능이 떨어지는 것이라 하더라도 조선에 중앙은행의 역할을 할 수 있는 기관이 반드시 필요하다는 것을 인식하고 있었기 때문이다.[41] 조선은행 측이 조선 금융계가 아닌 일본 대외정책의 입장에서 자신들의 기득권을 옹호하려고 한 점과는 크게 대비됨을 알 수 있다.

4. 조선은행 개조론의 함의

조선은행의 은행권 발행 특권을 회수하여 일반은행으로 전환하고, 조선에는 일본은행권을 유통시켜야 한다는 개조론은 "계절적 현상"[42] 이라고 할 정도로 일본 정계에서 주기적으로 대두되고 있었다. 식민지 조선의 중앙은행으로 일본은행 지점을 설치하자는 개조론도 내용은 거의 바뀌지 않은 채 1920~30년대에 걸쳐 반복되고 있었다. 그렇다면 실제로 불가능하고 제기 주체들 또한 그 실현 가능성을 의심하는 조선은행 개조론은 왜 계속해서 반복되고 있었는가?

기본적으로 조선은행 개조론 및 반대론은 이상론과 현실론의 대립 구도로 되어 있다. 즉 조선은행권 폐지라는 것은 그 자체로는 제국 일본이 궁극적으로 취해야 할 방침이지만 현실적으로는 실현 불가능한

---

[41] 그러나 현실적으로 조선은행은 조선 내에서 이런 기대에 전혀 부응하지 못하는 존재였다. 그렇기 때문에 더더욱 조선은행이 조선에서 제대로 된 중앙은행으로 기능하기를 요구하는 여론이 강렬할 수밖에 없었다. 이 점에 대해서는 조명근, 2019, 앞의 책, 300~330쪽을 참조할 것.

[42] 조선은행 조사과 카와이 아키다케(川合彰武)는 조선은행 개조론을 두고서 "의회 개회 때마다 제기되었기에 말하자면 계절적 현상으로 보여"진다고 말하고 있다(「兌換券の統一問題(上), 鮮銀券のレーゾン・デートル」, 『京城日報』 1938. 2. 5).

것이라는 것이다. 여기에서는 왜 실현 불가능한 개조론이 계속 제기되고 있었는지, 그리고 개조론이 왜 실현될 수 없는 것이었는지를 일제의 식민통치정책 속에서 살펴보고자 한다. 개조론을 둘러싼 논의 과정에서 식민지 통치정책에 내재된 모순이 고스란히 드러나고 있었는데, 이는 개조론이 단순히 조선은행을 어떻게 바꿀 것인가에만 그치는 것이 아니라 제국과 식민지 간에 해결될 수 없는 근본적인 문제가 포함되어 있기 때문이다.

조선은행 개조론이 본격적으로 제기된 1920년대는 일본 정계에서는 이른바 '다이쇼 데모크라시'의 시대로 메이지유신 이래 정치를 장악하였던 번벌세력이 아닌 정당정치가 주도권을 장악하였던 시기였다. 1918년 정우회 총재인 하라 다카시가 수상이 됨으로써 정당 내각의 시대가 탄생하였는데, 1919년 3·1운동으로 인해 일본 육군 번벌의 핵심 세력권인 조선총독에 해군출신인 사이토 마코토가 임명되었다. 하라는 조선총독에 부임하는 사이토에게 조선통치에 대한 자신의 견해를 전달하였는데, 여기에서 그는 일본의 행정·사법·군사·경제재정·교육제도 등을 조선에도 동일하게 시행해야 한다고 주장하였다.[43] 즉 일본 인민을 통치하는 것과 같은 주의와 방침을 조선 통치의 근본정책으로 삼아야 한다는 것이다. 하라는 일본과 조선에 동일한 제도를 적용함으로써 동일한 결과, 즉 식민지 조선의 문명화를 이룰 수 있다고 보았다.[44] 다만 조선과 일본의 문명화 차이 등으로 인해 당장 동일한 제도를 시

---

[43] 原敬,「朝鮮統治私見」,『齋藤實文書』13, 64~65쪽.
[44] 오구마 에이지에 따르면 하라는「朝鮮統治私見」에서 문화적인 '일본화'보다도 제도적인 '문명화'를 의도하였는데, 이는 제도적 평등의 획득에 의해 국민으로서의 자각이 증가한다는 하라의 생각에서 비롯되었다고 한다(小熊英二, 1998,『〈日本人〉の境界』, 新曜社, 246쪽).

행할 수 없다면 점진적으로 이를 시행해 나가는 것이 바람직하다고 밝히고 있다. 이른바 점진적 내지연장주의였다.[45]

1920년대에 전개된 조선은행 개조론은 이와 같이 식민지 통치정책의 전환과 긴밀한 연관 속에서 진행되고 있었다. 개조론이 정치권을 중심으로 활발하게 논의될 수 있었던 계기가 마련된 것이었다. 게다가 조선은행의 불량채권이 문제시되고 정리가 진행되면서 개조론은 급물살을 탈 수 있었던 것이다. 즉 조선은행 자체의 문제점과 식민통치정책의 전환을 모색하는 가운데 개조론은 활발하게 논의될 수 있었던 것이다. 2장에서 보았듯이 조선은행법 폐지법안까지 입안될 정도였다. 일본 군부의 후원 하에 만주에 진출하여 방만한 경영을 하였고, 그 결과 막대한 불량채권을 안게 됨으로써 정부의 원조로 정리를 진행할 수 밖에 없었던 근본적인 배경에는 은행권 발행 특권이 있기 때문이니, 이를 회수하자는 것이 개조론이었고, 이를 통치정책 상에서 뒷받침한 것이 내지연장주의였다. 즉 통화제도의 내지연장주의였다. 1920년대 조선은행 개조론을 지지했던 이 원칙은 이후에도 개조론을 지탱하는 가장 큰 축이었다.

그러나 1920년대의 내지연장주의는 실현될 수 없었다. 식민지에 본국과 동일한 제도를 적용하자는 이 논리는 결국 참정권의 부여 문제로

---

45 하라의 점진적 내지연장주의는 그 이전부터 구상되고 있었다고 한다. 1911년 조선을 둘러보고 돌아온 하라는 일기에서 조선인의 동화를 실현하기 위해서는 교육제도 등 일본 본국과 똑같은 제도를 조선에 실시하는 것, 즉 내지연장주의가 전제조건이 되어야 한다고 쓰고 있었다. 1918년 9월 수상 취임 직후부터 총독부관제 개혁 등 식민지 지배체제 개혁에 착수했던 하라는 3·1운동을 계기로 이를 실현시켰는데 총독의 문무관병임 개정 및 헌병경찰제도의 보통경찰제도로의 개정 등에는 성공했지만 문관 총독 임명에는 실패했다. 그리하여 해군 출신인 사이토와 미즈노 렌타로(水野錬太郎)를 경무총감으로 임명시켜 '내지연장주의'를 실행케 할 구상을 가졌다(김동명, 2006, 『지배와 저항, 그리고 협력』, 경인문화사, 55·57~59쪽).

귀결되었기 때문이다. 1920년대 식민지에서는 제국의회 진출론과 식민지의회 설치운동으로 전개되었는데, 전자는 일본인(국민)으로서 참정권을 주장하여 자신들의 대표를 도쿄의 제국의회에 내보내겠다는 요구이고, 후자는 제국의회와는 별도의 의회를 식민지에 설치하자는 것이다.[46] 전자는 동화론에 입각한 것이고, 후자는 그 반대로 민족동화불가론에 기반한 것이었다. 일본 정부의 방침은 조선의 자치는 허용하지 않으나 형식적이나마 지방자치는 인정하는 것으로 하였고, 장래 조선인을 제국의회의 의원으로 한다는 것이었다. 그렇다면 과연 그 '장래'가 언제가 될 것인가가 가장 중요한 논쟁거리였다. 이에 대해 참정권의 부여는 취학률이나 '국어' 보급률이 상승하고 지방제도가 정비되어 조선인이 정치적 훈련을 거쳐 '민도'가 좋아진 이후가 될 것이라는 막연한 대답이었다. '점진'이라는 명목 하에 권리를 부여하지 않은 채 동화를 진행하는 구상 이외에는 존재할 수 없었던 것이다.[47] 이 과정에서 하라가 주장하였던 내지연장주의는 사실상 형해화된 채 식민지의 자치와 독립을 저지하기 위한 부정적 원리로만 기능하고 있었던 것이다.[48]

그런데 중일전쟁이 발발하자, 조선인의 전쟁 참여 문제 등 내지연장주의를 더욱 강력하게 주장할 수 있는 여건이 조성되었다. 즉 그 '장래'가 도래한 것이었는데, 이는 제국의회에서의 박춘금[49]의 질의를 통해

---

[46] 조선에서는 중의원의원선거법의 시행 청원이 1920년부터 18회에 걸쳐 진행되었고, 대만에서는 의회설치를 청원하는 운동이 1934년까지 15회 진행되었다(成田龍一, 2007, 『シリーズ日本近現代史④: 大正デモクラシー』, 岩波書店, 151~152쪽).

[47] 小熊英二, 1998, 앞의 책, 262~277쪽 참조.

[48] 고마고메 다케시 지음(오성철 · 이명실 · 권경희 옮김), 2008, 『식민지제국 일본의 문화통합』, 역사비평사, 446쪽.

[49] 朴春琴(1891~1973)은 중의원 의원을 지낸 유일한 조선인이다. 그는 1932년 8월 제18회 중의원 의회선거에 도쿄 제4구에서 입후보해 대의사(일본 중의원의원의 속칭)에 당선되었고, 1936년 2월 제19회 선거에서 낙선했으나 1937년 5월 다시 출마해 당선되었다.

알 수 있다. 1938년 2월 2일 일본 제국의회에서 박춘금은 조선과 일본의 화폐제도가 달라 "비상한 불편이 있"기 때문에 "조선은행의 지폐"를 없애고 일본은행권으로 할 의사는 없는가라고 대장대신에게 질의하였다. 가령 "조선에서 일본에 돌아갈 때 부산에서 조선은행에서 발행한 조선의 지폐를 교환하지 않으면 일본에 돌아와서는 담배 하나도 사서 피우지 못" 하는데, 이와 같은 현상은 결국 "일본인이면서도 조선에 거주하고 있으면 자신의 나라라고 여길 수 없"게 된다는 것이다. 즉 일본과 조선의 화폐가 다른 것이 일본인에게 조선은 전혀 "다른 나라라고 하는 기분"이 들게 하는 "하나의 도화선이 되고 있지는 않는가"라고 느끼게 한다는 것이다. 이에 대해 대장대신 카야 오키노리(賀屋興宣)는 박춘금의 지적은 결국 "조선은행권과 일본은행권의 통일이라는 문제"인데, 일본과 조선에 "동일한 은행권"을 "구별 없이" 유통하는 것이 "정말 훌륭하고 또 되도록 빠른 시기에 그렇게 되"어야 한다고 일본 정부에서도 생각하고 있다고 답변하였다. 그러나 카야 대장대신은 조선은행권이 북중국에서 군사비로 지출되고 있는 사례 등을 들어 "아직 시기를 얻지 못했"고 "가능한 한 빠른 기회"에 실현되기를 바란다고 하면서 거부 의사를 분명히 밝혔다. 이에 박춘금은 다시 당장 실행하기 힘든 여러 사정이 있다 하더라도 조선과 일본의 화폐제도가 다른 것은 일본 "정치의 결함"이기 때문에 이를 빨리 실현시켜야 한다고 주장하였다. 박춘금은 "동일한 국내는 동일한 정치가 행해"져야만 한다고 그 이유를 들고 있다.[50] 더 나아가 그는 내지연장주의를 철저하게 관철시키기 위해서는 "조선총독부는 없어져도 상관없다"고 할 정도였다.[51]

---

[50]　1938년 2월 2일 제73회 帝國議會 衆議院 豫算委員會 會議錄.

여기서 카야 대장대신의 답변이 1920년대와 거의 다르지 않다는 것을 알 수 있다. 즉 개조론의 논리와 개조 반대의 논리는 사실상 변하지 않고 계속 이어져오고 있음을 알 수 있다.[52] 결국 이 문제는 단순히 조선은행권을 없애고 일본은행권을 사용할 것인가에 국한되는 것이 아니라 제국과 식민지 간에 내재된 근본적인 문제를 보여주고 있음을 확인할 수 있다. 박춘금의 발언을 통해서도 알 수 있듯이 조선은행 개조론은 일본으로의 적극적인 동화 의지의 표명이었다. 개조론은 본국과 동일한 시스템을 요구하는 것으로서 이는 단지 중앙은행에만 그치는 것이 아니라 국민의 권리로서도 이해되고 있었다. 즉 의무만 있고 권리가 없는 국민은 더이상 하지 않겠다는 것이다.

이와 같이 식민통치정책에 있어 가장 큰 걸림돌은 참정권의 부여 문제였다. 국가통합 차원에서 어떤 지역을 통합 대상으로 간주하는가의 여부는 단적으로 국가 운영체제에 참여하는 참정권을 그 지역주민에게 인정하는가의 여부로 나타난다. 조선 및 대만은 이 점에서 통합의 테두리 바깥, 즉 특별히 다른 법역인 '식민지'로 되었던 것이다.[53] 현실

---

51 중의원에 당선된 후 박춘금이 의회에서 주로 주장했던 내용은 조선에 참정권 부여, 병역의무 부여, 일본-조선 간 도항제한 철폐, 만주이민 촉진 등으로 친일조선인의 '일본인'으로서 권리요구의 전형이었다. 가령 1935년 2월 6일 중의원 본회의에서 박춘금은 자신의 요구를 묵살한 정부 측의 답변에 화가 나자 총리부, 척무성, 내무성, 대장성, 육군성, 해군성, 농림성, 외무성 등 거의 모든 관청을 지명하고 이제까지 그가 제창한 모든 요구를 한데 담아 장시간 질의 연설했다고 한다. 여기서 그는 "공식적으로는 차별은 하지 않습니다. 일시동인은 훌륭합니다. 이렇게 대답하면서 내부로 들어와서는 이미 차별합니다"라고 발언하였다. 그러나 정부 측의 답변은 기존과 동일하였고, 박춘금은 계속해서 "나는 조선을 위해 말한 것이 아니라, 대일본제국의 견지에서 요구하는 것"이라며 끈질기게 물고 늘어졌다고 한다(小熊英二, 1998, 앞의 책, 385~387쪽).

52 박춘금이 요구에 대해서는 "조선은행권을 일본은행권에 통일하는 것은 무엇보다 희망하는 일인데, 아무리 내선일체의 이상이라고 해도 확실히 현실적으로 즉응하지 않는 비약적 관념론이라는 것에 다름 아니다"라고 반대하는 의견이 제기되기도 하였다(「(評論) 鮮銀券統一論, 形式に走るな」, 『釜山日報』 1938. 2. 3).

에서 제국과 식민지는 결코 동등해 질 수 없는 존재였던 것이다.[54]

그렇다면 왜 일본 정부는 조선은행권을 폐지할 수 없었는가? 궁극적으로는 폐지되어야 할 것이라고 하면서도 왜 식민지에 발권은행을 그대로 둘 수밖에 없었는가? 이는 중앙은행의 진화과정 속에서 그 해답을 구할 수 있다. 19세기 후반 이래 제국주의 팽창은 세계 경제를 고도로 통합시켰고, 그 결과 자본의 이동성이 높아지는 가운데, 외부에서 주어진 변화나 영향으로부터 국가를 보호해야 한다는 필요성이 인식되었다. 제국주의 국가는 외부 팽창과 국내 보호라는 과제를 동시에 해결해야 했다. 가령 자본의 국제적 유입을 증가시키려는 금본위제의 도입과 동시에 단기 유입을 규제하고 혼란을 막기 위한 금융정책 수단이 강구되어야 했다. 이 국제화된 금융현상의 국내 관리를 담당하는 기구가 중앙은행이었다. 또한 중앙은행은 금융공황과 금융위기 대처에도 중요한 역할을 하였다.[55] 일본의 경우, 자본 이동성의 증대에 따라 발생될 수 있는 부작용으로부터 자국 경제를 보호하는 임무는 일본은행이 담당하고, 제국주의적 팽창은 여러 국책금융기관을 통해 해결하였다. 주지하듯이 조선에 일본은행을 진출시키지 않고, 조선은행을 설립한 이유는 일본을 보호하기 위해서였다. 대외 침략과정에서 발생

---

53 고마고메 다케시 지음(오성철 · 이명실 · 권경희 옮김), 2008, 앞의 책, 443쪽.
54 미야타 세스코에 따르면 "동화란 항상 두 발 · 세 발 앞서서 가는 일본인의 뒤를 감사하는 마음을 안고 순종하며 따라오는 조선 사람"을 의미한다고 한다. 설령 그 거리를 좁히는 일은 있어도 결코 어깨를 나란히 할 수 없는 차별이 내포된 것이다. 이러한 차별을 합리화하는 지배자의 논리가 바로 '민도의 차이'이다. 그런데 이 차별을 합리화하는 '민도의 차이'라는 가치 기준에 대한 결정은 완전히 그리고 일방적으로 지배자의 손에 쥐어져 있기 때문에 지배자의 형편에 따라 자유자재로 조작될 수 있었던 것이다(宮田節子 著, 李熒娘 譯, 1997, 『朝鮮民衆과「皇民化」政策』, 一潮閣, 175~176쪽).
55 해롤드 제임스 지음(이헌대 · 이명휘 · 최상오 옮김), 2002, 『세계회의 종말』, 한울, 32~47쪽.

할 수 있는 위험과 불확실성을 일본은행이 수행할 수 없었던 것이었고 이를 대리해서 실행해 줄 존재가 필요했던 것이다. 그것이 일제의 국책금융기관으로서 조선은행에게 부여된 사명이었다.

5. 맺음말

1920년대 이후부터 일본 정계를 중심으로 조선은행 개조론이 등장하고 있었는데, 개조론의 핵심은 발행특권의 폐지, 즉 중앙은행의 기능 박탈에 있었다. 조선은행의 경영 실패에 따른 정리의 진행과 내지연장주의라는 식민통치정책의 전개가 맞물려 진행된 이 과정에서 대장성은 1925년 '조선은행법 폐지법률안'을 입안하기에 이르렀다. 비록 실현되지는 못했지만 이후 조선은행 개조론은 반복해서 대두되고 있었다.

그런데 1930년대 들어서 조선은행 개조론을 둘러싼 환경에 큰 변화가 발생하였다. 금본위제를 다시 이탈한 일본이 사실상 관리통화제로 이행함으로써 재량적인 통화관리가 가능하게 되었다. 이를 계기로 '조선은행의 은행권 발행특권 회수 → 일본은행권 발행(조선에는 일본은행 지점 설치) → 일본 정부의 통화정책 통일 및 발권 통제력 강화'라는 구도 속에서 개조론이 제기되고 있었다. 또한 1932년 만주중앙은행이 설립되어 만주국폐를 발행하게 됨으로써 조선은행권은 회수 대상이 되었고, 그 결과 다시 개조론이 힘을 받을 수 있는 여건이 조성되었다.

이를 기회로 1935년 2월 대장대신 다카하시 고레키요가 조선은행권 폐지를 정면으로 주장하고 나섰다. 그는 조선은행이 발행권을 남용하여 국가에 막대한 피해를 입혔기 때문에 발행특권을 회수하여 조선만을 영업구역으로 하는 순연한 일반은행으로 개조해야 한다고 주장하였다. 그렇다면 사실상 실현 가능성이 매우 희박해 보이는 조선은행권 폐지를 대장대신이 직접 언급한 이유는 무엇일까? 그는 군부와 밀접하게 연결된 조선은행권의 속성에 대해 깊이 우려하고 있었던 것이다. 즉 육군의 화북진출을 어떻게 해서라도 저지하고 싶었던 다카하시로서는 군부 예산을 억제함과 함께 조선은행의 발행권을 회수하여 군용통화로서 사용되는 길을 막을 것을 검토하였다. 요컨대 군부(번벌)과 대립하고 있던 정당정치 세력들이 제기한 조선은행 개조론은 결국 일제의 대식민지 지배정책과 밀접한 관련이 있음을 알 수 있다.

한편 개조론에 대한 반대의견도 있었는데, 조선은행 측과 조선 측에서 제기되고 있었다. 조선은행 측의 가장 강력한 반대무기는 일본 본토를 보호한다는 '완충론'이고, 또 조선은행권이 만주에서 법화로서 유통되고 있던 현실을 기반으로 한 것이었다. 조선은행권을 대신하여 일본은행권을 유통시킬 수 없는 현실을 토대로 무력화시키고 있었다. 반면 조선 측에서는 일본보다 후진적인 조선 경제를 위해서는 독자적인 중앙은행이 필요하다는 논리로 반대하고 있었다.

조선은행 개조론은 사실상 실현 불가능한 논의였다. 그러나 이 논의 속에는 단순히 조선은행 발행권을 어떻게 할 것인가라는 기능적인 논의뿐만 아니라 제국-식민지 간의 관계를 둘러싼 본질이 함축되어 있다. 즉 개조론은 실현될 수 없는 제국의 이상을 표상하고 있다. 마치 시계추처럼 되풀이되는 개조론의 의미 없는 반복 과정은 사실상 본국과 식민지는 다르다는 것을 끊임없이 확인하는 과정에 다름 아니었다. 일제가 식민지배의 정당성으로 내세우는 문명의 동화라는 식민정책(내지연장주의나 동화주의)은 제국주의의 입장에서는 보편성에 기초한 이상론의 속성을 지니고 있다. 지금은 식민지와 본국이 차별받고 있지만, 언젠가는 양 지역이 동일한 대우를 받고 동일한 정책의 시혜를 입을 것이라는 점에서 이상론이고, 또한 그 속에서 제국주의 지배의 정당성을 찾고 있었다. 그러나 현실에서 제국과 식민지는 결코 동일해 질 수 없는 존재였다. 이는 식민지의 열등함, 즉 특수성에 기인하는 것이다. 그러나 더 정확하게 얘기한다면 이는 식민지의 특수성이 아니라 보편성이라고 해야 할 것이다. 즉 제국과 식민지는 근본적으로 다르다는 것이 보편적 가치이기 때문에 위 개조론과 관련해 보면 식민 본국의 은행권이 식민지에 유통되는 것이 보편적인 것은 아니다. 그러한 제국주의−식민지는 역사적으로 없기 때문이다. 조선 내에서 조선은행은 중앙은행으로서 대단히 결여된 존재이지만, 그래도 이를 없애는 것보다 남겨두는 것이 낫다고 생각한 것은 식민지가 본국과 결코 동일선상에서 운위될 수 없는 존재라는 것을 누구보다 잘 알고 있었기 때문일 것이다.

논문 출처

2013, 「일제시기 조선은행 개조 논쟁과 그 함의: 제국의 이상과 식민지 현실의 길항」, 『한국사학보』 51.

참고
문헌

1. 자료

『東亞日報』.
『朝鮮日報』.
『每日新報』.
『京城日報』.
『中外日報』.
『時代日報』.
『釜山日報』.

『齋藤實文書』.

大藏省, 『昭和財政史資料』.
『帝國議會會議錄』(http://teikokugikai-i.ndl.go.jp).
日本銀行百年史編纂委員會, 1983, 『日本銀行百年史 第三券』, 日本銀行.
朝鮮銀行史研究會, 1987, 『朝鮮銀行史』, 東洋經濟新報社.

2. 저서

고마고메 다케시 지음(오성철·이명실·권경희 옮김), 2008, 『식민지제국 일본의
    문화통합』, 역사비평사.

宮田節子 著(李熒娘 譯), 1997, 『朝鮮民衆과「皇民化」政策』, 一潮閣.

김동명, 2006, 『지배와 저항, 그리고 협력』, 경인문화사.

成田龍一, 2007, 『シリーズ日本近現代史④: 大正デモクラシー』, 岩波書店.

小熊英二, 1998, 『〈日本人〉の境界』, 新曜社.

조명근, 2019, 『일제하 조선은행 연구: 중앙은행 제도의 식민지적 변용』, 아연출
　　　판부.

해롤드 제임스 지음(이헌대・이명휘・최상오 옮김), 2002, 『세계화의 종말』, 한울.

後藤新一, 1970, 『日本の金融統計』, 東洋經濟新報社.

3. 논문

波形昭一, 1987, 「植民地銀行政策の展開」, 渋谷隆一 編著, 『大正期日本金融制度
　　　政策史』, 早稲田大学出版部.

02 일제하 면양장려계획(1934~1945)과 식민지 개발

노성룡

1. 머리말

식민지 개발은 근대적 제도의 수립, 자본의 투하, 첨단기술의 도입 등 근대성의 이식을 통해서 이뤄졌다. 위와 같은 근대성은 식민지 개발의 핵심이면서 동시에 식민지지배의 근간이었다. 동의 받지 못한 권력을 유지하기 위해서는 생산력의 압도적 격차를 실현하고 보여줘야 했기 때문에 식민권력은 근대성의 보급에 심혈을 기울였다. 그러나 식민지성에서 초래되는 다양한 한계(재정능력의 부족, 헤게모니의 부재 등)들로 인해 지배의 중심부에서 멀어질수록 지체되는 현상이 나타났고, 특히 농촌지역에서 두드러졌다.

위와 같은 상황에서 전개되는 개발의 성패는 제도·자본·기술과 함께 환경·사회·문화 등의 요인에 의해서도 많이 좌우된다. 그렇기 때문에 서구나 일본에서 성공했던 정책이 식민지 조선에서는 성과를 거두지 못하는 경우도 종종 발생했다. 최말단의 농촌 현장으로 내려가면 총독부 농업기술자들의 이론이 현지 사정과 부합하지 않아서 때로는 농민들의 경험에 의존할 수밖에 없는 상황도 적지 않았다. 그런 의미에서 식민지 개발의 성공과 지속성을 담보하기 위해서는 현지의 환경·사회·문화 등에 대한 높은 이해와 이를 바탕으로 한 적절한 정책 수립이 필요하다. 그러나 총독부 농업기술자들은 자신들의 제도와 기술을 무분별하게 조선에 적용하려고 했고 이러한 방식들은 대부분 실패로 끝나는 경우가 많았다.[1] 물론 이 실패의 순간에서 조차 총독부 기술자들은 그 원인을 조선농민의 '무지'로 돌리곤 했다.

식민지의 환경, 사회, 문화에 대한 식민권력의 몰이해와 근대성에 대한 과도한 신념은 식민지 개발에서 나타나는 중요한 특징 중 하나이다. 그동안 식민지 개발에 대한 평가는 근대성을 기준으로 이뤄져 왔기 때문에 이와 같은 부분은 주목받지 못했다. 제도의 합리성, 재정의 규모, 기술발전의 수준만이 개발의 성패를 좌우하는 요소로 평가되었다. 하지만 근대성의 보급이 지체되었던 농촌지역에서는 농민의 창조성에서 나오는 사회적 생산력도 중요한 요소였다. 그렇기 때문에 조선의 환경적 요소를 고려하지 않고 기존의 사회조직을 와해시켜가며 추진되었던 개발계획들은 재정투여로 인한 순간적인 성장은 가능했지만, 그 지속성까지 담보할 수는 없었다.

본고는 위와 같은 식민지 개발의 특징과 한계를 면양장려계획을 통해 분석하고자 한다. 면양은 조선사회에서 사육(飼育)하던 가축이 아니었음에도 불구하고 일본 제국주의와 식민권력의 필요에 의해 조선에 도

---

[1]   제임스 C. 스콧(전상인 옮김), 2010, 『국가처럼 보기』, 에코리브르, 16쪽.

입되었다. 면양은 대규모 방목을 기본으로 하지만 기간지(旣墾地)가 많은 조선에서는 방목이 불가능했기 때문에 농가부업식 사육이 주된 생산형태로 채택되었다. 이러한 생산형태는 농민의 생산력에 의존하는 부분이 큼에도 불구하고 면양장려계획이 수립될 때 조선의 농업환경이나 사육관습, 영농조직과의 연관성 등은 크게 고려되지 않았다. 그런 의미에서 볼 때 면양장려계획은 앞서 말한 식민지 개발의 특징과 한계를 분석하는 데 매우 적절한 소재이다.

면양장려계획은 1930년대 대표적인 수탈정책인 남면북양정책(南綿北羊政策)으로 잘 알려졌지만, 그 실상에 대한 연구는 전무하다. 전쟁수행을 위해 공업원료인 양모를 수탈하고 조선농민의 잉여노동력을 착취한 수탈정책으로서만 개설서 등에 서술되었을 뿐이다.[2] 이와 같은 서술은 면밀한 분석이 없이 양모수탈이라는 부분만 강조한 결과 식민지 수탈구조에 대한 이해를 단순화 시키고 말았다. 사실 면양장려계획은 면양 증식 목표와 양모공출 목표를 달성하지 못했다. 따라서 양모공출의 절대량을 가지고 수탈의 강약을 논의하는 것은 생산적이지 못하다. 보다 중요한 것은 정책의 한계를 구명하는 것을 통해 식민지 개발의 성격을 논의하는 데 있다.

이와 관련해서는 안승택의 연구가 주목된다.[3] 안승택은 근대적 제도ㆍ기술이 도입되었을 때, 조선의 자연환경과 사회문화 속에서 어떻게 전통적 제도ㆍ기술과 경쟁하고 좌절되어 갔는지에 대해서 분석한다. 위와 같은 연구는 근대적 제도ㆍ기술이 합리성ㆍ과학성에도 불구하고 조선의 환경에서 비효율적일 수 있다는 점과 반대로 근대적 관점

---

2   「남면북양정책」, 국사편찬위원회 우리역사넷(http://contents.history.go.kr).
3   안승택, 2009, 『식민지 조선의 근대농법과 재래농법』, 신구문화사.

에서 비합리적인 전통적 제도·기술이 조선의 환경에서 나름의 합리성을 가진다는 점을 강조한다. 그동안 주목하지 않았던 환경·사회·문화 등의 요소들을 농업생산의 합리화와 연결시키는 안승택의 연구는 식민지 개발의 한계를 다른 각도에서 바라볼 수 있는 접근법을 제공한다.

본고는 위와 같은 연구성과들을 바탕으로 면양장려계획의 전개과정에 대해 분석한다. '2. 면양장려계획(緬羊奬勵計畫)의 배경'은 1930년대 이전의 면양정책과 면양장려계획의 수립 배경에 대해 다룬다. '3. 면양장려계획의 전개과정과 특징'은 1~3차에 걸친 면양장려계획의 변천과정과 특징을 구명한다. '4. 면양장려계획의 한계로 보는 식민지 개발'은 면양장려계획의 수량적 검토를 통해 계획의 성패를 살펴본 후 그 원인에 대해 분석한다. 그리고 이를 통해 식민지 개발이 가지는 특징과 한계를 밝혀내고자 한다.

2. 면양장려계획(緬羊奬勵計畫)의 배경

1) 면양증식계획(1918)의 중단

양모는 다른 직물에 비해 탄력성, 보존성, 염료흡수성, 수분흡수성, 자외선 투과흡수력 등이 뛰어나 피복원료로서 대체 불가능한 지위를 점하고 있었다. 따라서 민간 의복뿐만 아니라 군수용 피복 재료로도 사용되는 중요한 전략물자였기 때문에 국제법상 전시 금제품으로서 취급되었다.[4] 실제로 1차대전이 한창인 1916년 영국은 양모를 수출금제

품으로 지정하여 영연방(英聯邦) 전체에 대한 양모수출 관리를 단행했다.

이로 인해 민수는 물론 군수양모조차 수급불능의 상태가 된 일본은 1917년 임시산업조사국을 설치하여 양모자급화를 추진하기 시작했다. 임시산업조사국은 최소한 육해군, 경찰관, 철도직원의 피복 정도는 자급 할 수 있을 만큼의 증산을 도모하기로 했다. 1918년 25개년간 100만 두의 면양증식을 목표로 하는 면양증식계획이 수립되었고 곧바로 농상무성 농무국에 면양과가 설치되어 본 사업을 담당했다. 또한 일본에 5개의 종양장(種羊場)이 설치되어 종면양(種緬羊)의 공급을 담당했으며, 중앙 및 지방에 면양사업을 지도할 기술원들이 배치되었다. 뿐만 아니라 면양사육에 필요한 보조금이 책정되었는데 그 금액이 무려 천만 엔에 달했다.[5]

임시산업조사국은 조선에 대해서도 면양 30만 두의 증산계획을 수립하도록 했고, 총독부는 이를 바탕으로 면양증식계획을 추진했다. 장려품종은 몽고종으로 결정되었고 번식에 필요한 종면양은 세포목양지장(洗浦牧羊支場)에서 사육하여 배포했다. 우선 함남, 함북, 평북, 황해, 전남 등 5개도의 농가에 몽고양을 배부하여 실제 농가사육에 적합한지를 시험했으나 세포목양지장에 비해 민간의 면양사육성적은 매우 불량했다.[6] 이를 타개하기 위해 1922년 총독부는 기존의 면양증식계획을 갱신하여 면양시험구역을 전국으로 확대하고, 장려품종도 몽고양 대신 잡종양으로 변경하였다. 또한 민간에 우량한 암양(牝羊)을 판매하고 면양지도기관을 확충하는 동시에 일본 및 해외에 연구생·유학생을 파견하여 기술자 양성에 힘을 쏟았다. 더욱이 면양사육보조비를 증액하여 면

---

5   鎌田澤一郎, 1934, 『緬羊及緬羊事業研究』, 朝鮮總督府, 85~86쪽.
6   鎌田澤一郎, 앞의 글, 95쪽.

양사육을 촉진하고 세포목양지장을 권업모범장으로부터 분리하여 독립적인 면양시험장으로 삼고자 했다.[7]

그러나 1924년 행·재정정리로 인해 면양증식계획은 폐기되었고 이를 주도했던 세포목양지장 역시 같은 해 폐쇄되었다.[8] 이후 면양시험은 난곡목마지장(蘭谷木馬支場)으로 옮겨갔지만 이조차도 1929년 폐쇄됨에 따라 면양에 대한 연구는 사실상 맥이 끊어지게 되었다.[9] 면양정책은 1934년 다시 재추진될 때까지 무려 10년간 공백상태에 놓이게 되었는데, 이에 대해 총독부 농정관료였던 코바야카와(小早川九郎)는 "그 발달의 맹아가 제거되었다"라고까지 표현하기도 했다.[10] 코바야카와의 말처럼 면양증식계획의 중단은 정책적·기술적·경영적 경험의 축적을 사실상 백지상태로 되돌린 것과 다름이 없었다.

2) 양모자급자족과 북선개발을 위한 면양장려계획(1934)의 수립

1930년대 대공황 이후 보호무역이 득세하면서 세계 각국은 블록경제를 구축하기 시작했다. 일본 역시 내(內)·선(鮮)·만(滿)을 아우르는 자급자족 경제권인 엔 블록을 구축하여 무역수지를 개선하고 경제위기를 극복하고자 했다. 당시 일본에서 가장 많이 수입하고 있던 상품은 면화와 양모였다. 면화는 1930년대 연간 평균 4억 1천만 엔을 수입하고 있었다. 그러나 원면을 수입한 후 일본에서 다시 가공하여 판매했기

---

7   小早川九郎, 1960, 『(補訂)朝鮮農業發達史 發達編』, 友邦協會, 394쪽.
8   鎌田澤一郎, 앞의 글, 95쪽.
9   난곡목마장 폐지 이후 면양시험은 이왕직─권업모범장─농사시험장 북선지장으로 계속 옮겨가면서 지속되기는 했지만 겨우 명맥만 유지한 것에 불과했고 사실상 방임된 상태였다(小早川九郎, 앞의 글, 395쪽).
10 小早川九郎, 앞의 글, 621쪽.

때문에 무역적자는 실제로 크지 않았다.

〈표 1〉 1927~31년간 일본의 양모제품 생산 및 수입 추이(단위: 파운드)

연차	1927	1928	1929	1930	1931
생산량	125,307	131,537	136,465	145,096	165,914
수입량	170,179,494	164,981,586	14,101,475	140,425,510	214,899,756
소비량	164,100,707	157,066,291	130,811,990	129,770,770	205,098,746
수입액(圓)	175,192,707	140,493,908	99,193,050	108,568,550	103,160,252

출처: 朝鮮總督府, 1934, 「朝鮮總督府緬羊獎勵第一期計畫」, 『朝鮮』 225, 302쪽.

양모의 경우 〈표 1〉에서 보이는 것처럼 1931년 일본 국내에서 16만
파운드를 생산하고 있었지만 수요가 2억 파운드에 달했기 때문에 절대
다수를 수입에 의존해야 했다. 일본은 1931년 2억 파운드 이상의 양모
를 수입했고 그 대금으로 1억 엔을 지불했다. 면화와 달리 전량을 일본
에서 소비했기 때문에 수입의 대부분은 무역적자로 전환될 수밖에 없
었다.[11] 1억 엔에 달하는 양모수입액은 일본의 대외수지를 악화시키는
주요 원인 중 하나로 이를 자급하는 것이 국민경제상 대단히 중요한
문제였다.

또한 전략물자인 양모의 높은 대외의존도는 안보상 불안을 초래할
우려가 있었다. 만주사변 이후 사실상 준전시체제로 돌입한 일본의 입
장에서 양모의 자급자족은 경제적 논리를 뛰어 넘는 중요한 사안이었
다. 따라서 수입양모에 비해 가격경쟁력이 떨어지고 생산비가 높더라
도 국내 양모생산은 "일국 경제력의 충족에 공헌하여 단연코 손실로 지

---

[11]   鎌田澤一郞, 앞의 글, 20쪽; 朝鮮總督府, 1934, 「朝鮮總督府緬羊獎勵第一期計畫」, 『朝
         鮮』 225, 302쪽.

불"되지 않는 사안으로 평가받았다.[12]

1930년대 양모 자급자족의 중요성이 더욱 높아지자 일본정부는 다시 면양증식계획을 수립하기 시작했다. 그러나 15년간 천만 엔을 쏟아 부은 면양증식계획의 결과가 3만 두에 불과했기 때문에 일본의 면양생산력에 회의적인 의견이 많았다.[13] 이에 일본을 대신하여 300만 두가량의 면양을 사육하고 광활한 원야를 보유한 만주가 중요한 양모 산지로서 부상했다. 하지만 만주면양은 대부분 몽고양으로 피복 생산에 사용하기 어려웠고,[14] 원야의 대부분이 기경지(起耕地)이거나 습지여서 면양사육에 필요한 목초가 부족했다. 게다가 치안이 불안하여 철도연선의 농가를 제외하고는 생산이 불가능한 상황이어서 당장 면양증식을 기대하기는 어려웠다.[15]

일본과 만주의 면양증식이 요원한 상황에서 조선이 다시 주목받기 시작했다. 일본과 마찬가지로 조선의 면양증식계획도 1924년 중단되었으나 총독부 농정관료들은 이를 실패로 평가하지 않았다. 그들은 행·재정정리라는 특수한 사정으로 인해 중단된 것이며[16] 6년이라는 짧은 기간 동안 겨우 연간 5만 엔을 투여한 사업치고는 좋은 성적을 거두었

---

12 鎌田澤一郎, 앞의 글, 24~25쪽.
13 油井垈治, 1933, 「朝鮮に於ける緬羊事業の將來」, 『朝鮮農會報』 7-6, 19쪽.
14 몽고양은 고기와 모피를 주된 목적으로 생산하는 품종이어서, 카페트 이외에 사용될 가능성이 적었다(鎌田澤一郎, 앞의 글, 28쪽).
15 油井垈治, 위의 글, 19쪽; 鎌田澤一郎, 앞의 글, 19쪽.
16 "그 성적이 어땠을까라고 한다면, 목장에서 성적은 內地에도 비유할 수 없는 우수한 성적을 나타내었다. 그리고 거기에서 배포 된 양의 지방에서의 성적도 당초의 것으로서는 반드시 나쁘다고 할 수 없다. 시작부터 겨우 5, 6년으로 1924년의 행정정리의 때, 특수한 사정에 의해서 사업이 폐지되었을 뿐이다. 단지 폐지된다고 하는 사정만 보고 세간에서는 실패했던 것처럼 생각하고 있지만 사실은 결코 그렇지 않다. 단기간이라고는 하지만 자세히 그 성적을 조사해 본다면 매우 양호했다"(油井垈治, 위의 글, 19쪽).

다고까지 생각했다.[17] 따라서 여전히 조선은 면양사육의 호적지로 다시 면양증식계획을 시작해야 한다고 주장했다.

한편 조선 내에서도 북선개발과 농가경제안정화의 수단으로서 면양사육이 주목받고 있었다. 조선총독 우가키(宇垣一成)는 일·선·만 분업적 블록경제를 실현하기 위해 1932년 2,683만 엔에 달하는 북선개척사업을 실시했다.[18] 북선개척사업은 국유림의 개발·이용, 철도·도로 부설, 화전민 지도, 산림지역의 농경지 이용, 인구 이주 등의 사업으로 구성되어 있었는데, 고지대 개발계획 가운데 면양사업도 포함되어 있었다.[19]

북선은 목야지대가 많고 한랭하며 강우량이 적다는 판단 아래 환경적으로 면양사육에 적합한 것으로 인식되었다.[20] 게다가 면양은 성질이 온순하여 부녀자의 노동력으로도 사육 할 수 있고 사육비가 축우에 비해 소액이기 때문에 농가부업으로서 적당했다. 또한 양모와 어린양(仔羊)의 판매는 판로가 안정적이어서 현금수입을 얻는 데 유리했다. 겨울에는 휴한기 잉여노동력을 이용하여 홈스펀(homespun) 의류를 생산·판매할 수도 있었다.[21] 면양사육을 통해 얻을 수 있는 현금수입은 총독부 조사에 의하면 1두당 10엔[22]으로 다수 사육이 가능하다는 점을 염두에 둘 때 결코 적지 않았다. 따라서 농림국장인 와타나베(渡邊忍)는 면양사육을 "농가경제 궁핍의 완화책으로 효과가 결코 적지 않으며… 농가

17   鎌田澤一郎, 앞의 글, 121쪽.
18   안유림, 1994, 「1930年代 總督 宇垣一成의 植民政策」, 『梨大史苑』 27, 114쪽.
19   朝鮮總督府, 1940, 『施政三十年史』, 朝鮮總督府, 725쪽.
20   鎌田澤一郎, 앞의 글, 3쪽.
21   吉庄逸夫, 앞의 글, 69쪽.
22   朝鮮總督府, 1934, 앞의 글, 303쪽.

경제의 갱생을 도모하여 피폐 곤란한 반도 농촌의 진흥에 이바지 하는 중요한 의의를 가진" 사업이라고 평가하기도 했다.[23] 그런 의미에서 볼 때 면양사업은 북선개발과 농가경제안정이라는 당시 총독부의 주요정책들을 관통하는 사업이었다.

지금까지 살펴본 것처럼 면양장려계획은 양모 자급자족이라는 일본제국의 필요성과 북선개발 및 농가경제안정화라는 총독부의 필요성이 맞아 떨어져서 전개되었다고 볼 수 있다. 실제로 1934년 예산안을 승인받기 위해 이마이다(今井田淸德) 정무총감이 도쿄를 방문했을 때 다카하시 (高橋是淸) 대장상은 면양문제만을 가지고 수십 분을 허비하면서 자신의 생각을 말했을 정도로 면양사업은 일본정부 및 총독부에게 있어 중요한 국책사업이었다.[24] 따라서 1934년 많은 사업예산들이 대장성에 의해 크게 삭감되거나 거부되었음에도 불구하고 면양장려계획은 원안에 가깝게 통과되면서 본격적으로 면양정책이 시작되었다.[25]

---

23   1935,「緬羊獎勵事務打合會」,『朝鮮農會報』 9-2, 99쪽.

24   "지난날 다카하시 대장상은 예산문제에 대해서 지금 이마이다 정무총감과 회견했을 때, 특히 면양문제만 수십 분을 허비했다. 대장상이 이미 농상무성 농무국장 시대에 면양장려계획의 생각을 말했고, 그 성과를 올리는 것에 대해서는 주밀한 준비와 세심한 주의에 기초하여 쉽지 않는 노력이 요구됨을 설명했다. 본 계획에 대해서도 크게 자중을 구하고 편달을 더했다고 전해 들었다. 예산이 무사히 의회를 통과했을 때에는, 신년도를 계기로서 조선의 면양시대가 재현된다고 하는데 있어, 이 신흥산업에 대한 실천과정은 다카하시 상상의 말을 빌릴 것도 없이 신중한 발족을 하지 않으면 안된다"(鎌田澤一郎, 앞의 글, 5~6쪽).

25 「朝鮮明年度豫算中 新規事業全部削除」,『東亞日報』 1933. 12. 23,「明年度豫算 全額이承認」,『東亞日報』 1933. 12. 27.

3. 면양장려계획의 전개과정과 특징

1) 1차 면양장려계획: 동척 중심의 점진주의

「면양장려1기계획」(이하 1차 계획)은 면양사육에 적합한 서북선 6개도(황해, 평남, 평북, 강원, 함남, 함북)에서 우선적으로 실시한 이후 전국으로 확대시킬 방침 하에 수립되었다. 본 계획은 농가 1호당 5두의 부업면양을 사육하는 것을 주안으로 했으며, 장려 품종은 코리데일종(Corriedale)으로 결정했다. 다만 코리데일종만으로 단기간 증식하는 것은 당시 재정에 비춰볼 때 어려운 문제였다. 따라서 당장은 몽고종을 개량하여 사용하지만 계획완료 때 총 두수의 1.5%를 점유하는 데 불과할 정도로 점차 도태시켜 나가기로 했다.[26]

면양장려계획을 본격적으로 추진하기에 앞서 총독부는 서북선 6개도에서 증식 가능한 면양의 수를 조사했다. 우선 사료공급 상에서 볼 때 〈표 2〉에서 보이는 것처럼 생산 가능한 사료는 총 270만 관(貫)으로 이 중 절반이 기존에 소비되었기 때문에 135만 관의 잉여사료가 존재했다. 면양 1두가 1년간 250관의 사료를 소비한다고 가정할 때, 잉여사료의 1/2인 67만 관을 면양사료로 공용한다면 약 270만 두의 면양을 사육할 수 있었다. 다음으로 농가호수 기준으로 봤을 때 〈표 2〉에서 보이는 것처럼 서북선 6도의 농가호수는 106만 호에 달했는데, 이 중 절반인 53만 호의 농가가 면양을 사육할 수 있다고 총독부는 예상했다. 따라서 1호 5두라는 장려방침에 비춰 봤을 때 266만 두의 증식이 가능했다.[27]

---

26   朝鮮總督府, 1934, 앞의 글, 291쪽.

27   총독부는 사료 및 농가호수를 기준으로 한 예상치 중 최소치를 채택할 경우 234만 두의 면양 증식이 가능하다고 생각했다(朝鮮總督府, 1934, 위의 글, 296쪽).

〈표 2〉 사료공급 및 농가호수를 기준으로 한 서북선 6도 면양증식 가능 두수(단위: 千頭)

항목	사료공급 기준			농가호수 기준		
	잉여사료고 (千貫)	면양 사료고 (千貫)	가능 두수	농가호수 (千戶)	면양사육호수 (千戶)	가능 두수
두수	1,354	677	2,708	1,061	533	2,667

출처: 朝鮮總督府, 1934, 「朝鮮總督府緬羊奬勵第一期計畫」, 『朝鮮』 225, 296쪽.

위와 같은 조사는 과학적 방법에 의한 것이 아니라 기존 통계를 참고한 서류상의 계획에 불과했지만, 총독부는 이를 바탕으로 1963년까지 423만 두의 면양을 증식할 수 있다고 내다봤다. 다만 1차 계획은 면양증식에 필요한 기초 양을 확보하는 데 주안점을 두는 점진주의 방식을 표방했기 때문에 1934년부터 10년간 10만 두 증식을 목표로 한 소극적인 계획으로 수립되었으며, 예산은 매년 20만 엔으로 책정되었다.[28]

1차 계획은 종면양의 생산공급, 면양사육의 지도 감독, 민간면양의 보호장려를 주요 사업으로 하여 추진되었다. 우선 종면양의 생산공급을 위해 총독부는 국립종양장을 설치했다. 1934년 8월 11일 「조선총독부종양장관제(朝鮮總督府種羊場官制)」의 공포로 세포목양장이 폐쇄된 지 10년 만에 국립종양장이 다시 설치되었다. 조선총독부종양장은 종면양의 관리·개량·사육·배부를 담당했으며, 종양장장(種羊場長) 1명, 전임기사 1명, 전임기수 2명을 직원으로 두었다.[29]

국립종양장만으로 충분한 종면양공급이 어렵다고 생각한 총독부는 민간종양장 설치도 장려했다. 그러나 면양증식계획 실패 이후 민간면양사업은 크게 위축되어 있었고, 그나마 있던 민간목장들마저 경영난

28　朝鮮總督府, 1934, 위의 글, 290쪽.
29　「朝鮮總督府種羊場官制制定ノ件」, 『朝鮮總督府官報』, 1934. 0. 11.

으로 폐쇄되는 상황 속에서 민간종양장의 설치는 요원할 수밖에 없었다.[30] 위와 같은 상황에서 국책에 부응하여 대규모 종양장을 운영할 수 있는 기업은 조선 내에서 동양척식주식회사(東洋拓殖株式會社, 이하 동척)밖에 없었다. 동척은 이미 1933년 총독부의 북선개척 방침에 순응하여 경원목양장을 개설한 상태였다.[31] 총독부는 1차 계획 실시 이후 동척과「면양사업경영에 관한 협정」(이하「협정」)을 맺어 종면양의 수입·번식·배급기관으로서 역할을 수행할 것을 지시했다.「협정」은 동척이 연간 2,500두의 종면양을 수입하여 번식시킨 후 도·농회·개인목장 등에 배급할 것을 규정하고 있었다. 대신 총독부는 면양기술자를 동척에 알선하고 보조금을 교부하기로 했다.[32]

총독부는 종면양으로 사용할 코리데일종을 호주로부터 수입했는데 구매 알선은 주로 동척에서 담당했다.[33] 수입규모는 〈표 3〉에서 보다시피 연평균 2,615두에 달했으며 78%가 동척목장, 22%가 국립종양장·도종양장(道種羊場) 등에 수용되었다. 동척은「협정」에 따라 온성(1935), 훈융·곡산(1936)에 목양장을 추가로 설치하여 1936년까지 총 4개의 목장을 운영했다.[34] 수입 종면양의 대부분을 수용한 동척은 1936년 기준으

---

30 1934,「牧羊農民を養成」,『朝鮮農會報』8-5, 105쪽.
31 東洋拓殖株式會社, 1940,『東拓の緬羊事業』, 東洋拓殖株式會社, 1쪽.
32 東洋拓殖株式會社, 연도 미상,「緬羊事業」(국사편찬위원회 전자사료관 관리번호: AJP036_00C0021_029), 388~389쪽.
33 東洋拓殖株式會社, 연도 미상, 위의 글, 390쪽.
34 각 목양장의 위치 및 규모는 다음과 같다. 온성목양장: 함북 온성군 미포면 1,843정보 규모, 훈융목양장: 함북 온성군 훈융면 1,732정보 규모, 곡산목양장: 황해 신계군 사지면 1,126정보 규모. 1936년 이후에는 함북 경원군(제2경원목양장) 및 강원 평강군 (이목목양장)에 2개의 목장을 추가로 설립한다. 경원제2목양장(1937): 함북 경원군 경원면 1,792정보 규모. 이목목양장(1940): 강원 평강군 현내면 2,419정보 규모. 반면 1933년 설치한 경원목양장은 1940년에 이르러 일본육군 군마보충부 용지로서 징발되었기 때문에 폐쇄되었다(東洋拓殖株式會社, 1940, 앞의 글, 2쪽).

로 무려 6,301두를 사육하고 있었다.[35] 1935년 조선총독부종양장의 종면양이 417두에 불과하다는 사실을 염두에 둘 때 동척이 사실상 종양 배급기관의 역할을 수행했다고 볼 수 있다.[36] 동척은 수입한 종면양을 자사 목장에서 번식시킨 다음 2차 종양배급기관인 도종양장·군농회(郡農會) 등에 배급했다. 2차 배급기관은 종면양을 사육한 후 조선농가에 배급하여 면양의 번식을 도모했다.[37]

〈표 3〉 1934~36년간 종면양 수입 두수(단위: 頭)

| 연도 | 총 수입 두수 | 동척목장 수용두수 | | | | | 동척 이외 |
		경원(慶源)	온성(穩城)	훈융(訓戎)	곡산(谷山)	합계	
1934	2,328	2,247	-	-	-	2,247	81
1935	2,861	-	1,985	-	-	1,985	876
1936	2,656	-	-	1,458	462	1,920	736
합계	7,845	2,247	1,985	1,458	462	6,152	1,693
평균	2,615	749	662	486	154	2,051	564

출처: 東洋拓殖株式會社, 1940, 『東拓の緬羊事業』, 東洋拓殖株式會社, 4쪽.

다음으로 면양사육의 지도감독을 위한 면양기술원을 총독부 및 지방청에 설치했다. 우선 총독부에는 기수 2명 고원 1명, 지방청은 함북에 도기사(道技師) 1명, 서북선 6개도에 각각 도기수(道技手) 1명씩을 고용했다. 그밖에 국고보조에 의한 지방산업 기수를 서북선 6개도에 38명 증원하여 면양사육의 지도감독을 맡겼다.[38]

---

35   東洋拓殖株式會社, 1940, 앞의 글, 6쪽.
36   1936, 「西北鮮ニ於ケル緬羊飼養狀況」(국가기록원 관리번호: CJA0011236), 611쪽.
37   1935, 「緬羊獎勵事務打合會」, 『朝鮮農會報』 9-2, 101쪽.
38   朝鮮總督府, 1937, 「說明資料 其ノ二(緬羊增殖獎勵ニ關スル事務ノ爲ノ增員說明 等)」(국사편찬위원회 전자사료관 관리번호: AJP035_01_00C0179), 218쪽.

마지막으로 민간면양의 보호장려를 위해 면양사육장려금을 농회에 교부하여 면양의 구매와 예탁을 장려했다.[39] 농회는 사육 가능한 조선 농가를 조사하여 예탁한 후 지속적인 지도·관리를 통해 면양의 증식을 도모했다.[40] 예탁면양의 규모는 〈표 4〉에서 보이듯이 1936년 기준 1,149두에 달했는데 그중 91%인 1,048두를 농회에서 예탁했을 정도로 면양예탁은 농회가 주도하고 있었다.[41]

〈표 4〉 1935년 주체별 소유 및 예탁면양 두수(단위: 頭, %)

소유 주체	관청	공공단체	민간			합계	예탁수		
			동척	동척 외	소계		농회	기타	합계
면양 두수	565 (6)	2,374 (26)	4,674 (51)	1,593 (17)	6,267 (68)	9,206 (100)	1,048 (91)	101 (9)	1,149 (100)

출처: 1936, 「西北鮮二於ケル緬羊飼養狀況」(국가기록원 관리번호: CJA0011236), 612면; 東洋拓殖株式會社, 1940, 『東拓の緬羊事業』, 東洋拓殖株式會社, 7쪽.

1차 계획의 성과에 대해서는 〈표 4〉를 통해 살펴보도록 하자. 우선 대부분의 면양은 공공단체와 민간이 소유하고 있었는데, 그중에서도 민간의 비중이 68%로 매우 컸다. 하지만 민간 소유 면양의 대부분은 동척(51%)이 소유했으며, 조선농가가 사육하는 면양은 17%에 불과했다. 게다가 조선농가가 사육하는 면양 중 72%가 예탁면양이었을 정도로 직접 구매해서 사육하는 숫자는 매우 적었다. 조선농가 입장에서는 경험이 없는 면양사육을 선호하지 않았고, 할 경우에도 최대한 리스크를 회피하기 위해 직접 구매보다 예탁 방식을 선호했다.

---

[39]　1936, 「昭和十一年道國庫支辨緬羊獎勵補助金交付二關スル件」(국가기록원 관리번호: CJA0003140_0026900158), 617쪽.

[40]　1935, 「緬羊獎勵事務打合會」, 『朝鮮農會報』 9-2, 101쪽.

[41]　1936, 「西北鮮二於ケル緬羊飼養狀況」, 612쪽.

1차 계획은 점진주의를 표방하며 10년간 10만 두의 면양증식을 목표로 전개되었다. 1924년 면양증식정책 폐기 이후 10년간 면양정책이 부재했던 조선에서 급격한 증식보다 점진적으로 면양증식의 기초를 확립하고자 했던 것이다. 그러나 실제로는 농가에 면양사육의 풍토를 정착시키기보다 동척의 종면양 수입과 목장운영을 중심으로 전개되었기 때문에 면양사육의 기초를 확립하는 것은 한계가 있었다.

2) 2차 면양장려계획: 점진주의 폐기와 급속한 확충

1차 계획의 증식목표는 1934~36년간 7,775두, 12,930두, 19,328두였는데, 실제 달성률은 각각 70%, 73%, 63%로[42] 총독부 스스로 순조롭다고 평가할 만큼의 성적을 나타내고 있었다.[43] 위와 같은 상황에서 총독부는 면양사육을 서북선 6도에서 전국으로 확대하여 양모 생산의 증가와 농가경제의 안정화를 도모하고자 했다.[44] 따라서 1937년 기존의 면양장려계획을 확충한「면양장려확충계획」(이하 2차 계획)을 수립하여 더 강력한 면양증식을 전개해 나갔다.

2차 계획은 1차 계획의 점진주의를 폐기하고 15년간 50만 두의 면양을 급격히 확충하는 것을 목표로 했다. 내용은 크게 종면양 수입 확대, 면양기술원 증원, 민간면양 보호장려로 구성되었다. 우선 1차 계획 때 매년 2천여 두의 종면양을 수입하던 것을 확대하여 1937년에 6천 두, 1938~40년간 매년 8천 두, 1941년부터는 4천 두를 수입하기로 계획했다.[45] 종면양의 수입이 3~4배로 급격히 확대되자 총독부는 수입 종면

---

42   朝鮮總督府, 1934, 앞의 글, 292쪽.
43   朝鮮總督府, 1937, 앞의 글, 215쪽.
44   朝鮮總督府, 1937, 위의 글, 215쏙.

양을 수용할 수 있는 종양장 증설의 필요성을 느끼기 시작했다. 이에
따라 1937년 평안남도 순천군(順川郡)에 국립종양장이 추가되었다.[46]

국립종양장의 증설과 함께 동척도 경원 제2목양장을 증설하면서 총
5곳의 목장을 운영하게 되었다.[47] 동척목장의 수용력이 확대되면서 〈표
5〉에서 보이듯이 면양 사육두수가 1934년 2,474두에서 1938년 8,316두
로 크게 증가했다. 동척목장에서 배급하는 면양의 숫자도 1935년 629두
에서 1938년 3,252두로 급증하여 여전히 1차 종양배급기관으로서 역할
을 수행하고 있었다. 2차 계획에서는 면양의 배급을 조선뿐만 아니라
만주까지 확대하기로 결정했기 때문에 208~900두의 수컷 종면양(種牡羊)
을 만주로 배급했다. 이로써 조선은 일본제국에 종면양을 공급하는 중
요한 고리로서 부상했다.

〈표 5〉 1934~38년간 동척목양장 면양 사육 및 배급두수 추이(단위: 頭)

연도	사육두수	배급두수		
		조선	만주	합계
1934	2,474			
1935	4,674	629	13	642
1936	6,301	367		367
1937	8,239	1,633	208	1,841
1938	8,316	2,352	900	3,252

출처: 東洋拓殖株式會社, 1940, 『東拓の緬羊事業』, 東洋拓殖株式會社, 5~7면.

다음으로 면양기술원 역시 1차 계획에 비해 크게 증가했다. 기존의

---

45   朝鮮總督府, 1937, 위의 글, 220쪽.
46   朝鮮總督府, 1940, 앞의 글, 602쪽.
47   東洋拓殖株式會社, 1940, 앞의 글, 2쪽.

기술원만으로는 급격한 면양 확충에 따른 사무를 감당할 수 없었기 때문에 기사 1명, 촉탁 1명, 기수 2명, 고원 3명을 총독부에 증원하기로 계획했다.[48] 지방청에서도 1937년에 도기사 1명, 1938년에 도기사 4명, 도기수 7명, 지방산업 기수 51명을 추가로 증원하고자 했다.[49]

민간면양의 보호장려를 위한 조치들은 1차 계획과 거의 비슷했다. 우선 조선농가의 면양사육을 직접적으로 보조해주는 사업은 농회의 면양예탁이 유일했다는 점에서 1차 계획과 크게 다르지 않았다. 다만 양육이용장려·양모가공사업은 1차 계획에 비해 확대되었다. 총독부는 양육이용장려를 위해 기존의 소비선전 뿐만 아니라 지정양육상(指定羊肉商)을 조성하여 양육판매를 알선하도록 하고 그 대가로 3엔의 보조금을 교부했다. 또한 1938년부터 3개년간 생산되는 양육의 80%에 대해 양육출하운임 보조 명목으로 1두당 1엔의 보조금을 교부했다. 다음으로 1937~38년간 8개의 방모기(紡毛機)와 8개의 홈스펀기기를 설치하여 조선농가의 양모가공사업을 장려했다.[50]

마지막으로 〈표 6〉을 통해 2차 계획의 성과와 한계에 대해서 살펴보도록 하자. 우선 연간 20만 엔 정도로 추진되었던 1차 계획과 달리 2차 계획은 2배가량 증액되어 연간 42만 엔의 예산을 사용할 수 있었다. 그러나 내용적인 면에서는 종면양수입 관련 예산이 전체 96%를 차지했을 정도로 압도적이었다. 그런 의미에서 2차 계획의 예산증액은 종면양 수입증가(2천 두→6천 두)에 따른 수입비용의 증가였다고 볼 수 있다. 반면 직접대부를 통해 농가의 면양사육을 늘리는 면양사육장려 보조

---

48 朝鮮總督府, 1937, 앞의 글, 218쪽.
49 朝鮮總督府, 1937, 위의 글, 219쪽.
50 朝鮮總督府, 1937, 위의 글, 221쪽.

금은 1%에 불과했다. 이는 총독부가 동척에 면양사업 보조금으로 지불한 금액(128,141엔)에도 한참 미치지 못하는 소액이었다.[51]

〈표 6〉 1937년 면양사육장려 보조금 구성(단위: 圓, %)

항목	종양수입보조		종양육 성장용지 보조	양육장려 보조	양모 가공사업 조성	면양사육 장려	강습회 및 품평회 보조	면양단체 보조	합계
	종양구입 보조	양사설비 보조							
금액	368,400 (87)	35,206 (8)	2,400 (1)	4,580 (1)	3,632 (1)	5,915 (1)	1,200 (0)	3,000 (1)	424,333 (100)

출처: 朝鮮總督府, 1937, 「說明資料 其ノ二(緬羊增殖奬勵二關スル事務ノ爲ノ增員說明 等)」 (국사편찬위원회 전자사료관 관리번호: AJP035_01_00C0179), 222쪽.

점진주의를 폐기하고 급속한 확충을 표방한 2차 계획은 종면양 수입의 증가를 통한 양적확대를 추구했다. 반면 농가와 면양을 결합시키거나 면양사육의 안정성을 더하는 부분들에 대한 정책적 고려는 매우 적었다. 즉 2차 계획은 조선농가에 대한 직접적 보조 대신 동척에 보조금을 지급하여 면양을 수입하는 방법으로 면양을 증식시켰던 것이다. 이와 같은 방법은 양적으로는 어느 정도 효과를 볼 수 있었지만 면양사육의 안정성을 확보하는 것은 상대적으로 부족했다. 급격한 확충에만 급급하여 종면양 수입 중심으로 정책이 전개 된 결과 면양증식의 기초를 확립하는 데 어려움을 겪을 수밖에 없었다.

3) 3차 면양장려계획: 제국단위의 면양계획 수립

일본·조선·만주 등 주요 지역에서는 면양증식의 필요성을 공감하

---

[51] 東洋拓殖株式會社, 연도 미상, 앞의 글, 371쪽.

고 있었지만 제국 전체를 아우르는 통합적인 면양증식계획은 부재한 상태였다. 그러나 1937년 중일전쟁의 발발로 일본이 본격적인 전시체제로 돌입하면서 양모의 자급화가 중요한 사안으로 다시 부상했다. 1937년 일본 제국의 양모수요는 84만 표(俵)에 달했던 반면 공급은 2,500 표에 불과했다. 게다가 중일전쟁 발발로 군수용 양모수요가 급격히 증가하면서 전쟁수행에 필요한 21만 표의 양모를 조달하는 문제가 긴급한 상황이었다. 이에 물자동원 및 중요경제계획을 입안하던 기획원(企劃院)은 전쟁수행에 필요한 양모의 자급화를 위해 일본·조선·만주·북중국·몽고를 아우르는 「양모생산력확충대강계획」(羊毛生産力擴充大綱計畫, 이하 「양모계획」)을 1938년부터 계획하기 시작했다.[52] 「양모계획」은 군수용 양모생산에 필요한 면양 1천만 두를 일본 제국의 각 지역에 할당하여 생산하도록 하는 내용으로 구성되었다.[53]

다음으로 〈표 7〉, 〈표 8〉을 통해 「양모계획」 속에서 조선의 위치를 살펴보도록 하자. 1939년까지 일본(54%)과 조선(23%)은 제국 전체에서 가장 중요한 면양생산지였다. 그러나 1941년부터 두 지역의 비중이 점차 떨어지는 대신 만주·몽고·북중국의 비중이 점차 상승해 갔다. 만주·몽고·북중국은 초창기 치안문제로 생산력이 떨어졌지만 광활한 원야를 가지고 있기 때문에 잠재적 생산력이 높은 지역으로 평가 받고 있었다. 기획원은 위 지역의 통치가 안정화되면 생산력이 회복될 것으로 예상하고 대부분의 면양생산을 할당했다.[54]

52   1940, 「道畜産課長主任官會同」, 『朝鮮獸醫畜産學會報』 8-6, 17쪽.
53   企劃院, 1938, 「羊毛生産力擴充大綱計畫」(JACAR Ref: B05016226700), 372~375쪽.
54   企劃院, 1938, 앞의 글, 375쪽.

〈표 7〉 「양모생산력확충대강계획」에 의한 각 지역별 면양증식 할당 두수(단위: 千頭, %)

연차	일본	조선	관동주	만주국	북중국	몽고	합계
1939	180(54)	76(23)	4(1)	67(20)	2(1)	4(1)	336
1941	372(42)	170(19)	7(1)	193(22)	44(5)	89(10)	878
1943	664(29)	311(14)	13(1)	565(25)	247(11)	494(22)	2,297
1945	1,105(18)	518(8)	22(0)	2,643(42)	669(11)	1,338(21)	6,296

출처: 企劃院, 1938, 「羊毛生産力擴充大綱計畫」(JACAR Ref: B05016226700), 379쪽.

〈표 8〉 일본 제국권 종면양 공급 계획 두수(단위: 頭)

공급처	1939	1940	1941	1942	1943	1944	1945	1946
일본	7,325	10,500	12,250	26,070	23,718	28,542	34,097	41,517
조선	3,250	5,000	8,250	15,640	20,774	28,420	37,388	49,667
관동주				839	444	611	850	1,155
합계	10,575	15,500	20,500	42,549	44,936	57,573	72,335	92,339

출처: 〈표 7〉과 같음.

면양생산에서 조선이 차지하는 비중은 점차 하락해 갔던 반면 종면양 공급지로서의 위상은 점차 상승해 갔다. 〈표 8〉에서 보이는 것처럼 1943년까지는 일본의 종면양 공급이 조선보다 많았지만 1944년에 이르러서 양자는 거의 동률을 나타냈다. 1945년에 이르러서는 조선의 공급량이 일본을 앞서갔으며 계획 완료 때 조선은 일본 제국권 종면양 공급의 54%를 담당하는 위치까지 올라간다.

기획원은 조선에 면양생산지이자 종면양 공급지로서의 역할을 조선에 부여했고, 총독부는 「면양장려계획」(緬羊獎勵計畫, 이하 3차 계획)을 수립하여 이에 부응했다. 3차 계획은 1946년까지 65만 두의 면양과 10,300표의 양모 생산을 목표로 했는데, 이는 기획원의 계획을 그대로 조선에 적용한 것이었다.[55] 그리고 1948년까지 50만 두를 목표로 했던 2차 계획에 비해 기간은 더 짧아지고 증식할 두수도 늘어났기 때문에 보다 강력한 조치를 필요로 했다.

3차 계획은 크게 국립종양장 및 종양지장(種羊場支場)의 설치, 면양기술원의 증원, 민간면양 보호 장려를 핵심으로 하고 있었다. 우선 2개의 국립종양장을 추가로 설치하여 총 4개의 국립종양장을 운영하기로 했다. 또한 종양장지장 2개소를 설치하여 종모양의 육성 배부, 사료 재배, 민간면양 기술지도를 담당하게 했다.[56] 많은 시설비와 인건비를 필요로 하는 국립종양장의 설치가 현실적으로 어려운 상황에서 지장을 늘리는 방법으로 부족한 종양장 문제를 해결하고자 한 것이었다. 그밖에 국비보조에 인한 종양육성장(種羊育成場)을 설치하여 면양 증식에 필요한 종양을 육성하고 배급하는 역할을 수행하도록 했다.[57]

다음으로 총독부 및 지방청에 소속되어 있는 면양기술원도 크게 증원되었다. 총독부에는 사무관 1명, 기사 2명, 촉탁 1명, 기수 4명, 고원 3명을 증원하기로 했다. 지방청에는 1940년까지 추가로 도기사 11명(평북, 평남, 강원, 황해 및 남선 7개도), 도기수 7명(경기, 충북 충남, 전북, 전남, 경북 경남), 지방산업기수 182명(전국)을 증원하기로 했다. 이처럼 3차 계획의 기술원의 증원규모는 2차 계획을 훨씬 압도하는 것이었고, 증원지역도 기존 서북선 6도를 벗어나 전국으로 확대되었다.[58]

면양기술원 증원 사업에서 제일 주목해야 할 것은 면양사육지도원

55   朝鮮總督府, 1941, 「增産計劃 等 調書」(민족문제연구소, 2001, 『日帝下 戰時體制期政策史料叢書』 81, 한국학술정보, 245쪽에서 재수록)
56   朝鮮總督府, 1941, 「朝鮮總督府種羊場官制中ヲ改正ス」(JACAR Ref: A02030272600), 11~13쪽.
57   朝鮮總督府, 1941, 위의 글, 14쪽.
58   朝鮮總督府, 1941, 앞의 글, 13~14쪽.

의 설치이다. 기존 설치한 중앙 및 지방청의 면양기술자들로는 농가에 대한 직접적인 실지지도가 부족할 수밖에 없었고, 이로 인해 면양사육 기술의 보급이 매우 지체되고 있었다.[59] 총독부는 위와 같은 부분을 보완하기 위해 제1선지도원인 면양사육지도원을 1940~43년간 1,732명 설치하여 농가의 면양사육을 지도하도록 했다.[60] 그러나 1943년 목표면양두수가 31만 두라는 점 염두에 둘 때 1명 지도원이 180두의 면양을 담당하기 때문에 지도의 밀도는 여전히 떨어질 수밖에 없었다. 게다가 계획지역의 확대에 따라 지도원이 전국으로 분산되면서 이와 같은 곤란은 더욱 가중되었다. 후술하겠지만 면양지도원 설치에도 불구하고 사육지도의 부족문제는 현장에서 끊임없이 반복되었다.

다음으로 민간 면양 보호 장려가 양적으로 크게 확충되었다. 우선 종면양 수입은 2차 계획까지 연간 6천 두를 수입했지만 3차 계획에서는 연간 17,100두로 크게 증가했다.[61] 수입한 종면양은 〈표 9〉에서 보이는 것처럼 동척목장, 도종양장, 군농회 종양장, 군농회로 배급되었는데, 군농회의 대부가 65~75%로 가장 높았고 그 다음 동척목장이 10~23%를 차지하고 있었다. 2차 계획까지는 동척이 1차 배급기관으로서 종면양 수입 및 배급을 주도했지만 3차 계획에 들어와서는 그 지위를 군농회에 넘겨주었다. 군농회는 수입량의 12% 정도만 자체 종양장에서 사육하고 나머지는 65%정도는 곧바로 개인목장 및 조선농가에 대부·예탁했다. 특수종양장에서 수입종면양을 사육하던 1·2차 계획과 달리 3차 계획은 조선농가의 직접사육을 늘리는 방향으로 전개되었다. 즉 수입

59   1935, 「緬羊獎勵事務打合會」, 『朝鮮農會報』 9-2, 103쪽.
60   朝鮮總督府, 1941, 앞의 글, 14쪽.
61   朝鮮總督府, 1941, 위의 글, 14쪽.

종면양을 직접생산자인 조선농가에 곧바로 대부하여 면양사육을 정착
시키고 이를 통해 면양 증식을 도모하고자 했던 것이다.

〈표 9〉 1939~45년간 수입 종면양 배급 예정표(단위: 頭, %)

연차	동척목장	도종양장	군농회 종양장	군농회	합계
1939	1,020(10)	510(5)	1,020(10)	7,560(75)	10,110(100)
1941	4,000(23)		2,000(12)	11,100(65)	17,100(100)
1943	4,000(23)		2,000(12)	11,100(65)	17,100(100)
1945				17,100(100)	17,100(100)

출처: 朝鮮總督府, 1941,「朝鮮總督府種羊場官制中ヲ改正ス」(JACAR Ref: A02030272600),
19쪽.
비고: 동척목장은 1940년 이후 조선축산주식회사 목장으로 변경.

〈표 9〉에서 살펴본 것처럼 국립종양장의 증설과 군농회의 역할 강화
로 인해 종양배급기관으로서 동척의 위상은 점점 하락했다. 게다가 동
척은 조선지역의 경험을 바탕으로 몽고지역에서의 면양장려계획을 주
도하는 역할을 부여받았기 때문에 더이상 조선의 면양사업에 대해 집
중하기 어려웠다.[62] 따라서 1940년 동척은 면양사업 부분을 정리하여
조선축산주식회사(朝鮮畜産株式會社)에 넘기고 몽고지역의 면양장려계획에 집
중하게 된다.[63]

마지막으로 3차 계획의 예산을 나타내는 〈표 10〉을 통해 성과와 한
계에 대해서 살펴보도록 하자. 우선 전체 예산은 1940년 77만 엔, 1941

---

62 東洋拓殖株式會社, 1939, 「9.其他ノ(26)東拓ノ緬羊改良増殖事業ニ關スル件」(JACAR
Ref: B06050258600), 20쪽.
63 다만 조선축산주식회사의 대주주가 동척이었기 때문에 동척은 조선의 면양사업에
간접적으로 참여하고 있었다고 볼 수 있다(朝鮮畜産株式會社, 1939, 「東拓ノ朝鮮畜
産株式會社引受ニ關スル件ノ分割1」(JACAR Ref: B06050224500), 106쪽).

년 89만 엔으로 연간 44만 엔에 불과했던 2차 계획에 비해 상당 부분 증액되었다. 각 항목별로 살펴보면 종양수입 관련 항목이 각각 85%, 73%로 여전히 가장 높은 비중을 차지했다. 이와 같은 사실은 1·2차 계획과 마찬가지로 3차 계획 역시 종양수입을 통한 급속한 증식을 중심 축으로 하여 전개되었음을 의미했다.

〈표 10〉 1940·1941년 면양사육장려보조금 내역(단위: 圓, %)

연차	종양 수입 관련		면양사육 장려금	기술원 설치비	기타	합계
	종양 수입비	양사 설비비				
1940	622,842(80)	39,603(5)	28,520(4)	68,000(9)	18,362(2)	777,327
1941	622,842(69)	39,603(4)	114,820(13)	103,900(12)	16,762(2)	897,927

출처: 1940-朝鮮總督府, 1941, 「朝鮮總督府種羊場官制中ヲ改正ス」(JACAR Ref: A02030272600), 23~24쪽. 1941-朝鮮總督府, 1941, 「增産計劃 等 調書」(민족문제연구소, 2001, 『日帝下戰時體制期政策史料叢書』 81, 한국학술정보, 246쪽에서 재수록).

하지만 2차 계획 때 6천 엔에 불과했던 면양사육장려금이 각각 2만8천 엔, 11만4천 엔으로 급격히 증가했다는 점을 주목할 필요가 있다. 왜냐하면 농가예탁을 목적으로 농회에서 면양을 구매할 경우 구매비를 보조해주는 면양장려금의 증액은 농가의 면양사육 증가로 이어질 수 있기 때문이다. 농가의 면양사육을 지도해주는 기술원의 설치비가 새롭게 추가되어 1940~41년간 9%, 12%를 차지하고 있다는 점도 같은 맥락에서 볼 수 있다. 기술원이 증원되어 조선농가에 대한 실지지도를 밀도 있게 한다면 면양사육의 안정성을 담보할 수 있기 때문이다. 즉 면양사육장려금과 지도원설치비의 증가는 직접생산자인 조선농가의 생산성을 높일 수 있는 조치로 단순히 종면양 수입에만 집중했던 이전 계획과는 차별성이 존재했다.

그러나 여전히 종면양 수입을 증식의 기초로 삼고 있다는 점에서 면양증식의 지속성을 담보하기 어려웠다. 또한 예탁을 통해 면양을 양적으로 증가시킬 수 있었지만, 소유권과 결합되지 않았기 때문에 사육관리가 상대적으로 불철저할 수밖에 없었다.[64] 그리고 면양지도원을 증원했음에도 불구하고 현장에서는 농가의 면양지식이 부족하다는 평가가 계속 나올 정도로 원활한 지도가 이뤄지지는 못했다.[65] 따라서 면양사육의 재생산구조 자체는 여전히 취약할 수밖에 없었다.

4. 면양장려계획의 한계로 보는 식민지 개발

1) 면양장려계획의 수량적 검토

이번 장에서는 면양통계에 대한 수량적 검토를 통해 면양장려계획의 목표 달성 여부와 그 원인에 대해서 분석해보도록 하겠다. 우선 〈그림 1〉에서 보이듯이 1943년까지 면양의 실제 증식추이는 3만 8천 두에 불과하여 목표를 달성하는 데 실패하고 말았다. 1943년 기준으로 10만 두를 목표로 한 1차 계획에는 그나마 근접하였으나 이 역시 실제보다 2.7배나 많았고, 20만 두를 목표로 한 2차 계획은 5.2배, 30만 두를 목표로 한 3차 계획은 8배의 차이를 나타냈다. 이처럼 계획과 실제의 추이는 상당히 큰 격차를 보였다.

---

64 축우의 경우이기는 하지만 소유한 가축에 비해 예탁한 가축의 사육관리가 불량한 경우가 많았고, 그로 인해 예탁 가축들은 쉽게 폐사하는 사례가 많았다(德永幸久, 1933, 「朝鮮牛の改良增殖に就て」, 『朝鮮の畜産』 12-1, 33쪽).

65 1943, 「道畜産課長竝に畜産主任官事務打合會」, 『朝鮮獸醫畜産學會報』 11-6, 29쪽.

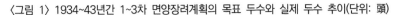

〈그림 1〉 1934~43년간 1~3차 면양장려계획의 목표 두수와 실제 두수 추이(단위: 頭)

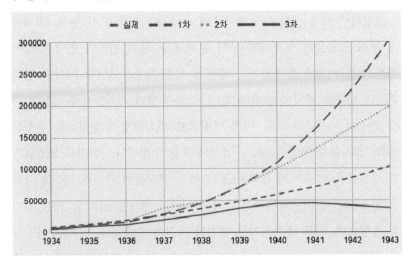

출처: 1차 – 朝鮮總督府, 1934, 「朝鮮總督府緬羊獎勵第一期計畫」, 『朝鮮』 225, 292면; 2차 –
　　　朝鮮總督府, 1937, 「緬羊獎勵擴充計畫要綱」, 216쪽; 3차 – 朝鮮總督府, 1941, 「朝鮮總
　　　督府種羊場官制中ヲ改正ス」(JACAR Ref: A02030272600), 17면; 실제 – 朝鮮總督府, 각
　　　연도판, 『朝鮮總督府統計年報』, 朝鮮總督府.

　　그렇다면 위와 같은 격차가 발생한 이유는 무엇일까? 총독부는 3~8
세의 암컷 면양을 출산 가능한 번식빈양(繁殖牝羊)으로 삼은 후 생산율을
90%로 가정하는 계산식을 바탕으로 목표량을 산출했다.[66] 위 계산식의
핵심은 기초가 되는 번식빈양을 최대한 빠르게 증가시키는 점에 있었
다. 번식빈양의 증가는 해외로부터의 면양수입과 새끼 암컷 면양(仔牝羊)
이 3세까지 성장하는 것을 통해 가능했다. 즉 본 계획은 최대한 많은
양을 수입하고 생산하면서 동시에 폐사하지 않도록 사육관리를 철저
히 한다는 전제하에서 성립된 것이다. 실제로 총독부는 면양의 폐사율

66　　朝鮮總督府, 1941, 앞의 글, 17쪽.

을 5%로 가정했을 정도로 사육·관리에 자신감을 나타냈다.[67]

그렇다면 실제 생산율과 폐사율의 추이는 어떠했을까? 우선 〈표 11〉을 통해 생산율의 실제 추이부터 살펴보자. 현재 면양의 연령을 보여주는 것은 1939년 통계뿐이기 때문에 이를 기준으로 3세 이상의 암컷 면양의 비중을 파악할 수밖에 없다.[68] 위 통계에 의하면 3세 이상의 암컷 면양의 비중은 84%로, 이를 바탕으로 번식빈양의 숫자(B)를 추정한 다음 실제 출산 면양수(C)로 나눠 생산율을 추정했다. 그 결과 1939년까지 생산율은 40~50%에 불과했고 그 이후 생산율이 증가해 76%를 나타냈다. 1939년까지는 계획에서 근거로 삼았던 생산율(90%)에는 한참 미치지 못했으며, 이후 증가하기는 했지만 여전히 부족했다. 이처럼 면양장려계획은 생산율을 지나치게 높은 수치로 삼았기 때문에 실제보다 생산력을 과대평가하는 오류를 범할 수밖에 없었다.

〈표 11〉 1934~43년간 면양 생산율 추이(단위: 頭)

연차	1934	1935	1936	1937	1938	1939	1943
암컷면양(A)	4,772	7,977	10,443	17,418	23,387	32,993	30,655
번식빈양추정두수 (A×0.84=B)	4,008	6,701	8,772	14,631	19,645	27,714	25,750
생산두수(C)	1,557	2,845	3,714	7,683	10,280	12,950	19,484
생산율(C/B)	39%	42%	42%	53%	52%	47%	76%

출처: 朝鮮總督府, 각 연도판, 『朝鮮總督府統計年報』, 朝鮮總督府.

다음으로 〈표 12〉를 통해 폐사율의 실제 추이를 살펴보도록 하자.

---

67 朝鮮總督府, 1941, 위의 글, 17쪽.
68 企劃院, 1940, 「沼和十五年度牛産力擴充實施計畫」(민족문제연구소, 2001, 『日帝下 戰時體制期 政策資料叢書』 76, 한국학술정보, 752쪽에서 재수록).

총독부가 예상했던 5%의 폐사율과 달리 실제는 더 높은 수치를 나타내고 있었다. 1940년까지는 11~26% 정도의 폐사율을 나타냈는데, 이는 총독부 예상치의 2~5배를 넘는 수치였다. 게다가 1941년 이후에는 폐사율이 급격히 상승하여 예상치의 8배인 40%에 달했다. 1940년대 생산율이 증가했음에도 불구하고 〈그림 1〉에서 보이는 것처럼 면양두수가 하강국면으로 진입하는 이유 역시 폐사율의 급격한 증가가 큰 원인으로 작용했다.

〈표 12〉 1934~43년간 면양 폐사율 추이(단위: 頭)

연차	1934	1935	1936	1937	1938	1939	1940	1941	1942	1943
면양두수(A)	5,473	9,388	12,143	19,952	27,405	37,957	45,002	45,485	42,011	38,081
폐사두수(B)	1,074	1,070	2,453	3,182	4,149	6,370	11,832	18,511	17,479	16,420
폐사율(B/A)	20%	11%	20%	16%	15%	17%	26%	41%	42%	43%

출처: 朝鮮總督府, 각 연도판, 『朝鮮總督府統計年報』, 朝鮮總督府.

또한 이는 3차 계획을 통해 면양지도원을 크게 증원하여 실지지도를 강화했음에도 불구하고 지도효과를 거두지 못했음을 의미했다. 점진주의 방침을 폐기한 이후 급속한 확충 위주로 계획이 전개 된 결과 면양사육의 안정성이 크게 위협받았던 것이다. 실제로 1%에 불과한 축우 폐사율과 비교해 볼 때 면양 폐사율은 상대적으로 매우 높은 수치를 나타내고 있었다.[69]

수량적 분석 결과 총독부는가 조선의 면양 생산율을 과대평가하고

---

69   朝鮮總督府, 각 연도판. 『朝鮮總督府統計年報』, 朝鮮總督府.

폐사율을 과소평가했음을 밝혀 낼 수 있었다. 면양장려계획이 실제와 큰 괴리를 나타낼 수밖에 없던 이유는 위와 같은 평가에 기초하여 계획을 수립했기 때문이다. 민간전문가였던 히로토(廣戶茂吉)[70]는 가장 현실적이었던 1차 계획 조차 "금후 10개년간 10만 두로 증식한다고 하는 것은 자못 곤란한 것"이라고 냉정하게 진단했다.[71] 반면 총독부는 1차 계획에 대해 "일견 과소한 감이 없지 않다"라고 할 정도로 조선의 면양생산력을 과신하고 있었다.[72]

　면양생산력에 대해 과대평가했던 것은 일본정부도 마찬가지였다. 기획원에 의해 일본 제국 단위의 면양장려계획이 수립되었을 당시 북중국 일본영사관은 계획안에 대해 "자연적 · 경제적 · 사회적 특수 사정으로 인해… 목적 달성이 매우 곤란"하다는 의견을 전달했다.[73] 조선과 마찬가지로 북중국에서도 현지의 제반 조건을 고려하지 않은 채 일본 제국 수요에 의해 무리하게 할당한 계획의 현실성 부족 문제가 지적되고 있었다. 조선의 면양 생산율과 폐사율이 계획과 큰 격차를 나타냈다는 사실은 조선의 제반 조건이 면양사업에 적합하지 않는다는 것을 의미할 가능성이 높았다. 그러나 일본 제국의 수요에 부응하기 위해 혹은 북선 개척이라는 정책적 목표 달성을 위해 면양장려계획은 무리하게 추진되었다. 그 결과 종면양 수입을 중심으로 한 양적 확충에 급급한 나머지 면양생산의 안정성과 지속성을 확보하는 데 실패하고 말았다.

70　廣戶茂吉는 東京兼松商店 전무 취체역으로서 1907년 히토츠바시 고상(高商)을 졸업한 후 울(wool) 연구를 위해 호주에 20년간 거주했던 양모전문가이자 업계의 권위자였다(廣戶茂吉, 1934, 「濠州の緬羊事業と朝鮮の牧羊」, 『朝鮮農會報』 8-7, 33쪽).

71　廣戶茂吉, 앞의 글, 34쪽.

72　朝鮮總督府, 1934, 앞의 글, 291쪽.

73　企劃院, 1938, 앞의 글, 394쪽.

2) 면양장려계획의 실패 요인 분석

앞 절에서 살펴본 것처럼 면양장려계획은 낮은 생산율, 높은 폐사율로 인해 총독부가 설정한 목표량을 달성하지 못했다. 그렇다면 조선의 면양이 낮은 생산율과 높은 폐사율은 나타낸 이유는 무엇이었을까? 본 절에서는 이를 환경적 · 사회적 · 경제적 요인으로 구분하여 살펴보도록 하겠다.

(1) 환경적 요인

면양장려계획 수립 당시 총독부 농정관료들은 세 가지 이유에서 조선의 환경이 면양사육에 적합하다고 생각했다. 첫 번째 이유는 강우와 강설(降雪)이 비교적 적다고 생각했기 때문이다.[74] 면양은 습기를 싫어하기 때문에 강우량이 많을 경우 부제병(腐蹄病)에 걸리기 쉬우며, 발육이 나빠지고 번식률도 떨어진다.[75] 강설이 많으면 2~3월에 이르러서도 풀이 나오지 못해 전체적으로 방목 기간이 줄어든다.[76] 방목 기간이 줄면 사사(舍飼) 기간이 증가하여 사료비가 상승하고 면양이 운동부족으로 비만이 될 가능성이 높다.[77] 사료비 상승은 채산성의 악화를 비만은 임신 불량 및 질병을 초래한다.[78] 위와 같은 이유들로 인해 보통 건조하고 강우 · 강설이 적은 지역들이 면양사육의 최적지가 되었다. 북선은 연

---

74   朝鮮總督府, 1934, 앞의 글, 289쪽.
75   油井垈治, 앞의 글, 16쪽; 鎌田澤一郎, 앞의 글, 154쪽.
76   小泉竹藏, 1936,「羊毛の品質より見たる朝鮮緬羊飼育の情況と之れが批判」,『朝鮮農會報』10-7, 34쪽.
77   大谷一彌, 1934,「緬羊の奬勵と生産物の處理方法に就て」,『朝鮮農會報』8-2, 48쪽.
78   鎌田澤一郎, 앞의 글, 154쪽.

중 강수량이 600~700mm로 일본(1,403mm)과 조선 전국(1,042mm)에 비해 상당히 적은 편이었다.[79] 따라서 총독부 농정관료들은 북선이 면양사육에 적합한 지역이라고 판단하여 서북선 6개도를 우선적 대상으로 하여 면양장려계획을 실시했던 것이다.

하지만 막상 면양사육을 직접 수행해본 결과 현지에서는 조선의 기후·풍토가 예상과 달리 "면양사업지로서 호적지가 아니다"라는 이야기들이 나오기 시작했다.[80] 동척의 보고에 의하면 ① 겨울의 긴 추위 ② 비교적 많은 폭풍일수 ③ 연속되는 여름 강우 ④ 안개 발생 등으로 인해 245일을 예상했던 방목일수가 실제로는 100일 정도밖에 되지 않았다.[81] 따라서 사사 기간이 연장되어 사료비가 증대하고 면양의 운동부족 및 영양불량을 초래했다. 그 결과 동척 스스로 "창업 이래 업적을 내세울 만한 게 없다"라고까지 평가할 정도로 불량한 성적을 나타냈다.[82] 북선의 기후는 총독부의 예상과 달리 면양사육에 적합하지 못했고 이로 인해 면양사육은 많은 어려움을 겪을 수밖에 없었다.

총독부가 조선을 면양사육의 최적지로 판단한 두 번째 이유는 사료가 비교적 풍부하다고 생각했기 때문이다.[83] 〈표 2〉에 의하면 총독부는 서북선 6도에서 생산되는 사료로 270만 두의 면양사육이 가능하다고 생각했다. 그러나 기본적으로 조선은 집약적 농업이 발달하여 목초지가 부족했고, 지가(地價)가 비싸기 때문에 사료수급이 쉽지 않았다.[84]

---

79   大谷一彌, 앞의 글, 49쪽.
80   東洋拓殖株式會社, 연도 미상, 앞의 글, 377쪽.
81   東洋拓殖株式會社, 연도 미상, 위의 글, 378쪽.
82   東洋拓殖株式會社, 연도 미상, 위의 글, 377쪽.
83   朝鮮總督府, 1934, 앞의 글, 289쪽.
84   大谷一彌, 앞의 글, 48~49쪽.

실제로 조선의 면양은 좋은 목초를 공급받지 못했기 때문에 전체적으로 영양상태가 매우 불량하며 양모의 질도 떨어진다는 평가를 받고 있었다.[85] 더욱이 1939년 대한해(大旱害)가 발생한 이후에는 조사료(粗飼料)[86]의 불량화, 농후사료(濃厚飼料)[87]의 식량화, 쌀겨(米糠)의 감산, 만주산 사료의 수입 감소 등으로 인해 사료공급이 더욱 악화되면서 면양사육에 커다란 타격을 주었다.[88] 이처럼 총독부의 예상과 달리 조선농가는 면양사육에 필요한 사료공급에 많은 어려움을 겪고 있었기 때문에 다수의 면양들이 영양불량 및 질병에 취약할 수밖에 없었다.

마지막으로 장려품종인 호주산 코리데일종[89]이 조선의 환경에 쉽게 적응할 것이라고 생각했다. 총독부가 코리데일을 장려품종으로 정한 이유는 모육겸용종(毛肉兼用種)으로 이용범위가 넓고, 생산한 양모가 일본인의 기호에 적합하며, 풍토에 대한 적응성이 강하고 번식능력이 큰 품종으로 알려졌기 때문이었다.[90] 하지만 호주산 코리데일 면양을 직접 수입하여 사육했던 동척은 수입종 대부분이 조선 특유의 계절 격변에 적응하지 못해 폐사가 많고 성육율(成育率)이 낮았을 뿐만 아니라 양모 생산량이 적고, 품질 또한 조악했다고 보고했다.[91] 이론과 달리 실제

---

[85] 小泉竹藏, 앞의 글, 31쪽.

[86] 조사료는 섬유질이 풍부하고 수분이 많으며 일반적으로 용적이 큰 것에 비해 영양분 포함이 적은 사료이다. 대표적으로 목초, 건초, 짚, 근채류 등이 있다(鎌田澤一郎, 앞의 글, 155쪽).

[87] 농후사료는 농산물 혹은 농업부산물로서 섬유질이 적고 용량에 비해 영양분을 함유한 것이 높은 사료이다. 대표적으로 옥수수, 쌀겨, 대두박, 콩 등이 있다(鎌田澤一郎, 앞의 글, 155쪽).

[88] 1940, 「道畜産課長主任官會同」, 『朝鮮獸醫畜産學會報』 8-6, 18쪽.

[89] 코리데일종은 뉴질랜드 원산의 품종으로 대표적인 毛肉兼用種이다. 무뿔을 보통으로 하고 평균 産毛量은 암컷 3~4kg, 수컷 4~5kg이다. 기후 및 환경에 대한 적응력이 강한 품종으로 알려져 있다(鎌田澤一郎, 앞의 글, 107쪽).

[90] 1935, 「緬羊獎勵事務打合會」, 『朝鮮農會報』 9-2, 100쪽.

현장에서는 급격한 환경변화에 적응하는 데 어려움을 겪었던 것이다.

환경적 요인을 종합해보면 총독부의 조선환경에 대한 이해부족, 이론과 실제의 괴리 등의 문제가 주목된다. 총독부는 조선의 자연환경을 매우 정형화 한 형태로 이해했고 자신들의 면양이론을 여기에 끼워 맞추려고 했다. 그 결과 계획이 실제로 옮겨졌을 때 환경 조건과 맞지 않은 결과들이 발생했고, 이에 대한 별다른 대책을 찾지 못한 채 영양불량, 폐사 등의 위기에 직면할 수밖에 없었다. 이러한 문제가 초래 된 근본적인 원인은 시험사육이나 연구 없이 1934년 갑작스럽게 면양장려계획을 실시했다는 점에 있었다. 1924년 행·재정정리로 조선에서 면양정책이 증발되어 버린 후 10년간 면양연구 경험이라고는 조선의 환경에 적응 된 몽고양이 전부였다. 따라서 총독부는 수많은 시행착오와 함께 값비싼 수업료를 지불할 수밖에 없었다.

(2) 사회적 요인

면양장려계획 수립 당시 총독부가 조선을 면양사육의 적지로 판단한 이유 중 하나는 "농가는 고래(古來) 축우를 잘 길들여서, 목양을 가르치기가 비교적 쉬울 것"이라는 점에 있었다.[92] 축우사육에 뛰어난 모습을 보여준 만큼 면양사육에도 쉽게 적응할 수 있다고 생각했던 것이다. 하지만 조선에서는 면양사육의 관습이 없었기 때문에 이에 적응하는 데 많은 어려움을 겪을 수밖에 없었다.[93] 1918년대 면양증식계획을 담

---

91   "母羊의 쇠약을 초래하여 폐사가 많고 또 양모생산량이 적고 또 품질이 조악했다. 그리고 仔羊은 노약함을 면치 못하여 성육 비율이 현저히 저하되었다"(東洋拓殖株式會社, 언도 미상, 앞의 글, 378쪽).

92   朝鮮總督府, 1934, 앞의 글, 289쪽.

당했던 유이(油井坐治)는 조선에서 면양이라는 새로운 가축을 사육한다는 것이 쉽지 않은 일이며 적응하기까지 상당한 시간이 필요하다고 우려했다.[94] 민간전문가인 히로토(廣戶茂吉) 역시 면양이 조선인들에게 친숙하지 못한 가축이기 때문에 성과를 거두기까지 많은 희생과 노력이 필요할 것이라 조언했다.[95]

실제로 1기계획이 시작된 후 총독부에서 개최한 '면양장려사무타합회(緬羊奬勵事務打合會)'에서 "(면양은) 신규 가축이기 때문에 당초는 의외의 지장(支障)에 조우하지 않을 수 없다"라는 이야기들이 나오고 있었다.[96] 이에 농림국장 와타나베는 타합회 석상에서 "무경험한 농가로써 이에 담당하게 하는 관계상 그 장려 때에는 가장 주도(周到)한 지도를 가할 필요"가 있다면서 실지지도 강화를 통해 위와 같은 문제를 해결하고자 했다.

하지만 총독부의 지도강화에도 불구하고 많은 조선농가들이 면양사육에 어려움을 겪고 있었다. 1940년대 개최 된 '도(道)축산과장주임관회동'에서는 "사육의 실의(失宜)에 의한 영양불량"으로 인해 생산율, 육성율, 폐사율 모두 "계획에 비하여 현저한 차이가 있어 예기의 성적을 거둘 수 없는 실정"이라며 현재 성적을 매우 비관적으로 봤다. 그 원인에 대해서는 농가의 면양에 대한 낮은 이해와 지도원의 부족 때문이라고 분석하고 있었다.[97] 1943년 개최된 회의에서도 마찬가지로 면양사육에

---

93 鎌田澤一郞, 앞의 글, 93~95쪽.
94 "최초로 그것이 익숙해질 때까지 상당한 시간을 요하는 것으로, 호주 같이 현재 세계에 있어서 가장 왕성한 면양사육지조차도, 최초 사육만큼은 상당의 고심과 시간을 쏟은 사정이 있다"(油井坐治, 앞의 글, 15쪽).
95 "특히 인민에게 도무지 감이 잡히지 않는 생물로, 친숙함이 적어 면양의 증식에 대해서 완전한 성과를 거두기에는 다대의 희생과 노력을 필요로 하는 것은 물론, 부단의 각오를 요하는 것입니다"(廣戶茂吉, 앞의 글, 34쪽).
96 1935, 「緬羊奬勵事務打合會」, 『朝鮮農會報』 9-2, 103쪽.
97 1940, 「道畜産課長主任官會同」, 『朝鮮獸醫畜産學會報』 8-6, 20쪽.

대한 농가지식의 부족으로 인해 면양사육이 충분히 보급되지 못하고 있다고 평가했다.[98] 면양지도원 설치에도 불구하고 지도 부족 문제는 끝까지 해결되지 못했던 것이다.

면양을 사육하기 위해서는 종양의 선정, 양사 및 운동장 설치, 사료 급여, 종부 및 분만, 포유·이유, 전모(剪毛), 위생 등에 많은 신경을 기울여야 했다.[99] 따라서 기존에 사육하던 가축들과 다른 특성을 가진 면양에 익숙하지 못한 조선농민들은 사육에 어려움을 겪을 수밖에 없었다. 실제로 경주종양장의 보고에 의하면 조선농가에서 기르는 면양들은 전체적으로 수척하고 살이 찌지 않는 등 영양상태가 좋지 못한 것으로 나타났다.[100] 심지어 조선 내에서 가장 큰 규모의 목장을 보유하고 있는 동척마저 면양에 익숙하지 못해서 새끼양의 육성이나 종면양의 영양관리, 기타 사육관리에 실패하여 다수가 폐사되기도 했다.[101] 이처럼 동척조차도 어려운 면양사육을 자본 및 기술이 없는 조선농가에서 실시하기란 쉽지 않은 일이었다.

면양의 사육관리가 어렵다보니 사육농가 자체가 많지 않았다. 1943년 기준으로 면양사육농가는 4,749호였는데 이는 전체 농가의 1/641에 불과했고, 서북선 6도를 기준으로 할 경우에도 1/273에 미치지 못했다.[102] 이는 축우사육농가가 전체 농가의 1/2에 달한다는 점과 비교해 볼 때 매우 큰 차이였다.

98   1943, 「道畜産課長竝に畜産主任官事務打合會」, 『朝鮮獸醫畜産學會報』 11-6, 29쪽.
99   鎌田澤一郎, 앞의 글, 145~182쪽.
100   慶州種羊場, 1943, 「農家の緬羊は何故に肥らないのか」, 『朝鮮獸醫畜産學會報』 11-10, 38쪽.
101   東洋拓殖株式會社, 연도 미상, 위의 글, 378쪽.
102   朝鮮總督府, 1943, 『朝鮮總督府統計年報』, 朝鮮總督府

조선농가가 면양을 사육하지 않은 이유는 관습상의 문제도 있었지만 영농조직과 결합되지 못했다는 점도 컸다. 조선의 축산은 하나의 산업으로 존재하는 것이 아니라 농업과 결합해서 존재했다. 하지만 면양의 경우 농업노동력의 제공이 불가능 했고, 고기는 기호에 맞지 않아 거의 소비되지 않았으며, 시장에 판매하여 현금화하기도 쉽지 않았다. 면양은 오직 양모를 제공하는 것 이외에는 이용가치가 상당히 떨어졌기 때문에 농업에 유기적으로 결합하기 어려웠다.

게다가 면양은 다른 가축에 비해 목초의 공급이 매우 중요했다. 경주종양장의 실험에 의하면 목초 급여 여부에 따라 면양의 영양 상태에 큰 차이를 보이는 것으로 나타났다.[103] 하지만 대부분의 조선농가는 목초지를 보유하기가 쉽지 않았고 기왕의 사료도 다른 가축과 경합했다. 또한 공유지의 개발과 전통적 용익권 부정으로 사료의 공급처는 계속 축소되었다. 즉 면양사육은 농가 입장에서 농업과 유기적으로 결합되지 않아 장점이 적었던 반면, 농가가 갖기 어려운 요소들을 필요로 했다. 그런 의미에서 볼 때 면양은 조선의 농업스템에 부적합했다.

사회적 요인을 종합해보면 조선농가의 면양사육 관습 부재와 영농조직과의 미결합이 주목된다. 총독부가 농가 부업식 사육을 주요한 생산형태로서 채택한 이상 증식 여부는 조선농가의 생산력에 달려 있었다. 하지만 면양사육은 조선의 사회적 관습 및 영농형태와 맞지 않기 때문에 농가가 생산력 증진을 기대하기 힘들었다. 이처럼 면양장려계획은 조선의 사회적 제반 조건을 고려하지 않은 채 양모자급과 북선개발이라는 정책적 목적을 위해서 추진되었기 때문에 목표한 성과를 얻을 수 없었다.

---

103   慶州種羊場, 앞의 글, 39쪽.

(3) 경제적 요인

총독부가 농가경제 안정화 수단으로 면양사육을 장려한 이유는 면양생산물 판매로 인해 현금수입이 클 것이라 예상했기 때문이었다.[104] 계획 수립 단계에서 그 근거가 되었던 것은 바로 〈표 13〉이다. 〈표 13〉에서 보이듯이 코리데일종 면양 1두를 사육할 경우 수입은 23.5엔, 지출은 13.4엔이기 때문에 10.1엔 정도의 순이익을 얻을 수 있다. 총독부는 농가 1호당 5두씩의 면양사육을 할 경우 연간 50.5엔의 수입을 올릴 수 있을 것이라 예상했다.[105]

〈표 13〉 코리데일종 면양사육의 경제성 조사(단위: 圓, %)

수입	양모	양비(羊肥)	새끼양 판매	폐양대금	수입계(A)	수지(B-A)
	4.2(18)	1.9(8)	16(68)	1.4(6)	23.5(100)	
지출	사료비	양사 상각비	면양 상각비	구입 이자	지출계(B)	10.1
	5(37)	0.3(2)	4.8(36)	3.3(25)	13.4(100)	

출처: 朝鮮總督府, 1934, 「朝鮮總督府緬羊獎勵第一期計畫」, 『朝鮮』 225, 303쪽.

수입과 지출의 각 항목을 자세히 살펴보면 우선 지출의 경우 사료비가 37%, 면양 감가상각비가 36%, 구입비 이자가 25%로 3가지 항목이 차지하는 비중이 비슷했다. 반면 수입의 경우 새끼양 판매 대금이 68%로 양모(18%), 양비(8%)에 비해 압도적으로 높은 비중을 차지하고 있었다. 면양사육은 새끼양을 많이 낳고 그 사육관리를 철저히 해야만 안정적으로 유지 될 수 있는 구조였다.

---

104   朝鮮總督府, 1934, 앞의 글, 289쪽.
105   朝鮮總督府, 1934, 앞의 글, 290쪽.

그러나 총독부가 출산율을 90%, 폐사율을 5%로 예상했던 것과 달리 앞서 살펴본 것처럼 실제 출산율은 50%, 폐사율은 20~40%에 달했다. 따라서 면양사육경제의 핵심이 되는 새끼양의 판매가 예상과 달리 원활하지 않을 가능성이 높았다. 함경북도 산업기사였던 오오타니(大谷一彌)는 "면양사육의 채산점을 과대하게 견적해서는 목양사업의 견실성을 결코 바랄 수 없다. 새끼양의 공급은 일시적인 것으로 가끔 예상외의 수입이 있다고 해도, 장래의 목양채산점의 기준을 여기에 두는 것은 매우 불안정하다고 볼 수 있다"며 당시 존재하던 경제조사들에 대해 크게 비판했다.[106] 조선처럼 면양의 생산율이 낮고 폐사율이 높은 지역에서는 면양사육경제의 기초를 새끼양 판매에 두는 것은 오오타니의 말처럼 대단히 불안정할 수밖에 없었다. 총독부의 기초조사는 이와 같은 높은 리스크를 계산하지 않고 경제성을 기계적으로 산출했기 때문에 면양사육의 이익이 실제보다 과대평가될 가능성이 높았다.

새끼양 판매뿐만 아니라 양모 판매 역시 실제로는 많은 어려움을 겪고 있었다. 조선의 양모는 ① 튼튼하지 않음, ② 색(色)이 바램, ③ 길이가 짧음, ④ 산출량이 적고 오염이 심함 등의 이유로 인해 가치가 낮다는 평가를 받았다.[107] 또한 개별 농가에서 부업식으로 생산하기 때문에 품질의 통일도 결여되어 있어 공업용으로 사용하기도 어려웠다.[108] 따라서 조선농가에서 생산하는 양모 중 소수의 우량한 것만 공업용 원료로서 사용되고 대다수의 조악한 것은 가내수공업인 홈스펀가공에 의한 가공생산품으로 활용됐다.[109] 조선농가 입장에서 원모(原毛)를 판매하

106   大谷一彌, 앞의 글, 49쪽.
107   小泉竹藏, 앞의 글, 31~33쪽.
108   1935, 「緬羊獎勵事務打合會」, 『朝鮮農會報』 9-2, 103쪽.
109   1936, 「緬羊飼育獎勵計畫(忠北)」, 『朝鮮農會報』 10-1, 88쪽.

지 못하더라도 홈스펀가공을 통한 판매 루트가 존재했던 것이다. 하지
만 홈스펀가공은 많은 노동력이 소모되고 가공기술 및 홈스펀 설비 시
설을 필요로 했기 때문에 양모가공처리에 익숙하지 않는 조선농가에
겐 쉽지 않은 일이었다.

면양사육의 경제성 문제는 비단 조선농가만의 문제가 아니었다. 〈표
14〉에서 보이듯이 동척의 면양목장도 매년 11~18만 엔 정도의 적자를
나타내고 있었다. 물론 동척목장은 종양배급기관이라는 특수성이 있기
때문에 곧바로 비교하기는 어렵지만, 지출 및 수입내역의 구성은 〈표
13〉의 조사내역과 크게 다르지 않다는 점, 매년 10만 엔 정도의 보조금
을 총독부로부터 보조받았다는 점을 염두에 둘 때 면양사육의 수익성은
분명 낮았다고 볼 수 있다.[110] 실제로 동척이 1940년 면양사업을 청산했
을 때 누적 적자 규모는 60만 엔에 달했다.[111] 면양사업은 동척 스스로
"희생"이라고 표현했을 정도로 수익을 내기 쉽지 않은 사업이었다.[112]

〈표 14〉 1935~37년간 동척면양목장 수지 내역(단위: 圓)

연도	수입(A)	지출(B)	B-A
1935	123,697	241,082	-117,385
1936	244,274	389,758	-145,484
1937	109,292	291,980	-182,688

출처: 東洋拓殖株式會社, 연도 미상, 「緬羊事業」(국사편찬위원회 전자사료관 관리번호:
AJP036_00C0021_029), 367쪽.

경제적요인을 종합해보면 면양사육의 경제성에 대한 총독부의 과대

---

110   東洋拓殖株式會社, 연도 미상, 앞의 글, 371쪽.
111   朝鮮畜産株式會社, 1939, 앞의 글, 113쪽.
112   朝鮮畜産株式會社, 1939, 위의 글, 113쪽.

평가와 높은 리스크가 주목된다. 면양사육은 양모생산 및 처리의 어려움, 영농조직과의 괴리 등으로 인해 얻을 수 있는 이익은 제한되었던 반면 낮은 출산율과 높은 폐사율로 인해 초래되는 리스크는 매우 높았다. 따라서 면양사육의 경제성을 과대평가했던 총독부의 예상과는 달리 조선농가는 익숙지 않은 면양 사업에 뛰어들기가 쉽지 않았다.

5. 맺음말

1930년대 보호무역주의의 강화와 조선의 농업공황은 국제수지의 악화와 농가경제의 파탄이라는 위기를 초래했다. 일본정부와 총독부는 이러한 위기를 극복하기 위한 하나의 방법으로서 면양에 주목했다. 면양사육은 양모의 자급자족을 통한 무역적자 완화, 고지대개발에 의한 북선개발, 현금수입을 통한 농가경제의 안정을 가져다줄 수 있는 중요한 산업으로 각광받았다. 따라서 총독부는 1934년 북선개척사업의 일환으로 3차에 걸친 면양장려계획을 추진했다.

1차 계획은 점진주의를 표방하며 10년간 10만 두의 증식을 목표로 1934년 서북선 6개도에서 실시되었다. 총독부는 국립종양장을 설치하여 종면양의 생산 및 배급을 도모하는 동시에 동척과 「협정」을 맺어 호주로부터 종면양을 수입했다. 동척은 1차 배급기관으로서 수입한 종면양을 목장에서 사육하다 민간에 공급했다. 동척이 사육하는 면양이 조선 전체의 51%에 달했을 정도로 1차 계획은 동척을 중심으로 전개되었다.

2차 계획은 1차 계획에서 표방했던 점진주의를 폐기하고 급격한 확충을 내세우며 15개년간 50만 두를 목표로 1937년부터 실시되었다. 우선 종면양 수입을 기존 2천여 두에서 8천여 두까지 확대했다. 종면양

수입이 크게 증가함에 따라 국립종양장과 동척목장을 증설했다. 종면양의 배급은 여전히 동척을 중심으로 이뤄졌으며 배급지역은 만주까지 확대되었다. 또한 면양기술자도 1차 계획에 비해 크게 확충했으며 양육이용 및 양모가공사업이 보다 확대되었다. 그러나 급속한 확충을 표방한 2차 계획은 면양의 급격한 증식을 위해 종면양 수입에만 의존했다. 그 결과 면양사육의 기초를 확립하는 데 소홀히 하였고 이로 인해 면양사육의 안정성을 담보하지 못했다.

3차 계획부터는 기획원이 제국단위에서 수립한 「양모계획」의 할당량에 맞춰 계획을 조정하면서 추진되었다. 1939년 시작된 3차 계획은 1946년까지 65만 두의 면양증식을 목표로 했다. 이를 위해 국립종양장·종양지장·종양육성장을 설치했으며, 군농회 주도아래 종면양의 생산과 배급을 도모했다. 면양사육의 기초 확립에 소홀했던 2차 계획의 단점을 보완하기 위해 1,732명에 달하는 면양지도원을 설치했고, 민간의 면양사육을 보조하는 면양사육장려금을 크게 증액시켰다. 그러나 위와 같은 노력에도 불구하고 여전히 면양사육의 안정성은 개선되지 못했다.

1943년까지 증식한 면양은 38,000두에 불과하여 목표량에 크게 미달했다. 계획 수립 당시 총독부는 90%의 생산율과 5%의 폐사율을 기초로 목표량을 산정했지만, 실제 수행과정에서 나타난 생산율은 50%에 불과한 반면 폐사율은 20~40%에 달했다. 이와 같은 낮은 생산율, 높은 폐사율은 면양사육이 총독부의 예상보다 훨씬 불안정했다는 것을 의미했다.

면양사육이 불안정한 이유는 크게 환경·사회·경제적 요인으로 구분할 수 있다. 첫째 환경적 요인은 조선환경에 대한 이해 부족, 이론과 실제의 괴리를 들 수 있다. 이로 인해 계획 실제로 옮겨졌을 때 조선의 환경과 맞지 않는 결과들이 발생했고, 총독부는 대책을 찾지 못한 채 영양 불량, 폐사 등의 위기에 직면했다. 둘째 사회적 요인은 조선농가의 면양사육 관습 부재와 영농조직과의 미결합을 들 수 있다. 농가 부업식 면양사육이 주요한 생산형태였음에도 불구하고 조선의 사회·문화와 맞지 않았기 때문에 생산력 증진을 기대하기 어려웠다. 셋째 경제적 요인은 면양사육의 경제성에 대한 총독부의 과대평가와 높은 리스크를 들 수 있다. 면양사육으로 인해 조선농가가 얻을 수 있는 이익은 총독부의 예상보다 제한적이었던 반면 낮은 출산율과 높은 폐사율로 인한 리스크는 매우 높았다. 따라서 조선농가는 면양사업에 쉽게 참여하기 어려웠고 이는 면양증식에 악영향을 미쳤다.

지금까지 살펴본 것처럼 면양장려계획은 근대적 제도·자본·기술과 함께 조선 고유의 환경·사회·문화 등도 고려하면서 추진되어야 했다. 즉 조선의 자연환경에 가장 적합한 품종과 사육방법을 채택하고, 영농조직과 결합시킬 수 있는 방안들을 고민하는 동시에 농가가 면양에 익숙해질 때까지 점진적으로 추진될 필요가 있었다. 그러나 총독부는 조선 고유의 환경·사회·문화 등을 크게 고려하지 않았고 투입요소의 증가를 통한 급격한 확충만을 추구했다. 그 결과 면양사육의 불안정성이 증폭되었고 목표 달성에 실패하고 말았다. 이처럼 조선의 농업환경, 영농조직, 사육관습 등의 제반 조건을 경시한 채 무리하게 추진되었던 면양장려계획은 한계를 노정할 수밖에 없었다.

논문 출처

2020, 「일제하 면양장려계획(1934~1945)의 전개과정과 식민지개발」, 『한국문화』 89.

참고
문헌

1. 자료

『東亞日報』.
『文敎の朝鮮』.
『朝鮮』.
『朝鮮總督府官報』.
『朝鮮農會報』.
『朝鮮獸醫畜産學會報』.
『朝鮮の畜産』.
『朝鮮總督府統計年報』.

鎌田澤一郎, 1934, 『緬羊及緬羊事業研究』, 朝鮮總督府.
東洋拓殖株式會社, 1940, 『東拓の緬羊事業』, 東洋拓殖株式會社.
小早川九郎, 1960, 『(補訂)朝鮮農業發達史 發達編』, 友邦協會.
朝鮮總督府, 1940, 『施政三十年史』, 朝鮮總督府.

企劃院, 1938, 「羊毛生産力擴充大綱計畫」(JACAR Ref: B05016226700).
東洋拓殖株式會社, 1939, 「9.其他ノ(26)東拓ノ緬羊改良增殖事業ニ關スル件」(JACAR
        Ref: B06050258600).
朝鮮畜産株式會社, 1939, 「東拓ノ朝鮮畜産株式會社引受ニ關スル件ノ分割1」(JACAR
        Ref: B06050224500).

朝鮮總督府, 1937, 「說明資料 其ノ二(緬羊增殖獎勵ニ關スル事務ノ爲ノ增員說明等)」(국사편찬위원회 전자사료관 관리번호: AJP035_01_00C0179).

朝鮮總督府, 1941, 「朝鮮總督府種羊場官制中ヲ改正ス」(JACAR Ref: A02030272600).

1936, 「西北鮮ニ於ケル緬羊飼養狀況」(국가기록원 관리번호: CJA0011236)

1936, 「昭和十一年道國庫支辨緬羊獎勵補助金交付ニ關スル件」(국가기록원 관리번호: CJA0003140_0026900158).

국사편찬위원회 우리역사넷(http://contents.history.go.kr).

2. 저서

민족문제연구소, 2001, 『日帝下 戰時體制期政策史料叢書』 81, 한국학술정보.

안승택, 2009, 『식민지 조선의 근대농법과 재래농법』, 신구문화사.

제임스 C. 스콧(전상인 옮김), 2010, 『국가처럼 보기』, 에코리브르.

3. 논문

안유림, 1994, 「1930年代 總督 宇垣一成의 植民政策」, 『梨大史苑』 27.

03 일제시기 사회간접자본의 구축과 토지 수용

이명학

1. 머리말

용지의 확보는 식민지 개발의 첫걸음이었다. 기업자(起業者)의 수중에 토지가 없으면, 모든 게 헛수고였다. 그러나 시장을 통한 토지의 취득은 결코 쉬운 일이 아니었다. 보다 낮은 가격에 토지를 취득하려는 매입자와 충분한 이윤을 얻으려는 매도자의 욕망은 협상 과정에서 충돌을 거듭했다. 계획된 사업의 지체는 비용적인 측면의 손실과 더불어 문명화에 기댄 식민 통치의 정당성을 훼손하는 중차대한 사안이었다. 이에 조선총독부는 용지문제를 해결하기 위한 장치를 고안했다. 공익적 성격을 지닌 사업을 추진하는 기업자가 필요한 토지를 임의로 확보할 수 있는 토지수용제도가 그것이었다. 1911년에 도입된 토지수용제도[1]는 사적 소유권의 절대성을 법적으로 무력화하면서 사업비용을 줄이고 기공식을 앞당기는 일석이조의 효과를 창출했다.

따라서 식민지 자본주의 체제의 작동 방식과 개발의 의미를 이해하기 위해서는 토지수용제도에 대한 탐구가 선행되어야 한다. 지금까지 연구는 「토지수용령(土地收用令)」의 식민지성과 특정 시기의 사건을 소재로 한 운영 방식을 분석했다.[2] 그런데 기존 연구는 세 가지 측면에서 재검토가 요구된다. 첫 번째는 인식의 확장이다. 이전까지 하나의 법률에 기초한 토지수용제도는 1940년에 들어서 이원적 체계로 나아갔다. 그러므로 「토지수용령」 이외에 총동원체제기에 신설된 법령[「토지공작물관리사용수용령(土地工作物管理使用收用令)」]까지 시야에 넣을 필요가 있다. 두 번째는 내재적인 접근이다. 당대의 일본 법령과 비교하는 방법론은 「토지수용령」의 외형적 특징을 드러내기에는 유용하지만, 근원적인 성격을 규명하는 데에는 한계가 있다. 토지 수용이 일으킨 사회적 파장에 다가가려면 강제성을 구현하는 제도의 내적인 특징이 다각도로 고찰되어야 한다. 세 번째는 전체적인 추이의 분석이다. 토지수용제도에 내포된 경향성의 도출은 전 기간에 걸친 흐름이 통계적으로 해명될 때 비로소 가능하다.

　　이 글은 일제시기 사회·경제적 개발의 디딤돌로 기능한 토지수용제도의 특징과 적용 추이를 분석하려고 한다. 특히 후자와 관련해서는

1　일제시기에 시행된 토지수용제도는 두 가지 종류가 있었다. 하나는 1911년에 제정된 「토지수용령」이고 다른 하나는 1940년에 도입된 「토지공작물관리사용수용령」이었다[『朝鮮總督府官報』(제령 제3호, 1911년 4월 17일); 『朝鮮總督府官報』(부령 제123호, 1940년 5월 10일)]. 이 중에서 「토지수용령」은 해방 이후에도 계속해서 법적 효력을 유지하다가 1962년 1월 15일 법률 제965호로 「土地收用法」이 입안되면서 역사 속으로 사라졌다(부칙).

2　廣瀬貞三, 1999, 「朝鮮における土地收用令: 1910~20年代を中心に」, 『新潟國際情報大學情報文化學部紀要』 2; 2010a, 「植民地期朝鮮における羅津港建設と土地收用令」, 『環日本海研究年報』 17; 2010b, 「植民地期朝鮮における萬頃江改修工事と土地收用令」, 『福岡大學研究部論集 A. 人文科學編』 10-3; 2013, 「南朝鮮鐵道工事と土地收用令」, 松田利彦·陳姃湲 編, 『地域社會から見る帝國日本と植民地: 朝鮮·臺灣·滿洲』, 思文閣出版; 고태우, 2019, 「일제하 토건업계와 식민지 개발」, 연세대학교 사학과 박사학위논문, 제5장 제3절.

조선총독의 인정 → 지방장관(이하 도지사로 통칭)의 재결 → 조선총독의 재정으로 이루어진 세 가지 절차 가운데 첫 번째 단계인 인정에 주목한다.[3] 대상은 『조선총독부관보(朝鮮總督府官報)』의 「광고(廣告)」와 「토지수용공고(土地收用公告)」 가운데 신규 부분을 정리한 〈부표 1~5〉이다.[4] 시기는 일부 지역으로 국한된 「토지수용령」의 시행 범위가 여러 차례의 개정을 통해 전국으로 확대되는 1917년과 조선 경제의 초점이 농업에서 공업으로 전환되는 동시에 이전과 다른 형태의 사회간접자본 건설이 발현되는 1934년을 기준으로 삼아 형성기 – 확장기 – 전환기로 구분한다. 이를 기반으로 제2장에서는 토지수용제도의 정비 과정과 구조적 특성을 살펴본다. 제3장에서는 시기별로 「토지수용령」이 적용된 사업의 주체, 지역, 종류를 세밀하게 검토한다.

2. 토지수용제도의 정비와 관계인 권리의 무력화

1) 수용 범위의 확대와 제한성의 철폐

대한제국을 강제로 병합한 일제 앞에 놓인 시급한 과제는 사회간접자본의 건설이었다. 식민지 자본주의의 토대를 공고히 하고 균질적인

---

[3] 나머지 두 절차는 인정 이후에 나타나는 파생적인 범주로서 인정과는 성격이 다르기 때문에 별도의 연구 과제로 다루고자 한다.

[4] 목록 수집은 국사편찬위원회에서 제공하는 한국사데이터베이스의 검색시스템을 이용했다. 여러 해 동안 수정 작업을 거친 만큼 한국사데이터베이스를 기초 사료로 활용해도 큰 무리는 없다고 판단이 된다. 한편 『朝鮮總督府官報總索引』을 사용한 히로세 데이조(廣瀬貞三, 1999, 앞의 논문)의 통계와 〈부표〉을 비교하면 상당한 건수 차이가 발견된다. 기존 연구의 수치는 수정되어야 한다.

통치력을 행사하려면 일본과 조선, 또는 조선 내부의 시공간적 연결성을 강화할 필요가 있었다. 통감부 설치 이후 응급적인 수준에서 진행[5]된 사회간접자본의 구축은 조선총독부 설치와 더불어 본격적인 단계에 들어갔다. 조선총독부는 항만, 철도, 도로의 건설·개량에 관한 종합 계획을 수립했다. 골자는 다음과 같았다. 항만은 지역별 거점 항구인 부산, 인천, 진남포, 원산 등지의 항구를 대대적으로 확충한다. 철도는 압록강교량을 준공하고 호남선, 경원선, 함경선을 개통하여 간선 철도의 골격을 완성하며, 기존 노선을 보수한다. 도로는 1917년도까지 차량이 통행할 수 있도록 1~2등 도로를 수축하고 경성의 시가를 정리한다.[6]

조선총독부의 교통기관정비계획은 1차 관문을 무난히 통과했다. 일본 군부와 내각은 '선만일체(鮮滿一體)'로 대변되는 일원적인 동북아시아 지배와 쌀의 수송·이출에 필수적인 기간 시설의 건설을 적극적으로 지지했다.[7] 그런데 문제는 실행 국면에 개재하는 2차 관문이었다. 대규

---

5   러일전쟁을 배경으로 경부선(1904년 말), 마산포선(1905년 10월), 경의선(1906년 4월)을 시급히 부설한 일제는 1906년부터 군사·경제적으로 중요한 도로의 개수와 11개 항구에 대한 세관·항만 설비의 구축을 시작했다(朝鮮總督府 鐵道局, 1928, 『朝鮮の鐵道』, 朝鮮總督府 鐵道局, 1~2쪽; 朝鮮總督府 內務局, 1931, 『朝鮮港灣要覽』, 朝鮮總督府 內務局, 8~9쪽; 朝鮮總督府, 1937, 『朝鮮土木事業誌』, 朝鮮總督府, 91~93쪽).

6   朝鮮總督府 鐵道局, 1915, 『朝鮮鐵道史』, 朝鮮總督府 鐵道局, 1~6쪽; 朝鮮總督府, 1915, 『朝鮮施政ノ方針及實績』, 朝鮮總督府, 384~396쪽. 강제 병합 이전부터 일본 육군은 대한제국의 열악한 도로 상태를 문제시하는 가운데 군사 교통의 측면에서 군용차량의 통과에 지장이 없을 정도로 도로와 교량을 최대한 넓게 축조해야 한다는 의견을 강하게 피력했다(1910, 「韓國內道路改修ノ件」(아시아역사자료센터, C03023028200), 287~293쪽).

7   10개년에서 5개년으로 공사 기한이 축소된 경원선·호남선의 부설과 자의적인 운영이 가능한 형태로 제정된 「朝鮮事業公債法」(법률 제18호, 1911년 3월 21일)이 본보기였다(「朝鮮 開發의 方針」, 『매일신보』 1911. 2. 23). 1910년대 일본 육군의 대륙 침략 구상과 데라우치 마사타케(寺內正毅)의 조선 통치 방침, 「조선사업공채법」의 운영 과정에 나타난 특징에 대해서는 北岡伸一, 1978, 『日本陸軍と大陸政策: 1906~1918年』, 東京大學出版會; 이형식, 2019, 「조슈파 데라우치 마사타케(寺內正毅)와 조선 통치」, 『역사와 담론』 91; 박우현, 2020, 「1910년대 조선사업공채 정책의 전개와 난맥상」, 『한국근현대사연구』 93 참조.

모 토목사업에 요구되는 부지의 매수는 자산 가치를 다른 무엇보다 중시하는 사회의 풍조 속에서 우여곡절을 겪었다. "자기의 조금한 이익"을 위해 공공적 성격의 토목사업을 방해하지 말고 "당국에서 상당한 처분을 행하면 이에 대하여 잘 복종"하라는 조선총독부의 명령에도 불구하고 "공공사업의 방해자"[8]는 사회간접자본의 건설이 추진될 때마다 어김없이 등장했다. 민족을 불문한 지주 집단은 소유권을 절대시하는 자본주의 시장 논리에 기초하여 정당한 대가를 보장받기 전까지 공사가 예정된 토지의 매매를 한사코 거부했다.

대표적인 사례가 경성의 시구 개수였다. 이 사업은 울퉁불퉁하고 협소한 경성 도심부의 간선 도로를 격자 형태로 정비하는 식민 통치의 기본 과업이었다. 조선총독부는 통감부 시절의 계획을 이어받아 주요 노선의 확장 공사에 착수했다. 출발은 남대문 – 남대문정거장 구간이었다. 조선총독부는 1910년 6월부터 도로 연변에 토지를 보유한 지주와 교섭에 돌입했다. 그러나 기공은 차일피일 미뤄졌다. 양측의 매매 협상이 원만히 타결되지 않았던 탓이다. 결국 이 사업은 조선총독부의 의지와 달리 대부분의 지주가 매매에 합의하는 1911년 7월이 지나서야 공사가 시작되었다.[9] 그 밖에 황금정통 도로 개수에 사용되는 부지는 1911년 1월까지 협상을 마무리할 예정이었는데, 1년이 더 흐른 1912년 3월까지도 교섭이 끝나지 않았다. 실제로 황금정통 도로의 확장은 토지문제가 완전히 해결되는 1912년 하반기부터 본격화되어 그해 말에

---

8   「土地所有者의 注意」, 『매일신보』 1912. 5. 14; 持地六三郎, 1912, 「京城の市區改正に就て」, 『朝鮮及滿洲』 63, 朝鮮及滿洲社, 24쪽.

9   「南門道 確定」, 『대한매일신보』 1910. 6. 3; 「道路 擴張 起工」, 『황성신문』 1910. 8. 19; 「南大門道路 中止」, 『매일신보』 1910. 9. 28; 「土地收用 裁決案」, 『매일신보』 1911. 10. 31.

준공을 보았다.[10]

> 장래에 경성의 일부 시구를 개정함은 물론이거니와 우(右)에 대한 제일 착
> 수로 당국자는 목하 토지수용법을 기초 중인데, 대략 탈고되었은즉, 조사·
> 개정 후 다음 달 11월 말이나 12월 상순경에 발포되리라더라.[11]

지주의 이익 추구가 사회간접자본의 구축을 지속적으로 방해하는 상황은 통치력을 약화시키고 산업 개발을 저해하는 중요한 문제였다. 이에 한정된 예산 속에서 개발이 예정된 지역의 급등한 토지가격을 온전히 수용할 수 없는 처지[12]의 조선총독부는 위의 인용문처럼 직접적으로는 경성의 시구 개수, 간접적으로는 여타의 토목사업을 계기로 삼아 새로운 해결책을 고안했다.[13] 공익을 명분으로 사익을 규제하는 토지수용제도의 도입이 바로 그것이었다. 조선총독부는 1911년 「토지수용령」을 제정하여 "공공의 이익이라고 할 수 있는 사업을 위해 필요할 때"에는 "토지를 수용하거나, 혹은 사용할 수(제1조) 있는 법적 장치를 신설하고 다음과 같이 세부 규정을 마련했다.

---

10 「銅峴路 整理 完了期」, 『매일신보』 1911. 12. 9; 「銅峴道路의 買收」, 『매일신보』 1912. 3. 16; 「街路工事의 進步」, 『매일신보』 1913. 2. 25. 조선총독부가 총괄한 경성 시구 개수의 전개 과정과 의미에 대해서는 염복규, 2009, 「1910년대 전반 京城 도심부 간선도로망의 형성 과정과 의미」, 『사학연구』 96 참조.

11 「土地收用法 起草」, 『매일신보』 1910. 10. 29.

12 1911, 「京城本町通の道路擴張に就て」, 『朝鮮及滿洲』 43, 朝鮮及滿洲社, 51쪽.

13 「道路規則」, 「道路修築標準」이 「토지수용령」과 같은 날에 공포되었다는 점을 근거로 「토지수용령」의 제정 목적이 도로정책의 원활한 수행에 있었다고 판단한 기존 연구(廣瀬貞三, 1999, 앞의 논문, 2쪽)의 추론은 인용문에 비추어 보면 대체로 합리적이다. 다만 사회간접자본의 건설과 관계된 불협화음은 같은 시기 경성 이외의 지역, 예를 들어 경원철도가 지나가는 양주군과 항만 공사가 추진 중인 부산에서도 발생했다(「地段價 支給 協議」, 『매일신보』 1910. 11. 3; 「釜山의 土地收用令 施行」, 『매일신보』 1911. 9. 22). 따라서 「토지수용령」의 입안 배경으로 도로라는 하나의 요소에 집중하기보다는 사회간접자본과의 전체적인 관련성에 주목해야 한다

첫째, 적용 대상은 다섯 가지였다. ① 국방과 기타 군사에 관한 사업 ② 관청과 관공서의 건설에 관한 사업 ③ 교육, 학예, 자선에 관한 사업 ④ 철도, 궤도, 도로, 교량, 하천, 제방, 사방, 운하, 용악수로(用惡水路), 유지(溜池), 선거(船渠), 항만, 부두, 수도, 하수, 전기, 가스, 화장장에 관한 사업 ⑤ 위생, 측후(測候), 항로 표식, 방풍, 방화, 수해 예방, 기타 공용의 목적으로서 국가나 공공단체에서 시설하는 사업 등이 여기에 해당했다(제2조). 둘째, 시행 지역은 조선총독이 수시로 정하는 점진주의가 채택되었다(부칙). 「토지수용령」을 전면적으로 실시할 때에 나타나는 사회적 부작용을 최소화하는 한편으로 자율적 선행으로 포장할 수 있는 기부 행위의 강요를 통해 토목사업에 사용되는 부지의 확보가 어느 정도 가능했던 까닭이다.[14]

〈그림 1〉 토지 수용의 제도적 절차

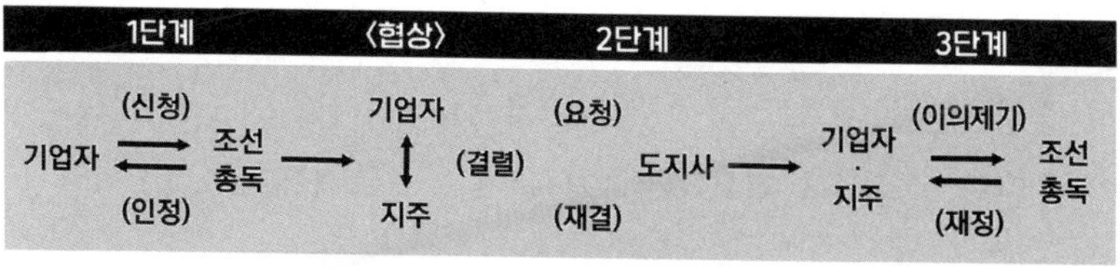

출처: 『朝鮮總督府官報』(제령 제3호, 1911년 4월 17일).

셋째, 수용 절차는 〈그림 1〉과 같이 세 단계로 이루어졌다. 1단계는 기업자가 신청서를 제출하면, 조선총독이 사업의 적절성을 판단하여

---

[14] 朝鮮總督府, 1913, 『朝鮮總督府施政年報』, 朝鮮總督府, 193쪽. 1910년대 조선총독부는 주요 간선 도로를 정비하는 제1기 치도사업을 시행하면서 조선인의 토지를 기부라는 명목으로 사실상 '몰수'했다(廣瀬貞三, 1997, 「1910年代の道路建設と朝鮮社會」, 『朝鮮學報』 164, 26~30쪽).

법령의 적용 대상으로 지정하는 인정이었다. 2단계는 토지 매매를 둘러싼 기업자와 지주의 협상이 결렬되면, 기업자의 요청에 따라 도지사가 당사자의 상충된 의견을 조정하고 수용될 면적과 시기를 결정하는 재결이었다. 3단계는 기업자나 지주가 도지사의 판정에 이의를 제기하면, 조선총독이 최종적으로 양쪽의 주장을 심사하여 보상가격을 확정하는 재정이었다(제4~12조).

이후 「토지수용령」은 1940년대까지 기본 골격을 유지한 채 실효성을 높이는 방향으로 개정이 추진되었다. 하나는 적용 대상의 직간접적인 추가였다. 시초는 1915년 「조선광업령(朝鮮鑛業令)」의 제정이었다. 이때 공익사업이라고 단정하기 어려운 광업이 준용의 형태로 포함되었다.[15] 1918년에는 1년에 35,000불톤(佛噸) 이상의 제선 능력이나 제강 능력을 가진 설비로 경영되는 제철업이,[16] 1933년에는 신사(神社)·신사(神祠)·사회사업·삭도(索道)·전용자동차도로·시장이,[17] 1934년에는 「조선시가지계획령(朝鮮市街地計劃令)」에서 규정한 각종 시가지계획사업이 더해졌다.[18] 특히 중일전쟁을 계기로 군수공업이 '국책(國策)'이라는 이름을 내걸고 국가 차원의 공공성을 획득하는 1938년에는 인조석유제조업·제련업·

---

15   『朝鮮總督府官報』(제령 제8호, 1915년 12월 24일), 제32조.

16   『朝鮮總督府官報』(제령 제2호, 1918년 1월 31일). 1926년 일본의 「製鐵業獎勵法」이 개정된 결과 "1년 35,000톤(瓲) 이상의 제선 능력과 1년 35,000톤 이상의 제강 능력을 가진 설비로 경영되는 제철사업"으로 문구가 수정되었다[1926, 土地收用令中改正制令案」(아시아역사자료센터, A14100047800), 쪽수 불명; 『朝鮮總督府官報』(제령 제11호, 1926년 7월 12일)].

17   1933, 「土地收用令中改正制令案」(아시아역사자료센터, A14100387400), 쪽수 불명; 『朝鮮總督府官報』(제령 제21호, 1933년 9월 7일).

18   『朝鮮總督府官報』(제령 제18호, 1934년 6월 20일); 『朝鮮總督府官報』(부령 제78호, 1934년 7월 27일), 제7조. 1938년에는 시가지계획사업에 속한 "일단지의 주택 경영"이 "일단의 주택지 경영과 일단의 공업용지 조성"으로 대체되었다[『朝鮮總督府官報』(부령 제193호, 1938년 9월 21일)].

항공기제조업이, 1939년에는 경금속제조업이, 1941년에는 유기합성사업과 조선주택영단이 주관하는 건설업이 추가되었다.[19]

다른 하나는 시행 지역의 확대였다. 당초 경기도 경성부와 양주군, 경상북도 대구부, 전라북도 전주·임실·남원군으로 국한된 적용 범위는 다양한 사업의 추진과 맞물려 서서히 넓어졌다. 1911년 평안남도 진남포부와 경상남도 부산부를 시작으로 1912년에는 평안남도 평양부 / 황해도 해주군 / 함경남도 원산부·안변군 / 충청남도 공주군 / 강원도 철원군 / 함경북도 성진군으로, 1913년에는 전라북도 익산군·군산부 / 평안북도 구성·태천군 / 전라남도 광주군으로 시행 지역이 확장되었다. 1914년에는 경상남도 김해군을 필두로 경기도·충청남도·충청북도·경상북도·함경남도·함경북도 전역이, 1915~16년에는 평안북도와 강원도 전체가 편입되었다. 1917년에는 전라북도·전라남도·경상남도·황해도·평안남도 전부가 제도권으로 들어왔다. 이를 기점으로 「토지수용령」은 전국에 완전히 뿌리를 내렸다.[20]

한편 단일 법령으로 구성된 토지수용제도는 1940년대에 들어 「토지공작물관리사용수용령시행규칙(土地工作物管理使用收用令施行規則)」이 도입되면서 질적인 변화를 맞이했다. 사적 소유권보다 총동원체제의 원활한 작동을 우선시하는 「국가총동원법(國家總動員法)」에 근거하여 1939년 말 일본에

---

19   『朝鮮總督府官報』에 기재된 공포 날짜는 다음과 같다. ① 1938년 1월 25일 ② 1938년 11월 11일 ③ 1939년 9월 20일 ④ 1941년 1월 24일 ⑤ 1941년 6월 14일.

20   『朝鮮總督府官報』에 기재된 부령과 날짜를 순서대로 열거하면 다음과 같다. ① 부령 제87호, 1911년 7월 14일 ② 부령 제91호, 1911년 8월 7일 ③ 부령 제100호, 1911년 9월 22일 ④ 부령 제65호 1912년 3월 29일 ⑤ 부령 제88호, 1912년 4월 25일 ⑥ 부령 제99호, 1912년 5월 9일 ⑦ 부령 제4호, 1912년 8월 10일 ⑧ 부령 제16호, 1912년 9월 25일 ⑨ 부령 제35호, 1912년 12월 4일 ⑩ 부령 제2호, 1913년 1월 9일 ⑪ 부령 제5호, 1913년 2월 1일 ⑫ 부령 제30호, 1913년 3월 29일 ⑬ 부령 제99호, 1913년 11월 6일 ⑭ 부령 제21호, 1914년 3월 19일 ⑮ 부령 제40호, 1914년 4월 14일 ⑯ 부령 제60호, 1915년 6월 1일 ⑰ 부령 제 53호, 1916년 7월 4일 ⑱ 부령 제1호, 1917년 1월 19일.

서 제정된 「토지공작물관리사용수용령」은 종전 제도가 지닌 제한성을 철폐한 점이 특색이었다.[21] 먼저 적용 대상을 일일이 적시하여 무분별한 토지 수용을 억제한 열거주의 대신에 '총동원업무'라는 광범위한 영역을 범위로 하는 포괄주의가 채택되었다. 총동원체제와 무관한 업무가 존재할 수 없는 전시(戰時)라는 상황을 고려하면, 조선총독부가 마음먹은 대로 사적 소유물을 징수할 수 있는 토대가 형성되었던 것이다. 다음으로 수속을 간소화하여 신속성을 높이려는 취지에서 일방주의가 극대화되었다. 명령서의 송달·공고만으로 모든 절차가 마무리되는 행정 처분에 대해 지주는 거부를 비롯한 어떠한 이의 제기도 할 수 없었다.[22]

새로 도입된 토지수용제도는 얼마 지나지 않아 극단적인 형태로 변화했다. 군수공업의 생산력을 집중적으로 확충하여 전력을 증강하기 위해서였다. 1943년 4월 23일 부령 제121호로 법령이 개정된 결과 토지 수용을 신청할 수 있는 권한이 민간업자에게도 부여되었다. 구체적인 대상은 ① 정부가 관리하는 공장과 사업장에서 수행하는 업무 ② 군용으로 사용되는 물자의 생산·관리·배급·보관에 관한 업무 ③ 군용으로 활용되는 물자의 생산·관리에 필요한 기계기구·원료·재료·연료의 생산에 관한 업무 ④ 철·동·석유·경금속·선박·항공기 생산과 특정한 운수·전력 공급에 관한 업무 ⑤ 이상의 사업에 종사하는 노동자의 주택 공급에 대한 업무 ⑥ 기타 조선총독이 지정하는 총동원업무 등을 담당하는 군수기업이었다.[23]

---

21 『官報』(칙령 제902호, 1939년 12월 29일); 「所有權의 絕對性을 修正, 所有權 觀念을 制限, 總動員法 全面 發動」, 『동아일보』 1938. 12. 27; 「收用法도 實質的 改正, 令書 一枚로 卽時 收用」, 『동아일보』 1938. 12. 27.
22 「總動員上 必要하면 土地 家屋에 收用令」, 『매일신보』 1940. 5. 11.

2) 대항권의 봉쇄와 보상금 산정의 편파성

> 나는 며칠 전에 토목국이 316평 이상을 평당 9원에 강탈하겠다는 통지를
> 받았다. 나는 산이나 예전 집이 있던 땅을 마음대로 처분하는 데 동의하겠
> 으니 이런 식으로 내 토지를 강탈하지 말아달라고 간청했다. 그러자 당국
> 은 거들먹거리며 나에게 집을 허무는 비용으로 800원가량을 주었다. 이
> 런 일들이 모두 토지수용령의 폐단이다.[24]

    토지수용제도는 사회간접자본을 구축하는 데에 핵심적인 역할을 수
행했다. 그러나 개발 이익을 향유하는 일부 계층 이외에 대부분의 사
회 구성원은 토지수용제도를 부정적으로 인식했다. 일례로 1919년부터
시작된 남대문정거장의 증축으로 300평 이상이 철도부지로 편입된 윤
치호(尹致昊)는 위의 인용문에 나오듯이 "강탈", "폐단"이라는 단어를 사용
하면서 남몰래 울분을 토했다. 또한 사이토 마코토(齋藤實)가 개최한 회의
석상에서 어느 조선인 대표는 통치와 관련된 19개조의 희망 사항 가운
데 하나로 토지수용제도를 남용하지 말라는 의견을 전달했다.[25] 실제
로 「토지수용령」이 적용된 지역에서는 기업자와 관계인의 첨예한 대
립이 조정되기보다는 오히려 증폭되었다. "1년을 통하여 매일 신문지
면에 두세 번 식"[26] 보도된다는 평가가 나올 정도로 토지수용문제는 식

---

23   「週間 經濟 展望: 土地工作物管理收用令 改正」, 『매일신보』 1941. 11. 16; 「收用令 範
     圍 擴大」, 『매일신보』 1943. 4. 29.

24   윤치호, 『국역 윤치호 영문 일기』 7, 1920년 9월 28일(2023년 2월 23일 국사편찬위원
     회 한국사데이터베이스에서 검색).

25   「鮮治希望十九條, 鮮人代表等の陳述」, 『東京日日新聞』 1919. 9. 28.

26   「土地收用에 關한 損失補償問題(二)」, 『동아일보』 1933. 12. 22. 『조선중앙일보』도 사
     설을 통해 토지 수용을 둘러싼 분규가 "층생첩출(層生疊出)하고 길면 3~4년간의 장구
     한 세월을 두고 항쟁하여 세상을 시끄럽게 하"니, "이러한 사실은 최근만 하더라도
     결코 1~2건에 그치는 바가 아니다"고 주장했다(「頻繁한 收用 地價의 紛糾, 收用令을
     過信치 말라」, 『조선중앙일보』 1934. 9. 12).

민지 개발이 진행될수록 사회의 주요 현안으로 떠올랐다.

그러면 왜「토지수용령」은 지역 사회의 극심한 반발을 초래했을까. 주된 원인은 관계인의 권리 보장이 제대로 이루어질 수 없는 구조와 편파적인 운영에 있었다. 세부적으로 살펴보면 첫째, 조선총독이 내리는 인정 처분의 타당성은 재고의 대상이 아니었다. 기업자의 신청은 조선총독의 승인을 받아야지만 비로소 법적인 절차를 밟을 수 있었다. 조선총독은 기획된 사업이 열거주의에 해당하는지, 공익성이 충분한지를 따져 판단을 내렸다. 그중에서 자의성이 다분한 후자는 다툼의 소지가 존재했다. 특히 사기업이 주체로 나서는 민간사업일 때에는 더욱 그러했다. 삼릉광업㈜와 일본질소비료㈜의 금광과 제철소 경영이 대표적이었다.[27] 그러나 조선총독의 재량권은 '신성불가침'의 영역이었다. 원칙적으로 조선총독의 결정은 법률적 처리 결과의 잘잘못을 따지는 소원이나, 비제도적 형태로서 행정 처분의 시정을 요구하는 진정의 범주에서 벗어나 있었다.[28] 처음부터 이와 관련된 규정이 배제되었기 때문이다.[29]

물론 인정권의 초월적 성격이 야기하는 부정적 효과는 운영의 묘를 통해 어느 정도 상쇄가 가능했다. 그런데 현실은 정반대였다. 기업자의 요청은 검증 과정을 손쉽게 통과했다. 공익성에 대해서는 눈을 감고서「토지수용령」제2조에 나열된 항목과 일치하면 신청서를 곧바로

---

27 「朝電製鐵所敷地に收用令施行」,『釜山日報』1928. 5. 12;「三菱金鑛 豫定地에 土地收用令 適用?」,『동아일보』1928. 10. 26.

28 일례로 1934년「토지수용령」이 적용된 3필지 중에서 묘지로 사용되는 1필지를 제외시켜 달라는 조선인의 진정서가 제출되었는데, 내무국장은 조선총독의 인정 처분을 심사할 수 있는 관련 규정이 없다는 이유로 진정서를 각하했다(1934,「土地收用事業認定公告細目中一部取消ノ件」,『土地收用事業認定書類』, CJA0014479, 254~259쪽).

29 이러한 특징은 행정소원제도를 도입한 일본도 마찬가지였다. 1905년 6월 10일 일본에서는 토지 수용과 관련하여 조선총독과 동일한 역할을 수행하는 "내각의 인정은 논생할 수 없다"는 판결이 내려졌다(浦野稀直, 1908,『土地收用法要義』, 文港堂書店・弘文堂書店, 53쪽).

진달(進達)하는 현상이 일상다반사로 벌어졌다.[30] 더하여 "기업자로 하여금 가급적 충분히 교섭에 임하도록 하여 당사자 사이에 원만한 해결이 도출되게끔 조치를 취해야 한다"는 원칙[31]은 무시되기 일쑤였다. 토지소유자와 형식적으로 교섭하거나, 아니면 매매 조건을 통보한 뒤 협상을 공권력에 일임하는 기업자의 행태는 하나의 경향으로 자리를 잡았다. 예컨대 장진강수력발전을 기획한 일본질소비료㈜는 독단적으로 매매가격을 발표한 다음 관계인과의 협상을 회피하면서 군청과 경찰을 전면에 내세웠다.[32] 구성·송장수리조합은 강압적인 내용증명서를 발송하면서 이에 불응하면 「토지수용령」을 가차 없이 발동하겠다는 "일종의 협박"으로 교섭을 대신했다.[33]

둘째, 이의 제기와 상관없이 기업자의 토지 취득은 보장을 받았다. 「토지수용령」은 행정 처분에 불만이 있는 관계인에게 조정을 청구할 수 있는 권한을 부여했다. 도지사의 재결에 승복하기 어려운 지주는

---

30 朝鮮總督府 內務局 土木課, 1938, 「第七章 土地收用」, 『現行朝鮮土木法規集 上卷』, 帝國地方行政學會 朝鮮本部, 3~4쪽.

31 朝鮮總督府 內務局, 1932, 『朝鮮地方行政例規』, 帝國地方行政學會, 222~223쪽. 이 원칙은 1937년을 기점으로 폐지가 되었다. 도시화와 개발의 바람을 타고 날로 급등하는 지가로 인해 공장 건설과 토목사업에 사용되는 용지의 확보가 난항을 겪자, 조선총독부는 당사자의 사전 교섭과 별개로 「토지수용령」을 신속히 적용하겠다는 방침을 채택했다(朝鮮總督府 內務局 土木課, 앞의 책, 15~16쪽).

32 發電所 用地 賣渡의 强要, 新興郡守 及 警察署長의 責任 如何, 『동아일보』 1932. 3. 6; 「會社 側 買價에 對抗, 地主會 賣價 發表」, 『동아일보』 1933. 4. 30; 「咸南 警察署長會서 土地 賣渡를 勸告」, 『동아일보』 1933. 8. 7. 일본질소비료(주)의 계열사로 설립된 장진강수전(주)는 동일한 수법을 이후에도 반복적으로 사용했다. 1936년 허천강수력발전을 위한 용지 확보가 시작되었을 때 장진강수전(주)는 일차적으로 1933년 당시의 토지 매수 가격과 동일한 금액을, 이차적으로 그보다 다소 높은 가격을 책정하고 나서 자신들의 조건에 무조건 따르라는 입장을 고수했다(「虛川江水電 用地 買受價格을 公表, 今後 絕對 不變 方針」, 『매일신보』 1936. 3. 23; 「二百卅餘萬坪의 鐵路 用地 買收 聲明」, 『동아일보』 1936. 8. 5).

33 「土地收容令 防牌로 歇價 賣渡를 慫慂, 龜城水組 工事 不陟」, 『동아일보』 1932. 5. 27; 「貯水池用地問題로 農務課에 陳情」, 『매일신보』 1933. 2. 3.

정해진 기간(30일)에 맞춰 조선총독의 재정을 요청할 수 있었다. 그러나 관계인의 방어권은 실질적으로 아무런 의미가 없었다. 재정을 통해 얻을 수 있는 이득이란, 보상금이 증액될지도 모른다는 기대감이 전부였다.[34] 관계인이 품고 있는 불만의 원천은 해결이 불가능했다. 조선총독의 자기 부정에 해당하는 사안, 즉 토지 수용이 과연 필요한가라는 질문은 애당초 재정 과정에서 제기될 수 없는 의제였다. 문제는 이게 끝이 아니었다. 조선총독의 재정이 내려지기 이전에 현존하는 권리 체계는 부정을 당했다.[35] 최종적으로 확정된 보상금이 관계인에게 지급되지 않은 상태임에도 불구하고 기업자는 토지에 관한 온전한 권리를 확보했다. 당사자가 "재정을 청구한 경우라 하더라도 토지의 수용, 혹은 사용은 정지되지 않는다"는 이유에서였다(제12조 제2항).

재결에 기재된 보상금을 공탁(제19조)하는 순간 자동적으로 소유권이 이전되는 구조는 지역 사회에 파장을 일으켰다. 열거주의에 해당하여 조선총독의 인정을 받기 쉬운 기업자는 이 규정을 활용하여 자신에게 유리한 국면으로 교섭을 이끄는 동시에 처음부터 지주의 권리를 무시하고 공사를 밀어붙였다. 예를 들어 경남철도(㈜)는 기공 승낙서의 작성을 거절한 지주의 토지에 제멋대로 공사를 시작했고 남조선철도(㈜)는 「토지수용령」을 신청하겠다는 위협적 언사를 남발하면서 곧장 선로

---

34 관계인의 기대는 대부분 실망으로 끝을 맺었다. 1928년 40~50건의 재정 청구 가운데 심의에 회부된 신청서가 5건에 불과할 정도로 조선총독은 도지사의 판정을 지지하면서 기업자의 비용 부담을 덜어 주었다(「土木工事 勃興으로 土地收用에 不服事件 頻發」,『중외일보』 1928. 8. 12).

35 「收用令適用は五月末頃か」,『北鮮時事新報』 1934. 3. 30. 1927년 하수도공사에 착수한 대구부와 1932년 동해남부선의 건설을 시작한 부산공무사무소가 재결 이후 보상금을 즉시 공탁하고 등기 수속과 더불어 공사에 나선 사례가 본보기였다(「斷乎として土地收用令適用, 大邱大下水工事用地問題」,『朝鮮新聞』 1927. 8. 11;「市場町道路用地, 戸倉氏兒に脫金」,『釜山日報』 1928. 12. 1;「東海中部線鐵道用地頑迷な地主へ收用令を適用」,『釜山日報』 1932. 12. 22).

부설에 나섰다.[36] 게다가 순남수리조합은 매매계약이 타결되기도 전에 작업을 시작했다가 마을 주민 100여 명과 물리적 충돌을 일으켰다. 재신수리조합과 장진강수전㈜의 공사 현장에서는 본인의 승인 없이 진행되는 불법적인 행위를 막아서는 지주를 청부업자가 집단적으로 구타하여 여자와 노인이 부상을 입기도 했다.[37]

셋째, 보상 범위가 한정적이었다. 토지 수용으로 발생한 피해를 보상받을 수 있는 관계인의 정의는 법률적으로 모호했다. 지주를 비롯하여 기타 권리를 가진 사람을 관계인으로 지칭한다는 규정(제28조)은 추가적인 설명이 없었으므로 해석의 여지가 컸다. 이에 대상자의 설정은 통치성의 포용력에 따라 탄력적인 운영이 가능했는데, 조선총독부는 일본과 달리 소유권과 등기된 권리에 초점이 맞춰진 보상 범위를 끝까지 고수했다. 구체적으로 1927년 관계인과 관련된 조문이 조선과 동일한 형태로 개정된 일본에서는 차가인 전체가 관계인으로 설정되었다. 토목국장은 지상권과 임차권이 미등기된 이들의 손실도 보상해야 한다는 방침을 하달했다.[38] 반대로 조선에서는 임대인의 거부로 임차인의

---

36 「收用令을 適用, 京南鐵道 安城線 用地 不應하는 者에 限하야」, 『동아일보』 1925. 4. 26; 「京南鐵道의 用地 買受 困難」, 『동아일보』 1926. 9. 2; 「京南鐵道 用地로 地主 會社間 固執」, 『동아일보』 1926. 10. 22; 「地價 決定 없이 鐵道를 起工」, 『동아일보』 1929. 5. 21; 「收用令을 防牌로 私有地 任意 使用」, 『동아일보』 1929. 6. 11.

37 「無斷用地라고 抗拒하면 毆打, 載信水組의 强制 工事」, 『동아일보』 1927. 11. 29; 「代金도 안준 土地 使用코 百餘 洞民과 衝突」, 『동아일보』 1928. 8. 7; 「載信水組에서 收用令 施行?」, 『동아일보』 1928. 9. 12; 「傍若無人한 長津水電」, 『조선중앙일보』 1933. 8. 2; 「長津江水電 工事場 踏査記(四), 野口 登場 後 二年 만에 本格的 工事를 着手」, 『동아일보』 1936. 5. 6.

38 차가인 전체가 관계인의 범주에 포함된 근거는 세 가지였다. 첫째, 해당 조문에 등기라는 문구가 없다. 둘째, 「借家法」 시행 지구에서 임대차는 등기와 상관없이 제삼자에게 대항력을 가진다. 셋째, 등기를 거치지 않으면 기업자와 다툴 수 없다는 내무성의 판단은 법률적으로 이미 기각이 되었다(武井群嗣, 1929, 『土木行政要義 第三編, 土地收用・事業助成』, 良書普及會, 533~556쪽).

법적인 권리 확보가 어렵다는 시대상[39]이 무시된 채, 등기 여부가 결정적인 잣대로 작동하여 대다수의 차지인과 차가인이 관계인의 범주에서 제외되었다. 소작인도 마찬가지였다. 「조선농지령(朝鮮農地令)」을 계기로 소작권에 물권적 효력과 대항력이 부여되었음에도 불구하고 조선총독부는 "손해 보상은 당해 토지의 시가에 의하는 것을 원칙으로" 한다는 해석 아래 소작권의 가치를 부인했다.[40]

그 결과 임차인은 심각한 경제적 타격을 입었다. 차지인, 차가인, 소작인은 생존문제에 직면했다. 예컨대 1933년 간선도로 부설에 착수한 부산부의 「토지수용령」 적용으로 남빈정 일대에 거주하는 상인은 하루아침에 쫓겨날 위기에 봉착했다. 그들은 단체를 조직하고 집단행동에 나섰다. 그러나 상당한 자본이 투입된 상점이 철거되는 만큼 그에 합당한 보상금을 달라는 상인의 활동은 별다른 성과를 얻지 못하고 막을 내렸다. 부산부는 차가인과 관련된 보상 규정이 없다는 이유를 내세우면서 그들의 요구를 거절했다.[41] 이외에도 1936~37년 광업회사의 광범위한 토지 수용으로 더이상 농사를 지을 수 없는 환경이 조성된 평원·영흥군에서는 소작인의 진정 운동이 전개되었는데, 이것 역시

---

39 주거 관련 사회 입법이 전무한 상황 속에서 날로 악화되는 주거문제를 견딜 수밖에 없는 임차인은 주택시장에서 불리한 위치에 서 있었다. 일부를 제외한 대부분의 임차인은 건물에 대한 권리 행사를 일체 금지한다는 조건이 기재된 계약서를 순순히 받아들였다. 이에 1911년부터 1940년까지 등기된 지상권과 임차권은 총 3,064건에 불과했다(朝鮮總督府, 각 연도판,『朝鮮總督府統計年報』, 朝鮮總督府;「新義州 借地人 組合 創立을 듯고」,『동아일보』1927. 12. 9;「躍進 途上에 있는 鎭南浦의 當面問題 (二)」,『조선중앙일보』1936. 8. 2).

40 『朝鮮總督府官報』(제령 제5호, 1934년 4월 11일);「鑛業用地 收容되면 貧農 生活 困難」,『동아일보』1937. 8. 10; 정연태, 2014,『식민 권력과 한국 농업』, 서울대학교 출판문화원, 348~349쪽.

41 「南濱幹線道路用地買收問題」,『釜山日報』1933. 8. 6;「釜山 南濱町 借家人 結束코 移轉 不應」,『매일신보』1933. 10. 15;「反對의 銳鋒, 弱手에 轉向?」,『釜山日報』1933. 10. 30;「收用令에 依한 立退者 損失補償이 無途」,『소신중잉일보』1933. 12. 14.

실패로 돌아갔다. 소작권은 보상의 대상이 아니라고 판단한 행정 기관은 최소한의 생계를 보장해 달라는 소작인의 요구를 일축했다.[42]

넷째, 보상금 산정이 불공정했다. 최대한 낮은 가격으로 토지를 매입하려는 기업자와 시세를 기준으로 토지를 매각하려는 관계인의 갈등은 타협을 통해 원만히 해결될 성질이 아니었다. 당사자의 현격한 인식 차이로 보상금 책정이 도저히 불가능할 때, 보상 대상의 적정 가치를 평가하는 역할은 도지사의 몫이었다. 보상금을 산정해달라는 기업자의 재결 신청과 관계인의 의견서가 접수되면, 도지사는 토목과 계원의 현지 파견[43]과 더불어 학식과 경험이 풍부한 제삼자에게 부동산 평가를 의뢰했다. 형태는 두 가지였다. 하나는 1915년 가시이 겐타로(香椎源太郎), 야스다케 지요키치(安武千代吉), 다나카 히데지로(田中秀治郎), 이규직(李圭直)을 감정인으로 임명한 경상남도와 같이 지역 사정에 정통한 명망가를 활용하는 방식이었다.[44] 다른 하나는 여러 지역에서 널리 쓰인 방법으로써 토지의 실질 가치를 측정하는 데에 특화된 금융기관 종사자를 평가위원으로 위촉하는 것이었다.[45] 모든 절차가 완료되면, 도지사는 참고 자료를 검토한 후 보상금을 책정하고 기업자와 관계인에게 통보했다.

---

[42] 「土地收用 許可로 卅作人 生途 漠然」, 『조선중앙일보』 1936. 4. 25; 「鑛業用地 收容되면 貧農 生活 困難」, 『동아일보』 1937. 8. 10.

[43] 「市街計畫に土地收用令」, 『京城日報』 1936. 11. 21; 「土地收用 申請 輻輳로 審査委員會 設立」, 『동아일보』 1937. 11. 10.

[44] 「土地收用鑑定人決定」, 『釜山日報』 1915. 6. 20. 그 밖에 1917년 전라북도는 지역의 유력 인사인 박기순(朴基順), 이강원(李康元), 마쓰노 다마키(松野玉喜), 야마시타 이사부로(山下猪三郎) 등에게 토지가격에 관한 평가를 맡겼다(「土地收用 鑑定人 依囑」, 『매일신보』 1917. 9. 12).

[45] 「不應 地主의 地價는 第三者에 鑑定을 委囑」, 『동아일보』 1935. 7. 7; 「收用令 申請에 知事 裁決 注目」, 『매일신보』 1936. 10. 14; 「新編入 貯水用地 十三面 十九個里」, 『동아일보』 1937. 7. 16; 「土地 收容 價格 公正 爲해 道에 委員會 設置」, 『동아일보』 1938. 2. 5.

그런데 행정 기관의 개입은 사회로부터 환영을 받지 못했다. 대다수의 관계인은 수직적으로 하달된 보상금에 거부 반응을 보였다. 이유는 다음과 같았다. 먼저 당사자가 제시한 가격을 범위로 하여 절충이 이루어져야 한다는 조정의 기본 원칙이 훼손되었다는 점이다. 1936년 사익을 추구하는 지주에게 경종을 울린다는 무리한 명분을 앞세워 토목출장소가 청구한 가격보다 저렴한 보상금을 책정한 평안남도의 결정이 여기에 해당했다.[46] 이어서 전문가의 의견이 배척되었다는 점이다. 1935년 평당 25원과 1원으로 평가한 조선식산은행과 금융조합의 감정서를 무시하고 평당 60전과 3전으로 보상금을 계산한 함경남도의 조치가 전형적이었다.[47] 마지막으로 기업자의 요구가 일방적으로 수용되었다는 점이다. '서평양' 일대의 발전상이 반영된 지주의 주장(평당 2~3원)을 도외시하고 조선무연탄(주)가 처음 제안한 가격(평당 40~80전)을 지지한 평안남도, 일반 물가의 상승에 더해 발전소의 가동과 생산력의 증대로 토지의 경제적 가치가 올라갔음에도 불구하고 대공황이 절정에 이른 1931년 시점의 가격을 기준으로 삼아 1933년 4월 장진강수전(주)가 성명한 매입가격으로 보상금을 평가한 함경남도의 태도가 본보기였다.[48]

---

46 「大同江改修用地 畢竟 收用令 適用」, 『매일신보』 1936. 9. 1. 이외에도 1935년 경상북도에서는 부산치수사무소가 평정한 수용 대상의 가격이 시가보다 높다는 이유로 기각을 당하고 그보다 낮은 보상금이 산정되었다(「琴湖江護岸工事で強慾地主に鐵槌」, 『京城日報』 1935. 2. 26).

47 「收用令 適用 地價를 裁決」, 『동아일보』 1935. 8. 15.

48 「西平壤の埋立地大體に賣り盡さる」, 『朝鮮新聞』 1933. 3. 21; 「軌路施設 先着코 地主應諾을 慫慂, 朝鮮無煙炭株式會社의 行動」, 『동아일보』 1933. 5. 31; 「府有民有地ともに道路に提供する」, 『平壤毎日新聞』 1933. 6. 16; 「土地收用令 憑藉하는 會社 側 橫暴에 抗爭」, 『조선중앙일보』 1933. 7. 16; 「卅萬金을 狂舞케 한 箕林里 競賣地」, 『조선중앙일보』 1933. 10. 7; 「新編入 貯水用地 十三面 十九個里」, 『동아일보』 1937. 7. 16; 「收容令 裁決에 畢狀! 咸南道의 裁決 決定은 住民 利益을 無視」, 『동아일보』 1937. 8. 4.

3. 「토지수용령」의 적용과 사회간접자본의 확충

1) 형성기(1911~17년): 조선총독부 중심의 경성 시구 개수 지원

1910년대는 제국 차원의 군사·경제적인 목적 달성에 필요한 물적 토대가 구축되는 시기였다. 조선총독부는 만주 침략의 교두보를 마련하고 안정적인 통치력을 발휘하며, 산업을 개발하는 데에 필수적인 교통기관의 정비에 매진했다.[49] 조선총독부는 공채 발행과 차입금 조달을 통해 마련한 재원으로 주요한 항만, 철도, 도로를 직접 부설하는 한편으로 민간 자본의 유치를 위해 제도를 정비하고 사업 수행에 도움이 될 만한 자료를 제공했다. 1912년부터 본격화된 수리시설수축공사에 대한 보조금 교부와 금액의 대폭적인 증액,[50] 사설철도가 예정된 지역의 실지 조사와 수집한 정보의 전달, 그리고 1914년 내규로서 도입된 사설철도에 관한 보조금제도가 대표적이었다.[51]

그러나 현실은 조선총독부의 기대와 어긋났다. 민간의 사회간접자본 투자는 저조했다. 조선과 일본의 자산가는 거시 경제의 계속되는 불황과 하락 추세의 쌀값[52]에 주목하면서 미래가 불확실한 영역에 선

49 　朝鮮總督府, 1913, 『總督訓示集: 第二輯』, 朝鮮總督府, 10·22~23쪽.

50 　「土地改良獎勵補助費交付規程」(훈령 제33호, 1912년 3월 30일). 1909년도에 1,000원, 1910년도에 500원이 교부된 보조금은 1911년도에 13,727원으로 증가한 뒤에 대상과 범위가 확정된 1912년도에 이르러 다시 70,800원으로 급증했다(朝鮮總督府, 1928, 『朝鮮の土地改良事業』, 朝鮮總督府, 32쪽).

51 　조선총독부는 사설철도를 운영하는 회사의 불입 자본 대비 이익률이 6%에 미달하면, 그 부족액을 보조금의 형태로 지급했다(朝鮮總督府, 1921, 『朝鮮鐵道狀況: 第十一回』, 朝鮮總督府, 47쪽; 朝鮮總督府 鐵道局, 1928, 『朝鮮の鐵道』, 朝鮮總督府 鐵道局, 227쪽).

52 　1911~13년 경성의 1석(石)당 현미 상품의 가격은 12원 46전에서 16원 2전으로 올랐다가 1914년 11월 67전으로 떨어지기 시작하여 1915년 9월 56전으로 최저점을 찍었다(朝鮮總督府 財務局, 1923, 『朝鮮金融事項參考書』, 朝鮮經濟協會, 342쪽).

뜻 발을 담그지 않았다. 농업을 살펴보면, 40~50%의 소작료 수입이 보장된 식민지 지주제 아래에서 지주는 대규모 자금이 요구되고 위험 부담이 뒤따르는 토지 개량보다 농지 매입에 열중했다. 투자 대비 수익률이 좋은 몇몇 지역에서만 수리 개발이 진행된 결과 1917년까지 결성을 마친 수리조합은 14개소에 그쳤다.[53] 민간에게 문호가 개방된 철도도 동일했다. 사설철도의 건설은 일본에서 유입되는 자본으로 경영되는 특성으로 인해 부진을 면치 못했다. 일본은행의 지속적인 이자율 인상과 유동성 회수를 마주한 일본 자본가는 식민지 철도 투자에 소극적인 태도를 보였다.[54] 1917년까지 일반 운수를 목적으로 조선에 진출하여 부설 면허를 획득한 경우는 4곳의 회사와 2명의 개인에 불과했다.[55]

〈표 1〉 1911~17년 「토지수용령」 적용 사업의 주체(단위: 건, %)

연도	통치 기관				민간 기관				합계
	조선총독부	도	부	계	회사	수리조합	기타	계	
1911	6	0	0	6	0	0	0	0	6
1912	9	6	0	15	0	0	1	1	16
1913	5	3	0	8	0	1	0	1	9

53 이애숙, 1984, 「日帝下 水利組合의 設立과 運營」, 『한국사연구』 50·51, 325쪽.

54 大村卓一, 1933, 「朝鮮鐵道事業の今昔」, 『朝鮮總攬』, 朝鮮總督府, 791쪽. 러일전쟁 이후 4.75%까지 떨어진 일본의 공정이자율은 1914년 7월 현재 7.3%로 급등했다. 일본은행권의 발행고는 1910~14년 402백만 엔에서 386백만 엔으로, 1910~15년 일본은행의 신용 공급은 226백만 엔에서 167백만 엔으로 축소가 되었다(伊藤正直, 1997, 「第二章 財政·金融構造」, 大石嘉一郎 編, 『日本帝國主義史 1』, 東京大學出版會, 77쪽; 서정익, 2003, 『日本近代經濟史』, 혜안, 186쪽).

55 1911년에 모리 겐키치(森賢吉), 1913년에 전북경편철도(주)와 함흥탄광철도(주), 1916년에 개천경편철도·조선중앙철도·함흥탄광철도(주), 1917년에 마쓰모토 가쓰타로(松本勝太郎)·개천경편철도·조선중앙철도(주)가 사설철도를 부설할 수 있는 권리를 획득했다(朝鮮總督府, 1920, 『朝鮮鐵道狀況 第1回』, 朝鮮總督府, 쪽수 불명).

연도	통치 기관				민간 기관				합계
	조선총독부	도	부	계	회사	수리조합	기타	계	
1914	6	3	0	9	2	5	1	8	17
1915	10	6	0	16	0	0	0	0	16
1916	6	0	0	6	0	1	0	1	7
1917	4	1	2	7	0	5	0	5	12
합계	46	19	2	67	2	12	2	16	83
비중	55.42	22.89	2.41	80.72	2.41	14.46	2.41	19.28	100.00

출처: 〈부표 2〉.
비고: 소수 셋째 자리에서 반올림했다(이하 동일).

이 현상은 「토지수용령」의 작동 과정에 그대로 녹아들었다. 1910년
대 토지수용제도를 적극적으로 활용한 기업자의 명단에는 대부분 통
치 기관이 자리했다. 〈표 1〉에 의하면, 「토지수용령」이 적용된 83건
가운데 민간 기관이 신청한 경우는 전체의 19.28%에 해당하는 16건이
었다. 세부적으로는 후지이 간타로(藤井寬太郎)에 의해 조선 최초로 설립
된 임익수리조합[56]을 위시한 여타의 수리조합이 12건, 「부제(府制)」가
실시될 때까지 일본인의 자치 조직으로 존속한 거류민단과 회사가 각
각 2건이었다. 반면에 통치 기관은 67건으로 전체의 80.72%를 점유했
다. 그중에서도 압도적인 비중을 차지한 주체는 조선총독부였다. 1915
년의 10건을 정점으로 조선총독부는 46건의 수용 절차를 밟아 총수의
과반이 넘는 비중(55.42%)을 차지했다. 이어서 상급기관의 보조금을 받
아 관할구역을 대상으로 토목사업을 추진하는 도는 1912·15년의 6건

---

[56]   1915, 「臨益水利組合の沿革及事業成績」, 『朝鮮彙報』 12월호, 朝鮮總督府, 57~58
       쪽. 일제시기 후지이 간타로의 토지 투자와 임익수리조합의 운영에 대해서는 이
       규수, 2005, 「후지이 간타로(藤井寬太郎)의 한국진출과 농장경영」, 『대동문화연구』
       49 참조.

을 중심으로 19건(22.89%), 1914년부터 모습을 드러낸 부는 2건을 기록
했다.

한편 사회간접자본에 관계된 용지의 확보는 시장의 자유 거래가 아
니라 주로 경제 외적 수단을 통해 해결을 보았다. 경찰, 헌병, 행정 기
관은 갈등의 지점에 개입하여 지주의 토지 매매를 종용했고 기업자는
보다 수월하게 필요한 부지를 획득했다. 이 방법은 경원선과 호남선을
부설하는 철도국이 경찰과 헌병에게 용지 매수에 힘을 써줘서 고맙다
는 의미로 상여금을 지급했을 정도로 충분한 기대 효과를 거두었다.[57]
그러나 토지가격의 급격한 변화가 나타나고 있는 도시는 상황이 달랐
다. 특히 유력인의 집결지이자, 강제 병합을 전후한 시기에 토지 투기
의 붐이 거세게 분 경성에서는 '관권'과 '금권'의 대결이 치열하게 벌어
졌다. 1909년에 평당 50~80원과 10~20원에 매매된 남대문통과 황금정
통을 150~200원과 80~100원으로, 평균적으로 평당 50전~1원의 시세가
형성된 북부 지역을 8~30원으로 매입한 이들을 필두로 시세를 중시하
는 지주는 손해 보는 장사를 완강히 거부했다.[58] 상당한 상식과 자력을
갖춘 일본인으로서 "몰상식한 일을 행하는 사람은 실로 가악(可惡)할 자"
이다, "다소의 희생을 지불하는 데에 앞장"[59]서야 한다는 압박과 회유
는 지주에게 발생하는 '손실'의 벽을 넘어서지 못했다.

---

57   「鐵道地 買收와 賞與」, 『매일신보』 1911. 12. 24.
58   「朝鮮近事」, 『福岡日日新聞』 1912. 9. 20; 「京城の土地價格」, 『神戸又新日報』 1912.
      11. 16.
50   1911, 「京城本町通の道路擴張に就て」, 『朝鮮及滿洲』 43, 朝鮮及滿洲社, 51쪽; 「南門
      外 土地收用」, 『매일신보』 1911. 10. 25.

〈표 2〉 1911~17년 「토지수용령」 적용 지역의 부·군별 분포(단위: 건, %)

연도	경기도		충청북도	충청남도	전라북도		전라남도		경상북도		경상남도	
	부	군	군	군	부	군	부	군	부	군	부	군
1911	4	1	0	0	0	0	0	0	1	0	0	0
1912	7	0	0	2	0	0	0	0	0	0	0	0
1913	4	0	0	0	1	1	0	0	0	0	0	0
1914	6	0	0	0	0	1	0	0	2	0	1	4
1915	12	2	0	3	0	0	0	0	0	0	0	0
1916	6	0	0	0	0	0	0	0	0	0	0	1
1917	5	1	0	0	0	3	0	0	0	0	0	2
합계	44	4	0	5	1	5	0	0	3	0	1	7
비중	51.16	4.65	0.00	5.81	1.16	5.81	0.00	0.00	3.49	0.00	1.16	8.14

연도	황해도	평안남도		평안북도	강원도	함경남도		함경북도		합계	
	군	부	군	군	군	부	군	부	군	부	군
1911	0	0	0	0	0	0	0	0	0	5	1
1912	1	2	0	0	1	2	0	0	1	11	5
1913	0	2	0	0	0	1	0	0	0	8	1
1914	0	0	0	0	0	2	0	0	1	11	6
1915	0	1	0	0	0	0	0	0	0	13	5
1916	0	0	0	0	0	0	0	0	0	6	1
1917	0	0	0	1	0	0	1	0	0	5	8
합계	1	5	0	1	1	5	1	0	2	59	27
비중	1.16	5.81	0.00	1.16	1.16	5.81	1.16	0.00	2.33	68.6	31.4

출처: 〈부표 4~5〉.

이에 1910년대 「토지수용령」은 대체로 경성의 시구 개수에 사용되는 용지 확보를 위한 장치로 기능했다. 통계적으로 접근하면(《표 2》), 먼저 「토지수용령」이 적용된 지역 중에서 경기도와 부의 비중이 대단히 높았다. 경기도는 48건으로 전체의 절반이 넘는 55.81%를 차지했고 이어서 경상남도가 8건으로 9.3%, 전라북도·함경남도가 6건으로 6.98%, 충청남도와 평안남도가 5건으로 5.81%, 경상북도가 3건으로 3.49%, 함경

북도가 2건으로 2.33%, 황해도 · 평안북도 · 강원도가 1건으로 1.16%이
었다. 충청북도와 전라남도에는 「토지수용령」이 한 건도 시행되지 않
았다. 더 세분해서 살펴보면, 86건 가운데 경성의 비중이 절대적이었
다. 1915년에 개최된 조선물산공진회[60]가 상징하듯이 식민 통치의 선
전장으로서 일찍부터 다양한 사회간접자본이 조성되기 시작한 경성부
는 전체의 46.51%에 해당하는 40건을 기록했다. 나머지는 김해군이 6
건, 평양 · 원산부가 5건, 인천부가 4건, 대구부 · 공주군이 3건, 부천 ·
익산 · 고창군이 2건 등이었다. 경성부와 다른 부 · 군 사이에는 비교할
수 없을 만큼의 상당한 격차가 존재했던 것이다.

〈표 3〉 1911~17년 「토지수용령」 적용 사업의 종류(단위: 건, %)

| 연도 | 교통 | | | 농업 | 치수 | | 교육 | 수도 | | 관청 | 묘지/ 화장장 | 합계 |
	철도	궤도	도로	관개	제방	하천		상수	하수			
1911	1	0	5	0	0	0	0	0	0	0	0	6
1912	0	0	13	0	0	1	2	0	0	0	0	16
1913	1	0	5	1	1	0	1	0	0	1	0	10
1914	3	1	6	5	1	0	0	1	0	0	0	17
1915	1	0	14	0	0	0	1	0	0	0	0	16
1916	0	0	5	1	0	0	0	0	1	0	0	7
1917	0	0	5	5	0	0	1	0	0	0	1	12
합계	6	1	53	12	2	1	5	1	1	1	1	84
비중	7.14	1.19	63.1	14.29	2.38	1.19	5.95	1.19	1.19	1.19	1.19	100.00

출처: 〈부표 3〉.

[60] 1915년 9월 11일부터 10월 31일까지 50일 동안 경복궁에서 열린 조선물산공진회의
목표는 식민 통치 이후 조선에 나타난 "유형, 무형의 진보를 널리 내외에 자세히 알
리는 것"이었다. 조선총독부는 조선물산공진회를 방문하는 다수의 관광객에게 편의
를 제공하는 동시에 당초 목적을 달성하기 위해 경성의 교통기관을 서둘러 정비했다
(朝鮮總督府, 1916, 『施政五年記念朝鮮物産共進會報告書 第一卷』, 朝鮮總督府, 1쪽).

다음으로 「토지수용령」이 적용되었던 주된 사업은 도로 부분이었다. 1915년의 14건을 필두로 53건의 행정 처분이 내려진 도로 정비는 총수의 63.1%를 차지했다. 특히 제1기 치도사업 중에서도 핵심적인 분야는 바로 경성의 시구 개수였다. 53건의 62.26%에 해당하는 33건이 경성의 주요 간선 도로를 개수하는 과정에서 발생했다. 시야를 넓히면, 단 하나의 사업이 전체의 39.29%를 점유한 셈이었다. 나머지는 낙동강 지류 일대에 대규모의 관개 시설을 축조하는 김해수리조합[61]의 5건을 포함한 농업이 12건(14.29%), 경원·호남선의 부설과 관련된 철도가 6건(7.14%), 경성고등보통학교와 전주의 잠업강습소 확장[62] 등과 결부된 교육이 5건(5.95%), 평양의 대동강과 경성의 만초천에 방수제를 쌓는 제방[63]이 2건(2.38%)이었다. 그 밖에 일한와사전기㈜가 주관하는 궤도 건설, 여름철에 자주 범람하고 토사 유출이 심한 원산의 적전천[64]을 개수하는 하천 정비, 원산과 경성의 상·하수도 건설, 경성우편국과 연관된 관청 신축, 원산의 공동묘지 조성이 1건씩 이름을 올렸다.

2) 확장기(1918~34년): 민간 시행의 생산기반시설 촉진

1920~30년대 조선의 사회간접자본 건설 과정에서 나타난 두드러진

---

[61] 김해수리조합의 몽리 면적은 대략 2,100정보(町步)였다. 그중에 국유지가 44정보, 일본인 소유지가 960정보, 조선인 소유지가 1,096정보였다. 조합원은 1,176명이었다 (1916, 「金海水利組合工事の竣工」, 『朝鮮彙報』 7월호, 朝鮮總督府, 143쪽).

[62] 「花開洞 土地收用」, 『매일신보』 1913. 12. 6; 「高第一八九八六號 不穩言動者ニ關スル件(全羅北道警務部長報告要旨」, 『不逞團關係雜件 朝鮮人ノ部 在內地ニ』, 1917년 10월 11일, 쪽수 불명.

[63] 「土地收用의 準備」, 『매일신보』 1913. 7. 3; 김종근, 2012, 「일제하 京城의 홍수에 대한 식민정부의 대응 양상 분석: 정치생태학적 관점에서」, 『한국사연구』 157, 298쪽.

[64] 적전천에서 방류된 토사는 원산항에 쌓여 항만의 기능을 약화시키는 문제를 야기했다(1913, 「大正元年度土木事業ノ概要」, 『朝鮮總督府月報』 3-6, 朝鮮總督府, 55쪽).

특징은 민간의 적극적인 참여였다. 1910년대 후반부터 기지개를 편 민간의 사회간접자본 투자는 시간이 흐를수록 가속도가 붙었다. 몇 가지 지표를 살펴보면, 1917년 26,140천 원이었던 민간의 명목 자본 형성은 1934년 86,412천 원으로 3배 이상 증가했고 1911~17년 전체 자본 형성에서 40.13%를 차지한 민간의 비중은 1918년부터 1934년까지 49.28%로 상승했다.[65] 1917년까지 10개에 그친 수리조합은 1934년 말까지 전국에 걸쳐 182개가 신설되었다.[66] 사설철도는 신규 면허를 받은 노선 길이가 2,024km, 창립 회사가 7개를 기록한 1919년도를 시작으로 지속적으로 늘어나 1927~34년 총 7개 회사의 설립 허가와 선로 부설 면허가 발급되었다.[67] 사영 원칙이 적용된 전기사업은 금강산전기철도(주)가 선보인 유역 변경 방식의 수력 발전을 계기로 새로운 시대로 접어들었고 1920년대 중반부터는 부전강, 장진강을 대상으로 한 일본질소비료(주)의 수력발전사업이 본격화되었다.[68]

원인은 크게 세 가지였다. 첫째, 우호적인 경제 환경이 조성되었다는 점이다. 제1차 세계대전은 일본에 극적인 변화를 가져왔다. 일본 경제는 국제 수지의 위기에서 벗어나 호황 국면으로 진입했다. 그러자 일본 자본가의 식민지 투자가 활성화되었다. 그들은 풍부한 유동성을 바탕으로 조선에 경쟁적으로 진출했다. 한 예로 1910~19년 33.5백만 원이

---

65   溝口敏行・梅村又次, 1988, 『舊日本植民地經濟統計: 推計と分析』, 東洋經濟新報社, 285쪽.
66   朝鮮總督府 農林局, 1936, 『昭和九年朝鮮土地改良事業要覽』, 朝鮮總督府, 10~23쪽.
67   朝鮮總督府 鐵道局, 1934, 『朝鮮鐵道狀況: 第二十五回』, 朝鮮總督府 鐵道局, 107~108쪽.
68   朝鮮總督府 遞信局, 1937, 『第二十五回電氣事業要覽』, 朝鮮電氣協會, 2~4쪽; 金剛山電氣鐵道株式會社, 1939, 『金剛山電氣鐵道株式會社二十年史』, 金剛山電氣鐵道株式會社, 151~159쪽. 일본질소비료(주)의 조선 투자 활동이 지닌 사회・경제적 의미와 부전강수력발전소의 건설 과정에 대해서는 양지혜, 2020, 「일제하 일본질소비료(주)의 흥남 진출과 지역사회」, 한양대학교 사학과 박사학위논문 참조.

었던 조선에 대한 일본의 사업투자금은 1920~24년 88.8백만 원, 1925~ 29년 44.4백만 원, 1930~34년 102.4백만 원으로 급증했다.[69]

둘째, 조선의 경제적 가치가 부각되었다는 사실이다. 당초 일본의 부담으로 여겨진 조선은 1910년대 후반부터 일본 자본주의 체제의 중요한 존재로 올라섰다. 일본의 쌀 부족은 산미증식계획으로 대변되는 조선의 농업 개발을 추동했고 「중요산업통제법(重要産業統制法)」과 「공장법(工場法)」의 시행이 유보된 조선은 일본 자본의 탈출구로 자리매김했다. 무엇보다 만주 침략을 통해 형성된 블록경제는 조선의 공업 입지 조건을 돋보이게 했다.[70]

셋째, 산업정책이 강화되었다는 점이다. 우선 조선총독부는 1918년 사설철도회사에 지급되는 보조금비율을 6%에서 7%로, 1919년 다시 8%로 인상하는 동시에 「조선사설철도보조법(朝鮮私設鐵道補助法)」을 제·개정하고 일부 사설철도를 매수했다. 이어서 조선총독부는 1920년 「토지개량사업보조규칙(土地改良事業補助規則)」를 도입하여 토지 개량을 실시하는 단체에게 교부하는 보조금비율을 공사비의 15%에서 20%(관개 개선), 25%(지목 변경), 30%(개간·간척)로 높이는 한편 장기 저리 자금의 공급을 알선했다.[71]

69 「朝鮮事業界好績」, 『京城日報』 1919. 1. 12; 山本有造, 1993, 『日本植民地經濟史研究』, 名古屋大學出版會, 165쪽; 서정익, 앞의 책, 187~190쪽.

70 拓殖局, 1921, 『朝鮮産米增殖ニ關スル意見』, 拓殖局, 1~18쪽; 朝鮮總督府, 1926, 『朝鮮産米增殖計劃要綱』, 朝鮮總督府, 1~12쪽; 방기중, 2003, 「1930년대 朝鮮 農工併進政策과 經濟統制」, 『동방학지』 120, 75~120쪽; 허수열, 2005, 『개발 없는 개발: 일제하, 조선경제 개발의 현성과 본질』, 은행나무, 131쪽; 이상의, 2006, 『일제하 조선의 노동정책 연구』, 혜안, 73~107쪽.

71 弓削幸太郎, 1922, 「朝鮮鐵道施設要項」, 『朝鮮』 91, 朝鮮總督府, 390~392쪽; 朝鮮總督府, 1928, 『朝鮮の土地改良事業』, 朝鮮總督府 土地改良部, 1~25쪽; 박우현, 2016, 「대공황기(1930~1934) 조선총독부의 사설철도 정책 전환과 특성」, 『역사와 현실』 101, 307~341쪽; 2017, 「1930년대 조선총독부의 사설철도 매수 추진과 특징」, 『역사문제연구』 21-2, 67~109쪽.

〈표 4〉 1918~34년 「토지수용령」 적용 사업의 주체(단위: 건, %)

연도	통치 기관								민간 기관				합계
	조선총독부	도	부	면(읍)	학교비	학교조합	'조선군'/국가	계	회사	수리조합	개인	계	
1918	7	1	1	0	0	0	0	9	1	2	0	3	12
1919	7	0	1	0	0	0	1	9	2	0	0	2	11
1920	7	1	6	0	0	1	1	16	6	1	0	7	23
1921	3	1	2	0	3	0	1	10	8	3	0	11	21
1922	4	0	2	0	0	0	1	7	8	1	0	9	16
1923	7	3	3	2	0	1	0	16	7	7	0	14	30
1924	3	1	0	1	1	0	2	8	4	3	0	7	15
1925	2	1	0	1	0	0	2	6	3	0	0	3	9
1926	2	2	1	0	0	0	0	6	4	4	1	9	15
1927	6	0	3	1	0	0	0	10	4	1	0	5	15
1928	5	0	5	3	0	0	0	13	7	9	0	16	29
1929	5	1	3	0	0	0	0	9	10	8	0	18	27
1930	0	1	2	1	0	0	0	4	8	5	3	16	20
1931	2	0	2	0	0	0	0	4	2	4	2	8	12
1932	2	4	2	1	1	0	0	10	14	7	3	24	34
1933	2	6	4	2	0	0	1	15	4	4	4	12	27
1934	4	3	2	1	0	0	2	12	3	4	0	7	19
합계	68	25	39	14	5	2	11	164	95	63	13	171	335
비중	20.3	7.5	11.6	4.2	1.5	0.6	3.3	49.0	28.4	18.8	3.9	51.0	100.0

출처: 〈부표 2〉.
비고: ① '조선군'은 조선 주둔 일본군의 약칭이다. ② 소수 둘째 자리에서 반올림했다(이하 동일).

「토지수용령」의 운영은 이와 같은 흐름 위에서 이전과 다른 양상이 나타났다. 먼저 토지수용제도가 적용된 사업의 주체를 살펴보면(〈표 4〉), 민간 기관과 통치 기관의 비중이 역전되었다. 1918년부터 1934년까지 민간 기관은 개인 명의를 포함하여 전체의 51%에 해당하는 171건을 기록했다. 세부적으로는 사설철도·전기·제철소와 관련된 회사가 95건 (28.4%), 산미증식계획과 연관된 수리조합이 63건(18.8%)이었다. 주로 토지

식민지적 근대와 조선 사회 1

개량 시행 권리를 획득한 인물이 분포된 개인은 13건(3.9%)이었다. 반면에 통치 기관은 164건으로 총수의 49%를 점유했는데, 제1기 치도사업이 마무리되고 제2기 치도사업[72]이 지체·중지된 결과 조선총독부(68건, 20.3%)의 압도성이 사라지고 도의 비중(25건, 7.5%)이 급감했다. 대신 등외 도로의 개수를 맡은 면(邑)[73]이 14건(4.2%), 군사(국방)에 관한 시설을 담당하는 '조선군'(+국가)이 11건(3.3%), 조선인과 일본인의 초·중등교육을 담당하는 학교비와 학교조합이 각각 5건(1.5%)과 2건(0.6%)의 인정을 받았다. 특히 자체 재원으로 다양한 사회간접자본 구축을 담당한 부는 39건(11.6%)의 토지 수용을 신청하여 도를 제치고 제2위의 자리를 차지했다.

〈표 5〉 1918~34년 「토지수용령」 적용 지역의 부·군별 분포(단위: 건, %)

연도	경기도		충청북도	충청남도	전라북도	전라남도	경상북도		경상남도	
	부	군	군	군	군	군	부	군	부	군
1918	6	1	0	0	3	0	0	1	0	1
1919	5	0	0	0	0	0	0	0	1	0
1920	4	1	1	0	0	0	0	3	3	2
1921	4	1	0	5	1	1	0	0	3	1
1922	0	2	0	2	0	2	0	3	3	3
1923	5	7	0	2	1	0	0	1	0	0
1924	1	2	0	0	0	1	0	1	0	1
1925	1	1	0	0	0	0	1	1	0	1

---

[72] 1917년에 제1기 치도사업을 완료한 조선총독부는 1922년도를 기한으로 하는 제2기 치도사업을 수립했다. 그러나 이 사업은 부역(賦役) '폐지'와 물가 상승으로 인한 공사비의 급증, 철도망 확충에 집중하기로 한 교통정책에 따라 당초 목표를 이루지 못하고 1938년까지 연기가 되었다(조병로·조성운·성주현, 2011, 「식민지시기 도로정책과 자동차운송」, 『조선총독부의 교통정책과 도로건설』, 국학자료원, 41~45쪽).

[73] 1927년을 기점으로 지정면(指定面)으로 한정된 기채 발행과 계속비(繼續費) 설정의 제약이 해제되었다(정미성, 2005, 「1920년대 후반~1930년대 전반기 조선총독부의 면 재정 정비과정과 그 의미」, 『역사와 현실』 56, 214~215쪽). 보통면(普通面)의 토목사업 추진을 뒷받침한 이 조치는 「토지수용령」을 신청하는 주체로서 보통면의 등장을 가능하게 했다.

연도	경기도		충청북도	충청남도	전라북도	전라남도	경상북도		경상남도	
	부	군	군	군	군	군	부	군	부	군
1926	0	3	0	0	3	1	2	1	0	2
1927	1	3	0	1	0	2	1	0	1	3
1928	1	1	2	2	2	0	1	7	0	2
1929	0	4	0	8	4	0	1	1	0	1
1930	0	4	0	1	0	3	1	1	2	1
1931	0	0	0	0	1	2	1	0	0	1
1932	3	7	0	3	1	4	0	0	0	4
1933	2	2	0	2	0	2	0	1	2	1
1934	1	2	0	0	1	0	0	2	1	1
합계	34	41	3	26	17	18	8	23	16	25
비중	8.9	10.7	0.8	6.8	4.5	4.7	2.1	6.0	4.2	6.5

연도	황해도	평안남도		평안북도	강원도	함경남도		함경북도		합계	
	군	부	군	군	군	부	군	부	군	부	군
1918	0	1	0	0	0	1	1	0	0	8	7
1919	0	0	2	0	0	0	0	0	3	6	5
1920	3	1	4	1	0	0	1	0	1	8	17
1921	2	0	0	0	5	0	0	0	1	7	17
1922	0	0	2	3	0	0	2	0	1	3	20
1923	2	4	0	0	6	1	6	0	0	10	25
1924	4	0	0	1	3	1	1	0	0	2	14
1925	2	0	1	0	0	0	0	0	1	2	7
1926	4	0	0	1	1	0	0	0	0	2	16
1927	2	1	0	0	0	0	1	0	3	4	15
1928	6	1	4	0	0	0	3	1	0	4	29
1929	4	1	0	0	1	1	5	0	1	3	29
1930	4	0	3	0	0	0	2	0	0	3	19
1931	3	1	3	0	1	0	0	0	0	2	11
1932	4	1	3	1	3	0	2	0	1	4	33
1933	2	1	4	2	0	0	4	1	5	6	25
1934	2	1	3	3	0	0	0	0	2	3	16
합계	44	13	29	12	20	4	28	2	19	77	305
비중	11.5	3.4	7.6	3.1	5.2	1.1	7.3	0.5	5.0	20.2	79.8

출처: 〈부표 4~5〉.

식민지적 근대와 조선 사회 1

다음으로 「토지수용령」이 적용된 지역은 앞선 시기와 정반대로 농촌의 비중이 압도적이었다. 〈표 5〉에 의하면, 농촌을 관할하는 군은 305건으로 전체의 79.8%를 점유한 반면에 도시를 대변하는 부는 총수의 20.2%에 불과한 77건에 머물렀다. 이는 경성을 중심으로 일부 지역에 실시된 토지 수용이 광범위한 지역으로 확장되었음을 의미한다. 도별로는 여전히 시구 개수가 진행 중인 경성부(34건)을 필두로 75건의 경기도가 수위를 차지했지만, 비중(19.6%)은 절대적이지 않았다. 이어서 재령군(10건)과 신천군(8건) 등지에 황해선이 부설되고 수리조합의 몽리면적이 전국 최대 규모인 황해도[74]가 44건으로 11.5%, 대동군(12건)과 평양부(9건)에서 교통기관 정비와 관개 시설 공사가 활발하게 이루어진 평안남도가 42건으로 11%, 부산부(15건) · 동래군(6건) · 창원군(4건)에서 동해남부선[75] · 경동선 · 경남선과 시가 도로의 조성이 추진된 경상남도가 41건으로 10.7%, 함흥군(15건)을 거점으로 한 함남선 건설과 시구 개수, 그리고 일본질소비료㈜의 진출이 가시화된 함경남도가 32건으로 8.4%를 기록했다. 이외에는 경상북도 31건, 충청남도 26건, 강원도 20건, 함경북도 21건, 전라남도 18건, 전라북도 17건, 평안북도 12건, 충청북도 3건의 순서였다.

---

[74] 鐵道部, 1924, 「朝鮮に於ける鐵道の現況」, 『朝鮮』 109, 朝鮮總督府, 89~93쪽; 「黃海線と西鮮の殖産」, 『京城日報』 1925. 6. 21; 이애숙, 앞의 논문, 332쪽.

[75] 동해남부선의 부설 과정과 이를 둘러싼 지역 정치에 대해서는 전성현, 2017, 「일제강점기 동해남부선의 식민성과 지역정치」, 『역사와 경계』 104 참조.

〈표 6〉 1918~34년 「토지수용령」 적용 사업의 종류(단위: 건, %)

연도	교통				농업	치수		교육	수도		군사	공업		기타	합계
	철도	궤도	도로	항만	관개	제방	하천		상수	하수		전기	제철		
1918	2	0	8	0	2	0	0	0	0	0	0	0	0	0	12
1919	5	0	4	0	0	0	0	0	0	1	1	0	0	0	11
1920	10	0	4	0	0	2	0	3	1	1	1	0	0	1	23
1921	6	2	1	0	3	0	0	7	0	0	1	0	0	1	21
1922	9	0	4	0	1	0	0	1	0	0	1	0	0	0	16
1923	6	0	5	1	7	6	1	4	0	0	0	1	0	0	31
1924	4	0	1	0	3	1	2	1	0	1	2	0	0	0	15
1925	4	0	1	0	0	0	1	2	0	0	1	0	0	0	9
1926	4	0	2	0	5	1	2	1	0	0	0	0	0	0	15
1927	5	0	4	1	1	0	0	1	1	0	0	0	0	3	16
1928	7	0	6	0	8	1	4	0	1	2	0	1	1	0	31
1929	10	1	4	1	8	0	1	0	0	2	0	2	0	0	29
1930	7	0	3	0	7	0	0	1	1	0	0	1	0	0	20
1931	4	0	2	0	6	0	0	0	0	2	0	0	0	0	14
1932	10	1	4	3	12	0	0	2	1	1	0	3	0	0	37
1933	2	0	9	2	8	0	2	1	0	1	1	3	0	0	29
1934	1	0	1	0	6	3	4	1	2	1	2	0	0	1	22
합계	96	4	63	8	77	14	17	24	7	13	10	11	1	6	351
비중	27	1	18	2	22	4	5	7	2	4	3	3	0	2	100

출처: 〈부표 3〉.
비고: ① 소수 첫째 자리에서 반올림했다. ② 1926년 농업 부분에는 관개와 관계없는 사업이
1건 존재한다. ③ 기타는 관청 3건, 병원·운동장·도장(屠場) 각 1건으로 구성되어
있다.

마지막으로 「토지수용령」이 적극적으로 활용된 분야는 생산기반시
설이었다. 그중에서도 눈에 띠는 사업은 철도와 관개 시설이었다. 1910
년대 후반부터 발흥하기 시작한 사설철도회사의 공사가 본격화된 결
과 전자는 전체의 27%에 상당하는 96건을 기록했고 보조금지급비율의
상향과 장기 저리 자금의 공급을 계기로 활성화된 후자는 77건으로
22%를 차지했다. 반대로 이진 시기 가장 핵심적인 사업인 도로 수축은

건수(63건)의 증가에도 불구하고 비중(18%)이 대폭 낮아졌다. 나머지는 한 강과 대동강에 인접한 곳의 홍수 피해를 막고자 제방을 축조하거나 산 미증식계획의 성패가 달린 주요 하천을 개수[76]하는 치수가 31건(9%)이 었고 3면 1교에서 1면 1교로 나아가는 초등교육 확대 방침[77]과 결부된 교육이 24건(7%)이었으며, 급수 부족과 위생 문제를 해결하려는 목적에 서 실시된 상수도 확장과 하수도 정비[78]가 20건(6%)이었다. 그 밖에 일 본질소비료(주)의 수력발전소 건설로 대변되는 전기사업이 11건, 일본 육군의 항공대 비행장 건설과 군마보충부 지부 설치 등을 위한 군사 시설[79]이 10건, 1930년대 초반 조선 사회에 파란을 일으킨 나진항 개 발[80]을 위시한 항만 축조가 8건이었다.

---

[76] 生田清三郎, 1927, 「河川令ノ發布」, 『朝鮮』 141, 朝鮮總督府, 11~12쪽. 산미증식계획 과 더불어 비로소 시작된 하천 정비는 궁민 구제라는 명분까지 더해지면서 1930년대 조선총독부의 중요한 토목사업으로 부상했다(榛葉孝平, 1931, 「窮民救濟と土木事業」, 『朝鮮』 191, 朝鮮總督府, 20~22쪽; 川澤章明, 1937, 「朝鮮の河川改修」, 『朝鮮』 266, 朝 鮮總督府, 71~76쪽).

[77] 柴田善三郎, 1921, 「地方制度の改正を教育施設に付て」, 『朝鮮』 80, 朝鮮總督府, 74~77 쪽; 松村松盛氏談, 1928, 「一面一校の財源流用問題に就て」, 『朝鮮及滿洲』 251, 朝鮮 及滿洲社, 25쪽.

[78] 朝鮮總督府, 1937, 앞의 책, 1107~1308쪽. 예컨대 1918년부터 하수도개수계획이 추진 된 경성에서는 1940년대까지 단계적으로 사업이 실시되었고 부산에서는 1929년부터 제1기 하수도 건설 사업이 시작되었다. 또한 1920년대 평양, 부산, 대구에서는 하수 도 정비를 겸한 간선 도로의 수축 공사가 추진되었다(1922, 「大正十年度政務提要」, 『朝鮮』 83, 朝鮮總督府, 139쪽; 박민주, 2016, 「일제강점기 부산부 하수도 건설사업의 진행과정과 한계(1929~1932)」, 『역사와 경계』 98, 39~62쪽; 염복규, 2019, 「차별인가 한계인가: 식민지 시기 경성 하수도 정비의 '좌절'」, 『역사비평』 126, 285~291쪽).

[79] 1920, 「航空第六大隊同飛行場敷地ノ一部土地收用ノ件」(아시아역사자료센터, C03011 428800), 59쪽; 1921, 「軍馬補充部雄基支部土地買收ニ關スル件」(아시아역사자료센터, C03011455300), 357쪽.

[80] 길회선의 종단항으로 결정된 나진항의 축조를 두고 남만주철도(주)와 지주 사이에 벌어진 갈등과 해결책으로 등장한 「토지수용령」의 전개 과정에 대해서는 廣瀬貞三, 2010a, 앞의 논문 참조.

3) 전환기(1935~45년)
: 지방 행정 기관의 주도와 사회기반시설의 다각적 조성

1930년대 중반 이후 조선 경제의 방점은 농업에서 공업으로 이동했다. 일제의 대륙 침략과 맞물린 자급자족형 블록경제의 확대, 일본 대자본의 적극적인 진출, 농공병진(農工竝進)과 병참기지로 대변되는 조선총독부의 능동적인 산업정책 등은 중화학 분야를 필두로 한 군수공업의 발흥을 이끌었다. 여기에 발맞춰 사회간접자본의 건설도 '공업 조선'[81]에 부합하는 형태로 변화를 겪었다.

첫 번째는 산미증식계획의 중단이었다. 대공황으로 쌀값이 폭락하고 농가 경제가 파탄하자, 제국 차원의 농업정책은 농촌 사회의 안정으로 방향을 틀었다. 일본 내 미가 하락의 핵심 요인으로 지목된 조선 쌀의 생산력 증대는 더이상 필요하지 않았다. 1934년 조선총독부는 이미 진행 중인 사업을 제외한 나머지 토지개량사업을 중단시키는 동시에 소작 관련 사회 입법, 자작농 창설, 고리채 정리 등을 통한 농가갱생계획을 집중적으로 추진했다.[82]

두 번째는 대규모 공장 부지의 조성이었다. 조선에 공장을 세우려는 일본 대자본이 겪는 어려움 중에서 제일 곤란한 사안이 용지문제였다. "공업지대로 유망하다는 기대로부터 이 지역 일대의 토지열(土地熱)이 대두하고 매매가 성행"한다는 보도와 같이 투기적인 토지 매매로 인하여 공업 입지 조건이 뛰어난 곳의 지가가 천정부지로 치솟았기 때문이다.[83] 이에 1934년 조선총독부는 지방 행정 기관이 앞장서서 군

---

81   「『農業朝鮮』을 完成코『工業朝鮮』에 躍進, 宇垣總督時事 談」, 『매일신보』 1933. 5. 25.
82   이송순, 2008, 『일제하 전시 농업정책과 농촌 경제』, 선인, 51~60쪽.

사·경제적으로 중요한 지역에 시가지를 창출하는 「조선시가지계획령」을 제정했고 1938년에는 중화학공업의 유치·육성을 촉진하기 위해 일단의 공업용지와 주택지를 조성하는 사업을 시가지계획사업에 포함했다.[84]

세 번째는 교통기관의 재정비였다. 공업화에 필요한 인력·물자의 원활한 수송과 일본－조선－만주의 연결성 강화가 요구되자 조선총독부는 이에 걸맞은 교통기관을 서둘러 부설했다. 예를 들어 철도는 1933년 도문선, 1937년 혜산선, 1939년 만포선이 전부 개통되었고 1941년에는 평원선, 1942년에는 중앙선의 공사가 완료되었다. 도로는 궁민구제사업과 연계된 제2기 치도사업이 추진되는 가운데 1932년에는 북선(北鮮)개발과 결부된 척식도로가, 1937년에는 산업·국방도로의 건설이 시행되었다. 특히 1930년대 후반부터는 주요 도시의 시가지계획사업이 구체화되면서 외곽 지대의 간선 도로를 중심으로 한 가로망 부설이 본격화되었다.[85]

네 번째는 생활기반시설의 확충이었다. 노동력의 안정적인 재생산과 능률 향상은 치안과 생산력 확대를 좌우하는 "급무 중의 급무"였다.[86] 조선총독부는 건강하고 효율성이 높은 신체의 양성과 평온한 사

83   「普通江一帶の土地思惑は危險」, 『朝鮮新聞』 1933. 9. 9; 「頻繁한 收用 地價의 紛糾, 收用令을 過信치 말라」, 『조선중앙일보』 1934. 9. 12; 「朝鮮を目指す事業進出が… 土地暴騰で立往生」, 『京城日報』 1934. 9. 19.

84   榛葉孝平, 1939, 「朝鮮に於ける都市計劃の新動向: 新義州多獅島都市計劃の特色」, 『朝鮮行政』 3-9, 帝國地方行政學會, 7~8쪽; 염복규, 2009, 「日帝下 京城都市計劃의 구상과 시행」, 서울대학교 국사학과 박사학위논문, 100쪽. 해방될 때까지 「조선시가지계획령」이 적용된 도시는 38개소, 일단의 공업용지조성사업이 계획된 곳은 15개소, 주택지경영사업이 입안된 지역은 16개소에 이르렀다(大藏省 管理局, 1985, 『日本人の海外活動に關する歷史的調査 通卷第九冊 朝鮮編 第八分冊』, 高麗書籍, 177~179쪽).

85   朝鮮總督府 鐵道局, 1940, 『朝鮮鐵道四十年略史』, 朝鮮總督府 鐵道局, 250~273쪽; 大藏省 管理局, 위의 책, 19~21·134~135쪽.

회 유지를 목적으로 생활과 연계된 기반 시설의 구축을 다각도로 진행했다. 우선 조선총독부는 계속해서 홍수 피해가 발생하자 1936년 이후 대규모 자금을 투입하여 253개의 중소 하천을 모두 개수하는 대공사에 착수했다.[87] 다음으로 조선총독부는 1937년도를 기점으로 앞으로 10개년 동안 조선인 추정 학령 아동의 취학 비율을 50% 이상으로 끌어올리는 한편 실업교육을 강화한다는 계획 아래 공립보통(간이)학교와 실업 위주의 중등교육기관 설립, 나아가 학급 증설을 대대적으로 실시했다.[88] 끝으로 주거의 불안정성이 생산성 증대를 저해한다고 인식한 조선총독부는 1941년 4년간 2만 호의 주택 공급을 목표로 이것을 전담하는 조선주택영단을 신설하고[89] 필요한 토지를 언제든지 수용할 수 있는 특권을 부여했다.

〈표 7〉 1935~45년 「토지수용령」 적용 사업의 주체(단위: 건, %)

연도	통치 기관								민간 기관					합계
	조선총독부	도	부	면(읍)	학교비	학교조합	기타	계	회사	수리조합	개인	기타	계	
1935	3	11	6	4	0	0	1	25	6	1	1	0	8	33
1936	2	7	15	4	0	1	0	29	9	0	1	1	11	40

---

86 1937, 「道知事會議に於ける政務總監訓示要旨」, 『平壤彙報』 70, 平壤府, 16~17쪽; 1938, 「朝鮮に於ける勞務調整」, 『同胞愛』 16-9, 朝鮮社會事業協會, 85쪽.

87 榛葉孝平, 1937, 「朝鮮の治水事業」, 『朝鮮』 266, 朝鮮總督府, 51~52쪽; 川澤章明, 1937, 「朝鮮の河川改修」, 『朝鮮』 266, 朝鮮總督府, 71~76쪽.

88 今井田政務總監, 1936, 「第二次朝鮮人初等敎育普及擴充計劃樹立に就て」, 『朝鮮』 249, 朝鮮總督府, 99~102쪽; 朝鮮總督府, 1938, 『朝鮮總督府時局對策調査會諮問案參考書 (內鮮一體ノ强化徹底ニ關スル件)』, 朝鮮總督府, 24~26쪽.

89 이명화, 2020, 「총동원체제기(1938~1945) 주택정책의 변화와 주택지경영사업의 전개: 평양을 중심으로」, 『한국문화』 89, 342~346쪽; 2021, 「총동원체제기(1938~45년) 조선총독부 공영주택정책의 운영 실태와 조선인의 주변화: 부영주택(府營住宅)을 중심으로」, 『역사와 경계』 120, 86~90쪽.

연도	통치 기관								민간 기관					합계
	조선총독부	도	부	면(읍)	학교비	학교조합	기타	계	회사	수리조합	개인	기타	계	
1937	9	10	19	7	1	1	2	49	17	2	3	0	22	71
1938	6	17	14	5	1	0	0	43	8	1	0	0	9	52
1939	6	6	13	3	0	0	3	31	7	0	1	0	8	39
1940	5	9	18	3	0	0	0	35	9	3	0	0	12	47
1941	2	3	4	1	1	0	1	12	6	0	0	1	7	19
1942	3	1	9	5	1	0	0	19	1	2	1	0	4	23
1943	0	4	4	3	0	0	1	12	2	2	0	0	4	16
1944	0	0	3	1	0	0	3	7	0	0	0	0	0	7
1945	0	0	1	0	0	0	0	1	0	0	0	0	0	1
합계	36	68	106	36	4	2	11	263	65	11	7	2	85	348
비중	10.3	19.5	30.5	10.3	1.1	0.6	3.2	75.6	18.7	3.2	2.0	0.6	24.4	100.0

출처: 〈부표 2〉.
비고: ① 통치 기관의 기타는 국가 5건, 조선주택영단 4건, 조선신궁과 경성제국대학 각 1건 이고 민간 기관의 기타는 일본적십자사와 청진경마구락부로 구성되어 있다. ② 소수 둘째 자리에서 반올림했다(이하 동일).

사회간접자본이 공업화의 디딤돌로 기능하게 되면서 「토지수용령」의 운영 양상은 질적으로 달라졌다. 먼저 1935~45년 토지수용제도를 이용한 기업자의 대부분은 통치 기관이 차지했다. 〈표 7〉에 의하면, 앞서 51%를 차지한 민간 기관은 이 시기에 들어서 전체의 24.4%에 해당하는 85건으로 비중이 급격히 낮아졌다. 철도, 전력과 관계된 기업을 중심으로 한 회사가 65건(18.7%)으로 그나마 명맥을 유지했지만, 농지의 외연적 확대보다는 농사 개량에 방점을 둔 증미계획과 조선농지개발영단이 대단위 토지 개량을 전담하는 구조[90]로 인하여 수리조합의 비중이 3.2%(11건)에 그친 것이 결정적인 원인이었다. 반대로 통치 기관은

---

90   이송순, 앞의 책, 119~135쪽.

전체의 75.6%에 상당하는 263건을 기록했다. 그중에서도 압도적인 비중을 차지한 주체는 도시를 관할하는 부였다. 자본과 인구 집중으로 각종 생활기반시설의 구축이 활발히 전개된 결과 부는 상급기관을 뛰어넘는 106건(30.5%)의 수용 절차를 밟았다. 나머지는 도가 68건으로 19.5%, 조선총독부와 면(읍)이 36건으로 10.3%, 부 이외의 지역에서 초·중등교육기관을 운영하는 학교비와 학교조합이 각각 1.1%(4건)와 0.6%(2건)를 점유했다. 기타는 군사에 관한 사업을 수행하는 국가가 5건, 조선주택영단이 4건, 시설 확충에 나선 조선신궁과 경성제국대학이 1건씩이었다.

〈표 8〉 1935~45년 「토지수용령」 적용 지역의 부·군별 분포(단위: 건, %)

연도	경기도		충청북도	충청남도	전라북도		전라남도		경상북도		경상남도	
	부	군	군	군	부	군	부	군	부	군	부	군
1935	5	7	1	2	0	3	0	2	0	1	1	2
1936	13	3	0	2	0	0	0	1	1	1	0	2
1937	17	7	0	4	3	5	1	3	1	5	4	4
1938	10	7	2	1	1	6	1	5	0	6	0	1
1939	8	4	1	0	1	1	0	2	0	1	0	3
1940	15	4	0	1	0	6	0	1	1	0	2	1
1941	1	1	0	0	0	4	0	0	0	0	1	2
1942	7	3	0	2	0	1	0	1	2	0	0	0
1943	3	1	0	0	0	2	0	0	0	0	0	2
1944	6	0	0	0	0	0	0	0	0	1	0	0
1945	1	0	0	0	0	0	0	0	0	0	0	0
합계	86	37	4	12	5	28	2	15	5	15	8	17
비중	22.2	9.6	1.0	3.1	1.3	7.2	0.5	3.9	1.3	3.9	2.1	4.4

연도	황해도	평안남도		평안북도	강원도	함경남도		함경북도		합계	
	군	부	군	군	군	부	군	부	군	부	군
1935	3	1	2	0	0	0	7	0	0	30	37
1936	6	2	4	0	2	0	3	0	2	26	42
1937	6	2	4	3	2	1	5	0	4	52	81
1938	0	4	2	4	2	0	3	1	3	42	59

　　　　　　　　식민지적 근대와 조선 사회 1

연도	황해도	평안남도		평안북도	강원도	함경남도		함경북도		합계	
	군	부	군	군	군	부	군	부	군	부	군
1939	1	3	6	2	2	1	2	1	3	28	42
1940	0	3	2	11	3	0	1	0	1	31	52
1941	1	3	5	0	0	0	1	2	2	16	23
1942	0	2	0	5	1	0	1	0	1	15	26
1943	0	0	2	1	3	0	1	1	1	13	17
1944	0	0	0	0	0	0	0	0	0	1	7
1945	0	0	0	0	0	0	0	0	0	0	1
합계	17	20	27	26	15	2	24	5	17	254	387
비중	4.4	5.2	7.0	6.7	3.9	0.5	6.2	1.3	4.4	34.4	65.6

출처: 〈부표 4~5〉.

다음으로 「토지수용령」이 적용된 지역은 여전히 농촌의 비중이 높았지만, 도시에 특화된 시가지계획사업이 시행되면서 농촌과 도시의 격차가 축소되었다. 〈표 8〉을 보면, 군은 387건으로 이전의 79.8%보다 줄어든 65.6%를 점유한 반면에 부는 254건으로 이전 시기(20.2%)에 비해 대폭 늘어난 34.4%를 차지했다. 도별로는 경인, 평양, 흥남과 같이 대표적인 공업지대[91]가 조성된 곳에서 토지 수용이 활발하게 일어났다. 선두에 선 지역은 경성·인천·부평을 무대로 토지구획정리사업, 공업용지조성사업, 주택지경영사업, 교통기관정비사업 등이 광범위하게 진행되는 경기도로서 전체의 31.8%에 해당하는 123건을 기록했다. 이어서 중일전쟁 이후 만주-중국으로 나아가는 교통망의 결절 지역이자, 군수공업도시로 변모 중인 평양과 진남포를 품은 평안남도가 12.2%(47건), 미곡 증산의 중심지인 전라북도가 8.5%(33건), 압록강·강계수력발전사

---

91   「工業朝鮮目指す工産躍進」, 『京城日報』 1934. 10. 24; 「朝鮮の經濟(11) 諸條件に惠まれ"工業都市"平壤」, 『大阪朝日新聞』 1935. 6. 29.

업이 본격화된 평안북도와 일본질소비료(주)가 주도하는 중화학공업이 확장 국면에 들어선 함경남도가 각각 6.7%(26건), 부산이 위치한 경상남도가 6.5%(25건)를 점유했다. 나머지는 함경북도(22건), 경상북도(20건), 전라남도·황해도(17건), 강원도(15건), 충청남도(12건), 충청북도(4건)의 순서였다.

〈표 9〉 1935~45년 「토지수용령」 적용 사업의 종류(단위: 건, %)

연도	교통			농림업		치수		교육	수도		군사
	철도	도로	항만	관개	기타	제방	하천		상수	하수	
1935	4	8		3	1	2	7	2	1	3	0
1936	5	9		1	1	1	6	8	2	2	0
1937	12	21	1	7	1	0	9	8	2	5	2
1938	11	11		1	0	1	11	11	4	1	0
1939	10	9		1	2	0	6	1	1	1	3
1940	4	5		4	0	0	7	9	1	2	0
1941	5	0		0	1	0	3	4	0	0	0
1942	1	8		1	0	0	1	3	2	1	0
1943	2	5		2	0	0	2	2	0	0	0
1944		3		1	0	0	0	0	0	0	0
1945		1		0	0	0	0	0	0	0	0
합계	54	80	1	21	6	4	52	48	13	15	5
비중	15.2	22.5	0.3	5.9	1.7	1.1	14.6	13.5	3.7	4.2	1.4

연도	공업			대지조성	관청	묘지/화장장	운동장	시장	기타	합계
	전기	제철	경금속							
1935	2	0		0	0	0	0	0	1	34
1936	1	1		0	0	0	0	1	2	40
1937	4	0		0	2	0	1	0	0	75
1938	0	1		0	0	0	0	1	0	53
1939	1	0		1	1	1	0	1	0	39
1940	6	0	1	5	0	0	0	0	3	47
1941	1	1		3	0	0	1	0	0	19
1942	0	0		2	2	1	0	0	1	23

식민지적 근대와 조선 사회 1

연도	공업			대지 조성	관청	묘지/ 화장장	운동장	시장	기타	합계
	전기	제철	경금속							
1943	0	0		2	0	1	0	0	0	16
1944	0	0		3	0	0	0	0	1	8
1945	0	0		0	0	0	0	0	0	1
합계	15	3	1	16	5	3	2	3	8	355
비중	4.2	0.8	0.3	4.5	1.4	0.8	0.6	0.8	2.3	100.0

출처: 〈부표 3〉.
비고: 기타 중에서 1935년은 조선신궁, 1936년은 병원과 농민도장(農民道場), 1940년은 비행장과 인보관(隣保館)과 항로표식, 1942년은 불명, 1944년은 보건광장에 관한 사업이다.

　마지막으로 「토지수용령」이 시행된 사업은 극단적인 편중 경향이 사라지고 스펙트럼이 넓어졌다. 〈표 9〉에 의하면, 교통기관은 도시의 가로망을 포함한 여러 층위로 이루어진 도로가 80건(22.5%), 조선총독부 직영 노선에 더해 황해선, 수인선, 경춘선 등의 사설 노선[92]으로 구성된 철도가 54건(15.2%), 장항제련소 운영과 연관된 항만[93]이 1건(0.3%), 도합 135건으로 전체의 38%를 차지했다. 다음으로는 홍수 예방과 궁민 구제의 명분 속에서 중소 하천의 정비가 대대적으로 추진된 치수가 56건(15.7%), 보통학교와 실업학교의 신·증설이 지속적으로 실시된 교육이 48건(13.5%), 대도시를 필두로 상하수도를 확장하는 사업이 28건(7.9%)이었고 수리조합 주도의 대규모 토지개량사업이 자제된 농림업은 27건(7.6%)에 그쳤다. 공업 부문은 장진강과 압록강 수계에 수력발전소를 건설하는 전기가 4.2%(15건), 철강과 마그네슘을 생산하는 제철·경금속[94]

92　朝鮮總督府 鐵道局, 1940, 앞의 책, 476~478쪽.
93　일제시기 미곡을 반출하는 항구에서 공업 항구의 성격까지 더해진 장항항의 개발 과정에 대해서는 배석만, 2020, 「일제시기 장항항(長項港) 개발과 그 귀결」, 『역사와 현실』 117 참조.

이 각각 0.8%(3건)와 0.3%(1건)으로 합계 5.3%(19건)을 점유했고 일단의 공업용지와 주택지를 조성하는 대지 조성은 4.5%(16건)을 기록했다. 그 밖에는 경성소년원 등을 짓는 관청이 5건(1.4%), 공동묘지(화장장)와 시장 건설이 3건(0.8%), 운동장 신축이 2건(0.6%), 다종다양한 기타 사업이 1건씩 있었다.

4. 맺음말

조선의 토지수용제도는 두 가지 종류가 있었다. 하나는 교통기관의 정비를 목적으로 1911년에 제정된 「토지수용령」이었고 다른 하나는 군수공업의 생산력 확충을 위해 1940년에 도입된 「토지공작물관리사용수용령」이었다. 이 중에서 핵심적인 역할을 수행한 것은 전자였다. 「토지수용령」은 입안된 이후 실효성을 높이는 방향으로 개정이 이루어졌다. 첫 번째는 새롭게 공익사업으로 간주된 분야를 추가하는 적용 대상의 확대였다. 두 번째는 일부에 국한된 시행 지역을 전국으로 넓히는 조치였다.

「토지수용령」은 사회간접자본을 조성하는 데에 필수 불가결한 기제였다. 그러나 이 제도는 지역 사회의 극심한 반발을 불러일으켰다. 원인은 다음과 같았다. 첫째, 인정 처분의 타당성은 재고의 대상이 아니었다는 점이다. 원칙적으로 조선총독의 결정은 잘잘못을 따질 수 없었

---

94 총동원체제기 일본제철(주)와 삼릉중공업(주)의 제철소 건설과 마그네슘 정련과 연관된 고즙(苦汁) 생산에 대해서는 배석만, 2010, 「조선 제철업 육성을 둘러싼 정책조율과정과 청진제철소 건설(1935~45)」, 『동방학지』 151; 류창호, 2021, 「전시체제기 조선 염업의 공업화 과정과 일본 독점자본의 침투」, 『한국학연구』 63 참조.

고 기업자의 신청은 검증 절차를 손쉽게 통과했다. 둘째, 기업자의 토지 취득이 보장되었다는 사실이다. 재결 단계에서 정한 보상금이 공탁되면, 관계인의 이의 제기에 상관없이 지주의 소유권은 기업자에게 곧바로 넘어갔다. 셋째, 보상 범위가 한정적이었다는 점이다. 일본과 달리 조선에서는 차지·차가인은 물론 물권적 효력이 부여된 소작권도 보상 대상에서 제외가 되었다. 넷째, 보상금 산정이 불공정했다는 사실이다. 일반적으로 도지사는 기업자가 제시한 금액에 맞춰 보상금을 책정했고 이 과정에서 조정의 기본 원칙이나 전문가의 의견은 곧잘 무시가 되었다.

한편「토지수용령」의 적용 추이를 시기별로 정리하면, 먼저 형성기에는 통치 기관, 그중에서도 조선총독부가 앞장서서 수용 절차를 밟았다. 시행 지역은 경성을 관할하는 경기도의 비중이 압도적이었고 주된 사업은 경성의 시구 개수를 필두로 한 도로 개수였다. 다음으로 확장기에는 민간 기관의 신청이 통치 기관을 앞섰다. 적용 지역은 농촌의 비중이 절대적이었고 중심이 되는 분야는 생산기반시설의 구축이었다. 특히 눈에 띠는 사업은 사설철도의 부설과 관개 시설의 조성이었다. 마지막으로 전환기에는 부를 중심으로 한 통치 기관이 기업자의 대부분을 점유했다. 시행 지역은 여전히 농촌의 비중이 높았지만, 도시에 특화된 사업이 실시된 결과 농촌과 도시의 격차는 줄어들었다.「토지수용령」이 활용된 분야는 편중성이 사라지는 동시에 스펙트럼이 넓어졌는데, 생산기반시설과 함께 노동력의 재생산을 위한 생활기반시설의 확충이 다각적으로 진행되었다.

일제시기에 형성된 '개발 사회'의 역사적 의미를 총체적으로 이해하기 위해서는 공익을 표방한 사회·경제적 개발의 출발점인 토지 수용에 관한 전반적인 실상이 규명되어야 한다. 이 글은 그러한 작업의 첫

걸음이다. 앞으로 후속 연구를 통해 인정 단계의 다음 절차인 도지사의 재결과 조선총독의 재정이 어떻게 운영되었는지, 관계인을 비롯한 다양한 주체의 관계망이 어떤 방식으로 작동했는지 등을 구체적으로 분석하도록 하겠다.

논문 출처

2023, 「일제시기 토지수용제도의 특징과 적용 추이」, 『한국독립운동사연구』 82.

〈부표 1〉 1911~45년 「토지수용령」 적용 건수

연도	신규			추가	삭제	삭제+추가	실효	경정	합계
	토지의 취득	토지의 취득+사용	토지의 사용						
1911	6	0	0	0	0	0	0	0	6
1912	16	0	0	0	0	0	0	0	16
1913	8	1	0	0	0	0	0	0	9
1914	17	0	0	0	0	0	0	0	17
1915	16	0	0	0	1	0	0	0	17
1916	7	0	0	0	0	0	0	0	7
1917	12	0	0	0	0	0	0	0	12
1918	12	0	0	0	0	0	0	0	12
1919	11	0	0	0	1	0	0	0	12
1920	23	0	0	0	0	0	0	0	23
1921	21	0	0	0	1	0	0	0	22
1922	16	0	0	0	0	0	2	0	18
1923	30	0	0	0	0	0	0	0	30
1924	15	0	0	5	0	0	0	1	21
1925	9	0	0	4	0	0	0	0	13
1926	15	0	0	0	0	0	0	0	15
1927	15	0	0	1	0	1	0	0	17
1928	29	0	0	2	0	0	0	0	31
1929	27	0	0	5	0	0	0	0	32
1930	18	2	0	4	1	0	0	0	25
1931	12	0	0	1	0	0	0	0	13
1932	32	1	1	5	0	1	0	0	40
1933	23	4	0	3	0	0	0	0	30
1934	19	0	0	2	0	0	0	0	21
1935	33	0	0	2	0	0	0	0	35
1936	39	0	0	2	0	0	0	0	41
1937	71	0	0	0	0	0	0	0	71
1938	52	0	0	5	0	0	0	0	57
1939	39	0	0	4	0	0	0	0	43
1940	47	0	0	0	0	0	0	0	47
1941	19	0	0	1	0	0	0	0	20
1942	22	0	1	0	0	0	0	0	23
1943	16	0	0	0	0	0	0	0	16
1944	7	0	0	0	0	0	0	0	7
1945	1	0	0	0	0	0	0	0	1
합계	755	8	2	46	4	2	2	1	820

출처: 朝鮮總督府, 각 연도판, 「廣告」·「土地收用公告」, 『朝鮮總督府官報』, 朝鮮總督府.

〈부표 2〉 1911~45년 「토지수용령」 적용 사업의 주체

연도	통치 기관									민간 기관				합계
	조선총독부	도	부·군	면·읍	학교비	학교조합	조선주택영단	조선 주둔 일본군·국가	기타	회사	수리조합	개인	기타	
1911	6	0	0	0	0	0	0	0	0	0	0	0	0	6
1912	9	6	0	0	0	0	0	0	0	0	0	0	1	16
1913	5	3	0	0	0	0	0	0	0	0	1	0	0	9
1914	6	3	0	0	0	0	0	0	0	2	5	0	1	17
1915	10	6	0	0	0	0	0	0	0	0	0	0	0	16
1916	6	0	0	0	0	0	0	0	0	0	1	0	0	7
1917	4	1	2	0	0	0	0	0	0	0	5	0	0	12
1918	7	1	1	0	0	0	0	0	0	1	2	0	0	12
1919	7	0	0	0	0	0	0	1	0	2	0	0	0	11
1920	7	1	6	0	0	1	0	1	0	6	1	0	0	23
1921	3	1	2	0	3	0	0	1	0	8	3	0	0	21
1922	4	0	2	0	0	0	0	1	0	8	1	0	0	16
1923	7	3	3	2	0	1	0	0	0	7	7	0	0	30
1924	3	1	0	1	1	0	0	2	0	4	3	0	0	15
1925	2	1	0	1	0	0	0	2	0	3	0	0	0	9
1926	2	2	1	0	0	0	0	0	0	4	4	1	0	15
1927	6	0	3	0	0	0	0	0	0	4	1	0	0	15
1928	5	0	5	3	0	0	0	0	0	7	9	0	0	29
1929	5	1	3	0	0	0	0	0	0	10	8	0	0	27
1930	0	1	2	0	0	0	0	0	0	8	5	3	0	20
1931	2	0	2	0	0	0	0	0	0	2	4	2	0	12
1932	2	4	2	1	1	0	0	0	0	14	7	3	0	34
1933	2	6	4	2	0	0	0	1	0	4	4	4	0	27
1934	4	3	0	0	0	0	0	0	0	2	3	4	0	19
1935	3	11	6	4	0	0	0	0	1	6	1	1	0	33
1936	2	7	15	4	0	1	0	0	0	9	0	1	1	40
1937	9	10	19	7	1	1	0	2	0	17	2	3	0	71
1938	6	17	14	5	1	0	0	0	0	8	1	0	0	52
1939	6	6	13	3	0	0	0	3	0	7	0	1	0	39
1940	5	9	18	3	0	0	0	0	0	9	3	0	0	47
1941	2	3	4	0	0	0	0	0	1	6	0	0	1	19
1942	3	1	9	5	0	0	0	0	0	1	0	0	0	23
1943	0	4	4	3	0	0	1	0	0	2	2	0	0	16
1944	0	0	3	1	0	0	3	0	0	0	0	0	0	7
1945	0	0	1	0	0	0	0	0	0	0	0	0	0	1
합계	150	112	147	50	9	4	4	16	?	162	86	20	4	766

출처: 朝鮮總督府, 각 연도판, 「廣告」·「土地收用公告」, 『朝鮮總督府官報』, 朝鮮總督府.

비고: ① 통치 기관의 기타 가운데 1935년은 조선신궁, 1941년은 경성제국대학이고 민간 기관의 기타 중에서 1912
년과 1914년은 거류민단, 1936년은 일본적십자사, 1941년은 청진경마구락부이다. ② 1936년 7월 4일에 공고
된 사업은 개인과 주식회사가 기업자로 동시에 기재되어 있기 때문에 각각의 범주에 합산했다.

부표 3〉 1911~45년 「토지수용령」 적용 사업의 종류

연도	교통				농림업		치수		교육	수도		군사	공업			대지조성	관청	묘지/화장장	운동장	시장	기타	합계
	철도	궤도	도로	항만	관개	기타	제방	하천		상수	하수		전기	제철	경금속							
1911	1	0	5	0	0	0	0	0	0	0	0	0	0	0	0	0	0	0	0	0	0	6
1912	0	0	13	0	0	0	0	1	2	0	0	0	0	0	0	0	0	0	0	0	0	16
1913	1	0	5	0	1	0	1	0	1	0	0	0	0	0	0	0	1	0	0	0	0	10
1914	3	1	6	0	5	0	1	0	1	0	0	0	0	0	0	0	0	0	0	0	0	17
1915	1	0	14	0	0	0	0	0	1	0	0	0	0	0	0	0	0	0	0	0	0	16
1916	0	0	5	0	1	0	0	0	1	0	0	0	0	0	0	0	0	0	0	0	0	7
1917	0	0	5	0	0	0	0	0	0	0	0	0	0	0	0	0	1	0	0	0	0	12
1918	2	0	8	0	2	0	0	0	0	0	0	0	0	0	0	0	0	0	0	0	0	12
1919	5	0	4	0	0	0	0	0	0	1	0	1	0	0	0	0	0	0	0	0	0	11
1920	10	0	4	0	0	0	0	0	3	1	1	1	0	0	0	0	0	0	0	0	1	23
1921	6	2	1	0	3	0	0	0	7	0	0	1	0	0	0	0	0	0	0	0	1	21
1922	9	0	4	0	1	0	0	1	0	0	0	1	0	0	0	0	0	0	0	0	0	16
1923	6	0	5	1	7	0	6	1	4	0	0	0	0	0	0	0	0	0	0	0	0	31
1924	4	0	1	0	3	0	1	2	1	0	1	2	0	0	0	0	0	0	0	0	0	15
1925	4	0	1	0	0	0	0	1	2	0	0	0	0	0	0	0	0	0	0	0	0	9
1926	4	0	2	0	4	1	1	2	1	0	0	0	0	0	0	0	0	0	0	0	0	15
1927	5	0	4	1	1	0	0	0	0	1	1	0	0	0	0	0	2	0	1	0	0	16
1928	7	0	6	0	8	0	1	4	0	1	2	0	1	1	0	0	0	0	0	0	0	31
1929	10	1	4	1	8	0	1	0	0	2	0	0	2	0	0	0	0	0	0	0	0	29
1930	7	0	4	0	7	0	0	1	0	1	0	0	0	0	0	0	0	0	0	0	0	20
1931	4	0	4	0	0	0	0	1	0	1	0	0	0	0	0	0	0	0	0	0	0	14
1932	10	1	4	3	12	0	0	0	2	1	1	0	3	0	0	0	0	0	0	0	0	37
1933	2	0	9	2	8	0	0	2	1	0	1	1	3	0	0	0	0	0	0	0	0	29
1934	1	0	6	0	6	0	3	4	1	2	1	0	0	0	0	0	1	0	0	0	0	22
1935	4	0	8	0	3	1	2	7	2	1	3	0	0	0	0	0	0	0	0	0	1	34
1936	5	0	4	0	1	1	1	6	8	2	2	0	1	1	0	0	0	0	0	1	2	40
1937	12	0	21	1	7	1	0	9	8	2	5	2	4	0	0	0	2	0	1	0	0	75
1938	11	0	11	0	1	0	1	11	11	4	1	0	0	1	0	0	0	0	0	1	0	53
1939	10	0	6	0	1	2	0	6	1	1	3	1	0	0	0	1	1	1	0	1	0	39
1940	4	0	5	0	4	0	0	7	9	1	2	0	6	0	1	5	0	0	0	0	3	47
1941	5	0	8	0	0	0	0	3	0	1	1	0	0	0	0	3	0	1	0	0	0	19
1942	1	0	8	0	1	0	0	3	2	1	0	0	2	2	1	0	0	0	0	0	1	23
1943	2	0	5	0	0	0	0	2	2	0	0	0	0	2	0	0	0	0	0	0	0	16
1944	0	0	1	0	1	0	0	0	0	0	0	0	0	0	0	3	0	0	0	0	1	8
1945	0	0	1	0	0	0	0	0	0	0	0	0	0	0	0	0	0	0	0	0	0	1
계	156	5	196	9	109	7	20	70	77	21	29	15	26	4	1	16	9	4	3	3	8	790

출처: 朝鮮總督府, 각 연도판, 「廣告」·「土地收用公告」, 『朝鮮總督府官報』, 朝鮮總督府.

비고: ① 도로는 교량을 포함한다. ② 관개는 주체에 상관없이 농사와 직접적으로 관련된 저수지, 수로 등의 시설 공사를 망라한다. ③ 농림업의 기타에는 식림묘포(殖林苗圃), 농사·임업·채과시험장, 저목장(貯木場), 종양장(種羊場) 설치를 포괄한다. ④ 교육은 학교와 강습소를 범주로 한다. ⑤ 대지 조성은 시가지계획사업의 하나인 공업용지·건축부지·주택지조성사업을 지칭한다. ⑥ 기타 중에서 1920년은 도장, 1921년은 병원, 1935년은 조선신궁, 1936년은 병원과 농민도장, 1940년은 비행장과 인보관과 항로표식, 1942년은 불명, 1944년은 보건광장에 관한 사업이다. ⑦ 1935년 12월 6일에 공고된 인정 처분(제방 축조와 도로 확장)과 같이 두 종류의 사업이 병기된 경우는 양쪽에 모두 기입했다.

〈부표 4〉 1911~45년 「토지수용령」 적용 지역의 분포 – 도별

연도	경기도	충청북도	충청남도	전라북도	전라남도	경상북도	경상남도	황해도	평안남도	평안북도	강원도	함경남도	함경북도	합계
1911	5	0	0	0	0	1	0	0	0	0	0	0	0	6
1912	7	0	2	0	0	0	0	1	2	0	1	2	1	16
1913	4	0	0	2	0	0	0	0	2	0	0	1	0	9
1914	6	0	0	1	0	2	5	0	0	0	0	2	1	17
1915	12	0	3	0	0	0	0	0	1	0	0	0	0	16
1916	6	0	0	0	0	0	1	0	0	0	0	0	0	7
1917	5	0	0	3	0	0	2	0	0	1	0	1	0	12
1918	7	0	0	1	0	1	1	0	1	0	0	1	0	12
1919	5	0	0	0	0	0	1	0	2	0	0	1	2	11
1920	5	1	0	0	2	5	2	5	1	0	0	1	1	23
1921	5	0	4	1	1	0	4	2	0	0	3	0	1	21
1922	2	0	2	0	1	2	4	0	1	2	0	2	1	17
1923	10	0	2	1	0	1	0	2	4	0	4	6	0	30
1924	3	0	0	0	1	1	1	3	0	1	3	2	0	15
1925	2	0	0	0	0	2	1	2	1	0	0	0	1	9
1926	3	0	0	2	1	3	2	2	0	1	1	0	0	15
1927	4	0	1	0	2	1	2	1	0	0	1	1	2	15
1928	2	2	2	2	0	5	2	5	5	0	0	3	1	29
1929	4	0	6	4	0	2	1	2	1	0	1	5	1	27
1930	4	0	1	0	3	2	3	3	2	0	0	2	0	20
1931	0	0	0	1	2	1	1	3	3	0	1	0	0	12
1932	9	0	2	1	4	0	3	4	4	1	3	2	1	34
1933	4	0	2	0	2	1	3	1	5	2	0	4	3	27
1934	3	0	0	1	0	2	2	2	4	3	0	0	2	19
1935	10	1	2	3	2	1	3	3	3	0	0	5	0	33
1936	14	0	2	0	1	2	2	5	6	0	2	3	2	39
1937	22	0	4	6	4	6	5	6	5	3	2	5	3	71
1938	13	2	1	6	6	6	1	0	5	4	2	3	3	52
1939	11	1	0	2	2	2	3	1	8	2	1	3	3	39
1940	18	0	1	5	1	1	3	0	5	8	3	1	1	47
1941	2	0	0	3	0	0	2	1	6	0	0	1	4	19
1942	10	0	1	1	1	2	0	0	2	3	1	1	1	23
1943	4	0	0	2	0	0	2	0	2	1	2	1	2	16
1944	6	0	0	0	0	0	0	0	0	0	0	0	0	7
1945	1	0	0	0	0	0	0	0	0	0	0	0	0	1
합계	228	7	38	48	34	50	65	51	86	33	30	59	37	766

출처: 朝鮮總督府, 각 연도판, 「廣告」·「土地收用公告」, 『朝鮮總督府官報』, 朝鮮總督府.
비고: 1922년 5월 3일에 공고된 사업은 평안남도와 평안북도에 걸쳐 있기 때문에 양쪽에 모두 표기했다.

〈표 5〉 1911~45년 「토지수용령」 적용 지역의 분포 – 부·군별

도	경기도		충청북도	충청남도	전라북도		전라남도		경상북도		경상남도		황해도	평안남도		평안북도	강원도	함경남도		함경북도		합계	
	부	군	군	군	부	군	부	군	부	군	부	군	군	부	군	군	군	부	군	부	군	부	군
11	4	1	0	0	0	0	0	0	1	0	0	0	0	0	0	0	0	0	0	0	0	5	1
12	7	0	0	2	0	0	0	0	0	0	0	0	1	2	0	0	1	2	0	0	1	11	5
13	4	0	0	0	1	1	0	0	0	0	0	0	0	2	0	0	0	1	0	0	0	8	1
14	6	0	0	0	0	1	0	0	2	0	1	4	0	0	0	0	0	2	0	0	1	11	6
15	12	2	0	3	0	0	0	0	0	0	0	0	0	1	0	0	0	0	0	0	0	13	5
16	6	0	0	0	0	0	0	0	0	0	0	0	1	0	0	0	0	0	0	0	0	6	1
17	5	1	0	0	0	0	0	3	0	0	0	2	0	0	0	1	0	0	1	0	0	5	8
18	6	1	0	0	0	3	0	0	0	1	0	1	0	1	0	0	0	1	1	0	0	8	7
19	3	0	0	0	0	0	0	0	0	0	0	0	0	0	0	2	0	0	0	3	3	6	5
20	4	1	1	0	0	0	0	0	0	3	3	2	3	1	4	1	0	0	1	0	1	8	17
21	4	1	0	5	0	1	1	0	0	0	0	3	1	2	0	0	5	0	0	0	1	7	17
22	0	2	0	2	0	0	0	2	0	3	3	3	0	0	2	3	0	0	2	0	1	3	20
23	5	7	0	2	0	1	0	0	0	0	0	1	2	4	0	0	6	1	6	0	0	10	25
24	1	2	0	0	0	0	0	1	0	1	1	1	4	0	1	0	3	1	1	0	0	3	14
25	1	1	0	0	0	0	0	0	1	1	0	1	2	0	0	1	0	0	0	0	1	2	7
26	0	3	0	0	0	3	0	1	2	1	0	2	4	0	0	1	1	0	0	0	0	2	16
27	1	3	0	1	0	0	0	2	1	0	0	3	2	1	0	0	1	0	0	1	3	4	15
28	1	1	2	2	0	2	0	8	0	1	0	0	2	0	6	1	4	3	0	0	0	4	29
29	0	4	0	8	0	4	0	0	1	1	0	4	1	1	0	0	1	1	5	0	1	3	29
30	0	4	0	1	0	4	0	3	1	1	1	2	1	0	3	0	0	1	0	0	0	3	19
31	0	0	0	0	0	1	0	2	1	2	0	0	3	1	3	0	0	0	0	0	0	2	11
32	3	7	0	3	0	0	0	4	0	1	0	4	4	1	3	1	3	0	2	0	1	4	33
33	2	2	0	2	0	0	0	1	0	1	0	4	2	2	2	1	4	1	1	1	5	6	25
34	1	2	0	2	0	0	0	1	0	1	1	2	2	1	0	3	3	0	0	0	0	3	16
35	5	7	1	2	1	0	0	3	0	2	0	2	3	1	1	2	7	0	0	0	0	7	30
36	13	3	0	2	0	0	1	0	0	1	1	1	6	1	4	2	2	0	3	0	2	16	26
37	17	7	0	4	3	5	1	3	1	5	5	4	6	2	4	3	2	0	5	0	4	29	52
38	10	7	2	1	1	6	1	5	0	6	0	0	1	4	2	4	2	0	3	1	3	17	42
39	8	4	0	1	1	1	1	1	0	1	0	4	3	3	0	6	2	0	2	1	3	14	28
40	15	4	0	1	0	6	0	0	0	0	1	0	3	3	2	11	3	1	1	1	0	21	31
41	1	1	0	0	0	0	0	0	0	0	1	2	1	3	5	0	3	1	2	1	2	7	16
42	7	3	0	1	1	0	1	1	0	1	1	0	2	0	5	0	1	1	0	0	1	11	15
43	3	1	0	1	1	1	0	0	0	0	0	2	1	0	2	1	3	0	0	0	1	4	13
44	6	0	0	0	0	0	0	0	0	0	0	0	1	0	0	0	0	0	0	0	0	6	1
45	1	0	0	0	0	0	0	0	0	0	0	0	0	0	0	0	0	0	0	0	0	1	0
계	164	82	7	43	6	50	2	33	16	38	25	49	62	38	56	39	36	11	53	7	38	269	586

저: 朝鮮總督府, 각 연도판, 「廣告」·「土地收用公告」, 『朝鮮總督府官報』, 朝鮮總督府.

고: ① 행정구역은 당해 연도를 기준으로 했다. ② 여러 부, 군에 걸쳐 있는 사업은 중복하여 집계했다.

참고
문헌

1. 자료

『京城日報』.
『동아일보』.
『매일신보』.
『釜山日報』.
『朝鮮新聞』.
『조선중앙일보』.

『同胞愛』.
『平壤彙報』.
『朝鮮』.
『朝鮮金融事項參考書』.
『朝鮮及滿洲』.
『朝鮮鐵道狀況』.

『朝鮮總督府官報』.
『朝鮮總督府月報』.
『朝鮮總督府統計年報』.
『朝鮮彙報』.

金剛山電氣鐵道株式會社, 1939,『金剛山電氣鐵道株式會社二十年史』, 金剛山電氣
鐵道株式會社.

大藏省 管理局, 1985,『日本人の海外活動に關する歷史的調査 通卷第九册 朝鮮編
第八分册』, 高麗書籍.

武井群嗣, 1929,『土木行政要義 第三編, 土地收用·事業助成』, 良書普及會.

朝鮮總督府, 1913,『朝鮮總督府施政年報』, 朝鮮總督府.

朝鮮總督府, 1915,『朝鮮施政ノ方針及實績』, 朝鮮總督府.

朝鮮總督府, 1916,『施政五年記念朝鮮物産共進會報告書 第一卷』, 朝鮮總督府.

朝鮮總督府, 1926,『朝鮮産米增殖計劃要綱』, 朝鮮總督府.

朝鮮總督府, 1928,『朝鮮の土地改良事業』, 朝鮮總督府.

朝鮮總督府, 1937,『朝鮮土木事業誌』, 朝鮮總督府.

朝鮮總督府, 1938,『朝鮮總督府時局對策調査會諮問案參考書(內鮮一體ノ强化徹底
ニ關スル件)』, 朝鮮總督府.

朝鮮總督府 內務局, 1931,『朝鮮港灣要覽』, 朝鮮總督府 內務局.

朝鮮總督府 內務局, 1932,『朝鮮地方行政例規』, 帝國地方行政學會.

朝鮮總督府 內務局 土木課, 1938,『現行朝鮮土木法規集 上卷』, 帝國地方行政學會
朝鮮本部.

朝鮮總督府 農林局, 1936,『昭和九年朝鮮土地改良事業要覽』, 朝鮮總督府.

朝鮮總督府 鐵道局, 1915,『朝鮮鐵道史』, 朝鮮總督府 鐵道局.

朝鮮總督府 鐵道局, 1928,『朝鮮の鐵道』, 朝鮮總督府 鐵道局.

朝鮮總督府 鐵道局, 1940,『朝鮮鐵道四十年略史』, 朝鮮總督府 鐵道局.

拓殖局, 1921,『朝鮮産米增殖ニ關スル意見』, 拓殖局.

浦野穩直, 1908,『土地收用法要義』, 文港堂書店·弘文堂書店.

2. 저서

서정익, 2003,『日本近代經濟史』, 혜안.

이상의, 2006,『일제하 조선의 노동정책 연구』, 혜안.

이송순, 2008,『일제하 전시 농업정책과 농촌 경제』, 선인.

정연태, 2014, 『식민 권력과 한국 농업』, 서울대학교 출판문화원.
조병로 외 지음, 2011, 『조선총독부의 교통정책과 도로건설』, 국학자료원.
허수열, 2005, 『개발 없는 개발: 일제하, 조선경제 개발의 현성과 본질』, 은행나무.

大石嘉一郎 編, 1997, 『日本帝國主義史 1』, 東京大學出版會.
北岡伸一, 1978, 『日本陸軍と大陸政策: 1906~1918年』, 東京大學出版會.
山本有造, 1993, 『日本植民地經濟史研究』, 名古屋大學出版會.
溝口敏行·梅村又次, 1988, 『舊日本植民地經濟統計: 推計と分析』, 東洋經濟新報
　　社.

3. 논문

고태우, 2019, 「일제하 토건업계와 식민지 개발」, 연세대학교 사학과 박사학위논
　　문.
김종근, 2012, 「일제하 京城의 홍수에 대한 식민정부의 대응 양상 분석: 정치생태
　　학적 관점에서」, 『한국사연구』 157.
류창호, 2021, 「전시체제기 조선 염업의 공업화 과정과 일본 독점자본의 침투」,
　　『한국학연구』 63.
박민주, 2016, 「일제강점기 부산부 하수도 건설사업의 진행과정과 한계(1929~
　　1932)」, 『역사와 경계』 98.
박우현, 2016, 「대공황기(1930~1934) 조선총독부의 사설철도 정책 전환과 특성」,
　　『역사와 현실』 101.
박우현, 2017, 「1930년대 조선총독부의 사설철도 매수 추진과 특징」, 『역사문제연
　　구』 21-2.
박우현, 2020, 「1910년대 조선사업공채 정책의 전개와 난맥상」, 『한국근현대사연
　　구』 93.
방기중, 2003, 「1930년대 朝鮮 農工併進政策과 經濟統制」, 『동방학지』 120.
배석만, 2010, 「조선 제철업 육성을 둘러싼 정책조율과정과 청진제철소 건설(1935
　　~45)」, 『동방학지』 151.

배석만, 2020, 「일제시기 장항항(長項港) 개발과 그 귀결」, 『역사와 현실』 117.

양지혜, 2020, 「일제하 일본질소비료(주)의 흥남 건설과 지역사회」, 한양대학교 사학과 박사학위논문.

염복규, 2009, 「日帝下 京城도시계획의 구상과 시행」, 서울대학교 국사학과 박사학위논문.

염복규, 2009, 「1910년대 전반 京城 도심부 간선도로망의 형성 과정과 의미」, 『사학연구』 96.

염복규, 2019, 「차별인가 한계인가: 식민지 시기 경성 하수도 정비의 '좌절'」, 『역사비평』 126.

이규수, 2005, 「후지이 간타로(藤井寬太郎)의 한국진출과 농장경영」, 『대동문화연구』 49.

이명학, 2020, 「총동원체제기(1938~1945) 주택정책의 변화와 주택지경영사업의 전개: 평양을 중심으로」, 『한국문화』 89.

이명학, 2021, 「총동원체제기(1938~45년) 조선총독부 공영주택정책의 운영 실태와 조선인의 주변화: 부영주택(府營住宅)을 중심으로」, 『역사와 경계』 120.

이명학, 2023, 「일제시기 토지수용제도의 특징과 적용 추이」, 『한국독립운동사연구』 82.

이애숙, 1984, 「日帝下 水利組合의 設立과 運營」, 『한국사연구』 50·51.

이형식, 2019, 「조슈파 데라우치 마사타케(寺內正毅)와 조선 통치」, 『역사와 담론』 9.

전성현, 2017, 「일제강점기 동해남부선의 식민성과 지역정치」, 『역사와 경계』 104.

정미성, 2005, 「1920년대 후반~1930년대 전반기 조선총독부의 면 재정 정비과정과 그 의미」, 『역사와 현실』 56.

廣瀨貞三, 1997, 「1910年代の道路建設と朝鮮社會」, 『朝鮮學報』 164.

廣瀨貞三, 1999, 「朝鮮における土地收用令: 1910~20年代を中心に」, 『新潟國際情報大學情報文化學部紀要』 2.

廣瀨貞三, 2010a, 「植民地期朝鮮における羅津港建設と土地收用令」, 『環日本海研究年報』 17.

廣瀨貞三, 2010b,「植民地期朝鮮における萬頃江改修工事と土地收用令」,『福岡大學研究部論集 A. 人文科學編』10-3.

廣瀨貞三, 2013,「南朝鮮鐵道工事と土地收用令」, 松田利彦·陳姃湲 編,『地域社會から見る帝國日本と植民地: 朝鮮·臺灣·滿洲』, 思文閣出版.

04 일제시기 조선철도 건설의 성격에 관한
세계사적 검토

박우현

1. 머리말

세계사적으로 철도는 전신과 증기선 항로와 함께 19세기 팽창주의적인 제국 체제를 형성하는 동맥이었다. 철도는 식민지에서 제국의 이익을 극대화하기 위해 원료와 상품, 노동력을 항구도시로 운반하는 결정적 수단이었다.[1] 다시 말해 철도가 제국주의 국가의 식민지배에 필수적인 요소였음을 의미한다. 따라서 제국주의자들은 철도가 제공하는 교통의 범위 확장을 식민지 건설에 활용하고 싶었고, 식민지 예산과 행정의 많은 부분을 차지했다.[2]

---

[1] 에밀리 S. 로젠버그 편(조행복·이순호 역), 2018, 『하버드 C. H. 베크 세계사. [5], 1870~1945 하나로 연결되는 세계』, 민음사, 409~412쪽.

[2] Raymond F. Betts, 1985, *Uncertain Dimensions: Western Overseas Empires in the Twentieth Century,* Minneapolis: University of Minnesota Press, pp. 79-80.

그런데 철도를 매개로 한 제국과 식민지의 관계가 모든 지역에서 동일하게 나타났던 것은 아니다. 역사는 가설이나 법칙에 따라 전개되는 것이 아니므로 제국과 식민지의 상황, 지역적 특색, 시기별 차이에 따라 다르게 나타났다. 따라서 각각의 역사상을 비교하며 제국주의 시기 각 지역에서 확인되는 식민지의 보편성과 특수성을 확인할 필요가 있다. 그럼에도 불구하고 그동안 식민지 조선을 포함한 비교사적 분석은 관심의 미비, 언어적 문제, 적절한 소재의 미발견 등을 이유로 제대로 시도되지 못했다. 여러 식민지의 개별적 연구를 묶어 출판한 경우는 있었지만, 하나의 연구 속에서 직접 비교를 시도한 사례는 드물었다.[3]

실제로 비교사는 각 식민지의 사료를 두루 섭렵하는 것은 언어뿐 아니라 역사적 배경의 포괄적 이해가 필요하기에 쉽지 않은 작업이다. 이 글에서는 정밀한 비교사로 나아가는 시론적 작업의 수준에서 영미권의 연구를 참고해, 19~20세기 영국, 프랑스, 독일 등 유럽 제국주의 국가의 식민지 철도건설의 목적과 방향성을 일본의 조선철도 건설과 비교해 보고자 한다.

특히 이 글에서 필자는 사안을 분석할 때 결과에만 주목하는 방식을 지양하고 가시적으로 드러나는 결과에 내재한 원인과 목적에 집중하고자 한다. 구체적으로 조선철도를 중심으로 한 비교사적 분석에서 얼마나 많은 철도가 깔렸는지, 얼마나 많은 자금이 조달되었는지에 집중하지 않을 것이다. 그러한 결과보다 어떤 방식으로 자금을 조달했고, 유럽과 차이를 드러내는 원인은 무엇이며, 왜 특정 방향의 철도건설만 집중했는지를 살펴볼 것이다. 숫자로 드러나는 결과보다 결과에 내재

---

3   예외적으로 조선과 인도의 경제 변동의 결과를 비교한 박섭, 2001, 『식민지의 경제 변동: 한국과 인도』, 문학과지성사의 시도가 있었다.

한 제국의 목적을 먼저 이해해야 제국주의 시기라는 당대의 시대상에 부합하는 역사학적 이해에 도달할 수 있기 때문이다.

이러한 관점 하에 본론에서는 철도건설을 위한 자금조달 방식의 차이, 군사적 목적의 최우선 고려가 만들어 낸 조선철도의 편중된 건설 방향, 철도투자 집중으로 필수적인 인프라 구축이 이뤄지지 못한 점 등을 살펴볼 것이다. 이를 유럽 제국주의 국가의 식민지와 비교하는 작업을 통해 일본의 식민지 철도건설이 드러냈던 특징을 도출해보고자 한다.

2. 건설자금 조달 방식의 차이

1) 민간자본 중심의 유럽과 재정투자 중심의 일본

일본 제국주의는 영국과 프랑스 등과 같은 유럽의 제국주의 국가들과 비교할 때 식민지 철도건설을 위한 자금을 조달하는 방식부터 달랐다. 영국의 인도 철도건설은 시기별로 차이가 있으나 대부분 영국 민간 기업의 자금 투자로 간선(幹線)을 건설했다. 이 회사들은 런던에 있는 인도 국무장관(the Secretary of State for India seated in London)과의 계약을 통해 설립된 주식회사로 조직되었고, 주주의 90% 이상은 영국인이었다. 영국 민간 기업과의 계약을 통해 인도 정부는 노선을 결정하고 건설 및 후속 운영을 감독할 권한을 가졌다. 기업들은 인도 정부로부터 토지를 무상으로 제공받았다. 또한 자본 지출 대비 순이익(총수입에서 영업비용을 뺀 금액)이 어느 해든 보장 수익률인 5%보다 낮을 경우, 인도 정부가 회사에 최대 5%의 차액을 보상해줬다. 수익률을 보증(guarantee)하는 제

도였다. 루피(rupee)에 대한 고정 환율로 자본금에 대해 5%의 이자를 보
장받았다.[4]

수익률을 보상해 주기 위한 비용은 인도의 납세자에게 부과된 세금
으로 충당해야 했다.[5] 보증에 필요한 비용은 인도 정부의 예상을 뛰어
넘었다. 초기 건설 비용은 예상치인 마일당 12,000파운드(£)를 넘어서는
20,000파운드에 달했고, 수십 년 동안 수익률이 5%에 이르지 못했기에
인도 정부는 영국의 민간철도회사에 1869년까지 약 3천만 파운드를 지
급해야 했다.[6] 이 보증 비용은 오랫동안 인도의 납세자들에게 부담을
주었고, 인도 정부의 재정을 악화시키는 요인으로 여겨졌다.[7] 그러나
공적 보증이 없이 식민지에 거액의 자본을 투자하려는 민간 기업은 없
었다. 보증 제도를 없앨 수는 없었고, 보증 비율을 점차 줄이는 방식의
개선을 도입했다.[8]

19세기에 이르면 제국주의 국가들은 식민지에 요구사항을 늘려갔다.
식량과 원료 공급, 산업생산물 소비, 노동력 공급에 이르기까지 자본주
의 확대에 필요한 사항을 요구했기 때문이다. 요구의 증가는 식민통치
비용의 증가를 수반했다. 제국은 가능한 한 식민통치에 따르는 재정부
담을 식민지의 납세자층에 떠넘기고 싶었다. 이른바 식민지의 '재정독

4   Dan Bogart and Latika Chaudhary, 2016, "Railways in Colonial India, An Economic
     Achievement?", *A New Economic History of Colonial India,* New York: Routledge, pp.
     141-142.
5   Ganeswar Nayak, 2021, "The Railways in Colonial South Asia", *The Railways in Colonial
     South Asia economy, ecology and culture,* New York: Routledge, pp. 28-29.
6   Dan Bogart and Latika Chaudhary, 2016, "Railways in Colonial India, An Economic
     Achievement?", pp. 143-144.
7   Ganeswar Nayak, 2021, "The Railways in Colonial South Asia", pp. 31-34.
8   Dan Bogart and Latika Chaudhary, 2016, "Railways in Colonial India, An Economic
     Achievement?", pp. 153-155.

립'을 원했다.[9] 영국이 초기에 인도 철도를 건설하는 방식도 식민본국인 영국의 재정을 가능한 식민지에 투입하지 않는다는 당시 제국주의자들의 보편 원칙에 부합하는 것이었다.

민간 기업이 자금을 조달해 식민지의 간선철도를 건설하는 방식은 프랑스도 마찬가지였다. 프랑스 정부는 식민지가 필요로 하는 예산을 식민지 스스로 확보해야 하며, 본국 정부의 예산은 식민지 개발에 투입하지 않는 것을 식민지 재정 운영의 원칙으로 삼고 있었다.[10] 따라서 식민정부가 민간자본을 유치해 철도를 건설하고, 민간철도회사의 수익률을 식민정부가 보증해주는 방식을 택했다. 이 방식은 당시에 이미 관행으로 확립되어 있었다. 인도차이나 간선철도 건설도 1899년 12월 「인도차이나철도건설법」이 통과되면서, 민간자본이 자금을 투자하고 식민정부가 수익을 보증하도록 했다.[11]

특히 현 베트남 북부 하노이(Hà Nội)에서 중국 남부 윈난(雲南)성까지 연결했던 윈난철도도 프랑스 금융 및 산업자본이 참여해 건설했다. 민간자본의 수익을 보장하기 위해 인도차이나총독부는 윈난철도 건설을 위해 설립했던 인도차이나 윈난 철도회사(Compagnie Française des Chemins de Fer de l'Indochine et du Yunnan)가 발행하는 회사채의 이자 지급을 보조하는 계약을 맺었다. 75년간 연 최고 300만 프랑까지 허가하는 파격적인 조건이었다. 파격적인 조건을 내걸어야 프랑스 민간자본의 투자를 유도

---

9 Anne Booth, 2019, "Towards a Modern Fiscal State in Southeast Asia, c. 1900-60", *Fiscal Capacity and the Colonial State in Asia and Africa, C.1850-1960,* Cambridge: Cambridge University Press, p. 36.

10 정재현, 2021, 「제국 안의 인도차이나, 식민지 안의 프랑스 제국주의: 인도차이나 식민지 경제의 구성 혹은 재구성」, 『역사와 현실』 122, 431쪽.

11 정재현, 2010, 「윈난 철도의 건설과 프랑스 제국주의」, 고려대학교 사학과 석사학위 논문, 54~59쪽.

할 수 있을 정도로 윈난철도의 경제성을 인정받지 못했기 때문이다.[12]

　프랑스가 윈난철도를 부설하려고 했던 이유는 식민지에서의 경제적 이윤 추구보다는 정치적, 군사적 측면이 강했다. 프랑스는 윈난을 정복해 중국 침략의 교두보로 만들고 싶었다. 영국의 홍콩처럼 윈난을 프랑스의 '홍콩'으로 만들고 싶었다. 윈난철도를 부설하고자 했던 세력은 윈난의 천연자원, 유럽 상품의 중국 수출과 같은 경제적 이유도 주장했지만, 중국 침략이라는 정치·군사적 목적이 가장 중요했다.[13] 프랑스의 은행 등 민간자본이 수익 확보가 최우선 순위가 아닌 식민지 철도건설에 거액을 투자하는 것은 리스크가 크다고 생각하는 것은 당연했다. 그러므로 인도차이나총독부는 민간자본에 더 좋은 조건을 제시해야 했고, 그 조건의 이행은 인도차이나 주민들이 낸 세금으로 채워졌다.

　일본은 영국, 프랑스와 달리 민간자본의 투자가 식민지 철도건설을 위한 자금조달의 주요 루트가 아니었다. 물론 조선에도 민간자본이 투자해 건설한 사설철도가 존재했다. 영국, 프랑스와 마찬가지로 수익을 보장하는 보조금 제도를 운용했고, 이를 조선의 납세자들이 부담했다. 하지만 사설철도의 비율은 1924년에는 전체 조선 철도망의 약 22.6%, 1945년에는 21.3%일 정도로 비중이 작았다.[14] 이는 자연스레 매년 철도

12　Jean-François Rousseau, 2014, "An imperial railway failure: the Indochina-Yunnan railway, 1898-1941", *The Journal of Transport History 35, no. 1*, pp. 5-6.

13　정재현, 2010, 「윈난 철도의 건설과 프랑스 제국주의」, 31~36쪽; Jean-François Rousseau, 2014, "An imperial railway failure: the Indochina-Yunnan railway, 1898-1941", pp. 1-4; James R. Fichter, 2019, "Britain and France, Connected Empires", *British and French Colonialism in Africa Asia and the Middle East,* Switzerland: Palgrave Macmillan, pp. 184-194.

14　鮮交會, 1986, 『朝鮮交通史』, 三信圖書有限會社, 8쪽.

건설비로 책정된 자금도 대부분의 시기에 조선총독부 관영철도 건설비가 약 70% 이상 차지하게 되는 결과로 이어졌다《표 1》).

⟨표 1⟩ 조선철도의 소속별 건설개량비 비교

연도	총독부 소속 관영철도		사설철도		합계(천 엔)
	건설개량비(천 엔)	비율(%)	건설개량비(천 엔)	비율(%)	
1921년	18,287	81.3%	4,206	18.7%	22,493
1922년	21,711	67.3%	10,527	32.7%	32,238
1923년	15,000	58.5%	10,650	41.5%	25,650
1924년	10,002	60.1%	6,642	39.9%	16,644
1925년	9,907	50.4%	9,743	49.6%	19,650
1926년	14,948	74.4%	5,150	25.6%	20,098
1927년	18,897	80.0%	4,719	20.0%	23,616
1928년	19,235	79.6%	4,936	20.4%	24,171
1929년	16,967	93.6%	1,159	6.4%	18,126
1930년	12,052	49.0%	12,523	51.0%	24,575
1931년	13,633	64.2%	7,602	35.8%	21,235
1932년	18,907	90.6%	1,952	9.4%	20,859
1933년	18,706	99.5%	93	0.5%	18,799
1934년	18,498	85.5%	3,131	14.5%	21,629
1935년	23,880	95.1%	1,219	4.9%	25,099
1936년	34,425	85.2%	5,957	14.8%	40,382
1937년	63,042	79.5%	16,239	20.5%	79,281
1938년	94,351	71.6%	37,360	28.4%	131,711
1939년	133,283	82.0%	29,165	18.0%	162,448
1940년	144,273	80.9%	33,985	19.1%	178,258
1941년	138,780	84.3%	25,914	15.7%	164,694
1942년	136,166	94.0%	8,644	6.0%	144,810
1943년	168,335	91.1%	16,411	8.9%	184,746
합계	1,163,285	81.9%	257,927	18.1%	1,421,212

출처: 朝鮮總督府 鐵道局, 각년판, 『朝鮮鐵道狀況』; 朝鮮總督府 交通局, 1944, 『朝鮮交通狀況』 1.

또한 인도와 인도차이나는 철도망의 중추가 되는 간선을 민간자본의 투자를 받아 부설했던 것과 달리, 경부선, 경의선 등 조선철도망의 간선으로 여겨졌던 노선은 전부 조선총독부 소유의 관영철도로 운영되었다(《그림 1·2》). 사설철도는 식민정책 아래 간선이 아닌 지선(支線)을 건설할 때만 부설을 허용하였다.

관영철도 건설은 조선총독부의 재정 지출을 통해 이루어졌다. 그런데 단기간에 대규모 자금의 집중투자가 필요했던 철도건설을 식민지에서의 조세수입만으로 조달하는 것은 불가능했다. 다른 국가나 식민지도 마찬가지였다. 따라서 정부가 신용을 보장하는 공채발행을 통해 자금을 조달했다. 공채발행, 즉 부채를 통한 재정 조달은 18세기 이후 제국주의 국가들이 재정팽창을 통해 대규모 침략전쟁을 지속하며 '재정-군사 국가(fiscal-military state)' 형태로 변모하는 데 결정적인 역할을 했다.[15] 처음에 공채는 전쟁을 위한 자금조달로만 활용되며, 전쟁이 끝나면 곧바로 상환해야 했지만, 전쟁을 통해 국가의 수익 창출 능력이 향상되면서 구조적인 장기성 변동 채무로 전환할 수 있었다.[16] 이를 토대로 산업자본주의의 전제조건이었던 근대적 인프라 구축에 필요한 장기공채 발행까지 할 수 있었다. 그중 철도건설은 가장 거대한 프로젝트였다.

---

[15] 세금 부과와 부채를 통한 재정 조달이라는 국가정책을 체계화해 큰 규모의 전쟁 비용을 동원해 낸 국가 형태를 재정-군사 국가라고 일컫는다. 영국이 유라시아 대륙의 군주국들보다 재정-군사 국가로 빠르게 변모했던 점을 19세기 패권국의 지위를 획득하게 된 근본적 원인으로 볼 수 있다(Jurgen Osterhammel·Niels P. Petersson, 2005, *Globalization: a short history*, Princeton: Princeton University Press, p. 60).

[16] Ewout Frankema and Anne Booth, 2019, "Fiscal Capacity and the Colinaia State: Lessons from a Comparative Perspective", *Fiscal Capacity and the Colonial State in Asia and Africa, C. 1850-1960*, Cambridge: Cambridge University Press, p 11,

〈그림 1〉 1926년 12월 조선철도 약도

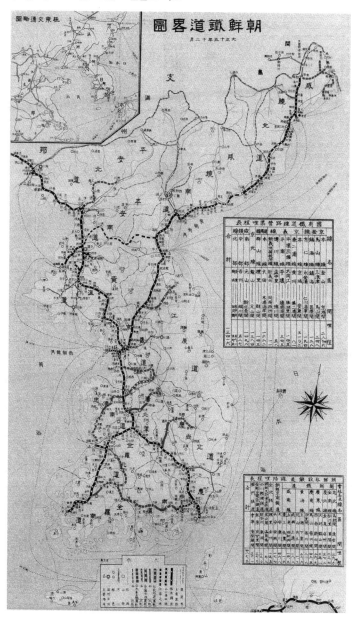

〈그림 2〉 1942년 11월 조선철도 약도

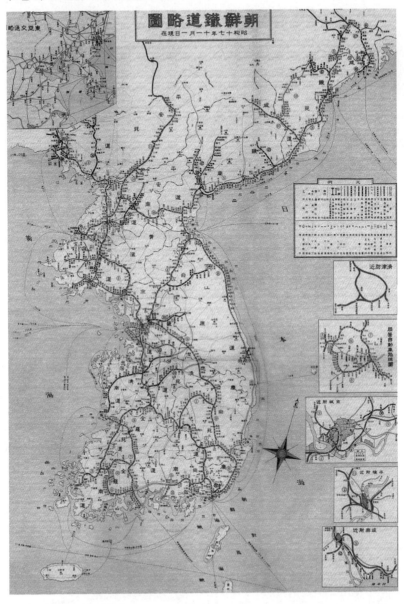

식민지적 근대와 조선 사회 1

민간자본 투자를 중심으로 식민지 철도를 건설했던 유럽의 제국주의 국가들도 식민지에 공채발행을 통해 자금을 조달했다. 대규모 자금을 공채로 동원해 빠르게 자신들이 원하는 수준의 식민지 개발을 달성하면, 식민지 스스로 식민지배비용을 조달할 수 있는 재정구조를 만들수 있다고 여겼기 때문이다. 앞서 언급한 식민지의 '재정독립'과 연결되는 맥락이다. 가능한 식민본국의 재정을 식민지에 투입하지 않아야 했지만, 식민지에서의 이윤극대화를 위해 부득이하게 투입해야 한다면 공채를 발행하는 방식을 택했다. 식민정부의 부채로 책정되는 공채발행을 통해야만, 그에 대한 원리금 상환을 식민지민의 조세 부담으로 전가할 수 있었기 때문이다.[17] 결국 민간자본을 투입해 철도를 건설하든, 공채를 발행해 철도를 건설하든 건설에 따른 부담을 식민지민이 가졌다는 점에서는 차이가 없었다. 조세 부담이 늘어나는 사유가 민간자본에 주어질 보조금인지, 공채 원리금 상환인지의 형태만 달랐을 뿐이다.

2) 군사적 목표의 최우선 고려

그렇다면 왜 일제는 조선 철도의 주요 간선을 다른 제국주의 국가들과 다르게 재정을 동원해 건설하고 관영으로 운영했을까? 일제가 처음부터 관영철도 중심으로 조선 철도망을 장악해 갔던 것은 아니었다. 최초의 철도망이자 주요 간선이었던 경인선과 경부선의 건설은 영국, 프랑스가 식민지에 철도를 건설했던 주요한 방식과 동일하게 이루어졌다. 즉, 경인철도합자회사(1899년 3월 설립, 1903년 9월 경부철도주식회사에 합병), 경부철도주식회사(1901년 6월 설립)를 설립하고, 민간자본의 투자를 유치해 사

---

17   小林丑三郎, 1913, 『殖民地財政論』, 明治大学出版部, 11~26쪽.

설철도로 부설하는 방식이었다. 물론 철도망 건설이 조선을 식민지화하기 위한 수단이었기 때문에 일본정부가 강력한 보조를 보장하는 형태였다.[18] 이조차도 영국, 프랑스 등이 식민지에 설립한 철도회사에서 공통적으로 확인할 수 있는 특징이다.

그런데 일제가 러일전쟁을 일으키면서 건설 방식의 변화가 나타났다. 우선 경부선은 노선의 선정부터 전쟁을 고려한 결정이 이뤄졌다. 일본은 경부선의 노선 선정을 위해 5차례의 현지답사를 시행했는데, 경제적 이윤 극대화를 위한 노선을 찾던 초기 답사와 달리 후기 답사는 러시아와 전쟁 수행에 필요한 병참 기능에 유리한 노선을 선정하는 데 집중되었다. 실제로 건설된 경부선도 러일전쟁에 대비한 최단거리 속성 노선으로 완공되었다.[19]

러일전쟁에 따른 군사적 목적이 가장 큰 영향을 끼쳤던 철도는 경의선이었다. 주지하다시피 경의선은 한국 정부의 독자적 부설 노력도 있었지만, 일본이 러시아에 선전포고하기 3일 전인 1904년 2월 6일에 병참수송을 위한 군용철도로 건설하기로 결정하면서 만들어진 노선이다. 전시상황을 구실로 이전에 맺었던 계약을 파기하고, 러일전쟁 수행과 일본의 대륙침략을 위한 병참수송에 유리한 방식으로 속성공사를 진행했다.[20]

러일전쟁을 계기로 조선철도 건설의 군사적 목적이 강조되기 시작된 것은 건설자금을 조달하는 형태가 민간자본 투자에 의존하는 사설철도에서 일본 재정을 투자하는 관영철도로 전환됨을 의미했다. 러일전쟁은 일본의 철도정책 전반을 전환시킨 전쟁이기도 했다. 전쟁 직후

---

18   정재정, 1999, 『일제침략과 한국철도(1892~1945)』, 서울대학교 출판부, 61~72쪽; 정태헌, 2017, 『한반도철도의 정치경제학』, 선인, 78~79쪽.
19   정재정, 1999, 앞의 책, 50~58쪽.
20   정재정, 1999, 앞의 책, 9/~101쪽; 정태헌, 2017, 앞의 책, 92~96쪽.

식민지적 근대와 조선 사회 1

였던 1906년 철도를 통한 병참수송의 중요성이 커지면서 주요 간선 역할을 했던 일본 내 17개 사설철도(총 4,800km)를 국유화하며 국유철도 중심 체제로 변모했기 때문이다.[21] 향후 조선 철도건설의 방향성을 예고하는 조치였다. 러일전쟁이 종료된 후 군사적 목적을 반영한 철도 국유화를 단행했다는 점은 일제가 철도를 군사적으로 이용하는 것이 러일전쟁에만 한정된 구상이 아니었음을 보여준다. 일본, 특히 육군세력은 러일전쟁의 결과 대한제국을 강제병합한 이후에 만주까지 침략해 식민지를 늘리려는 구상을 세우고 있었다. 경부선과 경의선의 속성, 일본 간선철도망의 국유화는 식민지 확대라는 목적에 부합하는 철도망 운영안의 시작이었다.

후속조치는 주로 조선 철도망 건설에서 드러났다. 대표적인 사례가 평원선 건설 방식의 결정이다. 한반도 북부의 평양과 원산을 연결하는 노선인 평원선은 일찍이 두 지역에 정착했던 재조일본인 자본가들이 건설을 추진했던 철도망이었다. 경원선(경성-원산)과의 경쟁에서 밀리며 평원선의 관영철도 건설이 무산되자 평양과 원산의 일본인 자본가들은 사설철도로 건설할 계획을 세웠다. 이들은 1907년 4월 통감부에 사설철도회사 설립을 신청했다. 앞서 경부선 및 영국, 프랑스의 식민지 철도 건설과 같이 정부 보조로 이윤을 보장받는 방식이었다. 통감이었던 이토 히로부미(伊藤博文)는 해당 안건을 일본정부로 보냈고, 각의(閣議)에 올려졌다.[22]

각의에는 5월 16일부터 한반도 북부와 만주 지역의 일본군 군사시설

---

[21] 宇田 正, 1995, 『近代日本と鐵道史の展開』, 日本經濟評論社, 324~326쪽. 물론 일본은 1883년부터 육군성이 철도건설에 공식적으로 관여했을 정도로 오래전부터 철도의 군사적 성격을 중시하고 있었다(야마모토 요시타카, 2019, 『일본 과학기술 총력전: 근대 150년 체제의 파탄』, AK, 139~140쪽).

[22] 「平元鉄抛棄」, 『皇城新聞』 1906. 4. 21; 1941. 5, 「平元線建設座談會」, 『朝鮮鐵道協會 會誌』, 朝鮮鐵道協會, 17~18쪽.

을 시찰하고 돌아온 육군대신 데라우치 마사타케(寺內正毅)도 참석했는데, 그는 평원선의 사설철도안을 반대했다. 평원선은 일본에 중요한 노선이 될 것이므로 영리적 운영이 아닌 국유로 운영해야 한다는 것이 이유였다. 실제로 육군대신의 주장이 받아들여져 일본정부는 사설철도회사 설립을 통한 평원선 건설을 허가하지 않았다.[23] 군부의 요구에 따라 철도망 건설 여부가 결정되는 장면으로 유럽 제국주의 국가의 식민지 철도건설 과정에서는 찾아볼 수 없는 장면이다. 또한 데라우치의 주장은 강제병합 이전부터 일본육군이 구상하는 조선철도망 건설 계획이 있음을 암시하는 것이었다.

〈그림 3〉은 1909년 9월 21일 일본육군 참모본부가 작성한 「만한철도 경영에 관한 의견서」에 첨부된 지도로, 의견서의 수신자는 육군대신이었던 데라우치 마사타케였다. 의견서는 일본육군의 계획상 1기부터 3기까지 만주와 한반도에 건설할 철도망을 제시하고 있고, 지도는 그 계획을 보여주고 있다. 의견서는 러일전쟁 후 러시아의 극동경영에 대비해 만주와 한반도에 건설할 철도가 일본군 승패의 갈림길이라고 언급했다. 한반도 부문을 구체적으로 보면 경원선과 함경선을 1기, 한반도 종관노선의 복선화를 2기, 북부의 길림-회령 간 노선과 평원선을 3기로 계획하고 있었다.[24] 단순한 계획으로 볼 수 있지만, 1910년 강제병합 이후 조선철도는 이 의견서의 계획대로 건설이 이루어졌다. 즉, 1910년 이후 조선철도 건설은 이미 만들어져 있었던 일본육군의 대륙침략 구상에 맞춰 실현되었다.

---

23 山本四郎 編, 1980, 『寺內正毅日記』, 京都女子大學, 1907. 6. 7.~1907. 6. 23; 1941. 5, 앞의 책, 18쪽.

24 参謀本府, 1909. 9. 21, 「滿韓鐵道經營二關スル意見書」, (陸軍一般史料)(文庫-宮崎-41 防衛省防衛研究所).

〈그림 3〉 참모본부 작성 만한철도경영에 관한 의견서(1909. 9. 21)

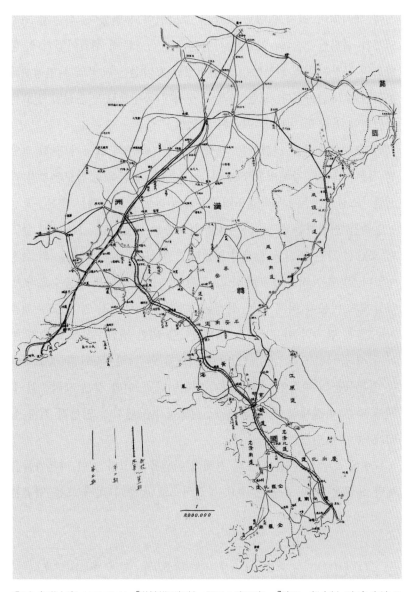

출처: 參謀本府, 1909.09.21, 「滿韓鐵道經營二關スル意見書」, 『陸軍一般史料』(文庫-宮崎-41 防衛省防衛研究所).

1910년 이후 조선에 건설된 간선철도망 중 1909년 일본육군의 의견서에 제시되어 있지 않았던 노선은 호남선이 유일했다. 식민지 초기 일제가 설정한 조선의 역할은 식민본국의 식량문제 해결이었기에, 한반도의 곡창지대를 관통하는 노선이었던 호남선은 제국의 식민정책과 부합하는 노선이었다. 모든 노선이 군사적 목적으로만 건설될 필요는 없었기에 육군도 마다할 이유는 없었다.

하지만 호남선을 건설하는 과정에서 일본육군의 요구가 전혀 없었던 것은 아니다. 강제병합 직후인 1911년 5월 일본육군 참모본부가 작성한 「조선·만주에서의 철도경영방책」이라는 보고서에는 일본-조선-만주를 연결하는 종관노선 건설이 주를 이루었지만, 1909년에 없었던 호남선 관련 의견도 담겨져 있었다.[25] 핵심은 궤간(Track Gauge)의 설정이었다. 일제는 자본이 부족하고, 조선 내 여객·화물의 수송수요가 빈약함에도 비용이 적게 드는 협궤(狹軌) 궤간을 채택하지 않고, 표준궤를 사용했다. 경제적 이윤보다는 대륙침략을 위한 병참수송을 원활히 하기 위해 중국철도와 같은 궤간으로 철도를 연결하는 것이 더 중요하다는 일본육군의 주장이 채택되었기 때문이다.[26] 이와 같은 제국주의 정책에 따른 비경제적 결정들이 조선철도를 1934년까지 만성적 적자 상태에 놓이게 만들었다.[27]

그런데 호남선 건설을 통해 경제적 이권을 얻고자 했던 자본가들은 해당 노선은 미곡 운송이 주요 목적이므로 비용이 적게 드는 협궤를

---

25   參謀本府, 1911. 5, 「朝鮮·滿州二於ケル鐵道經營方策」, 『陸軍一般史料』(文庫-宮崎-49 防衛省防衛硏究所所藏).

26   정재정, 1999, 앞의 책, 58~61쪽.

27   박우현·정태헌, 2020, 「일제시기 철도재정의 식민지성: 회계과목 분석과 순익 추산을 중심으로」, 『한국사학보』 78, 243~255쪽.

채택해 경편철도로 건설하고자 했다. 예상되는 이익에 기반한 경제적 판단이었다. 그러나 일본육군은 1911년 5월 작성한 보고서를 통해 이 계획을 반대했다. 이유는 역시 군사적으로 불리해진다는 판단 때문이었다. 일본육군은 조선에서 철도를 "하나의 군사처럼 활용"할 수 있어야 하는데, 호남선만 궤간이 달라 다른 노선과 직접 연결하지 못하면 전쟁 상황에서 병참수송을 원활하게 할 수 없다고 주장했다.[28] 식민지에 철도를 건설해 경제적 이윤 극대화를 노렸던 자본가들의 논리와 반대되는 주장이었다. 결국, 육군의 요구에 따라 호남선은 다른 간선과 같은 표준궤로 부설되었다.

평원선 및 호남선의 사례는 비용절감을 우선으로 하고, 식민지의 '재정독립'을 목표로 하는 다른 식민지의 철도 건설 양상과는 큰 차이를 보인다. 오히려 식민본국의 재정을 더 투입하는 방향의 결정이 많았다. 그러나 실제로 식민본국의 재정투자가 다른 제국주의 국가들보다 상대적으로 많았다고 하더라도, 중요한 것은 그 결과의 원인이다. 과도한 비용을 투입하기로 한 결정의 배경에는 언제나 일본육군의 군사적 목적에 따른 요구가 있었다. 물론 다른 제국주의 국가가 식민지에 철도를 건설할 때에도 이른바 군사적 목적이 전혀 고려되지 않았던 것은 아니다. 그러나 군사적 목적의 방향이 내부를 향하고 있는가, 외부를 향하고 있는가에 따라 조선철도 건설의 양상이 보여주는 특징을 찾을 수 있다. 군사적 목적의 방향성에 대해서는 다음 장에서 자세히 다루고자 한다.

---

[28] 參謀本府, 1911. 5, 「朝鮮・滿州ニ於ケル鐵道經營方策」, 『陸軍一般史料』(文庫-宮崎 -49 防衛省防衛研究所所藏).

3. 식민지 확대를 지향하는 철도건설

1) 내부 진압과 외부 지향이라는 군사적 목적의 유형 차이

유럽의 제국주의 국가들이 식민지에 철도를 건설할 때 군사적 목적을 전혀 고려하지 않았던 것은 아니었다. 앞서 언급했던 프랑스의 원난 철도 건설 외에도 일시적, 부분적으로 군사적 목적에 따라 철도를 건설한 사례가 있었다. 영국은 인도의 북서부 지역인 파키스탄, 펀잡(Punjab) 지역에 철도를 건설할 때 군사적 목적을 중시했다. 원인은 제정러시아의 중앙아시아 정복에 있었다. 러시아는 19세기 중엽 코카서스를 정복하고 난 후 중앙아시아로 영토 확장을 시도했고, 1863년 코칸트 칸국, 1865년 타시켄트, 1868년 부하라, 1873년 히바를 차례로 침략했다. 러시아는 중앙아시아 정복을 완수했다고 판단했던 1881년부터 이 지역에 철도를 건설했다.[29] 착공 당시 '카스피해 횡단철도'로 명명된 이 노선은 1881년 12월에 카스피해 동쪽 해안인 크라스노보드스크(Kracnovodck, 현재 투르크메니스탄 Avaza)에서 시작해, 1895년에 이르러 사마르칸트(Samarkand, 현재 우즈베키스탄)와 타시켄트(Tashkent)까지 연결되었다.[30]

러시아의 남하에 대응하고자 제2차 아프간 전쟁(1878~1880년)을 일으켰던 영국은 인도와 아프가니스탄 국경으로 군대를 빠르게 수송하기 위해 철도를 건설하기 시작했다.[31] 이후 러시아가 카스피해 횡단철도까

---

29 정세진, 2017, 「제정러시아의 철도 역사에 관한 소고: 시베리아 횡단철도와 중앙아시아 철도를 중심으로」, 『슬라브학보』 32-1, 335~337쪽.

30 정세진, 2019, 「19세기 '중앙아시아철도' 건설의 역사적 의미장: 러시아 제국의 형성과 실크로드의 상업로적 함의를 중심으로」, 『슬라브연구』 35-1, 64~66쪽.

31 Bhupinder Singh · Amandeep Kaur, 2015, "Railway Development in Colonial Punjab Social and Cultural Assimilation". *International Journal of Social Science and Humanities Research 3, no. 1.* pp. 80-81; Ganeswar Nayak, 2021, "The Railways in Colonial South Asia", pp. 16-17.

지 건설하기 시작하자, 영국도 파키스탄 카라치(Karachi)에서 시작된 철도를 1891년에 아프가니스탄 칸다하르(Kandahar)까지 연장하며 군사적 긴장을 높였다.[32] 러시아의 남하를 막기 위한 영국 측의 방어적 대응이다. 이는 결과적으로 식민지 인도의 재정 부담을 늘리는 결정이었다.[33]

하지만 특정 시기에 영국과 러시아의 충돌이라는 특수한 사건과 관련된 지역을 제외하면 유럽 제국주의 국가가 식민지에 철도를 건설할 때 중요시했던 군사적 목적은 대부분 내부 반란의 진압이었다. 1857년 세포이 항쟁이 일어나자 영국에서는 인도의 치안 강화를 위해 철도 건설이 필요하다는 주장이 공감을 얻었고, 1855년 325km였던 인도 철도망이 1870년에 8,000km로 늘어나는 계기 중 하나가 되었다.[34]

독일의 식민지였던 탄자니아에서도 철도는 내부 반란 진압을 계기로 건설되었다. 탄자니아 동쪽 해안의 다르에스살람(Dar es Salaam)에서 중부 지역을 거쳐 탕가니카 호수의 동쪽 기슭에 위치한 키고마(Kigoma)에 이르렀던 철도는 1905년 독일 통치에 반대하며 발생한 마지마지(Maji Maji) 전쟁[35] 이후 식민지 내 군사 수송을 쉽게 하려고 건설되었다. 물론 이 철도 건설의 이유로 아프리카 오대호 지역의 농·수산물 수송이라는 상업적 목적이 중요시되었지만, 이전까지 도로교통에 의존해 상품을 수송하다가 철도교통으로 전환하게 된 계기는 식민지민의 저항을 진압하겠다는 식민자의 군사적 목적에 따른 것이었다.[36]

---

[32] Ganeswar Nayak, 2021, "The Railways in Colonial South Asia", pp. 21-22.

[33] Stuart Sweeney, 2011, *Financing India's Imperial Railways, 1875-1914*, London: Routledge, pp. 94-95.

[34] Ganeswar Nayak, 2021, "The Railways in Colonial South Asia", pp. 20-22.

[35] 박정경, 2022, 「포스트식민주의 연극에서의 역사 재현: 이브라힘 후세인의 『킨제케틸레』 읽기」, 『한국아프리카학회지』 67, 49~54쪽.

〈그림 4〉 1893년의 인도 철도망

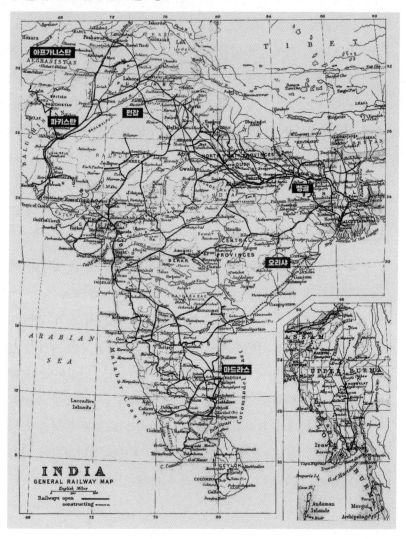

36 Charis Enns · Brock Bersaglio, 2020, "On the Coloniality of "New" Mega-Infrastructure Projects in East Africa", *Antipode 52, no. 1*, pp. 112-113.

다른 식민지의 사례들과 비교해 볼 때 일제가 식민지에 건설한 철도는 군사적 목적의 비중과 기간에서 차이를 보였다. 차이의 실례를 살펴보기 전에 이와 같은 군사적 목적에 집중된 철도 건설이 이루어진 근본적인 원인을 살펴볼 필요가 있다. 핵심은 20세기 초 일본의 제국주의 정책이 지향했던 방향에 있다. 일본이 제국주의 침략을 본격화했던 20세기 초는 이미 전 지구가 제국들에 의해 남김없이 분할된 상태였다.[37]

그런데 유럽의 제국주의 국가들이 아메리카, 아프리카 그리고 인도와 동남아시아에 이르기까지 중단 없이 진행했던 식민지 확대는 19세기 말, 동북아시아에 이르러 현상유지로 전환되기 시작했다. 식민지 확대가 식민본국의 경제적 이득에 도움을 주고 있는지, 다시 말해 식민지배의 비용보다 편익이 더 큰가에 대한 회의론이 커졌던 점[38]과 전통적인 의미의 제국이었던 중국을 특정 국가가 독점적으로 식민지화하기 어려웠다는 점이 중첩되었기 때문이다.

19세기 이래 세계의 패권을 행사했던 영국은 직접 지배가 어려워진 이 지역을 러시아, 프랑스, 독일 등 경쟁자들이 독점하도록 방치하지 않으면서도 영국이 주도하는 자유무역체제로 편입시켜야 했다. 영국이 직접 지배 대신 택한 방식이 영·일 동맹을 기초로 한 지역 내 제국주의 국가인 일본의 육성이었다.[39] 결과적으로 20세기 초에 일본은 유럽의 제국주의 국가들이 식민지배에 나서지 않은 지역들과 인접하고

---

37 이삼성, 2011, 「제국 개념과 19세기 근대 일본: 근대 일본에서 '제국' 개념의 정립 과 정과 그 기능」, 『국제정치논총』 51-1, 85~87쪽.

38 도널드 서순(유강은 역), 2020, 『불안한 승리: 자본주의의 세계사, 1860~1914』, 뿌리와 이파리, 696~705쪽.

39 박상현, 2016, 「식민주의와 동아시아 식민국가의 정치경제: 통합비교를 위한 시론」, 『사회와 역사』 111, 31~32쪽.

있었다는 점 그리고 영국과 미국의 지원을 받아 군사적 역량을 강화할 수 있는 명분을 얻었다는 점에서 식민지 확대를 위한 침략에 나설 가능성을 내포하고 있었다. 애초에 메이지 유신의 근간이 군사적 충돌로 성장한 군부 세력이었다는 점 또한 일본이 대외 침략을 손쉬운 정치적 선택지로 여기게 했다.

2) 대륙침략형 종관철도로 집중된 조선철도 건설

일본이 생각할 수 있는 침략의 시발점은 만주였고, 조선은 그 통로였다. 일본의 제국주의 정책에 의해 조선에 놓인 철도가 다른 식민지와 비교할 때 군사적 성격이 더 강했던 점은 이와 같은 대내외적 요인에 기인한다. 다른 제국주의 국가의 식민지와 비교할 때 조선철도 건설에서 보이는 군사적 성격은 두 가지로 정리할 수 있다.

첫째, 식민본국인 일본정부의 주도 아래 전방위적으로 군사적 성격의 조선철도 건설이 추진되었다는 점이다. 앞서 언급했듯이 1909년부터 한반도에 철도를 어떻게 부설할지 계획을 짜놓았던 일본육군은 권력을 주도했던 시기마다 조선철도를 그들이 원하던 남북을 연결하는 종관철도 위주로 늘려가는 데 힘을 기울였다.

유럽 제국주의 국가들과 비교해 일본의 식민지 철도 건설이 보여준 가장 큰 차이점이었던 주요 간선의 관영철도 건설을 뒷받침하기 위해서는 단기에 대규모 재정자금을 투입할 수 있는 공채발행이 가능해야 했다. 이에 따라 일본은 조선을 강제병합한 직후였던 1911년 대만의 선례를 따라 조선에서의 각종 사업에 투입되는 재정자금을 공채로 조달할 수 있도록 하는 「조선사업공채법」을 통과시켰다.[40] 다음과 같이 3개 조항으로 구성된 간단한 법률이었다.

1. 조선에서의 사업비 지불을 위하야 정부는 **55년 이내의 기한**으로 공채
   를 발행하거나 3년 이내의 기한으로 자금을 차입할 수 있다.
2. 조선에서의 사업비 지불을 위하여 종래 부담했던 채무 및 이 법에 따른
   차입금의 정리 또는 상환을 위해 필요한 때에도 전항과 같다.
3. 제1항의 공채 및 차입금액은 5,600만 원 이내로 한다.

그런데 발행할 공채의 만기를 규정한 "55년 이내의 기한"이라는 문구
는 일본정부가 제국의회에 제출했던 법안에는 기재되어 있지 않았다.
제국의회의 의원들이 법안이 지나치게 자의적이라고 비판하며 추가된
문구였다. 해당 법안의 제국의회 통과 여부를 결정하기 위해 모였던
중의원의 모든 의원들은 3개 조항에 불과한 「조선사업공채법」이 같은
시기 「대만사업공채법」이 공채발행이 가능한 사업, 금리, 거치연한, 상
환연한 등이 명시되어 있던 7개 조항인 것에 비해 지나치게 간소하다
고 비판했다.[41]

결국 법안은 육군대신이자 조선총독이었던 데라우치 마사타케가 출석
해 조선사업공채 발행을 통해 건설될 철도, 도로, 항만의 군사적 중요성
을 속기중지까지 요구하며 설명한 후에 "55년 이내의 기한"이라는 상환연
한을 추가하는 조건으로 통과될 수 있었다.[42] 이 법을 토대로 일본은 〈그
림 3〉의 육군 참모본부 계획처럼 조선에 철도를 건설할 수 있었다.

이처럼 식민지에 발행할 공채에 자의적 법 집행을 가능하게 했던 것
은 일본육군의 대만에서의 경험에 따른 것이었다. 일본은 1899년 「대

---

40 1911. 3. 28, 「朝鮮事業公債法」, 『朝鮮總督府官報』 第170號.
41 1911. 2. 6, 「第二十七回帝國議會 衆議院 朝鮮二於ケル貨幣整理ノ爲生シタル債務ヲ
    貨幣整理資金特別會計二移屬セシムル件二關スル法律案外三件委員會議錄(速記)第
    三回」, 11~12쪽.
42 1911. 2. 20, 「第二十七回帝國議會 衆議院 朝鮮二於ケル貨幣整理ノ爲生シタル債務ヲ
    貨幣整理資金特別會計二移屬セシムル件二關スル法律案外三件委員會議錄(速記)第
    五回」, 23~25쪽.

만사업공채법」을 제정해 식민지 대만에 철도 등 인프라를 구축했다. 이 과정에서 일본육군은 더 많은 공채를 발행해 대만에서 러시아 함대를 견제할 수 있는 철도, 항만 인프라를 빠르게 구축하고자 했다. 하지만 육군이 주도하는 대만총독부의 공채발행계획은 정당세력의 견제로 삭감되는 경우가 다반사였다.[43] 육군세력은 식민지로의 재정투자를 식민본국 경제의 유출로 여겼던 제국의회 내 정당 세력이 막고 있는 점을 불편하게 생각했다. 1911년 「조선사업공채법」을 제정할 때는 수상과 대장대신을 겸했던 가쓰라 다로(桂太郎)와 육군대신과 조선총독을 겸했던 데라우치 등 육군 수뇌부를 중심으로 내각을 결성했던 시기였다. 이에 따라 육군세력은 대만사업공채 발행의 경험을 반복하지 않기 위해 자의적 법 집행이 가능한 방식으로 「조선사업공채법」을 제정하고자 했고, 사실상 이를 관철할 수 있었다.

물론 실제 조선사업공채 발행을 통한 철도건설비 조달은 국제적인 경제상황, 일본의 정치·경제적 변동과 연동해 등락을 거듭했다. 1910년대 중반에는 다이쇼 데모크라시의 영향으로 정당 세력의 힘이 강해지며 1911년 법 제정 당시 육군세력의 의도대로 철도 건설이 이뤄지지 못했다. 반대로 1920년대에는 내각을 구성했던 정당세력이 식민지 경영에 대한 육군세력의 주도권을 약화시키기 위해 철도 투자를 늘리는 경우도 있었다.[44]

---

43   1899. 3. 20, 「台湾事業公債法ヲ定ム」, 『公文類聚·第二十三編·明治三十二年·第二十六卷·財政八·税規附手数料專賣三·國債·貨幣·雜載』(類00859100 國立公文書館); 小林道彦, 1985, 「後藤新平と植民地經營: 日本植民政策の形成と國內政治」, 『史林』 68-5, 689~692쪽.
44   박우현, 2019, 「1920년대 조선사업공채 정책 변화와 재원조달의 부실화」, 『한국사연구』 185; 2020, 「1910년대 조선사업공채 정책의 전개와 난맥상」, 『한국근현대사연구』 93 참조.

1920년대를 거치며 다소 줄어들었던 육군세력의 조선철도 장악력은 1930년대 초반부터 다시 커졌다. 만주사변과 제1차 상하이 사변 등 연이어 벌어진 일본군의 중국 침략 때문이었다. 1929년 세계 대공황까지 이어진 1920년대 일본의 장기불황과 금본위제 복귀를 목표로 했던 무리한 긴축정책, 영국·미국의 요구에 호응하며 군비축소를 단행하면서 누적된 군부와 농민층의 불만이 제국을 팽창하는 형태로 폭발했고, 그 대상은 유럽 제국주의 국가의 영향력이 약했던 만주 및 중국 본토였다.[45]

육군세력은 일본 내 정치적 영향력을 회복하자 침략의 통로로 중요하게 여겼던 조선철도에 대한 장악력도 늘려갔다. 대표적인 사건이 1933년 조선총독부의 예산편성부터 철도건설 및 개량에 관한 예산을 짤 때 육군성을 공식적인 협상 주체로 참여하도록 한 조치였다.[46] 이 결정은 향후 중일전쟁 발발 이후 이른바 총동원체제기에 이르기까지 이어지는 중요한 변화였다.

물론 조선철도 운영에서 일본육군의 의사가 강하게 반영되었던 것은 일제시기 전체를 관통하는 상수(常數)였다. 1917년 8월부터 1925년 4월까지 이루어진 ㈜남만주철도의 조선철도 위탁경영은 군부의 대륙침략 목표에 부합하게 조선철도를 이용하는 모습을 적나라하게 보여주었던 사례였다.[47] 더구나 위탁경영이 해제되고 조선총독부 직영으로 조선철도 운영의 주체가 바뀐 이후에도 조선총독부는 조선에 주둔하

45   박상현, 2016, 앞의 책, 38~39쪽.
46   「朝鮮の鐵道 敷設內容 拓陸兩省が決定」, 『京城日報』 1932. 12. 18.
47   橋谷弘, 1982, 「朝鮮鉄道の満鉄への委託経営をめぐって: 第一次大戦前後の日帝植民地政策の一断面」, 『朝鮮史研究会論文集』 19; 정태헌, 2015, 「조선철도에 대한 滿鐵 위탁경영과 총독부 直營으로의 환원 과정 및 배경」, 『한국사학보』 60 참조.

고 있던 일본군에 철도건설 및 개량, 차량, 방호, 수송 등에 관해 통보, 협의해야 했고, 특히 선로 신설, 복선화 개량, 군사수송 등에 대해서는 사전 협의해야 한다는 협정을 맺기도 했다.[48]

1933년의 결정은 협의를 넘어 사실상 예산편성의 주체로 육군성이 조선철도에 대한 육군의 군사적 통제를 한층 강화할 것임을 예고하는 것이었다. 물론 조선총독부특별회계 예산편성은 식민정부인 조선총독부가 결정할 수 없었고, 식민본국인 일본정부의 수정·승인, 제국의회 협찬을 거쳐야 성립되는 구조였다.[49] 다시 말해 이미 일본정부의 뜻에 따라 식민지 예산을 결정할 수 있는 구조였다. 그럼에도 철도 건설 부문에서는 육군성이 직접 의사를 전달해, 군사적 목적에 어긋나지 않도록 건설 및 개량비 예산을 분배하겠다는 의지가 엿보이는 결정이었다.

그러나 1933년의 결정은 예고편에 불과했다. 1936년 2·26사건의 발발, 1937년 중일전쟁이 이어지며 군부의 일본 정계 장악력이 더욱 커졌기 때문이다. 일본이 만주를 넘어 중국 본토로 침략을 확대해 가면서 육군성은 조선에 주둔했던 일본군을 통해 조선총독부에 군수사업에 재정투자를 늘릴 것을 빈번하게 요구했다. 1936년 이후 조선 주둔 일본군은 사실상 해마다 문서를 보내 조선총독부가 철도 등 기반 시설 확충을 위한 예산을 편성하라고 요구했다. 핵심은 종관철도 건설 및 개량

---

48 參謀本府, 1925. 4. 20, 「朝鮮鐵道關係事項に就テ總督府トノ連絡ニ關スル件」, 『密大日記 大正14年 6冊の內第4冊』(陸軍省-密大日記-T14-4-9 防衛省防衛研究所). 특히 군사수송과 관련해서는 조선총독부 철도국에 군사수송위원회를 만들어 조선군사령부 소속 장교가 참여해 협의하는 방식으로 운영되었다(林采成, 2005, 『戰時経済と鉄道運営: 「植民地」朝鮮から「分断」韓国への歴史的経路を探る』, 東京大学出版会, 25~26쪽; 김상규, 2022, 『조선 주둔 일본군의 대외 침략과 군사동원』, 고려대학교 한국사학과 박사학위논문, 123쪽).

49 이형식, 2011, 「조선총독의 권한과 지위에 대한 시론」, 『사총』 72, 210~213쪽.

과 병참수송의 거점이 되는 항만시설의 확충이었다.[50] 이처럼 전쟁이 확대될수록 일본정부의 주도 아래 전방위적으로 군사적 성격의 조선철도 건설이 추진되었다. 식민본국의 군부에서부터 조선철도를 군사철도화하는 계획이 지속적이고, 체계적으로 진행되었던 점은 유럽 제국주의 국가들의 식민지 철도 건설과 구별되는 차이점이다.

둘째, 전방위적으로 추진된 군사철도 건설은 일관되게 외부 침략을 목표로 하고 있었다는 점이다. 외부 침략이라는 목표는 줄기차게 추가된 종관철도망으로 구현되었다. 일제시기 전 기간을 아우르는 일본의 조선철도 정책을 한마디로 정의하면 경부선과 경의선으로 연결된 첫 번째 종관철도망을 보완할 추가 종관노선 건설의 역사였다. 만주사변 이후 일본이 만주국을 수립하자, 소련이 극동지역에 급속하게 군비를 강화하고, 블라디보스토크를 기점으로 하는 철도 복선화에 착수했다. 결국 일본이 괴뢰정권인 만주국을 세우자, 역으로 소련의 공격을 받을 위험성도 커진 상황이었다.[51] 이후 중일전쟁까지 일으키며 일본은 만주와 중국으로 향하는 통로였던 한반도를 종관하는 철도만 중복해서 건설하는 정책으로 일관했다. 한반도를 중심으로 지역 개발을 위한 철도를 구상한다고 생각했다면 과도한 편중이었다.

50　1936,「朝鮮軍卜總督府間卜ノ關連事項」, 민족문제연구소 편,『日帝下 戰時體制期 政策史料叢書 第60卷』, 2000; 朝鮮軍參謀長 北野憲造, 1938. 12. 2,「朝鮮軍諸施設希望要綱ノ件」,『陸軍省大日記-密大日記-第4冊 昭和14年』(陸軍省-密大日記-S14-4-8 防衛省防衛研究所); 朝鮮軍參謀長 北野憲造, 1939. 7. 15,「朝鮮軍ノ諸施設希望要綱」,『朝鮮軍關係書類綴』(京都大學・大學院經濟學研究科 經濟資料センター 所藏『堀和生氏舊藏資料』); 朝鮮軍司令部, 1940. 8. 1,「朝鮮軍需産業ノ培養擴充ニ對スル陸軍ノ要望」,『朝鮮軍關係書類綴』(京都大學・大學院經濟學研究科 經濟資料センター 所藏『堀和生氏舊藏資料』); 軍參謀部 資源班, 1940. 9. 6,「朝鮮ニ於ケル國防國家態勢ノ確立ニ關スル意見案」(민족문제연구소 편,『日帝下 戰時體制期 政策史料叢書 第61卷』, 2000).

51　北岡伸一, 1979,「陸軍派閥対立(1931~1935)の再檢討: 対外・国防政策を中心として」,『年報 近代日本研究: 1 昭和期の軍部』, 山川出版社, 83~83쪽.

일반적으로 일본이 한반도에 건설한 2번째 종관철도로 중앙선을 생각하지만 일본-조선-만주의 연결성을 강화하는 측면에서 남부 항만까지 연계한 제2 종관노선은 여수항을 기점으로 순천-전주·광주-대전 간 노선이었다. 해당 노선은 사설철도로 여수-순천-광주를 연결하던 1935년에 ㈜남조선철도를 전격 매수하고, 여수항을 부산항을 보완하는 항만으로 확충하고자 재정을 투자하면서 현실화되었다. 일본정부가 이윤 저하와 보조 기한 만료 문제를 겪고 있었던 다른 사설철도의 매수는 허가하지 않으면서, 시급한 현안이 아니었던 ㈜남조선철도를 우선 매수한 것은 전주-순천 간 경전북부선 건설과 함께 여수-순천 간 사설철도를 관영철도로 연결해 새로운 종관노선을 확보하려는 방편이었다.[52]

제3 종관노선은 2·26사건 직후 1936년 추가예산 전경 승인이 이루어졌던 중앙선(청량리-영천)이다. 2·26사건 전까지만 해도 일본정부는 대장성을 중심으로 긴축정책을 추진하고 있었다. 1932년 12월 대장대신으로 복귀했던 다카하시 고레키요(高橋是淸)가 펼친 확장재정정책을 마무리하는 수순이었다. 이는 대소국방정책, 중국침략을 위한 군비 확장을 중단하는 것이었기에 군부의 불만을 폭발시켰고, 2·26사건으로 귀결되었다. 정권을 장악한 군부가 일본의 예산 증액보다 서둘렀던 것이 조선총독부의 예산 증액이었고, 핵심은 한반도 남부의 부산, 마산, 여수항 확충과 신규 종관철도인 중앙선 건설이었다. 불과 5개월 전에는 기존 계획마저 삭감되었던 예산안이 쿠테타를 계기로 약 880만 엔의 대폭 증액이 이뤄졌다.[53]

---

[52] 박우현, 2017, 「1930년대 조선총독부의 사설철도 매수 추진과 특징」, 『역사문제연구』 38, 89~94쪽.

<그림 5> 1945년 8월 현재 한반도 남부 철도망

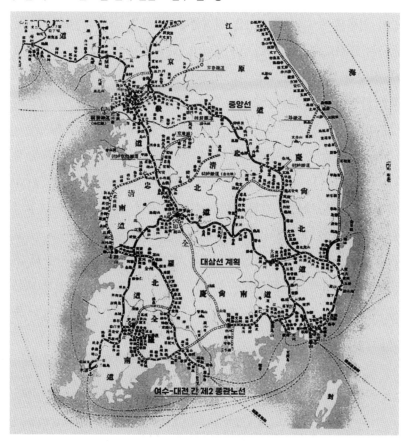

　중앙선은 1912년부터 이미 조선총독부의 구상에 포함되어 있었지만 거액의 자금조달이 필요한 장거리 노선이었기 때문에 쉽게 언급되지 않던 노선이었다.[54] 갑작스레 통과된 거액의 예산 증액이었으므로 제

53　大藏省, 1936. 5, 「昭和十一年度實行豫算公債發行豫定額不成立豫算比較表」, 『第六十九回帝國議會提出(第二號) 昭和十一年度歲入歲出實行豫算追加參考書』(平22財務01360100 国立公文書館)

국의회에서 논란이 있었고, 군부는 속기중지와 비밀회 전환을 통해 중앙선 건설의 군사적 필요성을 역설했다. 핵심은 소련의 위협이었다. 군부는 블라디보스토크에 소련 병력이 계속 늘어나고 있고, 특히 비행기, 잠수함 병력이 현저하게 늘어나고 있어 잠수함 폭격에 의한 철도 파괴 가능성이 높다는 점을 강조했다. 따라서 해안과 인접하지 않으며 경부선을 대체할 종관노선이 병참 수송상 필요하다는 논리였다.[55]

새로운 종관노선 건설뿐 아니라 기존의 주요 종관철도망이었던 경부선과 경의선의 복선화 개량도 오래전부터 계획되어 있었지만 2 · 26 사건 직후부터 예산에 반영되었다. 복선화 개량 등 철도의 수송 능력을 향상시키는 개량은 1936년 이후 1940년대에 이르기까지 오직 경부 · 경의선 등 종관철도에만 이뤄졌다.[56] 공채발행을 통해 자금을 조달했던 철도건설 및 개량비는 일본정부가 결정권을 갖고 있었기 때문에 식민본국이 필요한 노선에만 예산 투입이 가능했다. 그 결과는 종

---

54 「中央線의 計劃」, 『每日申報』 1912. 8. 31; 中部朝鮮鉄道發起人, 1920. 6. 16, 「中部朝鮮鉄道敷設特許ノ義ニ付請願」, 『大正9年 公文備考 卷109 土木35』(海軍省-公文備考-T9-110-2519 防衛省防衛研究所).

55 1936, 「第六十九回帝國議會 衆議院 朝鮮事業公債法中改正法律案委員會 軍事國防ニ關スル件」, 『衆議院秘密會議事速記錄集 2』, 357~361쪽.

56 大藏省, 1936. 5, 「昭和十一年度實行豫算公債發行豫定額不成立豫算比較表」, 『第六十九回帝國議會提出(第二號) 昭和十一年度歲入歲出實行豫算追加參考書』(平22財務01360100 国立公文書館); 1937. 3. 23, 「第七十回 帝國議會 貴族院 朝鮮事業公債法中改正法律案特別委員會議事速記錄第一號」, 1~8쪽; 1938. 1. 29, 「第七十三回帝國議會 衆議院 昭和十三年度一般會計歲出ノ財源ニ充ツル爲公債發行ニ關スル法律案外六件委員會議錄(速記)第二回」, 2~3쪽; 1940. 3. 27, 「朝鮮事業公債法中ヲ改正ス(公債發行限度增加)」, 『公文類聚 第六十四編 昭和十五年 第九十六卷 財政二十四 國債 貨幣 國有財産 雜載』(類02377100 国立公文書館); 1941. 3. 5, 「朝鮮事業公債法中ヲ改正ス(公債發行限度ヲ增加スル爲)」, 『公文類聚 第六十五編 昭和十六年 第百五卷 財政十五 國際貨幣銀行券 官有財産』(類02514100 国立公文書館); 朝鮮總督府, 1942. 1, 「朝鮮事業公債法中改正法律案參考書 第七十九回 帝國議會提出 昭和17年1月」(京都大學 · 大學院經濟學研究科 經濟資料センター 所藏 『堀和生氏舊藏資料』); 朝鮮總督府, 1943. 1, 「朝鮮事業公債法中改正法律案參考書 第八十一回 帝國議會提出 昭和18年1月」(『朝鮮總督府帝國議會說明資料』 第8卷, 不二出版, 1994), 15~17쪽.

관노선에만 허용된 개량비 책정이었다.

제3 종관노선이었던 중앙선으로 일본의 한반도 종관노선 건설은 끝나지 않았다. 1940년 9월 27일 일본은 독일, 이탈리아와 삼국동맹을 조인하면서 사실상 영국, 미국과의 경제적 교류를 포기했다. 영미경제권과의 단절은 수입을 통해 조달하던 물자의 부족을 의미했고, 이를 보충하는 방법은 만주, 중국, 조선에서 최대한의 전시물자 수탈을 감행하는 것이었다.[57] 물자 부족에 시달리던 당시 일본이었음에도 조선에 제4 종관노선 구축을 계획했던 이유는 일본, 조선, 만주, 중국 간의 수송 능력 강화가 역설적으로 물자 부족을 타개할 방안으로 여겨졌기 때문이다.

제4 종관노선은 1941년에 한반도 남부 여수항과 부산항 사이에 있는 삼천포항을 기점으로 31km 떨어진 진주까지 연결하는 진삼선을 새롭게 건설하기로 하면서 시작되었다. 초기 계획은 경부선 김천역까지 연결해, 부산을 거치지 않고 경부선에 합류할 수 있는 새로운 종관노선 계획이었다.[58] 이 노선은 1943년에 기점을 김천이 아닌 대전으로 변경해 대삼선 부설계획으로 수정되었지만, 태평양전쟁 이후 심각해진 물자 및 인력 부족으로 1944년 9월 공사가 중단되었다.[59] 후술하겠지만 한반도의 동서를 연결하는 철도망이 극히 미비한 상황에서 4번째 종관철도 부설과 기존 종관노선의 개량에만 재정투자를 집중시키는 방식은 체계적인 국토계획에 기반한 계획성 있는 철도망 부설이라고 할 수 없었다.

제국주의 국가는 식민지배를 원활히 하도록 자신들의 정치·경제시스템에 적합하게 식민지를 일정 부분 개발했고, 철도건설은 가장 중요

57   大藏省百年史編集室, 1969, 『大藏省百年史(下)』, 大藏財務協會, 97~98쪽.
58   朝鮮總督府 鐵道局, 1941. 12, 『朝鮮鐵道狀況』 32, 朝鮮總督府 鐵道局, 21쪽.
59   財團法人 鮮交會, 1986, 『朝鮮交通史 1: 本卷』, 三信圖書有限會社, 292~294쪽.

한 인프라 구축이었다. 중요한 것은 건설했다는 사실, 건설의 규모가 아니라 건설의 방향성이다. 식민지 구성원의 필요보다는 제국의 필요성에 따라 식민지에 철도를 건설했다는 점은 어느 식민지에도 적용할 수 있는 대전제라 할 수 있다. 하지만 제국마다 식민지에 할당한 역할, 수탈의 방향성은 달랐기 때문에 철도건설의 양상도 다를 수밖에 없었다. 더구나 20세기 초 유일하게 식민지를 확대하고자 했고, 그 침략의 방향을 대륙으로 설정했던 일본의 제국주의 정책은 조선에서의 철도건설이 경제성보다는 군사적 이득에만 집중되는 방향으로 진행되도록 만들었다. 그 결과는 일본-조선-만주로의 수송에만 집중하는 종관노선의 무한 증식이었고, 방식은 식민지민의 조세부담 증가를 담보로 한 재정투자의 확대였다.

그러나 공채발행을 통한 인프라 구축은 종관철도에만 조달되는 재정자금이 아니었다. 통화량 증가에 따른 인플레이션과 원리금 상환 부담을 담보한 공채발행이었기 때문에 무한정으로 자금을 조달할 수 없었다. 더구나 조선에 발행된 공채는 일본의 재정·금융정책에 종속되어 움직였기 때문에, 1936년 이전까지는 오히려 조선총독부나 조선 내 자본가들의 요구사항보다 턱없이 부족한 경우가 많았다.[60] 제한적 지원이 군사적 목적에 부합하는 종관철도망의 반복적 건설에만 집중되었다는 점은 재정투자를 통해 꼭 구축되었어야 할 인프라 구축에 자금이 조달되지 못했다고 이해할 수 있다. 다음 장에서는 종관철도망에 집중된 철도투자가 야기한 인프라의 불균형을 다른 식민지의 사례와 비교하며 살펴보고자 한다.

---

[60] 바우현, 2023, 『일제시기 조선사업공채 발행정책과 식민지 인프라 개발』, 고려대학교 한국사학과 박사학위논문, 310~311쪽.

4. 한정된 재원의 불균형한 배분

1) 제국 단위 철도건설 계획의 불균형

일본의 조선철도망 건설에서 확인되는 종관철도 독점 현상처럼 한정된 재원의 불균형한 배분이 낳은 결과는 식민지에서 다양한 방식으로 확인된다. 첫 번째는 철도건설로 한정해 살펴볼 때 제국 단위의 계획수립은 식민지배 이전 혹은 탈식민 후의 국가 단위 인프라 계획에 적합한 방식으로 이뤄질 수 없었다. 대표적으로 앞서 언급한 탄자니아는 제1차 세계대전에서 식민본국이었던 독일이 패하면서 영국의 식민지가 되었다. 영국은 탄자니아를 장악하기 전 1896~1903년에 이미 빅토리아 호수를 중심으로 우간다의 캄팔라(Kampala)에서 케냐의 키수무(Kisumu), 나이로비(Nairobi)를 거쳐 해안 지역인 몸바사(Mombasa)로 연결하는 철도를 건설했다. 영국은 나일강의 발원지인 빅토리아 호수가 이집트에서의 이익에 필수적이라고 여겼다. 또한 무역 가치가 막대한 우간다를 빅토리아 호수와 해안으로 연결하는 것이 식민지에서의 이윤 극대화에 중요하다고 판단했다.[61]

이미 영국령 동아프리카의 교통망이 구축된 상황에서 편입된 탄자니아는 영국의 추가적인 투자가 이뤄질 수 없었다. 영국은 우간다와 케냐는 영국에 필요한 수준의 산업화를 진행하고, 탄자니아는 이를 보조하기 위해 농업 생산량을 늘리는 지역으로 설정했다. 이에 따라 영국 지배하의 탄자니아는 케냐의 요구에 종속되었고, 추가적인 철도

---

61   Remi Jedwab · Edward kerby · Alexander Moradi, 2015, "History, Path Dependence and Development Evidence from Colonial Railways, Settlers and Cities In Kenya", *The Economic Journal 127, no. 603.* pp. 1471-1472.

<그림 6> 식민지 시기 탄자니아 철도망

건설도 일부 지선 건설만 제한적으로 이뤄지는 데 그쳤다.[62] 영국의 제
국주의 정책은 영국령 전체를 기준으로 각 지역의 산업적 역할을 배치
했기 때문에, 탄자니아만을 전체로 상정하고 산업화 계획을 수립하는
것과 질적으로 다를 수밖에 없었다. 제국의 역할 배분 속에서 희생되

---

62   Charis Enns · Brock Bersaglio, 2020, "On the Coloniality of "New" Mega-Infrastructure
     Projects in East Africa", pp. 113-114.

는 지역이 발생하는 것은 필연이었고, 동아프리카 식민지의 경우 탄자
니아가 이에 해당했다.

〈그림 7〉 식민지 시기 케냐 철도망

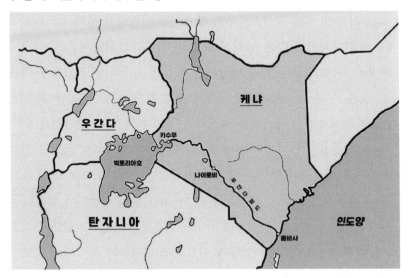

사실 영국의 동아프리카 철도건설은 빅토리아 호수를 접하고 있는
우간다의 캄팔라를 중심이자 기점으로 시작된 계획이었고, 케냐의 키무
수, 나이로비는 해안에서 우간다로 가는 길목이자 경유지에 불과했다.
심지어 케냐만을 중심으로 살펴보면 국토의 남부에 치우친 철도건설이
었다. 따라서 1963년 영국으로부터 독립한 이후 케냐는 영국의 필요에
따라 건설된 남부의 철도망에 의존하지 않는 방식으로 도로를 부설하며
국토 발전의 균형을 도모했다. 하지만 대자본 투자와 정착민 증대의 효
과로 인해 경로의존성이 강한 철도교통의 특성상 여전히 철도역 중심지
가 여전히 가장 발전한 지역으로 유지되며 케냐 중북부와의 산업 불균
형을 야기하고 있다.[63] 식민지기에 제국의 필요에 따라 구축된 철도의

방향성을 탈식민 이후에도 극복하는 것이 쉽지 않음을 보여준다.

제국의 식민정책에 따라 철도교통의 도입이 균형적으로 이뤄지지 못한 사례는 탈식민 이후 같은 국가로 묶였던 지역 간에도 발생했다. 인도의 동남부에 위치한 오리샤[Orissa, 현 오디샤(Odisha)]는 북부의 펀잡, 벵골(Bengal) 지역에 비해, 영국으로부터 중요성을 인정받지 못해 철도건설이 빠르게 확대되지 못했다. 19세기 초 오리샤는 최고 품질의 소금 생산지로 영국 자본가들의 주목을 받았지만 수입산 소금과 인도 남동부 마드라스[Madras, 현 첸나이(Chennai)]의 소금과의 가격 경쟁력에서 밀리게 되었다. 영국은 오리샤의 소금산업을 폐쇄하고, 철도건설 역시 중단시켰다.[64]

1866년 오리샤에 기근이 발생해 인구의 1/3이 사망하자 철도를 건설해 기근에 대비해야 한다는 요구가 거세졌다. 특히 오리샤 내의 푸리(Puri)는 힌두교의 중요 순례지로 연간 50~60만 명의 순례자가 방문하는 곳이기 때문에 철도를 건설하면 상업적 이윤도 보장할 수 있다는 점도 함께 거론되었다. 그러나 영국과 인도의 식민정부는 오리샤에 철도건설을 허가하지 않았다. 민간자본의 투자를 통한 건설도 허가하지 않았다. 식민자들에게 기근과 질병은 철도건설의 이유가 되지 못했고, 오리샤는 식민정책상 정치적, 경제적 중요성을 잃은 지역일 뿐이었다. 결국 오리샤를 지나는 철도는 1890~1900년대가 되어서야 식민정책상 정치적으로 중요했던 인도 북동부 캘커타와 마드라스를 연결하는 해안철도의 필요성을 제국이 인정하며 건설될 수 있었다.[65] 제국의 식민정책에

---

63 Remi Jedwab · Edward kerby · Alexander Moradi, 2015, "History, Path Dependence and Development Evidence from Colonial Railways, Settlers and Cities In Kenya", pp. 1486-1491; Charis Enns · Brock Bersaglio, 2020, "On the Coloniality of "New" Mega-Infrastructure Projects in East Africa", pp. 109-110.

64 Ganeswar Nayak · Keshab Chandra Jena, 2021, "Railway Development in India: A study of Extension to Colonial Orissa", *The Railways in Colonial South Asia economy, ecology and culture*, New York: Routledge, pp. 447-448.

좌우되었던 식민지 철도건설의 지역적 격차를 확인할 수 있다.

　제국 단위의 철도건설 계획으로 인해 탈식민 이후 국가 단위의 인프라 계획이 균형을 갖추기 어렵게 만든 사례는 조선도 다를 바 없었다. 제국의 교통정책 아래에서 조선은 일본의 대륙침략을 위한 통로로 여겨졌기 때문에, 위의 사례와 비교하면 우간다와 해안 지역 사이에 있는 케냐와 같은 성격으로 이해할 수도 있다. 차이가 있다면 영국이 동아프리카에서 필요했던 철도보다 일본이 조선에 필요한 철도망이 더 많았다는 점이다.

　하지만 철도건설이 제4 종관노선까지 집중되면서 조선 내 자본가들이 여러 지역에서 요구했던 횡단철도는 사설철도로 건설된 일부 노선을 제외하고는 거의 이뤄지지 못했다. 특히 조선철도 건설을 위한 공채발행이 늘어나기 시작했던 1930년대 중반이 되자 지역자본가를 중심으로 한반도를 횡단하는 철도건설 요구도 많아졌다. 한반도는 동쪽과 서쪽의 지형적 차이가 크고, 생산되는 산물도 달랐기 때문에 국토를 횡단하는 철도의 필요성도 조선 내 자본가들의 호응을 얻고 있었다. 특히 인구가 많았던 한반도 중부와 남부에 강릉과 군산, 대구와 광주, 대구와 남원을 연결하는 횡단철도 등의 부설 요구가 지역을 중심으로 확산되었다.[66]

　특히 대구 지역 자본가들을 중심으로 결성된 '구남철도기성회'는 대

66

65　Ganeswar Nayak · Keshab Chandra Jena, 2021, "Railway Development in India: A study of Extension to Colonial Orissa". pp. 431-438.

66　「本府豫算編成 財源料理에 苦痛 林財務局長 談」, 『每日申報』 1935. 8. 13; 「江陵의 當面問題를 內務部長에 陳情」, 『每日申報』 1935. 5. 23; 「産業鳥致院の展望, 朝鮮産業史上に燦然輝やく鳥致院, 朝鮮中部橫貫鐵道の實現を期待さる」, 『朝鮮新聞』 1935. 6. 11; 「浦木鐵道沿線聯合期成會組織」, 『朝鮮新聞』 1937. 2. 2; 「愈よ白熱化した邱南線速成運動, 三日協議會を開き當局へ猛烈なる陳情」, 『朝鮮新聞』 1937. 2. 2; 「南鮮橫斷鐵道, 朝鐵で計畫」, 『朝鮮新聞』 1937. 3. 14; 「鳥致院, 江陵を結ぶ半島橫斷鐵道 朝鐵中心に急速に具體化」, 『釜山日報』 1937. 3. 17.

구－남원 간 남부횡단철도를 승인받기 위해 조선총독에게 보낸 진정서에서 "조선의 철도건설은 본래부터 군사상의 사명을 가미한 것이고 만주사변 이래 국경에 힘을 들이는 중"이지만 "남부 방면도 다년간의 현안인데 방치"되고 있다고 호소하기도 했다.[67] 횡단철도 건설을 요구하는 지역의 자본가들조차 당시 조선철도 건설의 방향성이 자신들의 요구와 맞지 않음을 인식하고 있었다. 실제로 조선철도 건설은 시간이 갈수록 군사수송 원활화, 대륙 연결성 강화 등 일본의 만주 경영, 대소 국방정책과 직결된 노선에 집중되어 있었다.

그런데 지도를 보면 관영철도로 부설된 유일한 횡단선이 있다. 한반도 북부의 평양과 원산을 연결했던 평원선이다. 평원선은 일제시기에 한반도에 놓였던 철도 중 횡단철도의 성격을 가졌던 유일한 노선이었다. 앞서 언급했듯이 평원선은 횡단선이지만 한반도 북부에 위치했기 때문에 데라우치에 의해 군사적 중요성을 인정받았던 노선이었다. 그럼에도 평원선은 1905년부터 부설 요구가 있었음에도 1922년이 되어서야 일본의 승인을 받을 수 있었고, 승인을 받은 이후에도 재정자금 조달은 항상 후순위로 밀리며 건설이 지지부진했다. 심지어 1920년대 말부터는 한반도 북부의 중앙을 관통하던 '만포선[순천(順川)－만포진(滿浦鎭), 286.5㎞] 우선 부설론', 만주사변 이후에는 '평원선 완공 무용론'에 시달리며 1937년 이전까지 완공하지 않고 방치되고 있었다. 일본정부는 만주로 향하는 종관노선에 비해 횡단선인 평원선은 군사적 가치가 떨어진다고 판단하고 건설비를 책정하지 않고 있었다.

그런데 〈그림 8〉에서 확인할 수 있듯이 1939년부터 평원선 건설비가

---

67   1935. 7, 「邱南鐵道問題」, 『大邱商工會議所月報 大邱の商工』, 大邱商工會議所, 1쪽.

급등했다. 완공 무용론에 시달리던 평원선이 갑자기 중앙선과 함께 중요 노선으로 떠오른 계기는 중일전쟁이었다. 중일전쟁의 발발은 병참 수송의 목적지가 한반도 북쪽의 만주가 아닌 서쪽의 중국 본토로 변경되었음을 의미했다. 중국 본토 침략이 본격화되면서 그동안 중시되었던 한반도를 종관하는 철도보다 일본에서 동해를 거쳐 한반도를 가장 빠르게 횡단해 중국 본토로 향하는 철도망이 시급해졌다. 한반도에서 동서간 거리가 가장 짧은 평양과 원산을 연결하는 철도가 완공할 필요가 없는 노선에서 완공이 시급한 노선이 되었다.[68]

〈그림 8〉 1922~1943년 조선철도 주요 노선 건설비 결산표 (단위: 천 엔)

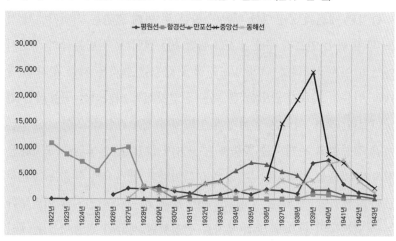

출처: 朝鮮總督府 鐵道局, 각년판, 『朝鮮鐵道狀況』; 朝鮮總督府 交通局, 1944, 『朝鮮交通狀況』1.

한반도 북부 횡단선이었던 평원선의 사례는 건설 승인조차 받지 못

68   박우현, 2020, 「일제시기 평원선 부설과 횡단철도의 주변화(1904~1941)」, 『한국문화』 89, 200~232쪽.

했던 중부와 남부 횡단선과 달리 결과적으로는 일제시기 유일한 관영 횡단철도로 볼 수도 있다. 그러나 완공될 수 있었던 이유 역시 일본의 제국주의 정책, 다시 말해 외부 침략에 필요하다는 군사적 목적을 인정받았기 때문이라는 점에서 형태만 다를 뿐 반복적으로 건설되었던 4개의 종관노선과 같은 성격의 철도였다고 볼 수 있다. 일제시기 조선에서 지역 내 경제적 이윤 극대화를 위한 횡단철도망 건설은 군사적 목적 우위론 속에 승인되기 어려웠다.

2) 철도건설에 밀려난 필수 인프라 구축

한정된 재원의 불균형한 배분이 만든 두 번째 결과는 식민지에서 철도 외의 필수 인프라 구축이 부족해졌다는 점이다. 식민본국의 식민지에서의 이윤극대화를 위한 철도건설에 집중했던 것은 자금 투자의 형태와 이윤의 목표가 달랐을 뿐 모든 식민지에서 나타나는 공통적인 현상이었다. 특히 영국은 19세기에 인도에서 철도건설을 위한 자금조달에만 집중했고 관개시설 확충에 투자하지 않았다. 인도의 지도자들은 철도가 기근을 완화시킬 수 있는 정책이라면 관개시설 확충은 기근의 근원을 해결할 수 있는 투자라고 주장했다. 하지만 식민지의 이익보다는 식민본국의 필요에 맞춰 투자를 결정했던 제국의 관점에서 관개시설 확충은 효율적인 자금조달처가 아니었다.[69]

19세기 말 반복되었던 기근으로 인도에서 총 1,300~1,600만 명이 사망한 것으로 추정한다. 인도의 지도자들은 철도마저 상업적으로만 운영되어 사람들을 기근으로부터 보호하는 데 실패했다고 주장하며 더

---

69   Ganeswar Nayak, 2021, "The Railways in Colonial South Asia", pp. 47-48.

이상 철도를 건설하지 말고 관개시설 확충에 나설 것을 요구했다. 관개시설 확충이 진행되지 않은 채 철도만 건설하자 농작물 가격의 상승을 부추겼다고 주장했다. 식민정부가 한정된 재원을 제국의 필요를 기준으로 철도건설에만 집중시킨 결과였다.[70] 1940년대 벵골 대기근 시기에도 영국의 처칠 행정부는 인도의 철도를 식량 운반에 사용하지 않았고, 수백만 명의 인도인이 목숨을 잃었다. 근본적으로는 관개시설에 충분히 투자하지 않았다는 점도 여전히 진행 중인 문제였다.[71] 균형 있는 인프라 구축이 담보되지 않은 철도건설의 폐해였다.

한정된 재원의 불균형한 배분이 낳은 폐해는 군사적 목적의 철도건설에 몰두했던 일본의 식민지 인프라 구축에서도 단적으로 드러났다. 일본 역시 일본의 제국주의 정책에 부합하는 교통망 구축 외에는 공채발행을 허가하는 것을 꺼렸다. 특히 만주사변 이전에는 일본의 장기불황, 이후에는 군사비 지출이 급증하며 제국 전체에서 식민지 조선에 할당될 수 있는 공채의 양은 한정되어 있었다.

재해예방사업이라 할 수 있는 사방사업이나 치수사업에 투자하는 비용은 사실상 이윤을 기대할 수 없는 매몰비용이므로 민간투자를 기대할 수는 없었고, 재정을 투자해 완비해야 하는 작업이었다. 특히 조선에 빈번했던 홍수 피해를 막기 위한 기반시설이었기 때문에 조선 내에서 시급한 사업으로 평가받았다. 그럼에도 사방사업, 치수사업에 필요한 재정자금 조달은 종관철도 건설에 밀려 공채발행 대상에 포함되지 못하거나, 계획이 작성된 이후라도 일본의 경제사정에 따라 취소되

---

70 Ganeswar Nayak, 2021, "The Railways in Colonial South Asia", pp. 54-56.

71 대런 아세모글루·사이먼 존슨(김승진 역), 2023, 『권력과 진보: 기술과 번영을 둘러싼 천년의 쟁투』, 생각의 힘, 304~306쪽.

는 일이 다반사였다. 특히 1923년 9월 관동대지진이 발생하자 일본의 모든 재정역량이 수도인 도쿄의 재해복구로 집중되면서 1922년부터 공채발행을 통해 시행하기로 승인받았던 조선의 사방사업계획이 전면 취소되기도 했다.[72]

자금조달 방식의 빈번한 변경으로 장기계획을 세우고 진행되어야 할 사업이 안정적으로 운영되지 못하기도 했다. 1932년 대공황 타개책으로 일본은 이른바 시국광구사업을 시행했는데 해당 사업 명목의 공채발행이 조선에도 일부 행해졌고, 그 명목은 철도건설, 사방사업, 치수사업, 도로수축이었다. 하지만 이 자금조달은 모두 당해연도만 허가한 일회성 승인으로 다음 해에도 안정적으로 자금조달을 받을 수 있을지 장담할 수 없었다. 실제로 사방사업, 치수사업을 위한 자금조달은 매년 공채발행, 조선총독부 세입 부담, 지방재정으로의 전가를 오가면서 부실화를 면하기 어려웠다.[73] 그 결과는 1925년, 1934년, 1939년에 이르기까지 홍수 피해가 끊이지 않는 식민지 현실로 나타났다.[74] 한정된 재원을 종관철도 건설에만 집중시켰던 제국의 불균형한 식민지 경영의 결과였다.

---

72 박우현, 2019, 앞의 논문, 133~137쪽.
73 박우현, 2023, 「1930년대 전반 조선총독부 예산편성과 인프라 투자의 단기화」, 『한국사학보』 91, 276~279쪽.
74 김종근, 2012, 「일제하 경성의 홍수에 대한 식민정부의 대응 양상 분석: 정치생태학적 관점에서」, 『한국사연구』 157; 고태우, 2014, 「일제 식민권력의 재해대책 추이와 성격」, 『역사문제연구』 18-1; 김태웅, 2017, 「1925년 일제의 京城府 二村洞 水害對策과 都市開發 構想」, 『역사연구』 33; 정준수, 2021, 「전시체제기 조선총독부의 「朝鮮罹災救助基金令」 제정과 기금의 제한적 적립·운용」, 고려대학교 한국사학과 석사학위 논문; 김태웅, 2023, 「1930년대 前半 일제의 재난 관리금 운용방식과 조선인 이주 시책: 1934년 낙동강 유역 내홍수 대응을 중심으로」, 『역사교육』 166 참조.

5. 맺음말

다른 제국주의 국가의 식민지와 비교했을 때 일본의 조선철도망 구축은 건설자금의 조달방식부터 차이를 보였다. 영국, 프랑스와 비교할 때 주요 간선을 사설철도가 아닌 관영철도로 건설한 것은 조선철도 건설의 최우선 목적을 군사적 성격에 두고 있었기 때문이었다. 유럽의 제국주의 국가들이 식민지 철도건설에 반영했던 군사적 목적이 대부분 방어적 성격을 보였던 것과 달리 일본은 대륙침략을 통해 식민지를 확대할 목적으로 통로였던 조선에 외부 침략에 필요한 종관철도 건설에 재정투자를 집중했던 것도 특징이었다.

제국이 식민지에서의 이윤극대화를 위해 철도를 건설했던 것은 공통적 현상이었기에 철도의 확장보다 식민지에 필요했던 인프라 구축에 재원이 배분되지 않았던 것도 식민지에서 나타나는 보편적 현상이었다. 식민정부가 관개시설 투자에 소홀했던 인도는 1940년대에도 기근이 이어졌고, 사방사업과 치수사업에 자금조달을 등한시했던 조선은 홍수 피해가 줄어들지 않았다. 모두 식민지에 배정된 한정된 재원을 제국의 이익에만 초점을 맞춰 불균형하게 배분한 결과였다.

이 글은 제국주의 시기 식민지에 건설된 철도의 성격에 관해 시론적 수준의 비교를 시도해보았다. 결론을 대신해 언급하고 싶은 것은 막대한 고정자본이 필요한 철도교통이 만들어 낸 경로의존성이다. 앞서 케냐의 사례처럼 철도는 한번 건설하는 데 막대한 비용이 필요하기 때문에 초기에 건설된 철도망에 반하는 교통 발전을 기대하기 어렵다. 이미 초기에 건설된 철도망을 따라 발전한 연선 도시가 해당 지역의 중심지로 정착했기 때문이다.

그런 의미에서 일제시기 철도망 구축이 종관철도망의 중복 건설로 진행된 점은 대륙침략을 통한 제국 확대를 목표로 했던 당시 일본의 제국주의 정책에는 부합하는 형태일지 몰라도 현재 한국 철도망에는 횡단철도 부재라는 부정적 유산을 남겼다. 이는 현재 한국 사회의 고질적 문제로 일컬어지는 수도권 집중, 지방소멸의 원인 중 하나로도 여겨지고 있다. 대구와 전주, 포항과 광주 등 지방과 지방을 직접 연결하는 철도망의 부재는 지방 간 연결을 통한 지역의 독자적 발전이 사실상 어려운 현실과 관련이 깊다.

이미 종관철도를 매개로 수도권 중심의 발전이 정점에 이른 현대에 와서 지역 간 횡단철도 부설은 비용에 비해 편익을 기대하기 어렵다는 점은 명백하다. 경로의존성에 따른 개발의 결과라고 할 수 있다. 비용－편익과 관계없이 제국의 군사적 목적만을 따라 종관철도 건설만을 중복해서 건설했던 식민지 시기의 역사가 아쉬울 따름이다.

논문 출처

본 도서 초출(初出).

식민지적 근대와 조선 사회 1

참고
문헌

1. 자료

『京城日報』.
『大邱商工會議所月報 大邱の商工』.
『每日申報』.
『釜山日報』.
『朝鮮交通狀況』.
『朝鮮新聞』.
『朝鮮鐵道協會會誌』.
『朝鮮鐵道狀況』.
『朝鮮總督府官報』.
『皇城新聞』.

軍參謀部 資源班, 1940. 9. 6, 「朝鮮二於ケル國防國家態勢ノ確立二關スル意見案」
　　　　(민족문제연구소 편, 『日帝下 戰時體制期 政策史料叢書 第61卷』, 2000).
大藏省, 1936. 5, 「昭和十一年度實行豫算公債發行豫定額不成立豫算比較表」, 『第
　　　　六十九回帝國議會提出(第二號) 昭和十一年度歲入歲出實行豫算追加參考
　　　　書』(平22財務01360100 国立公文書館).
山本四郎 編, 1980 『寺內正毅日記』, 京都女子大學.
小林丑三郎, 1913, 『殖民地財政論』, 明治大学出版部.
朝鮮總督府, 1942. 1, 「朝鮮事業公債法中改正法律案參考書 第七十九回 帝國議會
　　　　提出 昭和17年1月」(京都大學・大學院經濟學研究科 經濟資料センター 所
　　　　藏 『堀和生氏舊藏資料』).

朝鮮總督府, 1943. 1,「朝鮮事業公債法中改正法律案參考書 第八十一回 帝國議會提出 昭和18年1月」(『朝鮮總督府帝國議會說明資料』第8卷, 不二出版, 1994).

朝鮮軍司令部, 1940. 8. 1,「朝鮮軍需産業ノ培養擴充ニ對スル陸軍ノ要望」,『朝鮮軍關係書類綴』(京都大學・大學院經濟學硏究科 經濟資料センター 所藏『堀和生氏舊藏資料』).

朝鮮軍參謀長 北野憲造, 1938. 12. 2,「朝鮮軍諸施設希望要綱ノ件」,『陸軍省大日記: 密大日記-第4冊 昭和14年』(陸軍省-密大日記-S14-4-8 防衛省防衛研究所).

朝鮮軍參謀長 北野憲造, 1939. 7.15,「朝鮮軍ノ諸施設希望要綱」,『朝鮮軍關係書類綴』(京都大學・大學院經濟學硏究科 經濟資料センター 所藏『堀和生氏舊藏資料』).

中部朝鮮鉄道發起人, 1920. 6. 16,「中部朝鮮鉄道敷設特許ノ義ニ付請願」,『大正9年公文備考 卷109 土木35』(海軍省-公文備考-T9-110-2519 防衛省防衛研究所).

參謀本府, 1909. 9. 21,「滿韓鐵道經營ニ關スル意見書」,『陸軍一般史料』(文庫-宮崎-41 防衛省防衛研究所).

參謀本府, 1911. 5,「朝鮮・滿州ニ於ケル鐵道經營方策」,『陸軍一般史料』(文庫-宮崎-49 防衛省防衛研究所所藏).

參謀本府, 1925. 4. 20,「朝鮮鐵道關係事項に就テ總督府トノ連絡ニ關スル件」,『密大日記 大正14年 6冊の内第4冊』(陸軍省-密大日記-T14-4-9 防衛省防衛研究所).

1899. 3. 20,「台湾事業公債法ヲ定ム」,『公文類聚・第二十三編・明治三十二年・第二十六卷・財政八・税規附手数料專賣三・國債・貨幣・雜載』(類 00859100 国立公文書館).

1911. 2. 6,「第二十七回帝國議會 衆議院 朝鮮ニ於ケル貨幣整理ノ爲生シタル債務ヲ貨幣整理資金特別會計ニ移属セシムル件ニ關スル法律案外三件委員會議錄(速記)第三回」.

1911. 2. 20,「第二十七回帝國議會 衆議院 朝鮮ニ於ケル貨幣整理ノ爲生シタル債務ヲ貨幣整理資金特別會計ニ移属セシムル件ニ關スル法律案外三件委員會議錄(速記)第五回」.

1936,「朝鮮軍ト總督府間トノ關連事項」(민족문제연구소 편,『日帝下 戰時體制期政策史料叢書 第60卷』, 2000)

식민지적 근대와 조선 사회 1

1936, 「第六十九回帝國議會 衆議院 朝鮮事業公債法中改正法律案委員會 軍事國
防二關スル件」, 『衆議院秘密會議事速記錄集 2』.

1937. 3. 23, 「第七十回 帝國議會 貴族院 朝鮮事業公債法中改正法律案特別委員會
議事速記錄第一號」.

1938. 1. 29, 「第七十三回帝國議會 衆議院 昭和十三年度一般會計歲出ノ財源二
充ツル爲公債發行二關スル法律案外六件委員會議錄(速記)第二回」.

1940. 3. 27, 「朝鮮事業公債法中ヲ改正ス(公債發行限度增加)」, 『公文類聚 第六十
四編 昭和十五年 第九十六卷 財政二十四 國債 貨幣 國有財産 雜載』(類
02377100 国立公文書館).

1941. 3. 5, 「朝鮮事業公債法中ヲ改正ス(公債發行限度ヲ增加スル爲)」, 『公文類聚
第六十五編 昭和十六年 第百五卷 財政十五 國際 貨幣銀行券 官有財産』
(類02514100 国立公文書館).

2. 저서

대런 아세모글루·사이먼 존슨(김승진 역), 2023, 『권력과 진보: 기술과 번영을
둘러싼 천년의 쟁투』, 생각의 힘.

도널드 서순(유강은 역), 2020, 『불안한 승리: 자본주의의 세계사, 1860~1914』, 뿌
리와 이파리.

박섭, 2001, 『식민지의 경제 변동: 한국과 인도』, 문학과지성사.

야마모토 요시타카, 2019, 『일본 과학기술 총력전: 근대 150년 체제의 파탄』, AK.

에밀리 S. 로젠버그 편(조행복·이순호 역), 2018, 『하버드 C.H. 베크 세계사. [5],
1870~1945 하나로 연결되는 세계』, 민음사.

정태헌, 2017, 『한반도철도의 정치경제학』, 선인.

정재정, 1999, 『일제침략과 한국철도(1892~1945)』, 서울대학교 출판부.

大藏省百年史編集室, 1969, 『大藏省百年史 (下)』, 大藏財務協会.

鮮交會, 1986, 『朝鮮交通史』, 三信圖書有限會社.

宇田 正, 1995, 『近代日本と鐵道史の展開』, 日本經濟評論社.

林采成, 2005, 『戰時経済と鉄道運営: 「植民地」朝鮮から「分断」韓国への歴史的経路を探る』, 東京大学出版会.

Ewout Frankema · Anne Booth, 2019, *Fiscal Capacity and the Colonial State in Asia and Africa, C. 1850-1960*, Cambridge: Cambridge University Press.

Ganeswar Nayak, 2021, *The Railways in Colonial South Asia economy, ecology and culture*, New York: Routledge.

James R. Fichter, 2019, *British and French Colonialism in Africa Asia and the Middle East*, Switzerland: Palgrave Macmillan.

Jurgen Osterhammel · Niels P. Petersson, 2005, *Globalization: a short history*, Princeton: Princeton University Press.

Latika Chaudhary · Bishnupriya Gupta · Tirthankar Roy · Anand V. Swamy, 2016, *A New Economic History of Colonial India*, New York: Routledge.

Raymond F. Betts, 1985, *Uncertain Dimensions: Western Overseas Empires in the Twentieth Century*, Minneapolis: University of Minnesota Press.

Stuart Sweeney, 2011, *Financing India's Imperial Railways, 1875-1914*, London: Routledge.

3. 논문

고태우, 2014, 「일제 식민권력의 재해대책 추이와 성격」, 『역사문제연구』 18-1.

김상규, 2022, 『조선 주둔 일본군의 대외 침략과 군사동원』, 고려대학교 한국사학과 박사학위논문.

김종근, 2012, 「일제하 경성의 홍수에 대한 식민정부의 대응 양상 분석: 정치생태학적 관점에서」, 『한국사연구』 157.

김태웅, 2017, 「1925년 일제의 京城府 二村洞 水害對策과 都市開發 構想」, 『역사연구』 33.

김태웅, 2023, 「1930년대 前半 일제의 재난 관리금 운용방식과 조선인 이주 시책: 1934년 낙동강 유역 대홍수 대응을 중심으로」, 『역사교육』 166.

박우현, 2017, 「1930년대 조선총독부의 사설철도 매수 추진과 특징」, 『역사문제연구』 38.

박우현, 2019, 「1920년대 조선사업공채 정책 변화와 재원조달의 부실화」, 『한국사연구』 185.

박우현, 2020, 「1910년대 조선사업공채 정책의 전개와 난맥상」, 『한국근현대사연구』 93.

박우현, 2020, 「일제시기 평원선 부설과 횡단철도의 주변화(1904~1941)」, 『한국문화』 89.

박우현, 2023, 『일제시기 조선사업공채 발행정책과 식민지 인프라 개발』, 고려대학교 한국사학과 박사학위논문.

박우현, 2023, 「1930년대 전반 조선총독부 예산편성과 인프라 투자의 단기화」, 『한국사학보』 91.

박우현·정태헌, 2020, 「일제시기 철도재정의 식민지성: 회계과목 분석과 순익 추산을 중심으로」, 『한국사학보』 78.

박상현, 2016, 「식민주의와 동아시아 식민국가의 정치경제: 통합비교를 위한 시론」, 『사회와 역사』 111

박정경, 2022, 「포스트식민주의 연극에서의 역사 재현: 이브라힘 후세인의 『킨제케틸레』 읽기」, 『한국아프리카학회지』 67.

이삼성, 2011, 「'제국' 개념과 19세기 근대 일본: 근대 일본에서 '제국' 개념의 정립과정과 그 기능」, 『국제정치논총』 51-1.

이형식, 2011, 「조선총독의 권한과 지위에 대한 시론」, 『사총』 72.

정세진, 2017, 「제정러시아의 철도 역사에 관한 소고: 시베리아 횡단철도와 중앙아시아 철도를 중심으로」, 『슬라브학보』 32-1.

정세진, 2019, 「19세기 '중앙아시아철도' 건설의 역사적 의미장: 러시아 제국의 형성과 실크로드의 상업로적 함의를 중심으로」, 『슬라브연구』 35-1

정재현, 2010, 「윈난 철도의 건설과 프랑스 제국주의」, 고려대학교 사학과 석사학위논문.

정재현, 2021, 「제국 안의 인도차이나, 식민지 안의 프랑스 제국주의: 인도차이나 식민지 경제의 구성 혹은 재구성」, 『역사와 현실』 122.

정준수, 2021, 「전시체제기 조선총독부의 「朝鮮罹災救助基金令」 제정과 기금의 제한적 적립·운용」, 고려대학교 한국사학과 석사학위 논문.

정태헌, 2015, 「조선철도에 대한 滿鐵 위탁경영과 총독부 直營으로의 환원 과정 및 배경」, 『한국사학보』 60.

橋谷弘, 1982, 「朝鮮鉄道の満鉄への委託経営をめぐって: 第一次大戦前後の日帝植民地政策の一断面」, 『朝鮮史研究会論文集』 19.
北岡伸一, 1979, 「陸軍派閥対立(1931~1935)の再検討: 対外・国防政策を中心として」, 『年報 近代日本研究: 1 昭和期の軍部』, 山川出版社
小林道彦, 1985, 「後藤新平と植民地經營: 日本植民政策の形成と國內政治」, 『史林』 68-5.

Bhupinder Singh · Amandeep Kaur, 2015, "Railway Development in Colonial Punjab Social and Cultural Assimilation", *International Journal of Social Science and Humanities Research 3*, no 1.

Charis Enns · Brock Bersaglio, 2020, "On the Coloniality of "New" Mega: Infrastructure Projects in East Africa", *Antipode 52*, no 1.

Jean-François Rousseau, 2014, "An imperial railway failure: the Indochina-Yunnan railway, 1898-1941", *The Journal of Transport History*, 35, no. 1.

Remi Jedwab · Edward kerby · Alexander Moradi. 2015, "History, Path Dependence and Development Evidence from Colonial Railways, Settlers and Cities In Kenya", *The Economic Journal 127*, no.603.

제2부

식민 통치의 무력 기반,
조선 주둔 일본군

05 1910~20년대 조선 주둔 일본군 헌병대의 3·1운동 탄압과 역할 변화

김상규

1. 머리말

2020년 2월, 대한민국 국군은 헌병이라는 명칭을 군사경찰로 바꾸었다. 국방부 조사본부는 "헌병이란 명칭은 우리보다 앞서 1870년대부터 일본에서 먼저 사용해 부정적인 이미지가 현재도 남아 있다"며 "헌병이란 의미가 법 집행 즉 수사에만 한정되어 있어 현재의 다양한 임무를 수행하는 병과의 정체성을 정확하게 표현하지 못했다"고 용어 변경의 배경을 밝혔다.[1] 국방부에서 밝힌 것과 같이 헌병이라는 명칭은 일본의 식민지배와 맞물려 부정적인 인식을 가지고 있는 단어이다. 이런 부정적인 인식은 어디에서 유래한 것일까. 주지하다시피 일제강점기의 경험이 큰 영향을 가졌다.

---

1 「일본식 명칭 '헌병', 72년 만에 '군사경찰'로 바뀐다」, 『한겨레』 2020. 2. 5.

일본은 1873년 '육군성 직제 및 조례'에 헌병이라는 개념을 도입한 이래 프랑스식 헌병제도를 도입했다. 1877년 세이난 전쟁을 계기로 메이지 정부는 프랑스식 헌병제도의 창설을 위해 움직였고, 1881년 프랑스는 헌병을 '육군의 일보'로 설치하며 군사·사법·행정경찰이라는 광범위한 경찰권을 보유하는 규정을 차용하여 헌병조례를 제정했다. 이러한 일본의 헌병제도는 일본의 식민지, 점령지 등에서는 군사경찰보다 치안유지기능을 강조한 모습으로, 일본 내에서는 군사경찰의 기능을 우선시하는 모습으로 변용되었다.[2]

일본 헌병은 일본의 식민지지배에 빠질 수 없는 존재였다. 특히 조선 주둔 일본군 헌병대[3]는 이미 1910년대를 전후하여 의병전쟁시기에도 의병탄압에 앞장섰고, 1910년 헌경통일 이후에는 '헌병·경찰'제도[4] 아래 보통경찰의 역할까지 맡기에 이르렀다. 이로써 군사조직인 헌병이 행정조직인 문관경찰을 통일해 일반 경무에 헌병이 개입하게 되었다. 주지하듯, 1919년 보통경찰제도가 시행되기 전까지 헌병은 일제의 '무단통치'를 상징하는 존재였다. 가혹한 헌병·경찰의 지배는 오히려 저항의 역량을 잠재화, 확산시켰고, 그 결과는 3·1운동의 분출이었다.

---

[2] 일본의 헌병제도 도입에 관해서는 이승희, 2014, 「메이지(明治) 시기 프랑스 헌병제도의 일본 수용과정」, 『중앙사론』 39를 참조.

[3] 한반도에 주둔했던 일본군 헌병대의 호칭은 시기별로 변화해 갔다. 시기순으로 1896년 1월 임시헌병대 → 1903년 12월 한국주차헌병대 → 1906년 10월 제14헌병대 → 1907년 10월 한국주차헌병대 → 1910년 9월 조선주차헌병대 → 1918년 6월 조선헌병대이다. 본고에서는 전 시기를 아우르는 명칭으로 조선 주둔 일본군 헌병대로 통칭하고 그 외 명칭은 각 시기별로 구분하여 표기한다.

[4] 일반적으로 무단통치기 헌병이 경찰의 역할을 한 것을 두고 '헌병경찰'이라는 용어를 사용한다. 하지만 1910년부터 1918년까지 경찰의 업무를 담당했던 헌병은 약 25%에서 1918년 약 98%까지 점차적으로 증가하였다. 치안문제에서 헌병이 강력한 권한을 행사한 것은 사실이나 경찰조직 역시 널리 분포되어 있었고, 인력역시 헌병에 못지않았다. 따라서 본문에서는 이 시기 헌병의 경찰역학을 "헌병·경찰"제도라고 표현하고자 한다.

3·1운동은 한성정부, 대한국민의회, 대한민국임시정부 등 독립운동의 분수령이 되는 한편 일본의 지배정책의 전환을 불가피하게 만들었다. 하세가와 총독이 경질되었고, 무단통치의 상징인 헌병·경찰제도가 폐지되었다. 3·1운동 이후 1919년 8월 이후에 보통경찰제가 시행되었고, 헌병대의 규모와 역할도 상당 부분 축소되었다.

소위 '무단통치'시기에는 식민지 조선 전반에 걸쳐서 조선 주둔 일본군 헌병의 주요한 역할이 몰려 있었다. 그랬던 만큼, 조선 주둔 일본군 헌병대에 관한 연구는 주로 1910년대를 중심으로 이루어져 왔다. 조선 주둔 일본군 헌병대에 관한 연구는 크게 세 부분으로 구분할 수 있다.

첫 번째는 식민지화 과정에서 헌병제도 도입에 관련된 논의들이다. 이시기의 연구는 주로 권구훈[5]과 이승희,[6] 조건[7] 등이 진행하였다. 권구훈의 경우 헌병보조원의 운용와 활용의 전사로서 일본헌병대의 주둔과 변화를 다루었다. 이후 본격적으로 식민지화 과정의 헌병에 주목한 것은 이승희다. 이승희는 주로 1910년 전후 시기 일본의 헌병제도의 도입과정, 헌병대의 파견과 헌병·경찰제도의 성립, 의병 탄압과 밀정의 운용 등 식민지화 과정에서 헌병대의 역할을 다룬 바 있다. 조건은 일제강점기 헌병의 편제 변화와 역할을 1910~20년대, 1930년대, 1940년대로 편제와 조직변화를 구분하였다. 특히 기존에 주목하지 않던 보조

5   權九薰, 1998, 「日帝 韓国駐箚軍憲兵隊의 憲兵補助員研究」, 『史学研究』 55·56.
6   이승희, 2007, 「한국병합조약 전후기의 주한일본군 헌병대 연구」, 『일본역사연구』 26; 李升熙, 2008, 『韓國併合と日本軍憲兵隊』, 新泉社; 이승희, 2008, 「한말의병탄압과 주한일본군 헌병대의 역할」, 『한국독립운동사연구』 30; 이승희, 2012, 「일본과 한국의 헌병제도 도입과정을 둘러싼 문무관 대립 양상」, 『일본학연구』 36; 이승희, 2015, 러일전쟁기 일본군 헌병대의 방첩활동 고찰, 『중앙사론』 42; 이승희, 2017, 「통감부 초기 일본군헌병대가 운용한 한국인 밀정: 한국주차군의 기밀비 자료에 대한 분석을 중심으로」, 『日本學』 44.
7   조건, 2022, 「일제강점기 조선 주둔 일제 헌병의 편제와 역할 변화」, 『숭실사학』 49.

헌병의 충원을 다룬 것이 특징이다.

두 번째는 경무조직에 관한 연구의 전사로 헌병을 자리매김하는 연구이다. 이 분야의 연구로는 김민철,[8] 신주백,[9] 마쓰다 도시히코(松田利彦)[10]의 연구가 있다. 특히 마쓰다 도시히코의 경우 식민지기 전반에 걸친 경찰제도의 변화를 연구하여 왔다. 그 맥락에서 헌병·경찰제도의 제도도입, 무단통치기를 비롯하여 1920~30년대의 헌병경찰제도를 다루었다.

세 번째는 3·1운동의 탄압의 주체로서 헌병에 관한 연구이다. 소위 '경무기관'의 3·1운동에 대한 탄압은 제암리 학살을 비롯하여 당대부터 고강도로 행해졌다. 이들의 탄압은 지탄의 대상이었고, 많은 선행연구에서 탄압의 규모와 잔학상을 지적한 바 있다. 하지만 많은 사료군에서 '경무기관'으로만 묘사된 탓에 헌병과 경찰의 역할이 명확히 구분되지 않았다. 최근에는 국사편찬위원회의 삼일운동데이터베이스가 공개되면서 3·1운동 탄압과정에서 헌병의 역할에 주목한 연구들도 등장했다.[11] 이외로도 헌병보조원에 관한 연구,[12] 일기 등의 자료를 통한 헌

---

8   金敏喆, 1994, 『日帝 植民支配下 朝鮮警察史 研究』, 경희대학교 사학과 석사학위논문.

9   辛珠柏, 2000, 「1910年代 日帝의 朝鮮統治와 朝鮮駐屯 日本軍」, 『한국사연구』 109.

10 松田利彦, 1993, 「朝鮮植民地化の過程における警察制度(1904~1910)」, 『朝鮮史研究會論文集』 31; 松田利彦, 1995, 「日本統治下の朝鮮における憲兵警察機構(1910~1919)」, 『史林』 78-6; 松田利彦, 2000, 「解説 朝鮮憲兵隊小史」, 『朝鮮憲兵隊歷史』 1; 松田利彦, 2007, 「近代日本植民地における「憲兵警察制度」に見る「統治樣式の遷移」朝鮮から関東州·「満洲国」」, 『日本研究』 35; 松田利彦, 2009, 『日本の朝鮮植民地支配と警察 1905~1945』, 校倉書房.

11 김명환, 2019, 「3·1운동 당시 일제 헌병·경찰의 배치실태와 탄압」, 『한국민족운동사연구』 100.

12 權九薰, 1998, 앞의 책; 愼蒼宇, 2001. 10, 「憲兵補助員制度の治安維持政 策的意味とその實態: 1908~1910年を中心に」, 『朝鮮史研究會論文集』 39; 愼蒼宇, 2004. 10, 「武斷統治期における朝鮮人憲兵補助員·巡査補の考察」, 『歷史學研究』 793.

병사령관을 분석한 연구[13] 및 국경경비정책[14]에 관한 연구 등도 이루어지고 있다.

선행연구들을 통해서 조선 주둔 일본군 헌병대에 관한 많은 사항이 정리되었다. 하지만 연구의 대상 시기와 주제를 살펴보면 앞으로 더 추가되어야 할 부분이 적지 않다. 우선 보완되어야 하는 주제로 제기하고 싶은 것은 식민지기 각 시기별 헌병의 세부적인 의미와 역할이다.

병탄과 무단통치기 조선 주둔 일본군 헌병대에 관한 사항은 이미 선행연구에서 상당 부분 다루어져 왔다. 하지만 대부분 식민지기 경찰이라는 조직을 분석하는 선행작업으로 '헌병·경찰'제도를 다루는 데 그쳤다. 따라서 3·1운동과 관제개정 이후 분석의 시점은 경찰에 집중되어 왔다. 하지만 경무조직이라는 측면 외에 일본군을 구성하는 하나의 조직으로서 조선 주둔 일본군 헌병대를 본다면, 헌병이 일제의 식민통치에 가지는 의의를 보다 더 면밀히 볼 수 있을 것이다.

관제개정 이후에도 조선 주둔 일본군 헌병대는 유지되었다. 하지만 이들이 어떻게 축소되었으며 어떠한 역할을 담당하였는지, 인적구성과 배치가 어떻게 변화해 갔는지 등은 분석되지 못하였다.

이 글에서는 조선 주둔 일본군 헌병대의 세부적인 역할변화의 파악을 위한 단초로 1919년 전후 헌병조직의 조직과 역할의 변화에 주목하고자 한다. 주지하듯 3·1독립만세운동과 사이토 마코토 총독의 부임으로 헌병이 보통경찰의 역할에서 배제된 것은 사실이다. 하지만 규모가 축소되었다고 해도 조선헌병대는 여전히 식민통치의 한 축을 담당

---

13   이형식, 2012, 「일기를 통해 본 전통과 근대, 식민지와 해방: 조선헌병사령관(朝鮮憲兵司令官) 立花小一郎과 '무단통치': 『立花小一郎日記』를 중심으로」, 『민족문화연구』 57.

14   松田利彦, 2015, 「1910年代における朝鮮総督府の国境警備政策」, 『人文學報』 106.

하고 있던 존재였고, 1945년까지 유지된 조직이었다. 문제는 이들의 성격을 어떻게 규정하는가이다. 일본 헌병의 전반적인 추이는 선행연구에서 일부 정리한 바 있다. 하지만 지역별 추이 등 세부적인 사항에 대해서는 아직 천착할 부분이 많이 있다. 본 글에서는 조선 주둔 헌병대의 역할을 정리하고 1919년 관제개정 이후 역할 변화를 살펴볼 예정이다.

우선 1장에서는 1919년 전까지 조선 주둔 일본군 헌병대의 조직이 어떠한 추이로 변화하여 왔는지를 정리할 예정이다. 2장에서는 3·1운동 당시 헌병대의 탄압이 어떻게 이루어졌는지 국사편찬위원회의 삼일운동데이터베이스를 활용하여 정리할 것이다. 3장에서는 1919년을 전후하여 1920년대 헌병의 배치 및 인원 변화가 시기별, 지역별로 어떻게 이루어졌는지를 분석하려 한다.

본 연구는 『조선헌병대역사(朝鮮憲兵隊歷史)』[15]를 기초 사료로 사용했으며, 조선헌병대역사에서 생략되거나 누락된 자료는 일본의 방위성 방위연구소가 소장하고 있는 조선 헌병대 관련 자료를 이용했다. 이외로도 3·1운동기 탄압의 세부사항에 대해서는 『조선소요사건관계서류(朝鮮騷擾事件關係書類)』[16](이하 '조선소요사건관계서류')와 『불령단관계잡건(不逞團關係雜件)』[17]를 활용할 것이다. 『육군성통계연보(陸軍省統計年報)』, 『일본헌병정사(日本憲兵正史)』

---

15 『朝鮮憲兵隊歷史』는 현 방위성 방위연구소에서 소장 중인 문서를 편철한 자료집이다. 陸軍一般史料-中央-部隊歷史-連隊 항목에 포함되어 있으며 514「朝鮮憲兵の起源及び沿革槪要 明治29.1.25~昭和19.10.1」과 515~525「朝鮮憲兵隊歷史」가 편철되어 있다. 2019년 8월 현재「朝鮮憲兵の起源及び沿革槪要」은 온라인으로 공개하고 있으며「朝鮮憲兵隊歷史」는 비공개 자료로 되어 있다. 『朝鮮憲兵隊歷史』는 2000년 不二出版에서 영인본을 간행했고 松田利彦의 해제「解說 朝鮮憲兵隊小史」가 수록되어 있다.

16 『조선소요사건관계서류』는 1919년 3월 1일부터 1921년 10월까지 한국의 독립운동과 관련해 일본 육군성이 발·수신한 문서를 7권으로 편철해놓은 것이다.

17 『불령단 관계 잡건』은 일본 외무성 외교사료관에 소장된 식민지 조선과 관련한 문서군이다.

등에 수록된 헌병관련 통계 및 국사편찬위원회 삼일운동DB, 통계청 통계 포털 등을 활용했다.

2. 1910년대 조선주차헌병대의 편제 변화

1) 조선 주둔 일본군 헌병대의 한반도 주둔과 편제 변화

조선 주둔 일본군 헌병대의 한반도 주둔은 1896년 1월 25일 임시헌병대가 편성되어 경성 부산 간의 군용 전신선 엄호의 임무를 담당한 것이 시작이다. 임시헌병대는 1896년 2월 한반도에 들어왔다. 임시헌병대의 본부 및 제3구대는 대구, 제1구대는 가승, 제2구대는 낙동에 위치했고, 각 구대에 2~3개의 분견소를 설치하였다. 1896년 5월 임시헌병대는 본부를 경성으로 이전하고 7월 장교 이하 98명, 말 13필을 증가시켰다. 이후에는 주로 경부 전신선을 경비하게 되었다.

〈표 1〉 1896년 임시헌병대 편성표

	대위	중(소)위	하사	상등병	1(2, 3)등 서기	蹄鐵工長	마졸	군역부	계
인원	1	3	23	200	1	2	4	70	304
승마	1	3	23	40					67

출처: 全國憲友會聯合會編纂委員會, 1976, 『日本憲兵正史』, 1349쪽.

러일전쟁 시기까지 임시헌병대는 주로 전신선 및 철도의 보호를 맡았다. 1899년에는 본부를 경성, 제1구대를 송정, 제2구대를 문경, 제3구대를 대구에 두었고, 1900년에는 경인철도의 개통에 따라 1구대를 가흥에 설치하여 인천-수안보 사이 구간을, 2구대를 대구에 설치하여 수안보-대구 구간을 3구대를 부산에 설치하여 대구-부산 사이를 관할하게 하였다. 이후 1903년 12월 1일 러일전쟁 직전 임시헌병대는 한국주차헌병대로 개칭하고 한국주차대사령관의 지휘에 속하게 되었다.

1905년 10월 러일전쟁이 종식될 무렵 한국주차헌병대는 12개 지역[서울, 부산, 원산, 인천, 의주, 평양, 안주, 개성, 임명(臨溟), 유성, 전주, 대귀]에 분대를 설치하고 56개의 분견소를 설치하는 등 대조직으로 증가하였다.[18] 이후 1906년 헌병조례 개정에 따라 한국주차헌병대는 제14헌병대로 개칭되었다.[19] 본부를 경성에 두고 1본부, 7분대, 20분견소로 감소하였다.

다음 〈표 2〉는 한국주차헌병대의 편성을 다룬 표이다. 1903년 200여 명에 불과하던 조선 주둔 일본군 헌병대는 점차 증가하여 1909년에는 헌병보조원이 대규모로 추가, 총 6천 7백여 명의 규모가 되었다. 한반도내 조선 주둔 일본군 헌병의 규모가 확장되는 계기는 1907년 대한제국군의 해산과 의병의 격증이었다. 일제는 의병의 탄압과 한반도 내 '치안유지'[20]라는 목적으로 헌병의 편제를 다시 개정했다. 제14헌병대는 다시 한국주차헌병대로 개칭되었다. 본부는 경성에 두고 7개 분대

---

18   權九薰, 1998, 앞의 책, 730쪽.
19   당시 한반도 내에서는 헌병과 경찰의 대립이 계속 있어 왔다. 치안유지는 한국주차 헌병대를 비롯하여, 이사청경찰 및 한국경찰(고문경찰)과 병립하고 있어 명령계통에 문제가 있었다. 1906년 2월 「한국에 주차하는 헌병의 행정경찰 및 사법경찰에 관한 건」, 1906년 8월 「고등군사경찰」 실시에 의해 주한 헌병대가 보통경찰의 영역에까지 침범해 오는 일이 빈발했다(이승희, 2007, 「한국병합조약 전후기의 주한일본군 헌병 대 연구」, 『일본역사연구』 26).
20   1907년 10월 8일자 칙령 제323호 「한국주차헌병에 관한 制」 제1조에는 "한국에 주차 하는 헌병은 주로 치안 유지에 관한 경찰을 관장하며, 그 직무의 집행에 관해서는 통감에게 예속되고, 또한 주차군 사령관의 지휘를 받아서 겸하여 군사경찰을 관장 한다"라고 하며 한국주차헌병의 주요 직무를 한국 내 치안유지로 하였다.

는 그대로 전국에 배치하였다. 1908년 6월부터는 헌병보조원의 모집이 시작되었다. 이들은 1908년 7~9월 선발을 거쳐 배속되었다. 인원이 늘어난 만큼 분견소의 수도 늘어났다. 헌병보조원[21]의 추가 이후 한국주차헌병대의 규모는 급증했다. 조선주차헌병대는 1909년 1월 이후 다시 관구 이하의 배치를 개정하여 51개 관구 452분견소 13파견소로 수정하였다. 이후 1910년 1~3월에 걸쳐 임시 파견소 6개 폐쇄, 2분견소 4파견소 설치로 분대 7, 관구 57, 분견소 457, 파견소 31, 출장소 4개의 규모에 장교 이하 2,400여 명, 보조원 4,300여 명의 규모로 증가하였다.

〈표 2〉 한국주차헌병대 편제표

계급 ＼ 연도	1903	1904	1907.10.3	1908.1.28	1908.7.25	1909.8
장관, 사관		1	5	6	6	6
대위	1	2	4	3	3	63
중(소)위	3	6	25	38	40	
특무조장, 조장	4	46	31	51	52	524
군조, 오장	17		96	152	462	
상등병	190	256	627	1,800	1,800	1,890
군의	3	3	4	4	4	
수의			1	2	2	
간호장	3	3	3	3	3	
주계		1	2	2	9	
계수	1	1	5	9	17	

---

21 헌병보조원에 관해서는 권구훈의 선행연구가 있다. 권구훈의 연구는 주로 한국주차 헌병대 시기 헌병보조원의 역할을 중심으로 한 것이다. 1910년대 전반을 비롯하여 1919년 3·1운동시기의 헌병보조원의 세부적인 역할에 관해서는 다루고 있지 않다. 또한 〈표 8〉에서 볼 수 있듯 1923년도까지 헌병보조원이 의주, 함흥, 나남에 배치되어 있었다. 1919년 이후 순사로 전직, 국경수비를 비롯하여 보조헌병과의 연결지점 등 헌병보조원에 관해서 역시 별도의 분석이 필요하다.

계급 \ 연도	1903	1904	1907.10.3	1908.1.28	1908.7.25	1909.8
체철공장(蹄鐵工長)	2	2	3	4	4	
마졸	4	8				
보조원						4294
계	228	329	806	2,074	2,402	6,777

출처:「韓国駐劄隊編制要領及服務規定制定の件」「JACAR Ref.C06083813600, 明治36年乾
「貳大日記11月」; 韓國駐箚軍司令部及隷屬部隊編成ノ件「JACAR Ref.C03020058500,
明治37年「滿密大日記 明治37年 3月」;「韓国駐劄憲兵隊編制表」,『朝鮮憲兵隊歷史』,
1,181쪽;「韓国駐劄憲兵隊編制表」,『朝鮮憲兵隊歷史』2권, 47쪽.

2) 헌병·경찰제 시행과 1910년대 조선주차헌병대의 추이

한반도에서 헌병과 경찰의 대립은 1906년부터 본격화하고 있었다.
1907년 제14헌병대장으로 아카시 모토지로(明石元二郎)가 부임하면서 대
립은 첨예화 되었다. 헌병대는 1907년 8월부터 의병투쟁과 일본군 수
비대에 의한 의병, 주민학살문제에 대응하는 형태로, 이토의 경찰기
구 확장의 대안으로서 기구확장의 계기를 얻었다. 1909년 아카시는
헌병과 경찰의 통일을 주장하였다. 이토와 소네가 통감에 있는 동안
이 헌경통일안은 받아들여지지 않았지만, 1910년 5월 육군대신 데라
우치가 통감직을 겸임하면서 이루어졌다.[22] 6월 15일 편제개정을 통
해 헌병대 본부가 승격되고 헌병대 사령부가 설치되었다. 또한 1910
년 6월 24일 경찰권 위탁각서가 체결되고 6월 29일 칙령 제296호 '통
감부 경무관서 관제'가 공포되면서 한반도에서 헌병경찰제가 시행되
게 되었다.

---

[22] 헌경통일안의 내용과 도입 과정에 관해서는 이승희, 2007,「한국병합조약 전후기의
      주한일본군 헌병대 연구」,『일본역사연구』26 참조.

조선 주둔 일본군 헌병대가 한반도 13개도 전역에 설치된 것도 이시기였다. 1910년 6월 편제개정에 의해, 7월 1일부터 배치를 개정하고 헌병은 전국에 세밀하게 분산 배치되어, 전국에 사령부 1, 헌병대 13[경성, 청주, 공주, 전주, 광주, 대구, 진주, 해주, 평양, 의주, 춘천, 함흥, 경성(鏡城)], 헌병분대 77, 헌병분견소 498, 헌병파견소 66개가 설치되었다. 말단조직인 헌병분견소에는 하사 1명, 상등병 3명, 헌병보조원 6명의 꼴로 각각 배치되었다.[23] 이로써 조선 주둔 헌병대의 기본적인 체제가 확립되었다. 이후 1919년 헌병경찰제도가 폐지되기 이전까지 이 체제는 거의 변화 없이 유지되었다.

병합 후인 1910년 9월 12일, 일본의 칙령 343호에 의해 '조선주차군헌병조례'가 공포되었다. 이로써 한국주차헌병대는 조선주차군헌병대로 바뀌었다. 관할이 육군대신으로 바뀌었지만, '치안유지에 관한 경찰'을 관장하는 것은 변함이 없었다. 직무집행에도 조선총독의 지휘 감독을 받고 배치, 이동, 복무에도 조선총독이 정하도록 되어있어, 병합 직전과 특별히 변한 것은 없었다.[24] 이 조례의 공포와 함께 무단통치가 시작되었다. 보안규칙에 의해 모든 정치단체의 해산명령이 떨어졌다. 헌병에 의해 주도된 고등경찰[25]을 통해 일제는 사상탄압을 추진했고 서적, 잡지, 신문 등 출판의 제한, 105인 사건 등 민족운동 단체의 탄압에도 앞장섰다.

---

[23] 이승희, 2007, 앞의 책, 176쪽.

[24] 이승희, 2007, 앞의 책, 181쪽.

[25] 고등경찰과는 경무총감부에서 유일하게 헌병이 과장을 맡고 있는 자리였고, 각 도의 경무부에도 고등경찰계 주임에는 반드시 헌병이 배치되었다고 한다[이승희, 2007, 앞의 책, 182쪽].

〈표 3〉 1910~1918년 헌병 편제 및 병력 변화 양상

연도 계급	1910	1911	1912	1913	1914	1915	1916	1917	1918
사령부	1	1	1	1	1	1	1	1	1
본부	13	13	13	13	13	13	13	13	13
분대	77	78	78	78	78	78	77	78	78
분견소	498	56	57	107	99	99	96	98	98
파견소	66	407	394	327	317	316	318	288	877
출장소	24	381	413	443	501	528	551	592	43
계	679	936	956	969	1,009	1,035	1,056	1,070	1,110
장교	117	112	112	112	112	112	112	111	112
준사관	20	20	20	20	20	20	20	20	23
하사	753	753	753	753	753	753	751	750	758
상등병	2525	2525	2525	2470	2460	2417	2501	2514	2484
헌병보조원	4417	4453	4473	4603	4626	4627	4657	4737	4601
계	7,832*	7,863**	7910	7,830	7921	7,929***	8,041	8,132	7,978

출처: 『朝鮮總督府施政年報(1918년도)』, 476~477쪽(신주백, 「1910년대 일제의 조선통치와 조선주둔 일본군」, 『한국사연구』 109, 2000, 143쪽 재인용); 「韓國駐箚憲兵隊人馬配置定員表」, 『朝鮮憲兵隊歷史』 2권, 231쪽.

* 1910년도 헌병 편제는 수치를 조정했음. 국가통계포털 및 조선총독부 통계연보의 1910년 총 2,019명은 헌병 중 경찰업무를 담당하는 인원을 한정한 것으로 전체 헌병의 규모와는 맞지 않는 수치임. 〈표 2〉에서 표기한 것처럼 1909년의 헌병 총 수가 6,777명이고, 헌병보조원의 수가 4,294명인 상황에서 1910년도의 헌병보조원이 1,012명이라는 것은 이후의 수치를 보더라도 오류가 있는 수치일 가능성이 큼. 본 발표문에서는 1910년도 헌병의 총 수치를 『朝鮮憲兵隊歷史』2에서 제시한 헌병 총 수로 재조정함. 1911년부터는 별도로 경찰업무를 분리해서 보고하지는 않았음. 선행연구에서는 이 1910년도의 헌병 총수를 2,019명으로 보는 오류를 그대로 인용하고 있음.

** 1911~1912년 사령부~출장소 수치 및 헌병 총원을 조정했음. 1911년 1월 수치임(『朝鮮憲兵隊歷史』3권 151쪽, 194쪽). 1911~1912년 헌병보조원 수치와 1913~1914년도 헌병대 인원 수치는 松田利彥, 『日本の朝鮮植民地支配と警察 1905~1945』, 校倉書房, 2009, 24쪽 재인용하여 수정했음.

*** 1915년 인원수치의 경우. 조선총독부 통계연보에는 1,929명으로 표기하고 있으나 『朝鮮憲兵隊歷史』에는 사령부 소속 하사 5명 외 37명이 추가되어 7971명으로 표기되어 있음. 사령부 인원이 누락된 것으로 추정, 1918년도 역시 사령부 인원 48명이 누락된 것으로 추정됨.

식민지적 근대와 조선 사회 1

그러면, 식민지 조선의 전체적인 헌병의 수는 어느 정도일까? 1910~1918년 사이 전체적인 헌병기관과 인원수 변화를 정리하면 〈표 3〉과 같다. 여기서 도출할 수 있는 특징은 크게 두 가지이다. 첫째, 1910~1918년까지 전체 헌병의 규모 변화는 거의 없다는 점이다. 1909년의 약 6,700여 명에서 한국병합에 대비하기 위한 경비강화를 위해 1,300여 명을 증원한 이후[26] 대략 장교 110여 명, 준사관 20명, 하사 750여 명, 상등병 2,500여 명, 헌병보조원 4,500여 명의 수준을 유지하고 있었다. 요컨대 대략적으로 7,900~8,000명의 규모가 1910년대 조선 주둔 일본군 헌병대의 규모라고 할 수 있다.

둘째, 1910~1911년 사이 헌병 분견소와 파견소의 역전현상을 확인할 수 있다. 1910년 498개였던 헌병분견소가 56개로 줄어드는 반면, 66개소였던 헌병파견소는 407개소로 늘어났다. 이는 의병탄압작전이 사실상 끝나자 군 병력을 분산배치에서 집중배치로 바꾸는 대신 치안유지활동의 공백을 메우기 위해 헌병기관을 분산배치하기 시작했기 때문으로 보인다.

분산배치와 함께 조선주차헌병대가 경찰업무를 담당하는 비율도 크게 늘어났다. 기존 연구에서 1910년도 헌병의 수를 약 2,000여 명으로 보았던 이유도 여기서 파악할 수 있다. 기존에는 경찰업무를 담당했던 헌병의 수치만을 인용한 것이었으나 헌병의 총 수와는 차이가 있다. 1910년 보통경찰업무에 종사했던 헌병은 약 26%였다. 이것이 1911년부터 1918년까지 거의 98~100%에 달하는 비율까지 상승했다. 헌병분견소가 1912년 57개에서 이듬해 107개로 늘어난 것 역시도 이와 같은 맥락

---

26   이승희, 2007, 앞의 책, 176쪽.

에서 파악할 수 있다. 요컨대 경찰업무의 담당은 파견소의 증설과 분산배치와 함께 이루어진 것이라고 볼 수 있다.

3. 조선 주둔 일본군 헌병대의 3·1운동 탄압

1) 3·1운동 발발 전 조선 헌병대의 배치

조선헌병대의 총 병력은 1910년대 전반적으로 큰 변화 없이 약 8,000명 선에서 지속되고 있었다. 3·1운동 전 한국주차헌병대의 규모는 1918년을 기준으로 장교 112명, 하사관(준사관 및 하사 포함) 781명, 상등병 2,484명이었고, 헌병보조원이 4,601명으로 총 인원이 7,978명[27]이었다. 즉 대략 8,000명 정도의 규모라고 볼 수 있다. 헌병대의 조직은 경성의 조선주차헌병대사령부를 중심으로 경성·청주·공주·전주·광주·대구·진주·해주·평양·의주·춘천·함흥·경성(鏡城) 총 13개 지역에 지역헌병대가 편제되어 있었다. 또한 지역 헌병대 산하에 본부 및 헌병분대와 분견소, 주재소, 파출소가 분포되었다.

---

[27] 헌병의 계급별, 지역별, 분대별 수치는 현재 참고할 수 있는 통계마다 각각 다르다. 예를 들면 1918년 당시 헌병의 총 규모는 육군성 통계연보에 따르면 헌병보를 제외하고 총 3,465명, 『昭和憲兵史』 등 일부 자료에서는 1910년대 헌병의 규모를 3,000명대로 산출하는 경우가 있는데, 이는 헌병보조원을 제외하여 파악한 것으로 보인다.

	장관	사관	위관	준사관	하사	병졸	소계	헌병보	합계
육군성 통계연보	1	17	129	25	811	2,482	3,465	4,601	8,066
조선총독부통계연보		112		23	758	2,484	3,377	4,601	7,978
조선헌병대역사	1	15	93	25	762	2,525	3,419		

출처: 『陸軍省統計年報』 大正7年(第30回); 「통계청 국가통계포털 헌병대 및 헌병대직원」; 『조선헌병대역사』 5권, 不二出版, 209쪽.

〈표 4〉 경무조직 현황(1918년 12월 현재)

헌병	헌병대사령부	헌병대본부	헌병 분대	헌병분견소	헌병 파견소	헌병출장소	헌병대 합계
	1	13	78	98	877	43	1,110
				1,018			
경찰	경무총감부	경무부	경찰서	경찰관 주재소		경찰관 파출소	관서 합계
	1	13	99	532		106	751
				638			
합계	2	26	177	1,656			1,861

출처: 통계청 국가통계포털(http://kosis.kr/index/index.do); 김명환, 2019, 「일제 헌병경찰의 삼일운동 탄압」, 『국사편찬위원회 3·1운동 100주년 기념 학술대회 "백년만의 귀환, 3·1 만세 시위의 기록들" 발표문』, 3쪽 재인용.

이러한 헌병의 분포 상황은 경찰과 비교해도 훨씬 많았다. 헌병분대보다 경찰서 숫자가 많은 데 비해 말단조직은 헌병이 경찰보다 더 많은 것을 확인할 수 있다. 이는 헌병이 기층민중과의 접촉면이 상대적으로 넓었다는 점을 보여주는 것으로 볼 수 있다. 주재소 이하 말단 관서에는 약 5명 정도의 관헌이 배치되어 있었을 것으로 추정된다. 이런 현황을 통해 1919년 각 부군, 면 지역까지 치안조직은 조밀하게 설계되었다.[28]

경무조직의 배치 역시 마찬가지였다. 조선군사령부와 제20사단 주둔지인 용산을 제외한다면, 주요 도읍은 경찰이 관할하였던 것으로 추정할 수 있다. 지정면 23개 면 중 16개 면이 경찰관할 구역이었다. 경찰과 헌병의 배치에서 특징적인 것은 경기도를 기준으로 북동부, 중남부가 엇갈리는 점이다. 특히 한반도 중북부 내륙지방은 광범위하게 헌병이 관할하고 있었다. 각 지역에서 조선인 기층 민중과 접촉하고 있던 말

---

28   김명환, 2019, 앞의 책, 5쪽.

단 경무관서들은 만세운동이 발발하자마자 시위진압의 최전선에 서게 되었다. 그런 만큼 헌병·경찰에 의한 만세운동 탄압은 광범위하게 발생할 수밖에 없었다.[29]

〈표 5〉 각 도별 경무조직 현황(1918년 12월)

도별	부·군	헌병	경찰	합계	헌병-경찰
전국	232	1,110	751	1,861	359
중앙*	-	1	1	2	0
경기도	22	110	114	225	-4
충청북도	10	44	43	87	1
충청남도	14	53	56	109	-3
전라북도	15	58	58	116	0
전라남도	23	63	73	136	-10
경상북도	24	89	89	178	0
경상남도	21	52	71	123	-19
황해도	17	100	45	145	55
평안남도	16	91	51	142	40
평안북도	20	114	48	162	66
강원도	21	113	35	148	78
함경남도	17	119	30	149	89
함경북도	12	103	37	140	66

출처: 통계청 국가통계포털(http://kosis.kr/index/index.do); 김명환, 2019, 「일제 헌병경찰의 삼일운동 탄압」, 『국사편찬위원회 3·1운동 100주년 기념 학술대회 "백년만의 귀환, 3·1 만세 시위의 기록들" 발표문』, 6쪽 재인용.
*　　중앙은 헌병대사령부 및 경무총감부를 지칭함.

조선소요사건관계서류를 기반으로 하면 3·1운동 전후 조선 주둔 일본군의 탄압은 총 3시기로 나눌 수 있다. 첫째, 3월 1일~3월 12일 3·1운동 발발부터 분산배치 전 단계. 둘째, 3월 12일 ~ 4월 4일 조선총독의

29　　김명환, 2019, 앞의 책, 7쪽.

진압명령 이후 두 차례 분산배치 단계. 셋째, 4월 4일 이후 임시조선파
견보병대대 추가 파병 단계이다.

첫 번째 단계는 3·1운동의 발발부터 조선총독의 진압명령까지의 단
계다. 조선총독 하세가와는 독립선언에 대한 보고를 받고 난 후 각도
경무부장에게 정황을 시시각각 보고하도록 지시하고 관보의 호외를
통해 '경거망동해 허튼 소리로 인심을 흔드는 자에 대해서 가차없을 것'
임을 경고했다.[30] 당시 조선군사령관은 우쓰노미야 다로[31] 중장이었다.
우쓰노미야가 3월 1일 운동 당시 보병 7중대, 기병 1소대를 사용했다고
밝혔다. 서울 이외로 선천, 평양, 원산 등에서도 시위가 있었던 것으로
보고 있었다.[32] 3월 2일 우쓰노미야는 7개 중대를 경성에 파견하고, 총
독의 명령[33]을 거쳐 제19사단장에게 평양의 부대로 부근의 '폭도'를 진

---

30   이양희, 2013, 「일본군의 3·1운동 탄압과 조선통치 방안」, 『한국근현대사연구』 65,
      107쪽.

31   우쓰노미야 다로(宇都宮太郎)는 1861년 4월 27일생이다. 1885년 6월 육군 사관학교
      (구7기)를 졸업하고 1890년 12월에 육군대학교를(6기) 졸업했다. 1892년 참모본부,
      1894년 대본영 육군참모, 1901년 영국공사관부무관, 1905년 참모본부 소속, 1906년 육
      군대학교병학(兵學)교관 겸 간사 1907년 보병 제1연대장, 1908년 참모본부 제2부장,
      1911년 동궁御用掛, 1915년 제7사단장, 1916년 제4사단장을 거쳐 1918년 조선군사령
      관으로 부임했다. 1920년 일본으로 돌아와 군사참의관으로 재직했고, 1922년 위암으
      로 사망했다(宇都宮太郎關係資料研究會 編, 2007, 『日本陸軍とアジア政策: 陸軍大將
      宇都宮太郎日記』, 岩波書店).

32   宇都宮太郎關係資料研究會 編, 2007, 『日本陸軍とアジア政策: 陸軍大將宇都宮太郎
      日記』, 岩波書店, 220쪽; ビオンティーノ・ユリアン, 2012, 「宇都宮太郎将軍の三·一
      獨立運動の鎮圧過程に見られた朝鮮認識」, 『일본 근대학연구』 37, 291쪽; 이양희, 앞
      의 글, 107쪽.

33   조선총독부 관제는 조선총독을 친임관의 육해군 대장으로 제한하고 있었다. 이는 조
      선총독에게 조선 방비를 위한 육해군 통솔권을 부여했기 때문이다. 조선총독의 육해
      군 통솔권은 3·1운동 이후 1919년 8월 19일 조선총독부 관제개정으로 바뀌었다. "육
      해군 대장으로 임명한다"가 삭제되고 "총독은 천황에게 직속되며 위임 범위 안에서
      육해군을 통솔하며 조선방비를 담당한다"를 "총독은 안녕질서를 유지하기 위해 필요
      하다고 인정될 때는 조선 육해군 사령관에게 병력의 사용을 청구할 수 있다."로 개정
      하였다. 즉 조선총독에 대한 병력위임을 해제하면서 군사권을 조선군 사령관에게 원
      칙적으로 양보한 것이다(김영숙, 2006, 「정군관계로 본 조선총독부의 위상」, 『이화사
      학연구』 33, 329쪽).

압할 것을 명하였다.[34] 이후 3·1운동이 지속되자 조선 주둔 일본군은 분산배치를 고려하게 되었다.

두 번째 단계는 3월 11일 조선총독의 군대사용 명령과 분산배치 후 임시조선파견대대가 파견되기까지의 시기이다. 군대의 적극적인 사용은 육군성과 총리대신, 조선총독이 협의한 결과였다. 육군성은 한국의 만세운동이 일본 본토에 악영향을 미칠 수 있음을 염려하며 시위에 대한 '엄중한 처치'를 지시하고 진압방법에 대해 조선군사령관과 조선헌병대 사령관에게 밀접하게 협조할 것을 지시했다.[35] 조선 주둔 일본군의 본격적인 분산배치는 조선군사령관이 요청한 바[36]이기도 했다.

3월 11일 조선총독은 조선군 사령관에게 "군대사용에 관한 의견에 지극히 동감한다. 이때 유감없는 수단을 강구하여 충분히 진압하기를 절망하여 바라지 않는다."라며 보다 적극적인 군대의 투입을 주문했다. 이 명령에 의해 이때까지 '소요구역'에 그치고 있던 군대의 사용은 '미연방지'의 목적으로 바뀌었다.[37]

군대의 분산배치 명령을 받은 우쓰노미야는 3월 12일부로 조선군사령관 명의의 '훈시' 및 '군사령관의 희망'을 예하에 전달했다. 우쓰노미야는 한반도 각지의 상황에 대해서는 3월 31일 하세가와 총독과의 회담에서 '단호한 처치를 할 것이 필요'[38]하다는 견해를 밝혔고, 2일 후인

---

34 宇都宮太郎關係資料研究會 編, 2007, 앞의 책, 222쪽.

35 이양희, 앞의 글, 108쪽.

36 3월 11일 우쓰노미야의 일기에 따르면 "조선의 소요는 북으로는 의주, 회령부터, 남으로는 광주, 부산에 까지 미쳤다. 이를 빨리 '고식' 시키기 위해 강압적인 수단이 필요하다고 판단했다. 직제상 이에 관해서 총독의 명령을 필요로 하기 때문에 나는 이를 상담하기로 결심했다"라고 밝히고 있다. 우쓰노미야는 오노 정무총감을 통해 하세가와 총독에게 이 의향을 타진했고, "일반 군대를 사용 할 자유를 얻었다"라고 밝히고 있다.

37 宇都宮太郎關係資料研究會 編, 2007, 앞의 책, 20쪽.

4월 1일부 '군사령관의 희망사항 요지'에는 "'폭행'이나 '우리 명령에 항의하거나 혹은 소요를 반복하는' 경우에는 '단연소요의 강압수단'을 사용"할 것을 지시하고 있다.[39]

이에 따라 조선주둔 일본군의 분산배치가 결정되었다. 3월 12일 이후 일본군은 기존에 있었던 중대 배치 지역 이외에 성진, 북청, 원산, 춘천, 충주, 익산 송정리, 진주 등 8개 지역에 보병 중대를, 공주, 안동에 보병 1개 소대를 분산배치 했다.[40] 만세시위가 격렬했던 평안남북도와 황해도는 제19사단장이 보병 제39여단을 상황에 따라 배치하도록 했다.

세 번째 단계는 일본에서 임시조선파견보병대대가 증파된 시기다. 조선 주둔 일본군은 3월 중순 분산배치를 시작하여 점차 병력의 파견지역을 넓혔지만, 3·1운동은 일본의 예상과 달리 오히려 지역으로 널리 퍼지며 끊이지 않았다. 일본군의 증파가 결정된 것은 4월 5일이었지만, 이미 조선 주둔 일본군 내에서 병력부족이 보고되고 있었다.[41] 이

---

38 3월 30일 일기(宇都宮太郎關係資料硏究會 編, 2007, 앞의 책, 20쪽).

39 宇都宮太郎關係資料硏究會 編, 2007, 앞의 책, 20쪽.

40 「朝特報 제7호 소요사건에 관한 상황」(3.1~3.15).
    조선내지의 선민의 폭동은 더욱 만연하여 조선총독은 3월12일 군사령관에 대해 "소요의 병력을 사용하여 진압을 도모할 것"이라는 지시가 있어 군사령관은 동일 폭동을 미연에 방압할 목적으로 일시 분산배치를 결정하여 다음과 같이 배치했다.
    강원도 춘천 보병1중대 / 충청북도 충주 보병1중대/ 충청남도 공주 보병1소대 / 경상북도 안동 보병1소대 / 경상남도 진주 보병1중대 / 전라북도 이리 보병1중대 / 전라남도 송정리 보병1중대 / 함경남도 원산, 북청 각 보병1중대 / 함경북도 성진 보병1중대
    위 외로 평안남북도 및 황해도 배치는 현황에 응해 제19사단장으로서 규정하고 종래 배치된 철도수호대는 의연히 그 임무를 속행하며 단 수비대장 또는 경무기관과 협력하여 소요진무에 임할 것을 명함과 동시에 별지 훈시 및 희망사항을 예하 각 부대에게 하달하여 각지 소요의 상황은 다음과 같다.
    (「大正8年3月170일 朝特報第7号 騷擾事件に関する情況」「JACAR Ref.C06031204800, 大正8年乃至同10年高第共7冊其7 朝鮮騷擾事件関係書類(受番号無き分共) 情報 陸軍省(防衛省防衛硏究所)」).

런 상황에서 조선총독은 3월 26일 정무총감을 동경으로 파견했다.[42] 3월 30일 동경에 도착한 정무총감은 3월 31일 하라 수상 관저를 방문해 만세운동의 개요를 보고하고 4월 1일 천황에게 사건의 개황을 설명한 후 각의에 참석해 대책을 협의했다. 당시 일본내각은 국내외의 군축압력을 타개하기 위해 3·1운동 진압을 계기로 삼아 군사력 확장을 꾀하려는 의도를 가지고 있었다. 한반도에 추가 병력의 파견은 이와 결부되어 있었다.[43]

2) 조선 헌병대의 3·1운동 탄압

3·1운동의 발발─총독의 탄압 명령과 분산배치─추가 파병의 3 시기 동안 실제로 일제에 의한 탄압은 어떻게 진행되었을까. 탄압의 추이를 국사편찬위원회의 3·1운동 데이터베이스에 정리된 데이터를 바탕으로 탄압의 추이[44]를 구성해 보고자 한다. 삼일운동 DB관리시스템(이하 삼일운동DB)의 출처 정보─탄압데이터를 정리하면 다음 〈표 6〉과 같다.

필자는 국사편찬위원회 삼일운동 DB관리시스템에 수록된 탄압정보

---

[41] "아침, 內野소장이 와서, 폭도진무를 위한 관구 내의 병력 부족을 이야기하다(3월 23일 일기)"(宇都宮太郎關係資料研究會 編, 2007, 앞의 책, 233쪽).

[42] 정무총감 파견 전날인 3월 25일 우쓰노미야는 총독과 정무총감을 방문한 바 있다. 전후 맥락으로 본다면 이 시점에서 군대의 증파를 이야기했을 것으로 추정된다(宇都宮太郎關係資料研究會 編, 2007, 앞의 책, 234쪽).

[43] 이양희, 앞의 글, 114쪽.

[44] 기본적으로 국사편찬위원회의 삼일운동DB관리시스템은 「소요사건관계서류」, 「판결문」, 「도장관보고」, 「재한선교사보고자료」, 「경성지법검사국문서」 등으로 구성된다. 선교사 기록을 제외하면 일제의 기록을 바탕으로 했다는 특징을 가지고 있다. 이에 더하여 탄압정보의 경우 일제 측이 기록에 누락되거나 명확하게 파악하지 않은 경우에는 부정확할 수 있다는 한계를 갖는다. 실제로 「불령단관계잡건」, 「조선소요사건관계서류」 등에 보고된 사항 중에는 '약간', '다수', '수십', '수백' 등 부정확한 수치가 자주 등장한다.

3,029건을 총 4가지로 구분하여 재정리하였다. 각 항목의 의미는 다음과 같다.[45]

1. 중복, 정보: 정보보고문건 등 직접탄압과 관계없는 문건 및 동일 사건 중복 보고
2. 군경 등의 파견 이동, 경계 관련 문건
3. 시위의 해산, 검거 등 3·1운동에 대한 탄압이나 사상보고가 없는 문건
4. 부상, 사망 등 피해사례가 적시된 탄압

〈표 6〉 국사편찬위원회 3·1운동DB 관리시스템 중 출처 - 탄압 데이터[46]

	중복, 정보보고	파견, 경계	해산, 검거	부상, 사망	합계
건수	2,253	223	297	256	3,029

45　삼일운동DB의 출처 정보는 출전구분에 따라 운동, 탄압, 독립운동, 동향정보로 구분되어 있다. 하지만 이 구분이 명확하지는 않다. 운동이나 독립운동에 관련된 사항에도 탄압의 정보가 들어가 있는 경우가 많다. 때문에 국사편찬위원회에서는 DB를 만들 때 탄압 여부에 대한 값을 DB에 추가하였다. 따라서 본 발표문은 탄압 여부가 'TRUE'로 표기된 값인 3029건을 대상으로 분석했다. 이 중 직접 탄압에 관한 정보를 선별한 기준은 다음과 같다.
　1) 단순 동향 정보, 계획 등의 경우 대상에서 제외했다.
　2) 동일한 사건의 경우 사건ID를 기준으로 1건으로 처리했다. 다만 1개 사건이 며칠에 걸쳐서 진행된 경우 별도로 처리했다. 파견으로만 끝났을 경우는 1건으로 처리, 파견이후 진압으로 이어졌을 경우 통합하여 1건으로 처리했다.
　3) 헌병과 경찰을 별도로 구분하지 않았다. '경무관헌'이라는 표기만으로 서술된 사건이 다수이다. 이 수치는 향후 헌병과 경찰의 주재소 구분 위치 등을 종합하여 재구분이 필요하다.
　4) 종합보고의 경우 산정에서 제외
　다만 동일 사건ID가 부여되지 않은 시위라도 동일한 내용이 있을 수 있는 여지가 있어 추후 면밀한 재검토가 필요하다.
46　이 수치는 국사편찬위원회 삼일운동 DB관리시스템의 사건DB-출처 정보-출전 중 탄압으로 구분된 목록을 기본 분석 대상으로 한 것이다. 2019년 2월 9일 현재 출처 정보-출전 구분 중 탄압으로 추출되는 건수는 총 3,340건이다(2019년 11월 현재는 10건 추가되어 3,350건이다). 이 목록을 탄압 여부에 따라 다시 구분하면 3,029건으로 추출된다. 이 수치는 추후 DB시스템이 보완을 거듭하면 이 수치 역시 보정될 필요가 있다.

여기서 경찰과 헌병, 군의 관계를 엿볼 수 있다. 다음 〈표 7〉은 앞서 구분한 〈표 6〉의 탄압정보를 탄압주체(경찰과 헌병, 경무관헌, 민간, 기타)로 나누어 재정리한 것이다. 합계로만 보았을 때 해산과 검거가 297건으로 가장 많으며 파견경계와 부상사망의 경우 수치가 엇비슷하다. 하지만 이를 주체별로 구분하여 보면 탄압의 특징이 나타난다.

첫째, 군의 경우 단독 탄압보다 헌병과 경찰의 통칭인 경무관헌에 의한 탄압이 다수를 차지한다는 점이다. 총 208건 중 군이 단독으로 부상, 사망에 이르는 탄압을 한 것은 9건이며 나머지는 파견, 경계이다. 이는 3·1운동 탄압에서 군의 특징을 나타내는 수치라고 본다. 즉 군은 단독 탄압보다는 주로 헌병이나 경찰과 연합하여 탄압한 경우가 많다. 또한 경계나 파견의 수치가 높은 것은 3월 중순의 분산배치 및 파견과 위압이라는 군의 특징이 잘 나타나는 것이다. 다음으로는 해산, 검거의 수치이다. 경무관헌이 단독으로 탄압한 것이 171건으로 군과 경무관헌이 협력하여 시행한 것보다 높은 수치를 볼 수 있다. 마지막으로 부상과 사망으로 이어지는 고강도 탄압의 경우 군의 참여가 50%정도를 차지한다는 점이다. 이는 3·1운동의 피해가 반수 이상 군의 관여에 의한 것이라는 의미를 가진다. 이러한 사실은 고강도의 탄압은 군이 개입된 사례가 많지만 3·1운동의 주된 탄압기구는 경무관헌, 즉 이전까지 경찰의 역할을 담당했던 헌병의 역할이 컸음을 알 수 있다.

〈표 7〉 탄압주체별 탄압유형(단위: 건)

	파견, 경계	해산, 검거	부상, 사망	합계
군 단독	199	0	9	208
경무관헌	13	171	121	305
기타	0	0	3	3

식민지적 근대와 조선 사회 1

	파견, 경계	해산, 검거	부상, 사망	합계
군+경무관헌	7	119	118	244
군+기타	0	0	1	1
민간+경무관헌	3	2	2	7
경무관헌+기타	0	2	1	3
군+경무관헌+민간	1	0	1	2
경무관헌+민간+기타	0	1	0	1
군+경무관헌+민간	0	2	0	2
합계	223	297	256	776

〈그림 1〉 탄압 유형별 구분(단위: 건)

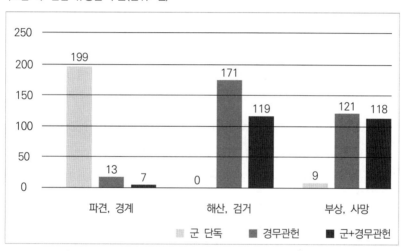

여기에 추가로 염두에 두어야 할 것은 관할 구역의 차이였다. 관할 구역의 명확한 차이로 헌병과 경찰이 동시에 관여하여 진압한 사례는 드물었다. 헌병은 경찰에 비해 단독 진압의 수치가 높다는 특징도 가지고 있었다. 양자 간에 관서 수와 인원의 차이 이외에 전투력의 차이도 있었던 정황을 드러내는 것으로 생각할 수 있다.[47]

위에서 제시한 경무관헌을 헌병과 경찰로 나누면 어떻게 될까. 1919년 10월 조선헌병대에서는 『조선소요사건일람표(朝鮮騷擾事件一覽表)』를 만들어 각 시위별 경찰과 헌병을 분리하여 통계를 제시하였다. 여기에 수록된 헌병 및 경찰에 따른 조선인의 사망과 부상 합계는 다음과 같다.

〈표 8〉 헌병 및 경찰의 관할지역에 따른 조선인 피해 비교표[48]

관할지역	사망	부상	합계
헌병	420	928	1,348
경찰	134	460	594
헌병 · 경찰		2	2
합계	554	1,388	1,942

조선헌병대에서 정리한 수치에 따르면 헌병과 경찰에 의한 사망과 부상을 비교해 봤을 때, 두 가지 특징이 발견된다. 첫째, 헌병에 의한 사망과 부상의 수치가 현저하게 높다는 것이다. 사망의 경우 헌병에 의한 사망이 420명, 경찰에 의한 사망이 134명으로 약 3배에 달하는 수치이다. 부상의 경우에도 마찬가지이다. 헌병에 의한 사망이 928명인데 비해 경찰에 의한 사망이 460명으로 약 두 배 정도의 수치에 달한다. 주된 시위의 지역별 차이를 감안해야겠지만, 헌병에 의한 탄압이 더 강도 높은 것으로 파악된다.

---

47 김명환의 연구에 따르면 전체 탄압 사건을 100%로 보았을 때 헌병에 의한 탄압이 150건으로 60.7%를 차지하였다. 경찰은 91건으로 36.8%를 차지하였다고 파악했다(김명환, 2019, 앞의 책, 12쪽).

48 본 수치는 1919년 4월 말에 작성된 『朝鮮騷擾事件一覽表』를 토대로 한 것이다. 1919년 10월 2일 생산된 「朝憲警」 제107호 문서에 첨부된 표를 국사편찬위원회 삼일운동 데이터베이스에서 정리한 것을 재가공하였다. 원문은 『朝鮮騷擾事件關係書類 1冊』과 『不逞團關係雜件 朝鮮人ノ部 在内地 八』에 수록되어 있다.

둘째, 헌병과 경찰이 공동으로 탄압한 경우의 사망과 부상의 수치가 현저하게 낮다는 점이다. 사망과 부상 모두 합해서 헌병의 경우 1300여 건이고, 경찰의 경우 594건이다. 이에 비해 헌병과 경찰의 경우 2건으로 현저하게 낮다. 이는 관할구역의 차이로 이해된다. 1919년 4월기준 군대헌병 및 경찰배치도를 참고해 보면 헌병과 경찰의 관할구역이 겹치는 것은 많지 않다. 주로 경찰은 서울 및 대도시를 기준으로 분포되어 있고, 헌병은 그 이외의 곳으로 분포되어 있다. 특히 국경부근의 경우 경찰이 배치된 곳은 거의 없다고 해도 무방할 정도이다.

종합적으로 판단했을 때, 따라서 경찰보다 군조직의 성격을 강하게 지니고 있었던 헌병이 더 강도 높은 탄압을 한 것으로 볼 수 있다.

〈그림 2〉 군대헌병 및 경찰 배치도 　　　　〈그림 3〉 1919년 당시 헌병 및 경찰 배치도

 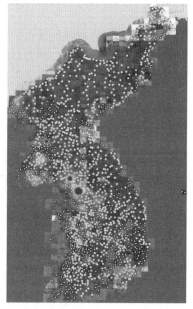

출처: 不逞団関係雑件朝鮮人ノ部在内地卷6; 국사편찬위원회 삼일운동 DB. 2023. 10. 1.

4. 보통경찰제 전환과 1920년대 조선헌병대의 축소

3·1운동 이후 조선총독부는 헌병·경찰제도의 전환을 꾀하였다. 3·1운동이 소강상태에 들어가기 시작한 1919년 6월 10일 다나카 기이치(田中義一) 육군대신은 정무총감 야마가타 이사부로(山縣伊三郎)에게 헌병경찰제도 폐지에 관한 의견서를 전달하였고 경찰제도 개정은 빠르게 추진되었다.

1919년 8월 19일 조선총독부 및 지방관 관제에 대한 개정이 단행되었다. 소위 '문화통치'의 핵심은 경찰제도의 전환이었다. 따라서 조선 통치의 문제로 지목되었던 헌병 경찰 제도가 폐지되고 보통 경찰 제도로 바뀌었다. 조선 주둔 일본군 헌병대의 규모 역시 크게 변화하게 되었다. 우선 관제개정 당시 조선헌병대사령부는 전에 헌병대의 인원감축을 계획했다. 당시 인원 정리에 관한 규모는 다음 〈표 9〉와 같다.

〈표 9〉 헌병 장교 이하의 인원 정리표

	8월 말 현재 인원	신(新) 편제 요원	시베리아 파견	내지로 전출	경찰관으로 전직	특명 만기	정원 외
사관	14	8	1	3		2	
위관	89	33	16	21	7	12	
준사관	23	14	2		3	4	
하사	757	181	53	5	378	140	
상등병	2,476	592	303	138	1,169	255	39
합계	3,359	828	375	167	1,557	413	39

출처: 『朝鮮憲兵隊歷史』 6권, 6쪽.

1919년 8월 말 현재 헌병보조원을 제외한 헌병의 인원은 총 3,359명이었다. 이 중 헌병대에 남아 신규편제로 예정된 요원이 약 800여 명, 시베리아 방면으로 파견 예정이 375명, 일본으로 전출 예정이 167명, 경찰관으로 전직 예정이 1557명, 전역 예정이 413명이었다. 이외로 헌병보조원

　　　　　　　　　식민지적　근대와　조선　사회　1

의 경우 8월 말 현재 4,685명이었는데 신편 되는 헌병의 헌병보조원에 310명, 통역 28명, 총독부 순사로 전직 4,184명이었고, 잔여 인력은 귀향시킬 것으로 예정되어 있었다.[49] 1919년 8월의 개편으로 헌병의 조직과 규모는 대폭 축소되었다. 그리고 그 빈자리는 경찰 기구로 채워졌다.

그러면 1919년 8월 이후 헌병의 감축은 실제로 어떻게 이루어졌을까. 관제개정으로 인한 감축 이후 한반도 내 헌병의 구성과 규모는 다음 〈표 10〉과 같다. 이는 1918년 이후부터 1930년까지 헌병인마정원표를 각 헌병대별로 정리한 것이다. 이를 통해 보면 조선헌병대는 1919년 이후 2차례의 시기로 나누어 규모가 축소되었다.

우선 조선헌병대의 가장 큰 감축시기는 1919년이다. 1919년 8월 이후 사령관 예하 약 3,500여 명이던 헌병을 900여 명으로, 4,600여 명이던 헌병보조원을 300여 명으로 감축시켰다. 그리고 사령부 예하에 13개 헌병대를 7개, 분대를 23개로 대폭 축소하였다. 이는 보통경찰제도의 시행을 시작으로 조선헌병대가 경찰업무에서 빠지면서 헌병대의 축소, 경찰로 전직 등이 반영된 수치일 것으로 추정할 수 있다.

다음으로 조선헌병대가 크게 감축된 것은 1922~1923년 사이 기간이다. 총인원 1,200명 선을 유지하고 있었던 헌병대가 약 1/2순으로 다시 감축되기에 이른다. 이 시기는 조선헌병대의 직무에서 국경수비가 해제되면서 감축된 것이다. 헌병·경찰제도 실시당시에도 압록강~두만강을 아우르는 국경지방에 대한 경비는 헌병과 조선 주둔 일본군이 담당하고 있었다. 중국과 국경접안지대에 대해서는 문관경찰이 아닌 헌병이 치안유지를 담당하는 것으로 되어있었다.[50] 1922~1923년 감축

---

49   『朝鮮憲兵隊歷史』 6권, 6쪽.

으로 조선 주둔 일본군 헌병대는 약 570여 명의 인원으로 감축되었고, 이 기조는 1930년대까지 이어졌다.

〈표 10〉 1918~1930년 한반도 내 헌병대별 인원수 추이[51]

	1918	1919	1920	1921	1922	1923	1925	1927	1928	1929	1930
사령부	48	23	23	23	23	25	25	25	25	32	32
경성헌병대	866	115	115	115	124	84	84	89	89	87	87
청주헌병대	281	71	71	71	65						
공주헌병대	332										
전주헌병대	348										
광주헌병대	515										
대구헌병대	613	75	75	75	75	73	81	83	83	84	84
진주헌병대	421										
해주헌병대	737										
평양헌병대	523	68	68	68	65	130	133	142	142	139	139
의주헌병대	824	405	405	405	129						
춘천헌병대	908										
함흥헌병대	852	133	133	133	93	86	80	70	70	69	68
나남헌병대(鏡城헌병대)[52]	758	344	344[53]	344	180	173	166	160	160	157	157
계	9,186[54]	1,234	1,234	1,234	754	571	569	569	569	568	567

출처: 1915, 「朝鮮憲兵隊人馬配置定員表」, 『朝鮮憲兵隊歷史』 5, 135쪽.
1918, 『조선헌병대역사』 5, 209쪽, 국가통계포털 조선총독부통계연보 재인용. 단 조선총독부 통계연보는 사령부 인원이 별도로 표기되어 있지 않아 조선헌병대역사의 48명을 추가함.
1919~1930, 「朝鮮憲兵隊人馬配置定員表」, 『朝鮮憲兵隊歷史』 6, 14·35·48·56·78·102·112·120·128쪽.
비고: 각 헌병대의 합계는 중(소)장, 사관, 위관, 특무조장, 조장, 군조, 오장, 상등병, 헌병보, 통역, 주계, 계수, 군의, 간호장, 수의, 제철조장을 모두 합산한 수치임.

---

50 1910~1919년 사이 조선총독부의 국경수비정책과 관련해서는 松田利彦, 2015, 「1910年代における朝鮮総督府の国境警備政策」, 『人文學報』 106 참조. 다만 마츠다는 1919년 3·1운동 전까지 간도영사관 헌병 파견, 헌병의 충돌 사례 추출, 국경 상주화 구상까지만 다루고 있으며 그 이후의 역할 변화에 대해서는 소략하다. 조선 주둔 일본군, 헌병대, 경찰을 비롯하여 국경수비대에 대해서는 추후 별도의 논의가 필요하다.

〈표 11〉은 1919년 이후 헌병대의 감축에서 특징적인 1919년, 1922~23년의 감축을 지역 헌병대, 헌병분대, 헌병분대 소속 분견소의 추이대로 정리한 것이다. 전술했듯이 1919년 3·1운동 전까지 13개[경성(京城), 청주, 대구, 평양, 신의주, 함흥, 경성(鏡城), 전주, 해주, 춘천, 공주, 광주, 진주] 헌병대가 7개[경성(京城), 청주, 대구, 평양, 의주, 함흥, 경성(鏡城)]로 축소되었다. 본부를 제외하고 78개 분대 역시 23개로 축소되는 모습을 보인다. 이것이 1922~1923년 사이에 다시 축소되어 지역 헌병대가 7개에서 5개[경성(京城), 대구, 평양, 함흥, 나남(鏡城)]로, 분대역시 16개로 축소되었다.

이를 통해 크게 두 가지를 확인할 수 있다. 첫째, 1919년 8월 이후 폐지·통합되어 전체적인 규모의 축소는 주로 한반도의 남부가 중심이 되었다는 점이다. 이는 한반도 남부에서 헌병의 역할이 축소되고 주된 역할이 국경지대와 북부로 이동했다는 점을 보여준다. 통폐합 과정을 자세히 살펴보자. 1919년 관제개정으로 통합된 헌병대는 전주, 해주, 춘천, 공주, 광주, 진주헌병대이다. 이 중 전주 헌병대는 청주헌

---

51 헌병의 병력 규모는 자료별로, 시기별로 차이가 있다. 이를테면 『陸軍省統計年報』에는 1921년까지 조선헌병대의 규모를 장관, 사관 및 상당관, 위관및 상당관, 준사관, 하사, 병졸, 용인으로 나누어 전체 수치만 표기하고 그중 조선인의 수치를 별도로 수록하고 있다. 하지만 1922~1923년에는 경성, 청주, 대구, 평양, 의주, 함흥, 나남헌병대 순으로 구분하여 수록하고 있다. 본 수치는 조선헌병대역사에 수록된 시기별 헌병인마정원표의 합계를 조정하여 수록한 것이다. 중(소)장, 사관, 위관, 특무조장, 조장, 군조, 오장, 상등병, 헌병보, 통역, 주계, 계수, 군의, 간호장, 수의, 제철조장을 모두 합산한 수치이다. 『朝鮮憲兵隊歷史』에서는 1926년까지는 각 계급별 구분을 두지 않았으나 1927년부터는 중장~상등병의 병과, 주계~제철조장의 군무원, 헌병보조원과 통역을 나누어 수치를 산출하고 있다.
52 '경성헌병대'는 1920년부터 '나남헌병대'로 명칭이 변경되었음.
53 『조선헌병대역사』 원문에는 1920년 나남헌병대의 헌병보조원 수가 30명으로 되어 있다. 하지만 이 수치는 오기로 추정된다. 1919년 나남헌병대의 헌병보조원 수는 130명이며 1921년 1919년에도 130명이다.
54 조선총독부 통계연보에 오기를 해당 자료의 장교, 준사관, 하사, 상등병, 보조원의 합계와 맞추어 수정했다. 경성헌병대 856 → 866 / 鏡城헌병대 258 → 758 / 전주헌병대 248 → 348 순이다.

병대의 전주분대로 축소되었고 공주, 광주의 경우 분견소만 남게 되었다. 춘천헌병대의 경우에도 경성헌병대의 춘천분대로, 진주헌병대역시 대구헌병대 진주분대로 축소되는 모습을 확인할 수 있다. 해주헌병대는 평양헌병대 해주분대로 축소되었다. 이 중 해주헌병대를 제외하면 모두 경기도를 기준으로 남쪽에 위치한 것을 확인할 수 있다. 헌병이 주로 한반도 북부에 집중하는 모습은 1922~1923년 축소에서도 확인할 수 있다. 청주헌병대는 경성헌병대로 대전분대로 축소되어 한반도 남부의 경우 대구헌병대과 경성헌병대만이 남는 결과가 된 것을 확인할 수 있다.

둘째, 헌병대의 잔여인력의 측면에서 보더라도 한반도 북부지역에 헌병이 집중하는 모습을 볼 수 있다. 주목할 만한 지역은 의주, 함흥, 나남 헌병대이다. 타지역의 인원이 1/6~1/8 정도로 급감했던 것에 비하면 의주, 함흥, 나남의 경우 1/2~1/4 정도로 감축 정도가 낮은 것을 볼 수 있다. 관제개정 이후 헌병의 역할 중 하나가 국경경비임을 감안하면 이는 수치적으로도 확인할 수 있는 사항이다. 1922년 헌병대 조례 개정으로 국경감시가 삭제되면서 인원이 다시 감축되었을 때도 한반도 북부에 집중하는 모습은 확인할 수 있다. 나남헌병대의 경우 1921년 340여 명에서 반 정도가 준 160여 명을 유지했고, 함흥의 경우에도 70여 명을 유지하고 있었다. 평양헌병대로 흡수가 되었지만, 의주의 경우에도 크게 다르지 않을 것으로 추측할 수 있다. 이는 '국경수비' 임무에서 해제된 후에도 헌병의 주된 역할이 한반도 북부에 있었음을 확인할 수 있는 단초라고 생각한다.

〈표 11〉 1918년, 1919년 12월, 1923년 지역별 헌병대, 헌병분대, 분견소 증감 비교표

1918년				1919년 12월				1923년			
憲兵隊	憲兵分隊	分遣所	인원	憲兵隊	憲兵分隊	分遣所	인원	憲兵隊	憲兵分隊	分遣所	인원
朝鮮憲兵隊司令部			48	朝鮮憲兵司令部			23	朝鮮憲兵隊司令部			25
京城憲兵隊	本部		866	京城憲兵隊	本部		115	京城憲兵隊	本部		84
	京城分隊	加平			京城分隊	開成, 仁川			京城分隊		
	龍山分隊				龍仁分隊	水原			龍山分隊		
	龍仁分隊	廣州			龍仁分隊	水原			大田分隊		
	驪州分隊	利川, 楊平			春川分隊	金化, 高城, 原州, 江陵					
	楊州分隊	抱川									
	開城分隊	長湍, 坡州									
淸州憲兵隊	本部		281	淸州憲兵隊	本部		71	경성헌병대로 축소			
	淸州分隊	鎭川			大田分隊	公州, 淸州, 忠州					
	沃川分隊	秋風			全州分隊	光州, 順天					
	丹陽分隊										
	忠州分隊	延豊									
大邱憲兵隊	本部		613	大邱憲兵隊	本部		75	大邱憲兵隊	本部		73
	大邱分隊	倭館, 軍威			大邱分隊	安東			大邱分隊		
	金泉分隊				釜山分隊				釜山分隊		
	尙州分隊	聞慶			鎭海分隊	馬山, 晉州			鎭海分隊	馬山	
	醴泉分隊	榮州									
	奉化分隊	英陽									
	浦項分隊										
平壤憲兵隊	本部		523	平壤憲兵隊	本部		68	平壤憲兵隊	本部		130
	平壤分隊	甑山, 永柔, 肅川,			平壤分隊	成川, 德川			平壤分隊		
	成川分隊	江東, 陽德			海州分隊	遂安, 載寧			新義州分隊	昌城	
	寧遠分隊								江界分隊	大興, 中江鎭	
	安州分隊	价川, 順川									
	德川分隊	孟山									
新義州憲兵隊	本部		824	義州憲兵隊	本部		405	평양헌병대로 축소			
	義州分隊	龜城			新義州分隊	義州, 淸城					
	定州分隊				昌城分隊	碧潼					
	熙川分隊				楚山分隊	淸原					
	昌城分隊	碧潼, 朔州			江界分隊	高山					
	楚山分隊	淸原			中江鎭分隊	慈城, 東興, 厚昌					
	江界分隊	高山			定州分隊	熙川					
	厚昌分隊	厚州									
	中江鎭分隊	慈城									

1918년				1919년 12월				1923년			
憲兵隊	憲兵分隊	分遣所	인원	憲兵隊	憲兵分隊	分遣所	인원	憲兵隊	憲兵分隊	分遣所	인원
咸興憲兵隊	本部		852	咸興憲兵隊	本部		133	咸興憲兵隊	本部		86
	咸興分隊	新興, 定平			咸興分隊	北靑			咸興分隊		
	安邊分隊				元山分隊	虎島			元山分隊		
	元山分隊	高原, 文川									
	北靑分隊	新昌, 利原, 新浦			惠山分隊	三水, 新乫坡, 保田			惠山鎭分隊	新乫坡, 仲坪場	
	端川分隊										
	甲山分隊	銅店, 豊山									
	惠山鎭分隊	仲坪, 新乫									
	長津分隊	舊鎭									
鏡城憲兵隊	本部		758	鏡城憲兵隊	本部		344	羅南憲兵隊	本部		173
	羅南分隊	七班, 漁大			羅南分隊	淸津, 城津, 明川			羅南分隊	淸津, 雄基	
	富寧分隊				會寧分隊	鍾城, 茂山, 三長			會寧分隊	鍾城	
	吉州分隊	花台, 載德							茂山分隊		
	會寧分隊	鍾城			慶源分隊	穩城, 新阿山					
	慶源分隊	穩城							慶源分隊	慶興, 新阿山	
	茂山分隊	三下, 延杜			慶興分隊	土里					
	慶興分隊	土里, 新阿, 鐘山									
全州憲兵隊	本部		348	청주헌병대 전주 분대로 축소							
	裡里分隊	礪山, 高山									
	井邑分隊	泰仁									
	南原分隊	長水, 淳昌									
	錦山分隊	茂朱									
海州憲兵隊	本部		737	평양헌병대 해주분대로 축소							
	甕津分隊									
	延白分隊	白川									
	谷山分隊	仙岩									
	遂安分隊	新溪									
	瑞興分隊	南川, 漏川, 金川, 市邊									
	載寧分隊	安岳, 信川									
	松禾分隊									
春川憲兵隊	本部		908	경성헌병대 춘천분대로 축소							
	春川分隊	洪川, 華川									
	原州分隊	橫城									
	寧越分隊	旌善									
	蔚珍分隊	平海									
	三陟分隊									
	麟蹄分隊	楊口									
	高城分隊	杆城									
	淮陽分隊									
	金化分隊	金城									
	鐵原分隊	伊川, 安峽									

1918년				1919년 12월				1923년			
憲兵隊	憲兵分隊	分遣所	인원	憲兵隊	憲兵分隊	分遣所	인원	憲兵隊	憲兵分隊	分遣所	인원
公州憲兵隊	本部		332	청주 헌병대 대전분대로 축소							
	大田分隊										
	扶餘分隊	靑陽									
	禮山分隊	溫泉									
	天安分隊	鳥致									
光州憲兵隊	本部		515	청주헌병대 대전분대로 축소							
	長城分隊	潭陽									
	榮山浦分隊	咸平									
	長興分隊	筏橋, 高興									
	順天分隊	光陽, 求禮									
	和順分隊										
晋州憲兵隊	本部		421	대구헌병대 진해분대로 축소							
	泗川分隊	固城									
	居昌分隊	山淸, 咸陽									
	鎭海分隊	馬山, 巨濟									
	釜山分隊	密陽, 金海, 梁山									
합계			8026	합계			1234	합계			571

출처: 국사편찬위원회 삼일운동DB 및 朝鮮憲兵隊人馬配置定員表『朝鮮憲兵隊歷史』6권, 15~20쪽, 78~82쪽.

비고: 헌병 분대의 경우 국사편찬위원회 삼일운동DB의 탄압기구표에서 헌병 분대[55] 78건을 추출하여 사령부별로 구분하였다. 1919년 12월 축소 이후 헌병대와 헌병 분대의 명칭 및 위치는 『조선헌병대역사 6권』15쪽 조선헌병대 인마정원표를 참고하였으며 1923년 헌병대와 헌병 분대의 명칭은 『朝鮮憲兵隊歷史』6권, 78~82쪽 조선헌병대 인마정원표 중 헌병 분대만 추출하여 작성하였다.

덧붙여 헌병대 축소 이후 조선 주둔 일본군 헌병대에 남아있었던 헌병보조원도 같은 맥락에서 파악할 수 있다. 한반도 북부 헌병의 배치에서 확인할 수 있는 특징은 헌병보조원이 모두 의주, 함흥, 나남에 배치되었다는 점이다. 〈표 12〉는 1920, 1922, 1923년도 의주(평양),[56] 함흥, 나남의 계급별 인원수를 비교한 것이다. 당시 헌병대에 소속되어 있었

---

[55] 삼일운동DB에 포함되어 있는 헌병 분대의 명칭 및 지역은 朝鮮總督府,『官報』第1512號(1917. 8. 17); 朝鮮總督府,『官報』第1698號(1918. 4. 8) 등에 수록되어 있는 「憲兵派遣所出張所名稱位置改正」에서 추출한 것이다.

[56] 1923년도 의주헌병대는 평양헌병대 신의주, 강계분대로 축소되었다.

던 헌병보조원은 1920년 기준으로 의주가 158명, 함흥 34명, 나남 130명으로 전원이 한반도 북부에 배치되어 있었다.

〈표 12〉 의주, 함흥, 나남의 계급별 인원수 추이

연도	헌병대	소장	사관	위관	승마	주계	계수	군의	간호장	수의	제철조장	특무조장	조장	군조	오장	상등병	헌병보	통역	대마	합계
1920	의주		1	7	8	1	2	1	1	-	1	5	22	25	12	165	158	4	36	405
	함흥		1	4	5	1	1			-	1	2	9	10	5	60	34	5	15	133
	나남		1	5	6	1	2	1	1	-	1	6	20	22	11	138	130	5	32	344
1922	의주		1	4	5	1	2	1	1	-	1	4	8	10	5	69	18	4	18	129
	함흥		1	4	5	1	1			-	1	3	7	7	3	51	9	5	16	93
	나남		1	5	6	1	2	1	1	-	1	7	10	11	5	101	29	5	29	180
1923	평양	2	3	5	1	2				-	1	5	5	10	4	75	18	2	22	130
	함흥		1	4	5	1	2			-	1	2	6	7	3	47	9	3	16	86
	나남	2	4	6	1	2				-	1	8	10	10	5	96	29	3	29	173

출처: 朝鮮憲兵隊人馬配置定員表, 『朝鮮憲兵隊歷史』 6권 35~38쪽, 57~60쪽, 78~82쪽.

정리하자면 1919년 이후 조선 주둔 일본군 헌병대는 1919년 8월을 기점으로 주로 한반도 북부를 중심으로 배치되며 1,200여 명의 규모로 축소되었다. 이 시기 헌병대는 함흥, 의주, 나남을 중심으로 배치되었고 또한 1922년 헌병대 조례 개정으로 국경감시의 직무가 삭제되면서 다시 한 번 축소되어 570여 명 규모로 축소되었다. 더욱 규모가 축소되며 헌병대는 경기 이남 지역보다는 주로 한반도 북부에 배치되었던 것을 확인할 수 있다.

그러면 규모의 축소에 따라 조선 주둔 일본군 헌병대는 군사경찰의 업무, '국경수비'의 업무만을 담당한 것으로 볼 수 있을까.

1920년 간도참변 당시 조선 주둔 일본군 제19사단은 전장으로의 신속한 기동이나 특별한 작전수행을 위해 혼성부대로 편재하여 이소바야시 지대(磯林支隊), 기무라 지대(木村支隊), 히가시 지대(東支隊) 같은 지대를 편

성했다. 이소바야시 지대의 구성에도 헌병이 포함되어 있었다. 이소바
야시 지대는 보병 제38여단 사령부, 보병 제75연대, 보병 제78연대 3대
대, 기병 제27연대 3중대, 야포병 제25연대 2대대, 공병 제19대대 제2중
대, 헌병 약간으로 구성되었다.[57]

또한 조선헌병대는 축소된 와중에서도 병력을 간도지방에 파견하는
역할도 했다. 다음 〈표 13〉은 1920년 12월 28일 나남헌병대에서 간도의
각 분대와 분견소에 파견한 병력표이다. 당시 나남헌병대의 병력이
340여 명인 것에 비한다면 약 1/6의 병력을 간도로 파견하고 있었던 것
이다.[58]

〈표 13〉 간도파견 헌병 편제표

	위관	특무조장	조장	군조오장	상등병	헌병보	계	馬
용정촌분대	1		1	2	10	3	17	4
두도구분견소			1	1	5	2	9	2
국자가분견소		1		1	7	2	11	3
백초강 분견소			1	1	5	2	9	2
훈춘분대	1		1	1	10	3	16	4
계	2	1	4	6	37	12	62	15

출처: 「間島に駐在する憲兵に関する件」, JACAR Ref.C06031229900, 自大正9年至同11年 間
島事件関係書類共2冊其2陸軍省.

---

[57] 「磯林支隊(琿春)方面の情況」, 「JACAR Ref.C06031229800, 自大正9年至同11年間島事件
関係書類共2冊其2; 조원기, 2012, 「일제의 만주침략과 간도참변」, 『한국독립운동사연
구』 41, 216쪽 재인용.

[58] 헌병과 경찰의 간도지역 파견은 이전에도 이루어지고 있었다. 마쓰다 도시히코에 의
하면 1910년부터 1918년까지 간도파견 헌병은 약 5명에서 10명, 경찰관은 15명에서
19명 선이었다. (松田利彦, 2015, 「1910年代における朝鮮総督府の国境警備政策」『人
文學報』106, 57쪽) 단 이 파견과 1920년의 간도 파견에 관해서는 추후 국경수비정책
과 더불어 면밀한 검토가 필요하다

뿐만 아니라 1920년 12월경에는 의주헌병대가 안동경무서와 합동으로 압록강변을 조사하던 중, 헌병이 압록강변에서 소위 '불령선인'의 잠복개소 조사를 실시했다.[59] 당시 헌병대의 조사보고서에는 중국인 인가를 뒤지던 중 도망치던 김승만[60]의 의형제를 놓치고, 이들을 원조하던 중국인 가옥 등을 조사하는 내용, '불령선인'의 입경을 방지하기 위해 헌병하사 이하 10명으로 감시반을 꾸리는 등의 내용이 포함되어 있다. 또한 1930년대의 사례이긴 하지만 헌병은 지속적으로 간도 임시파견대에 교대요원을 파견하거나 만주침략과 관련하여 조선인 민족주의자의 첩보, 외국 첩보기관 감시, 관동군 관련 경계 및 보급업무 등을 담당하고 있었다.[61]

이와 같이 조선헌병대의 역할은 1919년 이후 한반도 내가 아닌 중국과 한반도의 국경지역에 집중되었고, 병력의 파견, 접경지역 조선인의 감시와 단속 등으로 변화했던 것으로 볼 수 있을 것이다.

5. 맺음말

이 글은 1910~20년대 조선 주둔 일본군 헌병대의 변화가 어떠했는지

59　「憲兵鴨緑江対岸不逞鮮人捜索実施に関する件」 JACAR Ref.C06031230000, 自大正9年至同11年 間島事件関係書類共2册其2陸軍省.

60　평북 의주 출생, 3・1운동 이후 만주 안동현에서 안동현임시의사회(安東縣臨時議事會), 대한청년단연합회를 조직하고 총재에 취임. 1920 2월 광복군 참리부(光復軍参理部)를 조직, 참리부 협찬(協贊)으로 활동 1922년에는 일본군의 만주 출병으로 독립운동에 혼란이 야기되자 독립운동단체들을 통합, 통일군단(統一軍團)을 조직, 서무부장으로 활약. 1923년에는 통의부(統義府) 교섭부장으로서 김신택(金信澤)・김원상(金元常) 등과 함께 대일투쟁을 전개함. 1935년 북경으로 이주하여 은거하다 병사. 1963년 건국훈장 독립장 수훈.

61　「軍歴史関係事項の件報告 昭和9年度」, 「JACAR Ref.C13020870800, 歴史資料 昭和9~12年.

를 편제, 배치의 변화를 통해 확인한 것이다. '무단통치' 시기, 조선 주둔 일본군 헌병대는 1896년 임시헌병대 시기 300명으로 시작하여 한국주차 헌병대시기 인원이 급격히 확충되었다. 1904년에 300여 명이었던 인원은 1907년 800여 명, 1908년에 2,400여 명으로 늘었고, 병합 전인 1909년에는 헌병보조원을 포함하여 6,700여 명으로 확장되었다. 이 규모는 1910년에 7,800여 명으로 늘어났다. 3 · 1운동 전까지 조선 주둔 일본군 헌병대는 약 7,900~8,000명 선을 계속 유지하고 있었다. 지역적으로도 1910년에서 1911년 파견소에 대거 배치되면서 헌병기관이 분산배치되었다. 이는 의병탄압작전이 사실상 종료되면서 기존에 분산 배치되었던 군 병력을 집중배치하였고, 이 공백을 메우고자 한 것으로 보인다.

3 · 1운동 전까지 8,000명 선에서 유지되었던 조선 주둔 일본군 헌병대는 보통경찰제 전환으로 인해 크게 축소되었다. 이들은 새로 편제하거나, 시베리아로 파견하거나, 일본으로 귀환, 경찰관으로 전직 등의 과정을 통하여 삭감되었다. 하지만 관제가 개정되었다고 해서 헌병 전체의 인원이 한꺼번에 사라진 것은 아니었다. 1918년부터 1930년까지 헌병대의 통폐합과 인원의 추이를 보았을 때 일정한 단계를 거쳤다. 우선 1919년 이후 통폐합은 주로 한반도 남부를 위주로 이루어졌다. 이는 조선 주둔 일본군 헌병대의 역할이 주로 한반도 북부국경지대로 이동되었음을 보여준다. 잔여 인력의 측면에서 보더라도 한반도 북부지역에 헌병이 집중되는 모습을 알 수 있다. 공주, 전주, 광주, 진주, 해주, 춘천의 헌병대는 통폐합되어 사라지고 다른 지역의 인원이 1/6~1/8 정도로 급감하는 상황에서 의주, 함흥 나남의 경우는 1/2~1/4 정도로 감축 정도가 낮은 것을 확인할 수 있었다. 이는 관제개정 직후 조선 주둔 일본군 헌병대의 역할이 '국경수비'로 전환된 것과 연관하여 파악할 수 있다.

실질적인 헌병의 활동의 사례는 더욱 세부적으로 살펴보아야 하겠지만, 1919년 이후 헌병대의 역할이 단순한 군사경찰이나 국경치안 만을 담당하는 역할로 축소되었다고 할 수는 없을 것이다.

따라서 조선 주둔 일본군 헌병대의 역할은 1896년 전신선 경비에서 시작하여 1910년 병탄의 보조와 보통경찰업무 및 중국국경지역 경비로 확장되었다가, 1919년 3·1운동의 탄압과 보통경찰제 전환 이후 국경경비 역할 축소(1922년)를 거쳐 군사경찰, 사찰, 첩보 등의 역할로 변화해 갔다고 정리할 수 있을 것이다.

논문 출처

2023, 「1910~20년대 조선 주둔 일본군 헌병대의 편제와 역할 변화」, 『한국사연구』 203;
2019, 「3·1운동기 조선 주둔 일본군의 탄압」, 『역사와 교육』 29, 3장.

참고
문헌

1. 자료

『朝鮮憲兵隊歷史』.
『陸軍省統計年報』.
『日本憲兵正史』, 2000, 不二出版.
アジア歷史資料センター(https://www.jacar.go.jp/).
국사편찬위원회 삼일운동 DB(https://db.history.go.kr/samil/).
통계청 국가통계포털(https://https://kosis.kr/).
松田利彦, 2009, 『日本の朝鮮植民地支配と警察 1905~1945』, 校倉書房.
全國憲友會聯合會編纂委員會, 1976, 『日本憲兵正史』, 研文書院.

2. 논문

金敏喆, 1994, 『日帝 植民支配下 朝鮮警察史 研究』, 경희대학교 사학과 석사학위
　　　논문.
権九薰, 1998, 「日帝 韓国駐箚軍憲兵隊의 憲兵補助員研究」, 『史学研究』 55 · 56.
辛珠柏, 2000, 「1910年代 日帝의 朝鮮統治와 朝鮮駐屯 日本軍」, 『한국사연구』
　　　109.
이승희, 2007, 「한국병합조약 전후기의 주한일본군 헌병대 연구」, 『일본역사연구』
　　　26.

이승희, 2012, 「일본과 한국의 헌병제도 도입과정을 둘러싼 문무관 대립 양상」, 『일본학연구』 36.

조원기, 2012, 「일제의 만주침략과 간도참변」, 『한국독립운동사연구』 41.

松田利彦, 2015, 「1910年代における朝鮮総督府の国境警備政策」, 『人文學報』 106.

김명환, 2019, 「3·1운동 당시 일제 헌병·경찰의 배치실태와 탄압」, 『한국민족운동사연구』 100.

조 건, 2022, 「일제강점기 조선 주둔 일제 헌병의 편제와 역할 변화」, 『숭실사학』 49.

06 일본에서의 조선군 연구
성과와 과제

안자코 유카

1. 머리말

최근 한국에서는 조선군(조선주둔 일본군)에 대한 연구가 활발히 이루어지고 있다. 한국에서는 임종국의 『일본군의 조선침략사 Ⅰ·Ⅱ』(1988)가 간행된 이후, 2000년대 중반까지만 해도 조선군과 관련된 연구성과로는 유한철, 채영국, 신주백, 서민교 등에 의한 제한된 주제의 논문 몇 편밖에 없었다. 하지만 2000년대 중반 이후부터는 위의 연구자들에 더하여 하종문, 김인수, 조건, 황선익, 김상규, 강효숙, 김영숙, 김윤미 등의 연구자들이 다수의 논문들을 발표하기 시작하였다. 또한 2010년대 이후에는 조건, 김상규가 박사학위 논문으로 조선군 연구의 본격적인 성과를 냄으로써 조선군에 대한 연구를 크게 진전시켰다.[1] 최근에는 정태헌을 중심으로 한 '한반도주둔일본군연구팀'이 주요 자료를 해제, 번역한

『한반도주둔일본군 사료총서 ①~⑨』(2020-2021)를 간행하였는데, 이는 향후 조선군 연구의 진전을 위해 크게 기대되는 바이다.

한편 일본 역사학계에서는 일찍이 1970년대부터 조선군 연구의 성과가 나왔고, 조선군의 성격을 둘러싼 논의도 이루어져 왔으나, 한국에서는 그 논문들을 입수하기가 쉽지 않아 잘 알려져 있지 않은 편이다. 따라서 본고는 1960년대 이후 일본의 조선군 연구 동향을 일본어로 작성된 논문에 한정하여 정리, 소개함으로써 향후 조선군 연구의 발전에 다소라도 도움이 되도록 함을 목적으로 한다.

2. 조선군 개요

1) 명칭의 변천

조선군(조선주둔 일본군)은 일반적으로 근대에 들어 한반도에 주둔했던 일본군을 가리킨다. 일본군의 조선 주둔은 1904년 러일전쟁 발발에 따른 한국주차군사령부(韓國駐箚軍司令部) 설치로 본격화되었으며, 1945년 8월의 일본의 패전 이후 소련군과 미군에 의한 무장해제로 종막을 고했다. 그동안 조선주둔 일본군의 정식 명칭은 이를 통괄하는 사령부의 명칭 변경과 함께 몇 차례 바뀌었는데, 한국주차군(1904~), 조선주차군(1910~), 조선군(1918~), 제17방면군(1945.2~) 등이 바로 그것이다.

---

1   조건, 2015, 「전시 총동원체제기 조선주둔 일본군의 조선인 통제와 동원」, 동국대학교대학원 사학과 박사학위논문; 김상규, 2022, 「조선주둔 일본군의 대외 침략과 군사동원」, 고려대학교대학원 한국사학과 박사학위논문.

2) 조선군 장병

한반도의 주요 주둔군은 육군이었던바, 해군은 주로 주변 해역 경비를 담당했다. 진해에 경비부[1941년 11월까지는 요항부(要港部)]가 설치되었는데, 이 진해 경비부는 조선뿐만 아니라 이키(壱岐), 쓰시마(対馬), 오키노시마(沖島)의 해상까지 담당하였다. 그리고 조선 주변 해역의 해상의 경우는 몇 개의 '해면(海面)'으로 나누어 담당하였다.

조선군 소속 장병은 조선에 거주하는 사람들이 동원된 것이 아니라 대부분 일본에서 징집된 일본인 현역병으로 구성되었다. 장교를 제외한 조선군 소속 병사의 징모(徴募)는 조선군 예하 연대별로 일본의 각 사관구(師管區)가 징모 지역으로 할당되어 이루어졌다. 도쿄・지바(千葉) 등지의 관동권에서부터 아이치(愛知)・기후(岐阜) 등지의 중부, 고베(神戸)・오카야마(岡山) 등지의 서부, 후쿠오카(福岡)・오이타(大分) 등지의 규슈(九州)까지 전국 각지에서 징집된 일본인들이 조선군에 입대하였다. 이들은 징병 기간이 끝나면 귀국하였지만, 이후 조선에 남은 일본인들도 있었다.

조선군 소속 조선인 병사는 조선인에 대한 육군 지원병제 실시(1938~), 징병제 실시(1944~)까지는 사관학교 출신의 일부 직업군인이나 조선 왕공족(王公族) 남자들뿐이었고, 예외적인 조선인 부대로는 조선보병대 및 기병대가 있었다. 이는 순종의 거처인 창덕궁 경비 등을 임무로 했던 전 대한제국 군대의 장병들을 중심으로 창설된 부대인데, 1931년에 해산되었다. 조선인 지원병 채용자(1938~)는 조선군뿐만 아니라 중부군, 남부군, 지나파견군 등 일본군에 골고루 배치되었다. 징병 현역병은 주로 조선군과 일부 관동군에 배속되었던바, 조선인 병사가 소속된 곳은 조선군만이 아니었다는 것이다.

3) 조선군의 주요 편제

1910년 한일합병 이후에도 조선군의 편제는 한동안 사단과 연대가 각각 일본에서 일정 기간 동안 교대로 파견되는 '교대 파견제'가 시행되었다. 그러나 일본이 조선을 식민지화함으로써 러시아·중국과 '국경'을 접하게 되면서부터 일본의 대륙정책에서 조선의 군사적 중요성은 더욱 커졌으며, 1912년에는 2개 사단을 증설하여 상설군으로 조선에 배치하는 방안이 육군으로부터 제기되었다. 육군의 '2개 사단 증설 요구'는 일본 내에서 정계 전체를 뒤흔들 정도로 큰 정치 문제가 되었으나, 우여곡절 끝에 1915년에 이르러서 예산이 의회를 통과해 정식으로 결정되었다.

이 결정에 따라 1915년에 제19사단과 제20사단 두 개의 사단을 통괄하는 조선군사령부가 창설되었다. 이들 상설 사단의 편제는 일반적인 일본 사단과 마찬가지로 보병부대 4개 연대와 특과부대(기병, 포병, 공병 등)로 구성되었다. 각종 연대 외에도 육군병원, 군마보충부 등이 예하로 있었다. 또한, 각 사단 외에 국경선에는 국경경비대가 배치되었고, 나아가 조선 전국 주요 요충지에는 헌병대가 배치되었다.

4) 조선총독부와의 관계

식민지배 하에서 역대 조선총독은 모두 중장 이상의 무관이었다. 조선총독의 지위를 규정한 관제에서는 "총독은 친임(親任)으로써 육해군 대장으로 이를 충당한다."(관제 제2조), "총독은 천황에게 직속하여 위임의 범위 내에서 육해군을 통솔하고 조선 방위에 관한 일을 관장한다."(제3조)고되어 있다. 이 '위임의 범위'는 '조선의 안녕질서를 유지하기 위해 필요하다고 인정할 때에는 조선에 주둔하는 육군부대 및 해군방비대를 사용할 수 있고', '필요에 따라 조선에 주둔하고 있는 군인과 군속을 만주, 북청(北淸), 러시아령 연해주에 파견할 수 있다.'[2]고 되어 있다. 즉, 조선총독에게는 조선 방위를 위해 조선 내 뿐만 아니라 중국·러시아 영토까지 조선군을 움직일 수 있는 권한이 부여된 것이다.[3]

1919년 3·1운동 이후 조선총독의 권한은 '조선의 육해군 사령관에게 병력 사용을 청구할 수 있'는, 이른바 '출병청구권'으로 개정되었다. 이에 조선총독은 1919년까지 현역무관제로 운영되었는데, 1919년 이후에는 문관도 가능해졌지만 끝내 문관 총독은 없었다.

한편 조선총독부 행정의 최고 책임자는 정무총감이었지만, 총독부 행정에 군부가 직접 관여하는 일은 기본적으로 없었다. 조선총독부 소속으로 군에서 파견된 '고요가카리(御用掛)' 장교가 있었을 뿐이다. 그리고, 총동원체제 구축과 총동원계획 책정 준비가 과제가 된 1930년대 중반부터 총독부 실무관과 조선군 사이에 총동원 업무에 관한 사무 협의가 시작되었다. 이와 같은 총독부와 군부의 구체적인 관계에 대해서는, 총독의 군사권이나 총독 인사 및 그와 관련된 육군 인맥 등 외에는 아직 연구가 매우 부족한 편이다.

---

2   1910년 8월 29일, 「朝鮮総督へ御委任の件」아시아역사자료센터, 레퍼런스 번호 A0120 0054000.

3   미야모토 마사아키(宮本正明), 2004, 「解説: 朝鮮軍·解放前後の朝鮮」, 『〈未公開資料 朝鮮総督府関係者 録音記録(5): 東洋文化研究所所蔵 友邦文庫「朝鮮軍·解放前後の朝鮮」』, 東洋文化研究(学習院大·東洋文化研) 6.

3. 연구사

1) 조선군의 개요

후지와라 아키라는 1970년대에 조선군의 성격을 다음과 같이 압축해서 정리했다.[4] "조선의 식민지화 과정에서 견인차 역할을 했고, 합병 이후에도 지배의 주역을 맡은 것은 군부였다. 육군에 있어서 조선은 군사기지 및 병참기지의 의미에 더하여 정치적으로 치안 확보와 지배의 안정이 무엇보다도 중요하였다. 이런 이유로 일본 육군은 영국이나 프랑스 같은 다른 제국주의 국가 군대와 달리 식민지 인민을 병사로 삼을 여유도 없었으며, 기대도 하지 않았다. 조선인에게 무기를 쥐어 주고 군사훈련을 시킬 자신이 없었던 것이다. 단, 왕족과 귀족 등만은 예외였다. 그러나 총력전체제 수립을 앞둔 1930년대 후반부터 사정이 달라졌다. 조선인들은 전쟁 수행을 위한 인적 자원으로 인식되기 시작하여 1939년에 지원병제도가 실시됐지만 소수에 불과했다. 이 시기에 군사적으로 조선인은 주로 군속으로서의 노동력으로 이용되었다. 전쟁 말기에 군대에의 직접 동원책으로써 43년에 병역법이 조선에서 시행되었고, 44년부터 징병제가 실시됐다."고 설명했다. 이 글은 학술 논문은 아니지만 조선군에 대한 중요한 요점들을 간결하게 정리하였다.

또한 조선군에 대한 기본 정보와 개괄로는 요시이 겐이치(1976),[5] 미

---

4   후지와라 아키라(藤原彰), 1978,「日本軍と朝鮮人」,『季刊三千里』14, 89~90쪽.
5   요시이 겐이치(芳井研一), 1976,「植民地治安維持体制と軍部: 朝鮮軍の場合」,『季刊現代史』7.

야모토 마사아키(2004), 박정호(2005),[6] 신주백(2012),[7] 서민교(2015),[8] 안자코 유카(2015)[9] 등의 논문들을 들 수 있다. 특히 미야모토 마사아키의 '해설'은 현재로서는 가장 상세하게 기본 정보를 정리한 논고로 일독할 만하다.

2) 조선군의 역할

조선군 연구에서 최대 쟁점은 조선군의 역할 및 성격 규정에 대해서이다. 지금까지의 연구 논점을 크게 세 가지로 나누어 보면 다음과 같다. ① 육군의 대륙침략 선봉으로서의 성격(청일전쟁, 러일전쟁, 시베리아 출병, 만주사변 등), ② 한반도를 영유(領有)하면서 발생한 중국(청)·소련과의 국경 경비 및 국방, ③ 조선 내 치안유지(조선인 독립운동 탄압, 사상통제, 전쟁준비 등). 이를 포괄적으로 정리한 논문으로 도베 료이치(2015)[10]의 논문들을 들 수 있다.

우선 ①의 '육군의 대륙침략 선봉으로서의 조선군'에 대해서는 비교적 많은 논문이 나왔는데, 특히 제물포조약(1882)으로 군대 주류권(駐留權)을 획득한 일본이 청일전쟁, 러일전쟁 이후 지속적으로 군대를 주둔시

---

6   박정호(朴廷鎬), 2005, 「近代日本における治安維持政策と国家防衛政策の狭間: 朝鮮軍を中心に」, 『本郷法政紀要』 14, 東京大·院·法学政治学研究科.
7   신주백, 2012, 「朝鮮軍概史」, 『金栄·宋連玉編 『軍隊と性暴力 朝鮮半島の20世紀』, 現代史料出版.
8   서민교, 2015, 「韓国駐箚軍の形成から朝鮮軍へ: 常設師団の誕生」, 坂本悠一編, 『地域のなかの軍隊7 植民地 帝国支配の最前線』, 吉川弘文館.
9   안자코 유카(庵逧由香), 2015, 「朝鮮に常設された第一九師団と第二〇師団」, 坂本悠一編, 『地域のなかの軍隊7 植民地 帝国支配の最前線』, 吉川弘文館.
10 도베 료이치(戸部良一), 2015, 「朝鮮駐屯日本軍の実像: 治安·防衛·帝国」, 日韓歴史共同研究委員会, 「日韓歴史共同研究報告書(第1期)第3分科 報告書」.

키기까지의 과정에 대한 분석이 많다. 구체적으로는 김정명(1967)[11], 박종근(1968),[12] 구양근(1975),[13] 유이 마사오미(1976),[14] 후지와라 아키라(1987),[15] 오에 시노부(1993)[16] 등의 논문들을 들 수 있다.

조선군이 ②의 국경경비 및 ③의 조선 내 치안 중 어느 쪽에 더 중점을 두었는지는 주요 쟁점 중 하나이다. 통설적으로는 합병(1910)부터 1920년대까지 식민지 지배가 상대적 안정될 때까지는 조선 내 치안 유지에 중점을 두었고(상설군으로 2개 사단 신설 등), 1931년 만주사변을 기점으로는 점차 국방에 중점을 두었다는 해석이 일반적이다.

요시이 겐이치[17]는 "군부가 식민지 치안유지체제의 모순(독립운동의 격화 등)을 고민하고, 대소련전을 위한 총력전 준비의 미비를 고민하면서 그 해결 방도를 새로운 군사적 침략에서 구했다. 군부에게 식민지 치안유지는 군의 존립기반에 깊이 관여하는 문제였으며, 러일전쟁 이후 대 러시아 작전의 일환으로서 조선은 근거지가 되었다. 특히 중조 국경에서 치안 유지를 목적으로 한 군사 행동이 거듭되면서 조선군 역시 대규모 무력 처리의 필요성을 절실하게 생각하게 되었다."며 식민지를 둘러싼 치안 유지의 측면을 강조했다.

이에 대해 박정호[18]는 "조선군 역시 조선 식민지 영유 이후 치안유지

---

11 김정명(金正明), 1967, 「解題」, 『朝鮮駐剳軍歷史 日韓外交資料集成別册1』, 巖南堂書店.
12 박종근, 1968, 「1894年における日本軍撤兵問題と朝鮮「內政改革」案登場の背景」, 『朝鮮史研究会論文集』 5.
13 구양근, 1975, 「東学農民軍の戰鬪経過の檢討: 第2次蜂起に於ける日本軍との交戰を中心として」, 『学術論文集』 5, 朝鮮奨学会.
14 유이 마사오미(由井正臣), 1976, 「日本帝国主義成立期の軍部」, 原秀三郎, 『体系・日本国家史』 5, 東京大学出版会.
15 후지와라 아키라, 1987, 『日本軍事史 上巻戰前編』, 日本評論社.
16 오에 시노부(大江志乃夫), 1993, 「山縣系と植民地武断統治」, 오에 시노부 외, 『近代日本と植民地』 제4권, 岩波書店.
17 요시이 겐이치(芳井研一), 1976, 앞의 논문.

군에서 국가방위군으로 전환해야 했지만, 식민지의 특수한 상황 속에서 좀처럼 전환하지 못했다."고 분석하면서, 일본 제국주의에서 조선군의 역할에 대한 국방적 측면도 무시할 수 없음을 강조하였다. 또한 일본에서 나온 연구는 아니지만 신주백[19]은 조선주둔 일본군은 일본 대륙침략의 발판이자 최전방 부대였으며, 이것이 대만군과 조선군의 결정적인 차이점이라고 하면서, 1930년대에 들어 조선군은 북경 이북에서 만주까지 일본의 권익과 관련된 활동을 전개하는 기동대 역할을 수행하는 한편, 안정된 후방기지를 지키는 역할도 요구받았다면서, 시기나 국면에 따라 중점을 둔 부분이 달랐음을 밝혔다.

3) 일본 정치사적 맥락에서 본 분석

또한 조선군은, 초기에는 주로 일본사 연구, 특히 일본군부의 대두와 파시즘화와의 연관성에서 주목받았다. 유이 마사오미(1976)는 군부를 상대적으로 독자적인 정치세력으로 만든 촉진적 요인으로 ① 러일전쟁 및 그 결과로서의 조선, 만주의 군사적 지배를 통해 군부는 정치 전체에 대한 발언권을 증대시켜 독자적인 정책을 추진했고, ② 군부는 정당과의 대결을 통해 점차 정치적 기능을 발휘하게 되었다고 했다. 조선에 주둔하게 된 2개 사단 증설에 대해서는, "2개 사단 증설을 둘러싸고 군부가 총력을 기울여 정부와 대립하려 한 것은 신해혁명에 대한 군사적 간섭의 실패로부터 전개된 중국에 대한 식민지적 침략에 그 목적이

---

18   박정호(朴廷鎬), 2005, 앞의 논문.
19   신주백, 2005, 「일제의 강점과 조선주둔 일본군(1910~1937) 일제 식민지지배의 구조와 성격」, 『한일관계사연구논집』 8, 경인문화사.

있었다."고 했다. 또한 나카쓰카 아키라(中塚明, 1973)[20]는 "만주 침략의 확대는 조선 지배의 '안정'과 불가분의 관계이다. 조선 지배의 모순이 만주사변을 일으켰고, 만주사변으로 인해 조선 지배의 모순은 더욱 확대되었다."고 주장했다.

일본군의 청일전쟁, 러일전쟁, 시베리아 출병, '만주사변'에서의 군사작전 행동에 대한 연구도 적지 않다. 그중에서도 만주사변 당시 조선군의 '독단출병' 문제에 대해서 이나바 마사오(稲葉正夫, 1972)[21]가 자료와 함께 그 경위를 검토하고 있다. 또한 모리 야스오(2006)[22]는 "그간의 출병 관행인 내각의 승인 절차가 이루어지지 않았음에도 불구하고 내각이 그 관행을 이유로 엄격하게 처벌하지 못했기 때문에 입헌군주제가 붕괴했다."며 조선군의 '독단출병'이 군부 대두의 중요한 계기가 되었다고 지적했다. 또한 마쓰다 도시히코(松田利彦, 2013)[23]는 주둔군 참모총장 오타니 기쿠조(大谷喜久蔵)의 관련 사료를 통해 러일전쟁 중 조선군의 조선 내에서의 활동을 분석했다.

4) 조선인 병력동원과 조선인 군인

조선인 병력 동원에 관한 연구는 전후보상운동과 관련하여 비교적 이른 시기부터 진행되었다. 그러나 위에서 살펴본 바와 같이 조선군

---

20 나카쓰카 아키라, 1973, 「朝鮮支配の矛盾と「満州事変」, 『季刊現代史』 3.
21 이나바 마사오, 1972, 「朝鮮軍の独断越境問題経緯[含参謀本部記録の翻刻(資料)]」, 『軍事史学』 7(4).
22 모리 야스오, 2007, 「近代日本の陸軍統制と満州事変: 1922~1933年」(1), (2), 『法学論叢』, 京都大, 159-4, 160-2.
23 마쓰다 도시히코, 2013, 「韓国駐箚軍参謀長・大谷喜久蔵と乙巳保護条約締結前後の韓国」, 都時煥編著, 『国際共同研究 韓国強制併合一〇〇年: 歴史と課題』, 明石書店.

병사는 대부분 일본인이었고, 나아가 동원된 조선인 병사도 모두 조선군으로 동원된 것은 아니다. 그러므로 모든 조선인 병사가 반드시 조선군과 관련된 것은 아니지만, 조선에서의 병력동원 자체는 조선군과 밀접한 관련이 있음은 분명하다. 이를 전제로 해서 조선인 병사와 관련된 연구를 간단히 정리하면 다음과 같다.

지원병제도, 징병제도에 대해서는 다나카 요시오(1973),[24] 미야타 세쓰코(1985),[25] 오노다 규(小野田求, 1993),[26] 히구치 유이치(樋口雄一, 2001)[27] 등의 논문들을 들 수 있다. 이 중 조선인 지원병제도가 징병제 실시의 준비 과정이었음을 밝힌 미야타 세쓰코의 연구는 선구적이라 할 수 있다. 징병제 실시의 정책 결정 과정에서의 조선총독부와 군부의 관계를 둘러싸고 미야타 세쓰코, 히구치 유이치의 논쟁이 있는데, 이에 대해서는 미야모토 마사아키(2014)[28]가 깔끔하게 정리하였다.

또한 지원병, 징병 등으로 동원된 조선인 병사에 초점을 맞춘 연구로는 히구치 유이치(1991),[29] 기타하라 미치코(2014),[30] 쓰카사키 마사유키(2004),[31] 김유비(2019)[32] 등의 논문들을 들 수 있다. 이 중 기타하라 미치

---

24 다나카 요시오(田中義男), 1973, 「朝鮮における徴兵制」, 『軍事史学』 8(4).
25 미야타 세쓰코(宮田節子), 1985, 『朝鮮民衆と「皇民化」政策』, 未来社.
26 오노다 규(小野田求), 1993, 「日本の戦時朝鮮植民地統治: 「陸軍特別志願兵制度」の法的分析を中心にして」, 『論集』 〈大阪外国語大〉 9.
27 히구치 유이치(樋口雄一), 2001, 『戦時下朝鮮の民衆と徴兵』, 総和社.
28 미야모토 마사아키, 2004, 앞의 논문.
29 히구치 유이치, 1991, 『皇軍兵士にされた朝鮮人』, 社会評論社.
30 기타하라 미치코(北原道子), 2014, 『北方部隊の朝鮮人兵士: 日本軍に動員された植民地の若者たち』, 現代企画室.
31 쓰카사키 마사유키(塚﨑昌之), 2004, 「朝鮮人徴兵制度の実態: 武器を与えられなかった「兵士」たち」 『在日朝鮮人研究』 34.
32 김유비(金庚毘), 2019, 「戦時期梓民地朝鮮における朝鮮人陸軍特別志願兵: 日本軍隊内における進級と差別問題を中心に」, 『朝鮮史研究会論文集』 57集.

코는 훗카이도에 동원된 지원병을 유수명부(留守名簿) 등의 자료를 바탕으로 분석하여, 수년간 조금씩 공간한 논문들을 바탕으로 하여 지원의 구조를 제시하였다. 쓰카사키 마사유키는 징병된 조선인 대부분이 병사가 아닌 노동자로 종군한 실태를 밝혔다. 또한 연구서는 아니지만 인터뷰를 바탕으로 한 뛰어난 논픽션으로 하야시 에이다이(1995),[33] 이토 다카시(1995),[34] 오임준(2005)[35] 등의 것들이 있다.

4. 맺음말

이상으로 일본의 조선군 관련 연구를 대략적으로 정리했다. 연구 외의 관련 자료로서 조선인 병사나 조선군 관계자에 대한 인터뷰 기록이나 회고록, 문서 자료 등도 적지 않게 공간됐으나, 여기서는 생략했다. 결코 적지 않은 조선군 연구가 일본에서 진행되어 왔지만, 한국에서의 연구까지 합쳐 아직 과제가 많다. 아직 거의 손을 대지 못한 것들을 포함해 몇 가지 과제를 제시하고자 한다.

> ① 조선군의 구조
> 사령부-사단-연대라는 계층구조 속에서 어떤 관계가 존재하고 어떤 인적 네트워크가 있었는지 밝혀야 할 점이 많다.

---

33 하야시 에이다이(林えいだい), 1995, 『戰後五十年目の検証 忘れられた朝鮮人皇軍兵士 シベリア脱走記』, 梓書院.
34 이토 다카시(伊藤孝司), 1995, 『棄てられた皇軍 朝鮮・台湾の軍人・軍属たち』, 影書房.
35 오임준(呉林俊), 2005, 『記録なき囚人 皇軍に志願した朝鮮人の戰い』, 文元社.

② 병사 분석

강제동원 피해자로서의 조선인 병사들의 자료(회고록 등)는 많지만, 이에 대한 연구·분석은 많이 진행되지 않았다. 특히 조선군 내에서의 병사들의 일상에 대해서는 평시와 전시를 아울러도 거의 없다. 또한, 조선군에 소속된 일본인 병사들에 대한 연구는 현재로서는 전무한 실정이다.

③ 조선군 예하의 소속 부대 분석

지금까지의 연구는 조선군 사령부 또는 사단급에 머물러 있으며, 연대 이하에 초점을 맞춘 분석은 거의 없다.

④ 조선군과 조선총독부와의 관계

지금까지의 연구는 총독이나 상층부 인사에 집중되어 있었으며, 일상적인 연계, '고요가카리', 조선총동원체제 하에서의 관계 변화(군부와 총독부의 제휴) 등에 대한 연구는 거의 없다.

⑤ 조선군의 조선 내 물적동원 정책

지원병, 징병 등 인적 동원에 집중되어 있으며, 조선군의 물자 동원 등에 대한 연구는 적다. 또한 일반동원(평시 군수동원)에 대한 연구는 수송에 대한 몇 편의 논문들 외에는 거의 없다.

⑥ 조선군의 경제정책

군수생산(생산력 확충 정책)과 관련된 개발, 금융대책 등에 대한 조선군의 관여에 대해서도 거의 밝혀진 바가 없다.

조선군(조선주둔 일본군)에 대한 연구는 중요한 주제이나 지금까지 그다지 많은 연구가 이루어져 있지 않은 편이다. 그러나 2010년대 이후부터는 한국에서 활발히 연구가 진행되기 시작했다. 반면 일본에서는 1970년

대부터 일정한 성과를 거두어 왔는데, 여기서는 주로 조선군의 특성, 일본 제국에서의 역할, 일본 역사에서의 맥락에 대한 연구가 진행되었다. 하지만 아직 분석되지 않은 과제들이 많이 남아 있다.

논문 출처

본 도서 초출(初出).

참고
문헌

1. 저서

기타하라 미치코(北原道子), 2014, 『北方部隊の朝鮮人兵士: 日本軍に動員された
　　植民地の若者たち』, 現代企画室.

미야타 세츠코(宮田節子), 1985, 『朝鮮民衆と「皇民化」政策』, 未来社.

오임준(呉林俊), 2005, 『記録なき囚人皇軍に志願した朝鮮人の戦い』, 文元社.

이토 타카시(伊藤孝司), 1995, 『棄てられた皇軍朝鮮・台湾の軍人・軍属たち』, 影
　　書房.

하야시 에이다이(林えいだい), 1995, 『戦後五十年目の検証忘れられた朝鮮人皇軍
　　兵士シベリア脱走記』, 梓書院.

후지와라 아키라, 1987, 『日本軍事史上巻戦前編』, 日本評論社.

히구치 유이치(樋口雄一), 1991, 『皇軍兵士にされた朝鮮人』, 社会評論社.

히구치 유이치, 2001, 『戦時下朝鮮の民衆と徴兵』, 総和社.

2. 논문

구양근, 1975, 「東学農民軍の戦闘経過の検討: 第2次蜂起に於ける日本軍との交戦
　　を中心として」, 『学術論文集』 5, 朝鮮奨学会.

김상규, 2022, 「조선주둔 일본군이 대외 침략과 군사동원」, 고려대학교 대학원 한
　　국사학과 박사논문.

김유비, 2019, 「戦時期梓民地朝鮮における朝鮮人陸軍特別志願兵: 日本軍隊内における進級と差別問題を中心に」, 『朝鮮史研究会論文集』 57集.

김정명(金正明), 1967, 「解題」, 『朝鮮駐劄軍歴史日韓外交資料集成別册1』, 巌南堂書店.

나카츠마 아키라, 1973, 「朝鮮支配の矛盾と「満州事変」, 『季刊現代史』 3.

다나카 요시오(田中義男), 1973, 「朝鮮における徴兵制」, 『軍事史学』 8(4).

도배 료이치(戸部良一), 2015, 「朝鮮駐屯日本軍の実像: 治安・防衛・帝国」, 日韓歴史共同研究委員会, 「日韓歴史共同研究報告書(第1期)第3分科報告書」.

마츠다 도시히코, 2013, 「韓国駐箚軍参謀長・大谷喜久蔵と乙巳保護条約締結前後の韓国」, 都時煥編著, 『国際共同研究 韓国強制併合一〇〇年: 歴史と課題』, 明石書店.

모리 야스오, 「近代日本の陸軍統制と満州事変: 1922~1933年」(1), (2), 『法学論叢』, 京都大, 159-4, 160-2.

미야모토 마사아키(宮本正明), 2004, 「解説: 朝鮮軍・解放前後の朝鮮」, 『〈未公開資料 朝鮮総督府関係者録音記録(5): 東洋文化研究所所蔵 友邦文庫「朝鮮軍・解放前後の朝鮮」』, 東洋文化研究(学習院大・東洋文化研)6.

박정호(朴廷鎬), 2005, 「近代日本における治安維持政策と国家防衛政策の狭間: 朝鮮軍を中心に」, 『本郷法政紀要』 14, 東京大・院・法学政治学研究科.

박종근, 1968, 「1894年における日本軍撤兵問題と朝鮮「内政改革」案登場の背景」, 『朝鮮史研究会論文集』 5.

서민교, 2015, 「韓国駐箚軍の形成から朝鮮軍へ: 常設師団の誕生」, 坂本悠一編, 『地域のなかの軍隊7植民地帝国支配の最前線』, 吉川弘文館.

신주백, 2005, 「일제의 강점과 조선주둔 일본군(1910~1937) 일제 식민지지배의 구조와 성격」, 『한일관계사연구논집』 8, 경인문화사.

신주백, 2012, 「朝鮮軍概史」, 『金栄・宋連玉編『軍隊と性暴力朝鮮半島の20世紀』, 現代史料出版.

안자코 유카(庵逧由香), 2015, 「朝鮮に常設された第一九師団と第二〇師団」, 坂本悠一編, 『地域のなかの軍隊7植民地帝国支配の最前線』, 吉川弘文館.

오노다 규(小野田求), 1993, 「日本の戦時朝鮮植民地統治: 「陸軍特別志願兵制度」の法的分析を中心にして」, 『論集』 〈大阪外国語大〉 9.

오에 시노부(大江志乃夫), 1993, 「山縣系と植民地武斷統治」, 오에 시노부 기타, 『近代日本と植民地』 제4권, 岩波書店.

요시이 켄이치(芳井研一), 1976, 「植民地治安維持体制と軍部: 朝鮮軍の場合」, 『季刊現代史』 7.

유이 마사오미(由井正臣), 1976, 「日本帝国主義成立期の軍部」, 原秀三郎, 『体系・日本国家史』 5, 東京大学出版会.

이나바 마사오, 1972, 「朝鮮軍の独断越境問題経緯[含参謀本部記録の翻刻(資料)」, 『軍事史学』 7(4).

조건, 2015, 「전시 총동원체제기 조선 주둔 일본군의 조선인 통제와 동원」, 동국대학교대학원사학과 박사학위논문.

츠카사키 마사유키(塚﨑昌之), 2004, 「朝鮮人徴兵制度の実態: 武器を与えられなかった「兵士」たち」, 『在日朝鮮人研究』 34.

후지와라 아키라(藤原彰), 1978, 「日本軍と朝鮮人」, 『季刊三千里』 14.

제3부

식민지적 근대의 복합성과
조선인 엘리트층의 동향

07 일제 식민지기 조선 농촌의 '머슴'살이

전통과 근대의 하이브리드 생존기

이송순

1. 머리말

일제 식민지기 조선 농촌지역에서 머슴이라는 불린 농업노동자가 약 50만 명 정도 존재했던 것으로 추정된다. 머슴에 대한 사전적 정의는 "주로 농가에 고용되어 그 집의 농사일과 잡일을 해 주고 대가를 받는 사내"이다. 자신의 노동력을 팔고 그에 대한 대가를 받는다는 점에서 노동자이지만, 신분제가 폐지된 한국 근대사회에서 머슴은 '머슴꾼', '더부살이', '고공(雇工)', '고노(雇奴)'로 불릴 정도로 예속성·봉건성이 강조되었다. 한국 근대 임노동자의 한 형태였던 머슴은 특정한 임금계약에 기초한 고용 노동이라는 점에서 경제외적 강제에 의한 노동은 아니었지만, 근대적 산업프롤레타리아와는 다른 형태로 일정정도 예속적·봉건적 성격을 갖는다는 점에서 '반(半, semi)프롤레타리아'라는 범주로 이해되기도 한다.

한국의 자본주의체제는 조선왕조 사회에서 성장을 꾀하던 토착자본이 경제적 정치적으로 영향력을 발휘할 만한 조건을 갖추지 못한 상태에서 일본으로부터 문호개방을 강요받았고, 결국 일본자본주의의 테두리 속에서 그 식민지적 역할을 부여받는 식민지자본주의로 나아가게 되었다. 일본자본주의는 메이지유신 이후 상업자본에서 산업자본으로 급속히 전환되었는데, 막부와 신정부 간의 내전에서 청일전쟁을 도발하기까지 과중한 군사시설을 위해 국가가 산업자본 형성을 지원해야 하는 상황이었다. 이 재원은 근대적 과세, 즉 세금으로 조달해야 했기에 시장을 중심으로 하는 상품화폐경제가 진행되었다. 이것은 이후 식민지 조선에도 적용되었다. 영세 토지소유를 바탕으로 단순 상품생산자에 머물고 있던 식민지 농민들은 경제적 변동에 대응하는 힘이 약해 농민의 상품생산화와 빈곤화는 함께 진행되었다.

식민지 조선에서는 토지조사사업으로 배타적 소유권이 강력해지면서 토지 집중과 고율지대를 근간으로 하는 식민지지주제가 성립되었다. 지주들은 초과이윤을 얻기 위해 자본제적 농업경영보다 소작제라는 봉건적 생산관계를 활용했고, 직접생산자인 농민은 노동집약적 영세규모의 농경으로 생계보충적 겸업을 해야 하는 경우가 많았다. 식민지기 조선에 노동집약적 미곡단작형 농업구조가 확대되면서 농번기의 노동력 부족과 겨울철의 반(半)실업 상태가 공존했다. 이것이 농촌의 잠재적(상대적) 과잉인구를 만들어내는 구조였다.

소농적 농업경영에서 자기의 가족노동만으로는 노동력이 부족한 중농·부농계급에서는 자가노동을 보조할 수 있는 노동자를 고용했다. 여기에 고용되는 노동자는 다른 겸업·부업을 할 수 있는 재력도 없는 빈농 혹은 토지 한 뼘 없이 팔 수 있는 것이 노동력밖에 없는 농촌에 부유하는 농민군이었다. 상대적 과잉인구의 소용돌이 속에서 노동자로 고용된 이들은 근대적 임금노동자로서의 농업노동자로 전화될 수 없었고, 봉건적 신분관계의 유제를 내포하는 고용관계를 맺는 머슴이라는 특수한 형태의 노동자가 만들어졌다.

구한말시기부터 1960년대까지 한국 농촌사회에 존재했던 머슴제도에 대한 연구는 사회학·경제학과 민속학 분야에서 연구가 이루어졌다.[1] 김병태의 연구는 해방 이후에도 농촌사회에 존재했던 머슴제도에 대한 실태조사적 연구이다. 한국전쟁 휴전 이후인 1954년 말 2도(경남, 전남) 10군 16면 31개리 522명의 머슴을 직접 조사, 인터뷰했다. 일제강점기에도 머슴에 대한 통계나 조사가 많지 않은 상황에서 구한말부터 이어져 온 머슴의 사회경제적 지위와 생활상태를 생생하게 파악할 수 있는 중요한 연구이다. 윤수종의 연구는 일제강점기부터 1960년대까지 머슴의 지위와 제도를 정리하고 있지만, 해방 이후부터 1960년대까지의 머슴제도를 중심으로 하고 있다.

이 글에서는 일제 식민지기 머슴제도와 머슴살이를 집중적으로 살펴보고자 한다. 머슴제도가 가장 활발하게 운용된 시기는 일제 식민지기였다. 머슴이라는 존재는 한국의 근대와 자본주의 전개과정에서 전근대적 전통과 식민지체제에 의한 형성된 식민지적 근대성이 혼종된 대표적 사례라고 생각된다.

머슴의 반(半, semi)프롤레타리아적인 특성은 식민지 조선사회의 성격을 둘러싼 논의의 하나였던 '식민지반봉건사회론'을 소환하여 재검토하는 매개가 될 수 있다. 21세기 신자유주의적 세계화가 추진되고 그

1   金炳台, 1956·1957, 「머슴에 관한 연구(1)·(2)」, 『경제학연구』 제4·5호, 한국경제학회; 연규집, 1987, 「머슴제도를 중심으로 한 농가경제 및 농업생산관계에 대한 고찰」, 『청주대논문집』 제6집; 윤수종, 1991. 4, 「머슴제도에 관한 일 연구: 일제시기 이후 변모과정을 중심으로」, 『사회와 역사(구 한국사회사학회논문집)』 28.

과정에서 한국사회의 경제적 성장이 이루어지면서 변혁이론으로 제기되었던 '식민지반봉건사회론'은 폐기되고 그 자리에 식민지근대화론이 자리잡았다. 변혁이론으로서의 '식민지반봉건사회론'은 역사적 현실을 제대로 추동하지 못했지만, 일제 식민지기 조선사회의 역사적 사실로서의 '식민지반봉건성(colonial semi-feudality)'은 분석될 필요가 있다. 식민지기 조선의 일본인 이주자, 대지주, 자본가, 지식인은 사회경제적·문화적으로 근대를 경험하고 체득해 갔지만, 전 인구의 80%를 차지하고 있던 농촌지역 농민의 삶은 '근대', '자본주의'로만 설명할 수 없는 영역이 더 많이 존재했다.

이 글에서는 머슴을 통해 식민지 농촌사회의 내밀한 구석에 조금 더 접근해 보고자 한다. 노동력으로서의 머슴은 식민지지주제의 틈을 뚫고 농업의 자본주의적 경영을 통해 성장하려는 부농의 존재를 규명하기 위한 도구로 분석되었다.[2] 한편 머슴은 농촌문학 작품에 등장할 정도로 일제시기 농민들의 삶에 밀접해 있었는데, 이들에 대한 사회적 시선은 '신량역천(身良役賤)'과 같이 유용하지만 모멸·천시의 대상이기도 했다.

식민지 조선 농촌사회에서 송곳하나 꽂을 곳 없는 무토지농민으로 노동력뿐만 아니라 인간의 권리마저 저당잡힌 채 강한 생명력으로 버티며 살아간 '머슴'의 삶을 들여다보고자 한다. 일제 식민지 사회의 최말단에서 버티며 살아간 머슴들의 생존기는 한국 근대 역사상의 저변을 다지는 데 도움이 될 것이다.

---

2   장시원, 1991. 4, 「식민지하 조선의 반봉건적 토지소유에 관한 연구: 1920~30년대를 중심으로」, 『경제사학』 4.

2. 버려진 담론['식민지반(半)봉건성'·'민족경제권']에 대한 재검토

일본에 의한 강제개항으로 물꼬를 튼 한국의 근대화과정은 내재적 발전의 동력을 제대로 추동해 내지 못한 채 일본의 식민지가 되었다. 이에 한국의 근대는 '식민지적 근대(colonial modernity)'를 통과하게 되었다. 근대자본주의 기원에 대한 논의는 농업분야의 자본주의로의 이행경로를 밝히는 것으로 시작되었다. 그중에서도 '아래로부터의 길(영국식 경로)'의 선진성을 인정하는 시각[3]에서 '일본자본주의 논쟁'[4]이 진행되었고, 이것은 1980년대 한국의 민주주의운동과 사회변혁투쟁의 이론적 토대로 전개된 '사회구성체논쟁'[5]이 진행되면서 역사학계 근대사 부문에서 현재 한국사회의 직접적 기원이 된 일제 식민지기 사회경제구조의 특징과 성격을 규정하는 논의로 이어졌다.

---

[3] 농업의 자본주의로의 이행경로는 ① 영국식 경로 ② 프러시아식 경로 ③ 미국식 경로로 정리한다. 그중 영국식 경로는 '영국의 봉건제가 자본주의적 토지소유, 농업자본, 무토지농민(3분할제)으로 구성된 새로운 농업계급구조에 점진적으로 길을 내준 첫 번째 사례'였다. 이후 마르크스역사학은 영국의 특수한 역사적 경험에 기초를 두고 있으나 이를 보편적·일반적·선진적 사례로 인식했다.

[4] 1933년부터 1937년경까지 진행된 일본 마르크스주의 역사학자 및 경제학자들의 논쟁. 강좌파와 노농파의 논쟁으로 강좌파의 일본자본주의에 대한 시각은 메이지 정부 하의 일본 政体는 절대주의이며, 당시의 사회경제체제의 실태는 반(半)봉건적 지주제도라고 파악, 천황제를 타도하는 부르주아 민주주의 혁명이 사회주의 혁명으로 단계적으로 전환된다는 2단계 혁명론을 주장했다. 노농파는 메이지 유신은 불철저한 부르주아 혁명이고, 천황제는 부르주아 군주제로서 현재(1927년 당시)의 정치투쟁 대상은 금융자본·독점자본을 중심으로 한 제국주의적 부르주아 계급이다. 그러므로 (노농파가 지향할) 혁명의 성격은 사회주의 혁명이라고 주장했다.

[5] 사구체논쟁의 직접적 계기는 1980년대 군부독재를 종식시키려는 민주화운동에서 체제변혁(사회주의혁명)으로 나아가려는 사회운동권 내부에서 전개된 C(civil)−N(nation)−P(people)논쟁이다. 이에 대해 학계는 1단계로 국가독점자본주의론(박현채)과 주변부자본주의론(이대근)으로 논쟁을 벌였고 이후 다양한 논의가 제출되면서 보다 심화된 사구체 2단계 논쟁은 식민지반봉건사회론과 신식민지국가독점자본주의론으로 정리되었다(금인숙, 2006, 「마르크스주의 사회과학에서의 오리엔탈리즘: 1980년대 사회구성체논쟁을 중심으로」, 『담론201』 9(3) 참조).

먼저 식민지 조선사회 성격에 대해 '식민지반봉건사회론(식반론)'이 제기되었다. 제국주의 침탈에 의해 식민지가 되면서 한국의 근대자본주의는 왜곡되었다는 시각이다. 일제시기 전체인구의 80%를 차지한 농민들의 핵심적인 생산관계였던 지주소작관계는 전근대적인 봉건성이 온존된 것임에 주목했다. 제국주의는 고도의 자본주의 단계임에도 식민지에서의 초과이윤 수탈을 위해 전근대적인 생산관계를 용인하고, 기득권자인 지주를 식민지배의 파트너로 삼았다는 것이다. 식민지에서는 민족모순과 계급모순이 중첩되지만 특히 일본제국주의 지배세력과 조선민중과의 대립이라는 민족모순을 강조했다.

이에 대해 식민지 지주소작관계는 형태적으로는 봉건제적 요소를 가지고 있지만, 식민지 초과이윤을 확보하기 위해 대지주(일본인 농장지주, 조선인 대지주)는 자본가로서 경영하고 소작농은 '상대적' 자율성도 허용되지 않는 임노동자화되어 자본주의적 생산관계가 나타났다는 점에 주목하며 '식민지자본주의'적 성격을 강조하는 논의가 있다. 이는 제국주의의 식민지 초과이윤은 자본주의적 생산관계와 생산력 발전을 통해 더 확보될 수 있다는 '개발-수탈론'으로 진행되었다.[6]

1990년대 냉전체제 해체와 신자유주의 이념의 등장으로 자본주의적 세계화가 이루어졌고, 한국은 1960년대 이후 경제성장으로 후진국 → 개발도상국 → 중진국으로의 발전 코스가 인정되고 자본주의 '선진국' 진입이라는 기대가 제기되면서 사회변혁에 대한 동력도 약화되었다. 이에 한국사회의 경제적 성장의 기원을 일제 식민지배에서 찾는 논의로 식민지근대화론이 제기되었는데, 이는 일본제국주의가 식민지 착취

---

6   정태헌, 2007, 『한국의 식민지적 근대 성찰: 근대주의 비판과 평화공존의 역사학 모색』, 선인.

를 위해 조선사회의 반(半)봉건성을 구축했다는 '식민지반봉건사회론'을 전복하고 나온 논의였다. 이러한 한국 근대 역사상에 대한 담론의 변전은 1990년대 냉전체제 해체와 신자유주의의 전개와 확산과정에서 '근대의 성취'에 대한 환호와 절대적 수용, 물질적 생산력 발전에 최우선의 가치를 부여한 것이다.[7]

그렇다면 일제 식민지기 조선사회는 어떤 사회였을까. 19~20세기는 산업자본주의의 시대였지만 이 시기 한국 = '식민지 조선'은 농업국가였다. 농업 생산관계는 지주소작관계라는 전근대적 생산관계가 온존되었다. 한국을 포함한 동아시아지역의 이행경로는 서구자본주의의 농업 이행경로와는 달랐다.

〈표 1〉 동아시아 농업의 이행경로

	소작농	지주	생산형태	이행의 성격
일본식 경로 (19~20세기)	임차 중심(1860 ~1940년까지 증가)	대부분 농촌에 거주하며 영농 개선에 이해관계를 가짐	임차가족농(조방적 지역공예산업과 공생), 1945년 토지개혁 후 자작농화	소작농에 대한 징수(탈취는 아님)를 통한 본원적 축적, 국가가 핵심적 역할 수행
남한식 경로 (일제 식민지기)	임차 중심(일본과 동일)	일본인(식민효과)과 조선인	강도 높은 지대(소작료)와 세금 때문에 소작농은 극한의 노동강도를 견뎌야 했음	농업변동 없음, 일본수출용 쌀농사 독려를 위한 식민정부의 일부 투자가 있었음(관개사업 등)
남한 (해방 후 토지개혁)	자작농	자작농	가족농(극한 노동강도 유지)	공업화를 위한 국가주도의 본원적 축적이 이루어짐, 소농에게 걷은 과도한 징수가 공업화에 투자됨

출처: 헨리 번스타인 지음, 임은희·권오범 옮김, 2018, 『농업변동의 계급동학』, 따비, 67쪽.

---

[7] 근대 = 자본주의, 근대 = 민주주의라는 인식에 대해 근대체제의 폭력성과 배타성, 민주주의와 인권에 대한 선택적·위선적 태도에 대한 비판적 성찰을 제기하며 근대 극복담론으로서 식민지근대성론이 제기되었다.

헨리 번스타인(Henry Bernstein)[8]의 연구에서 동아시아(일본제국주의와 식민지 조선)의 자본주의 이행에는 국가의 역할이 강조되고 있다. 그러나 두 지역의 국가 성격은 달랐다. 일본은 메이지유신으로 성립된 근대 천황제국가의 역할이 강조되지만, 조선은 중앙집권적 왕조체제를 유지해온 '전통'의 온존에 주목할 필요가 있다. 일본제국주의 식민권력은 토착세력의 일부를 식민지배의 정치적 동맹자로 확보하기 위한 수단으로 '구시대 권력구조와의 공모'[9]를 꾀했다. 이에 강제력을 동원해 지주를 도우려는 식민권력(총독부)의 의지가 결합되어 식민지지주제가 성립되었다.

19~20세기 제국주의 시대 식민지 본국은 자본주의적 생산관계와 노동생산성을 높이려는 항상적 동기를 가지고 있었지만, 착취율 측면에서 이것을 불완전하게 전환시켰다. 여기서 불완전성은 식민경제에서 전(前, pre)자본주의적 혹은 비(非)자본주의적 관계를 존속시킨다는 것으로, 식민지 정책이나 식민지 자본이 하는 관행적 효과이다. 이에 따라 최소한 농업에서는 식민주의가 자본주의적 양식을 충족시킬 만한 사회적 생산관계로의 전환에 실패했다는 것이다. 식민경제에서는 소농이나 반(半)프롤레타리아 노동자처럼 '저렴한 노동력'에 의해 농업 및 광물원료를 생산하는 것이 핵심기능이었다. 식민지에서의 불완전한 자본주의 발전은 제한된 축적, 즉 식민지 영토 내에서 소수의 '토착자본가 계급'(한국에서는 조선인 대지주·예속자본가) 형성으로 발현되었다.[10]

---

8   런던대학교 개발학과 명예교수. 지난 수십 년간 남아프리카를 비롯해 개발도상국의
     농업변동, 사회이론, 소농연구, 농지개혁, 농촌경제 등을 연구했다. 마르크스주의에
     기초해 농업 내 계급변동과 분화의 정치경제학을 집중 연구했고, 최근에는 지구화와
     노동문제에 집중하고 있다.

9   Bagchi, A. K., "Nineteenth Century Imperialism and Structural Transformation in Colonized
     Countries", In A. H. Akarm-Lodhi and C. Kay (eds.), Peasants and Globalization, Political
     Economy, Rural Transformation and the Agrarian Question. London: Routledge.

일제 식민지기 조선사회는 토지조사사업을 통해 식민지(근대적) 토지시스템이 형성되었지만, 배타적 권리를 향유하는 토지소유자(지주)는 농업생산이나 생산성 증대를 위한 투자보다 소작농의 지대수탈 효율성을 높이는 방향으로 자신의 권리를 활용했다. 이러한 지주그룹은 '기생(parasitic)지주', '부재지주', '정태적지주'라고 불린다. 근대 자본주의적 토지소유권의 형성과 모순되는 전근대적 생산관계의 혼종(hybrid), 식민권력에 의해 강요된 생산력 증가와 그 증가분을 넘어서는 초과수탈이 현실이었다. 시장을 바탕으로 자본가–임노동자의 온전한 형태로 운영된다는 '이상적인' 자본주의만을 자본주의라 규정할 수는 없지만, 식민지 조선의 '불완전한' 자본주의의 맥락과 내용을 설명하는 개념으로 '식민지반봉건성'은 검토해볼 여지가 있다. 그러나 한편 식민지 조선의 '반(半, semi)봉건성'은 식민권력에 의해서만 형성·구축된 것일까.

'식민지반봉건사회론'은 제국주의 식민지배의 퇴행성과 지체성을 지적하며 식민지배의 반(反)역사성, 식민권력의 봉건성·반민주성·반민중성을 강조한 것이었다. 농촌사회에서 식민권력(총독부)과 그에 결탁한 협력세력(식민지지주)의 지배하에 있던 농민들의 삶에 남겨진 '반(半)봉건성'은 민족모순과 계급모순의 중첩이라는 수탈과 피해의 양상이었다. 한편 식민지반봉건성은 변혁의 틀에서 민중 저항의 근거로 언급되었지만 농민의 고달픈 현실을 살아가기 위한 '안정적' 관습의 수용과 안주라는 차원에서 살펴볼 여지도 있다. 19세기 초 산업혁명이 한창 진행 중인 영국에서 실업과 극심한 생활고에 시달린 노동자들은 복고적이고 본능적인 반(反)자본주의 운동인 러다이트 운동(Luddite Movement)에 동참했다.

---

10   헨리 번스타인 지음(임은희·권오범 옮김), 2018, 『농업변동의 계급동학』, 따비, 107~108쪽.

식민지 민중에게 제국주의−식민주의와 결합된 자본주의는 온정적 '위민(爲民)'을 내세우는 봉건적 체제보다 나은 대안이 될 수 없었다.

식민지 조선의 민중은 농촌의 영세자작·자소작·소작인, 도시의 노동자와 빈민들이었다. 이들에 대한 역사상은 '소작쟁의·농민조합운동의 군중으로서의 농민', '노동쟁의·사회운동의 조직화된 노동자'들이었다. 이들은 삶의 직접생산자이자 소비생활자였다. 민족차별과 계급수탈의 중첩적 모순구조하의 피해자인 만큼 단순재생산조차 위협받는 상황 속에서 식민지 민중은 어떻게 스스로 재생산을 유지해 갔는가, 또 그것을 가능케 한 경제적 기반은 무엇이었는가를 질문하게 된다.

이에 대해 식민지하의 이식자본주의 전개에 대항해서 식민지 민중이 자기 재생산을 영위하는 영역을 설정하는 '민족경제권'론이 제기되었다.[11] '민족경제권'론에서는 민족자본 여부를 둘러싼 논의가 우선되었지만, 더 본질적인 것은 민중들이 전근대적인 전통적 생활방식을 바탕으로 유치하고 세련되지 못했지만 자신들의 삶을 영위하기 위한 자구책으로 형성·유지해온 민중생활권의 영역을 찾아내고자 한 것이다.

대지주들의 미곡상품화와 일본 이출이 식민지경제의 큰 포지션을 차지했지만, 조선인의 수요에 입각한 지역내 쌀 유통과정, 자가소비를 위해 보유한 식량의 정기시(장시)에서의 판매와 물물교환, 가내수공업을

---

11 '민족경제권'은 식민지 지배에 의해 그것 자체가 내포하고 있는 발전추세가 왜곡되었고, 그에 따라 그것을 기반으로 성장해야 하는 민족자본은 매판화하거나 쇠퇴과정이었지만 '민족경제'를 구성하고 있는 다양한 경제적 제관계는 모두 개편 분해되었다는 것은 아니다. 그 일부는 이런 사태에 대항해 식민지 민중의 자기생존을 위해 영위하는 다양한 경제활동 속으로 계승되어 그러한 활동이 총체로 형성된 민중적 생활권이다 (新納豊, 1983, 「植民地下の「民族經濟」をめぐって: 直接耕作農民を中心に」, 『朝鮮史研究會論文集』 20; 梶村秀樹, 1986, 「朝鮮近代史研究における內在的發展の視覺」, 『東アジア世界史探求』, 汲古書院; 李洪洛, 1995, 「日帝下朝鮮民衆の再生産活動とその經濟的基盤: 「民族經濟」圈解明のための一環として」, 神奈川大學大學院博士學位論文).

통한 생필품의 자급자족도 상당부분 지속되고 있었다. 일시적 대규모 노동력을 필요로 하는 벼농사의 특성상 임금노동자를 활용하기 어려운 경제사정을 커버하기 위한 마을공동체의 공동노동(두레·품앗이), 공유지(산림)의 활용 등이 이어지고 있었다. 이러한 민중들의 생활권은 "전형적인 농민 생산자라면 큰 벌이는 될 수 있지만 모험적인 것을 시도하기보다는 자기를 파멸시킬지 모를 실패를 피하는 쪽을 선택"한다는 스콧(J.Scott)의 '생존윤리에 따른 도덕경제(moral economy)'[12]에 가까운 삶의 방식이라 할 수 있다.

이러한 관점에서 농민들이 전근대적인 지주소작관계를 수용한 것은 지주와 국가의 잉여수탈체계에 강요된 점도 있지만, 소작농민은 자신의 평균수입을 극대화하기보다 재앙의 가능성을 최소화하는 쪽을 선호하는 생존윤리 하에서 병작반수의 소작제도를 수용할 수 있었다는 측면도 생각해 볼 수 있다. 농민에게는 '얼마를 가져가는가' 보다 '얼마가 남는가'가 중요한 기준이 될 수 있었다.[13]

그러나 이러한 민중생활권은 농업 생산관계의 악화(식민지지주제 하의 소작조건 강화), 농업의 상업화에 따른 단작(monoculture) 경영 확대라는 농업내부 생산조건의 변화 속에서 약화·해체되어 갔고, 국가(총독부)는 행정력을 통해 민중공동체의 자치권을 박탈·제한하고 최소한의 잉여조차 조세방식으로 수탈하면서 상명하복의 권위주의적 통치체제에 포섭시키려 했다.

그간 한국 근대사학계에서는 조선총독부의 식민농정, 그로 인해 형성·강화된 식민지지주제와 지주-소작농민 간의 계급적 대립과 이해관계를 밝히는 연구가 진행되었다.[14] 신분제 해체로 경제외적 강제에

---

12   제임스 스콧(김춘동 옮김), 2004, 『농민의 도덕경제: 동남아시아의 반란과 생계』, 아카넷.
13   제임스 스콧(김춘동 옮김), 2004, 앞의 책, 21쪽.

서 벗어났음에도 조선의 소작농민들은 가혹한 소작조건을 수용하며 '죽지 못해 사는 버티기경제'(생존경제) 생활을 이어 갔다. 이들의 삶은 시대착오적이고 지체된 '봉건적' 형태를 띠기도 하고, 합리적이고 세련된 근대성과 만나지도 못했다. 잦은 자연재해와 전염병으로 인한 생존에 대한 두려움이 상존했던 20세기 전반기 조선 농촌에서 이민족의 정치권력적 지배와 계약과 화폐의 물신화(物神化)를 토대로 하는 자본주의적 생산관계의 확대는 낭떠러지 지형을 만들었다. 추락하지 않으려면 버텨야 했다. 버티기 전략은 농민들의 삶에 근간이 되었다. 전근대적 전통의 온존과 활용은 익숙함과 연대의 힘을 만들어 추락하지 않고 버티며 살아가는 동력이 될 수 있었다. '식민지반봉건성'과 '민족경제권' 담론은 일제 식민지기를 버티며 살아온 농민들의 삶을 읽어내는 데 도구로 재탐색될 필요가 있다.

3. '머슴'살이: 전통과 근대의 하이브리드 생존기

1) 머슴의 사회경제적 지위

일제 식민지기 조선 농촌에는 머슴이라는 일꾼이 있었다.[15] 소유토지도 없고 소작지도 얻지 못한 사람 중에 날품을 팔아 하루하루 생계를 유지하는 날품노동자(日雇)도 있었지만, 1년 이상 장기간 다른 집에

---

14 이에 대한 연구사 정리는 이송순, 2008, 「일제하 식민농정과 조선 농업, 농민연구의 현황과 과제」, 『쌀·삶·문명연구』 창간호 참조.

15 머슴은 총독부 인구센서스인 국세조사(國勢調査)에 '作男·作女'로 파악되고, 연고(年雇)·상고(常雇)로서 1년 단위로 고용계약을 맺고 고용주의 집에 들어가 거주하며 농사일과 잡일을 해주는 노동자이다.

기거하면서 일을 해주는 머슴이 많았다. 경작면적이 아주 작은 가구에서는 입을 덜고 생계에 보태기 위해 구성원의 일부(차남 이하)가 머슴을 사는 경우도 있었다.

머슴은 기본적으로 농업노동을 감당할 수 있는 능력을 지니고 있어야 했으므로 대체로 농사일을 할 수 있는 청장년층 남성이었다. 그러나 현실적으로 생계가 어려운 상태에서 농업노동 능력이 약한 사람도 머슴을 사는 경우가 많았다. 보통 머슴은 머슴의 노동능력에 따라 상머슴, 중머슴, 하머슴으로 나뉘었다. 상머슴은 '큰머슴', '상일꾼'이라고도 하며 이들은 농사일에서 가장 중요한 쟁기질을 잘하고 건강하며 집안일을 잘 관리할 수 있어야 했다. 중머슴은 상머슴보다는 노동능력이 떨어지지만 기본적인 농사일을 할 수 있고 쌍머슴(2명)을 두는 집안에서는 상머슴을 보조하는 역할로 고용했다. 하머슴은 '젓머슴'이라고도 하고 '꼴담사리', '애기머슴', '담사리', '소까래머슴', '깔머슴' 등으로 불리었는데 이들은 소풀을 베든가 잔심부름을 하는 아이들이었기 때문에 붙여진 것이다. 머슴은 힘든 농사일을 잘 감당할수록 높게 평가되었다. 상머슴은 30~40대로서 농사 경험이 많아야 했고, 하머슴은 17~18세 미만의 아이들이거나 나이가 들어 힘든 농사일을 하기 어려운 50대 이상의 사람들이었다.[16]

일제 식민지기 조선 농촌의 머슴은 얼마나 있었을까. 조선총독부의 농업통계에서 농가 계급별 통계는 1912년~1925년까지 지주(갑)·지주(을)·자작·자소작·소작으로 분류했고, 1926년~1932년까지는 지주(갑)·지주(을)·자작·자소작·소작에 화전민(순화전민·겸화전민)이 추가되었다. 1933년부터는 지주(갑)은 통계에서 제외하고 지주(을)을 자작농에 통합시켜 자

---

16   윤수종, 1991. 4, 앞의 논문, 152쪽.

작·자소작·소작으로만 분류했다. 화전민은 순화전민만 집계하고 피용자가 추가되었다. 이에 조선의 농가계급을 자작·자소작·소작·순화전민·피용자로 분류했다. 피용자는 '경지를 보유하지 못하고 타인에 고용되어 농업에 종사하며 독립세대를 가진 자'라고 규정했다.[17]

1933년 농가 계급별 통계의 변동은 1920년대 산미증식계획 실시 결과와 1929년부터 대공황·농업공황으로 조선 농촌의 상황이 더욱 심각해져, 소수 대지주로의 토지 집중과 자작농 몰락, 소작농 증가가 확대되었던 상황을 커버하는 통계조작이었다. 1933년 피용자 호수는 94,000호였다. 경지를 전혀 보유하지 못하고 구성원이 타인에 고용된 호수가 94,000호였는데 이들이 연고(年雇)인 머슴으로 고용된 것인지, 날품팔이라고 불리는 일고(日雇)인지는 파악하기 어렵다. 반면 피용자 호수는 아니어도 영세농가의 일부 구성원이 피용자로 고용될 수도 있기 때문에 농가계급별 호수 통계로는 머슴의 수효를 파악하기 어렵다.

이에 인구조사인 국세조사에서 머슴의 수를 파악할 수 있다. 〈표 2〉는 1930년 국세조사의 머슴인 작남작녀(作南作女) 및 가사사용인의 인구수 및 비율이다. 조선 전체에서 농경에 종사하는 인구가 730만여 명이고, 그중 머슴은 446,675명으로 농업종사자 중 6%를 차지했다. 반면 일고 등의 기타 농업노동자는 0.6%에 불과했다. 머슴은 남녀의 차이가 컸다. 남성 농업종사자는 500만 명인데, 그중 머슴은 442,928명으로 거의 9%에 달했다. 여성으로서 연고(年雇) 형태의 고용인(作女)은 3,747명으로 매우 적은 수였으나, 일고 형태는 9,861명으로 오히려 더 많았다. 농촌지역에서 머슴이라는 입가(入家) 노동자는 대부분 남성이었다.

---

17   小早川九郞 編著, 1960, 「第3部 統計, 朝鮮農業關諸統計〈第3表〉地主·自作·小作別 農家戶數」, 『補訂 朝鮮農業發達史 (付篇) 資料篇』, 財團法人 友邦協會.

주로 도시지역의 중류 이상의 가정에 고용된 가사사용인[18]은 조선 전체에서 120,877명이었다. 전체 가사사용인 중 여성이 91,911명(76%) 이었다. 영세 토지 소유 및 경영농가는 대체로 자기 가족노동에 의존하지만, 농경·부업 수입만으로 생활을 영위하지 못하는 경우 집안의 잉여노동력은 노동자가 되어야 했다. 그러나 식민지 조선의 현실은 이들을 자본주의적 임금노동자로 전화시키지 못했다. 농촌에서는 토지에 비해 많은 인구를 부양해야 하는 상대적 과잉인구 상태였고, 도시에는 이러한 과잉인구를 노동자로 받아들일 산업이 발전하지 못했다. 이에 고용관계에서 봉건시대의 유제(身分制)인 인격적 종속관계가 스며들었다. 그것은 농촌지역에서는 남성 중심의 머슴, 도시지역에서는 여성 중심의 가사사용인으로 나타났다.

〈표 2〉『昭和5年(1930) 朝鮮國勢調査報告(全鮮編)』의 머슴 및 가사사용인 수와 비율(단위: 명)

구분	전체	남	여
농경종사자	7,376,846(100%)	5,000,911(100%)	2,375,935(100%)
作南·作女 (머슴)	446,675(6%)	442,928(8.9%)	3,747(0.2%)
기타 농업노무자	44,209(0.6%)	34,348(0.7%)	9,861(0.4%)
가사사용인	120,877(100%)	28,966(100%)	91,911(100%)
주인세대에 사는 가사사용인	117,858(97.5%)	27,995(96.6%)	89,863(97.8%)
통근 가사사용인	3,019(2.5%)	971(3.4%)	2,048(2.2%)

출처: 朝鮮總督府, 1934,『昭和五年 朝鮮國勢調査報告(全鮮編 第一卷) 結果表』, 135·143쪽.

그렇다면 조선 농촌의 머슴 고용실태는 어떠했을까. 머슴의 실태에 대한 각 도별 수치는『조선의 소작 관행(朝鮮ノ小作慣行)』에서 살펴볼 수 있

---

[18] 일제강점기 가사사용인의 형성과 존재 양태에 대해서는 이아리, 2023,『한국 근대 가사서비스노동의 형성과 변동』, 서울대 대학원 국사학과 박사학위논문 참조.

다.[19] 〈표 3〉은 1930년 기준 계급별 농가 중에서 머슴을 고용하고 있는 농가호수가 어느 정도였는가를 살펴본 것이다. 전국적으로 지주계급에서는 41.4%, 자작농은 23.5%, 자소작농은 20.4%, 소작농은 7.4%의 농가가 머슴을 고용하고 있었다. 높은 경제력을 가진 지주부터 소작농까지 농업노동력으로서 머슴을 고용하고 있었다.

〈표 3〉 식민지 조선의 계층별 농가호수 및 머슴고용농가호수(1930년)(단위: 호)

지역	지주(갑·을)		자작농		자소작		소작	
	총호수	머슴고용호수(%)	총호수	머슴고용호수(%)	총호수	머슴고용호수(%)	총호수	머슴고용호수(%)
경기	10,928	3,036(27.8)	18,043	6,087(33.7)	64,373	12,796(19.9)	145,783	7,215(4.9)
충북	3,691	2,191(59.4)	15,954	7,483(46.9)	45,416	10,918(24.0)	74,552	6,395(8.5)
충남	4,963	3,290(66.3)	15,332	8,275(54.0)	57,154	20,170(35.3)	107,722	14,424(13.4)
전북	3,102	2,432(78.4)	10,100	6,420(63.6)	53,101	16,349(30.8)	161,529	13,220(8.2)
전남	6,170	4,028(65.3)	65,711	14,061(21.4)	130,061	30,811(23.7)	160,096	13,938(8.7)
경북	11,841	7,268(61.4)	67,387	20,692(30.7)	128,862	29,433(22.8)	145,871	12,150(8.3)
경남	5,749	3,477(60.5)	39,809	12,788(32.1)	91,827	26,087(28.4)	156,006	14,900(9.6)
황해	9,668	3,990(41.3)	33,983	7,957(23.4)	63,505	8,433(13.3)	126,647	5,473(4.3)
평남	11,417	1,906(16.7)	34,157	3,473(10.2)	60,267	2,305(3.8)	59,748	821(1.4)
평북	18,499	2,852(15.4)	37,120	3,477(9.4)	47,789	2,416(5.1)	88,323	2,943(3.3)
강원	6,639	5,519(83.1)	51,471	15,095(29.3)	77,014	14,917(19.4)	66,785	5,306(7.9)
함남	6,665	3,527(52.9)	71,137	10,147(14.1)	54,312	6,238(11.5)	33,510	1,697(5.1)
함북	4,571	934(20.4)	43,805	2,578(5.9)	16,610	440(2.6)	7,567	130(1.7)
합계	104,004	43,080(41.4)	504,009	118,533(23.5)	890,291	181,313(20.4)	1,334,139	98,612(7.4)

출처: 朝鮮總督府, 1932, 『朝鮮總督府統計年報(昭和5年)』, 農家戶數; 朝鮮總督府, 1932, 『朝鮮ノ小作慣行(下)』, 續編 제9장, 89~90쪽.

---

19 『朝鮮ノ小作慣行』은 소작관행의 주요 조사자료를 망라한 것으로 전편, 후편, 속편으로 구성되어 있다. 1927년 이후 실시된 소작관행 조사 결과를 채록하고 있다. 1927년 이후 조사자료의 일부는 각 道, 府郡島, 面에서 이를 조사하도록 했지만, 그 외에 농림국 농무과 사무관 鹽田正洪, 屬 吉田正廣가 조사연구 및 자료 수집을 담당하여 이 책을 편찬했다(朝鮮總督府, 1932, 『朝鮮ノ小作慣行(上)』, 緖言).

〈표 3〉의 머슴 고용 상황에서 지역별 차이가 크다는 것을 알 수 있다. 충청·전라·경상의 남부지역은 지주의 경우 최대 78%에서 60% 이상이 머슴을 고용했다. 경기도는 지주 호수의 27.8%만이 머슴을 고용하고 있는데, 이는 농촌에 거주하지 않고 주변 도시(경성·인천 등)에 사는 부재지주가 많았기 때문이라 생각된다. 경기도는 다른 계층에서도 남부지역에 비해 머슴고용률이 낮은 편인데, 이는 농촌 내 상대적 과잉인구의 유출 요인이라 할 수 있는 도시와 상공업의 발달이 이루어진 지역이라는 특성이 반영된 것으로 보인다. 평안남북도, 함경북도와 같이 상공업·광업이 발달한 지역에서 특히 머슴고용률은 10% 전후로 낮았다. 이러한 지역적 차이는 머슴이라는 노동력의 특징을 보여주고 있다.

여기에 전통적인 신분제적 질서의 관행이 강하게 남아있던 지역과 그렇지 않은 지역의 차이도 있었다. 1920년대 초 경상남도 지역의 상황을 답사한 리포트에 신분제는 해체되었지만 일제 식민통치는 "더욱 그 성루가 견고해지는 빈부의 현격으로 다수 인민의 행복을 무시했고, 이민족의 경제력 부식(扶植)으로 한층 그들의 안정이 무너지게 되었다"는 것과 극도의 가난으로 형성·유지되는 머슴제도에 대해 다음과 같이 언급하고 있다.

"조선의 古來에서 반상(班常)의 별(別)이 심하기로는 충청, 경상이 제일이었다. 이와 같은 班常의 別이 심한 그것은 다수 평민의 생활을 여지없이 유린하였으며 따라 그의 품성을 극도에까지 비열화(卑劣化)하였다. … 경남도에는 머슴이라는 품파리꾼이 있다. 그렇게 고용되는 남녀를 합하면 매 3戶에 1인 사용평균이 된다고 한다. 이 외에 다시 유년 머슴이 있는데 그것은 매 5호에 1인의 평균을 算하게 된다. 그런대 경남의 조선인이 大正10년(1921) 말 현재로 339,515호인즉 위 비례로 계산하면 어른 머슴 약 11만여, 어린이 머슴 약 7만, 합하야 약 18만의 머슴이 현존하게 된다."[20]

1921년 현재 경상남도의 머슴은 어른머슴 11만, 어린이머슴 7만을 합해 18만의 머슴이 있었다고 했다. 1930년 상황을 조사한 〈표 5〉의 각도별 머슴 총수 통계에 따르면 경남지역의 머슴은 77,778명(약 8만 명) 이었다. 어른머슴만 조사된 것으로 1921년 11만에서 8만 정도로 감소 한 상황을 알 수 있다. 1920년대 중반 이후 농촌에 퇴적되고 있던 상대 적 과잉인구, 특히 머슴과 같은 청장년 노동력은 조선 농촌경제의 약 화 속에서 일자리가 축소되는 면도 있었지만, 일본과 만주 등으로 노 동 이주가 이루어지기 시작했다. 경남지역은 도일(渡日)노동자가 가장 많은 지역이었다.

1930년 머슴수는 약 53만 7천 명, 이들은 44만 2천 호의 농가에 고용, 농가고용 호당 평균 1.2명이었다.[21] 〈표 5〉 고용주는 두 유형으로 먼저 소유지를 직접 경작하고 있는 자작농·자소작농 등이 필요한 노동력을 채우기 위해 머슴을 고용하는 것과 넓은 면적의 토지를 소작주고 있는 지주 중에 소작지 관리감독인으로 머슴을 고용하는 경우였다.

머슴이라는 고용노동력을 사용하는 농가는 자가노동력을 최대한 활 용해서 농사를 짓는 소농의 범주를 넘어서는 대농·중농에 해당한다고 볼 수 있다. 자작농가의 23.5%, 자소작농가의 20.4%, 소작농가의 7.4% 정도가 그에 해당한다(표 3). 그러나 머슴을 고용한 농가 중에서 자작 농가의 80%, 자소작농가의 82%, 소작농가의 88%가 머슴 1인만을 고용

---

20 「兄弟, 妻子, 不相見의 形形」, 『開闢』 제34호(1923. 4. 1).
21 1930년 '조선국세조사'의 作男作女(머슴) 총수 446,675명과는 차이가 있다. 그러나 이 차이는 조사 방법이나 시기의 차이에 의한 것인지 등 정확한 이유는 알 수 없다. 그 러나 대체로 1930년경 조선 농촌의 머슴 수는 약 50만 명 정도였다고 할 수 있다. 김병태의 추계에 의하면 해방 후 1956년 농업피용자(머슴) 수는 301,219명이었다(金 炳台, 1957, 「머슴에 관한 연구(2)」, 『경제학연구』 제5호(1957. 12), 117쪽]. 이 수치는 남한을 대상으로 하는 것으로, 〈표 5〉의 1930년 남한지역 머슴 수 411,271명이었다.

하였다. 3인 이상의 머슴을 고용하는 대농경영은 자작농가에서도 2.3%
에 불과했다〈표 4〉, 〈표 5〉). 조선 농촌 경작규모의 영세성을 알 수 있다.

지주농가의 머슴 고용은 남부지역(충청·전라·경상)은 60% 이상(최고 78%)이
었지만, 1인 고용이 67%였다. 부재지주를 제외한 재촌지주는 대부분
머슴을 두고 있었다고 할 수 있지만 그 목적이 농사노동보다는 집안의
잡일을 돌보는 서번트(servant)와 같은 역할이었다고 생각된다. 지주들의
토지경영은 소작제로 운영했고 그 중간관리인으로 '마름'을 두거나, 농
장제 경영을 하는 것이지 머슴과 같은 농업노동력을 직접 고용해 농사
를 짓는 대농경영방식은 아니었기에 최소한의 인원을 머슴으로 고용
하는 수준이었다고 생각된다.

〈표 4〉 고주 및 머슴(年雇) 수(1930년) 1(단위: 명)

도별		지주(갑·을) (A)				자작농 (B)			
		1인	2인	3인 이상	계	1인	2인	3인 이상	계
경기	고주	2,318	623	95	3,036	5,366	641	80	6,087
	머슴				3,854				6,857
충북	고주	1,147	860	184	2,191	5717	1597	169	7,483
	머슴				3,438				9,432
충남	고주	1,811	1,171	308	3,290	6,644	1,506	125	8,275
	머슴				5,293				10,062
전북	고주	1,103	97	412	2,432	4,507	1,612	301	6,420
	머슴				4,260				8,761
전남	고주	1,813	1,628	587	4,028	10,834	2,909	318	14,061
	머슴				6,875				17,715
경북	고주	3,986	2,620	662	7,268	15,429	4,825	438	20,692
	머슴				11,333				26,518
경남	고주	1,382	1,480	65	3,477	8,211	3,860	717	12,788
	머슴				6,247				18,124
황해	고주	3,340	585	65	3,990	7,365	559	33	7,957
	머슴				4,709				8,687

도별		지주(갑·을) (A)				자작농 (B)			
		1인	2인	3인 이상	계	1인	2인	3인 이상	계
평남	고주	1,694	194	18	1,906	3,325	145	3	3,473
	머슴				2,136				3,624
평북	고주	2,498	260	94	2,852	3,029	330	118	3,477
	머슴				3,206				4,062
강원	고주	4,197	1,154	168	5,519	13,133	1,819	143	15,095
	머슴				7,018				17,218
함남	고주	2,669	731	127	3,527	8,703	1,209	235	10,147
	머슴				4,512				11,928
함북	고주	827	90	17	934	2,496	78	4	2,578
	머슴				1,059				2,664
합계	고주	28,785	11,493	2,802	43,080	94,759	21,090	2,684	118,533
	머슴				63,940				145,652

출처: 朝鮮總督府, 1932, 『朝鮮ノ小作慣行(下)』, 續編 제9장, 89~90쪽.

〈표 5〉 고주 및 머슴(年雇) 수(1930년) 2(단위: 명)

도별		자소작(C)				소작(D)				총수 (A+B+C+D)
		1인	2인	3인 이상	계	1인	2인	3인 이상	계	
경기	고주	11,216	1,430	150	12,796	6,752	423	40	7,215	29,134
	머슴				14,249				7,819	32,779
충북	고주	9,246	1,556	116	10,918	5,895	454	46	6,395	26,987
	머슴				12,747				6,948	32,565
충남	고주	16,857	2,967	346	20,170	13,069	1,274	81	14,424	46,159
	머슴				23,834				15,870	55,059
전북	고주	12,902	2,877	570	16,349	11,718	1,248	194	13,220	38,421
	머슴				20,720				14,149	47,890
전남	고주	25,891	4,461	459	30,811	12,425	1,437	76	13,938	62,838
	머슴				36,297				15,548	76,427
경북	고주	23,271	5,696	466	29,433	10,460	1,614	76	12,150	69,543
	머슴				36,991				13,931	88,773
경남	고주	18,818	6,233	1,036	26,087	11,674	2,882	344	14,900	57,252
	머슴				35,072				18,335	77,778
황해	고주	7,903	492	38	8,433	5,272	164	37	5,473	25,853
	머슴				9,001				5,711	28,108

식민지적 근대와 조선 사회 1

도별		자소작(C)				소작(D)				총수 (A+B+C+D)
		1인	2인	3인 이상	계	1인	2인	3인 이상	계	
평남	고주	2,254	51		2,305	802	15	4	821	8,505
	머슴				2,356				844	8,960
평북	고주	1,931	379	106	2,416	2,449	365	129	2,943	11,688
	머슴				3,107				3,573	13,948
강원	고주	13,952	937	28	14,917	5,039	250	17	5,306	40,837
	머슴				15,925				5,590	45,751
함남	고주	5,780	394	64	6,238	1,542	145	10	1,697	21,609
	머슴				6,767				1,861	25,068
함북	고주	433	7		440	114	6	10	130	4,082
	머슴				447				156	4,326
합계	고주	150,454	27,480	3,379	181,313	87,211	10,277	1,064	98,552	442,908
	머슴				217,513				110,327	537,432

출처: 朝鮮總督府, 1932, 『朝鮮ノ小作慣行(下)』, 續編 제9장, 89~90쪽.

머슴의 하루는 일로 시작해 일로 끝났다. 이들의 기본 업무는 농업노동이다. 그러나 농사일 외에 각종 집안일을 총괄하는 실질적인 경영자의 역할도 부여되었다. 머슴의 노동시간과 강도는 가족노동력의 노동에 비해 훨씬 길고 힘들었다. 머슴의 노동시간은 농업노동 일반과 같이 농번기와 농한기에 따라 차이가 많았다. 농번기에는 일출 시간이 빠른데, 여름에는 해가 뜨기 전인 5시경에 일어나 해가 지고 어두워져서 농장의 일거리가 잘 보이지 않게 되도록 일손을 멈추지 못한다. 이에 저녁식사를 마치는 것이 9시~10시경으로 수면시간이 여름에는 불과 5~6시간이 되지 못한다.[22] 농번기에는 새벽에 나가 식전일을 하고 들어와 아침식사를 하고 다시 일터로 나가 해가 질 때까지 일해야 한다.

농한기인 겨울철에는 아침 일찍 일어나 소죽을 끓여 먹이고 아침 식

---

22 金炳台, 1957, 앞의 논문, 125쪽.

사가 끝나면 산에 가서 땔나무를 하는데 이듬해 1년 동안 쓸 땔감을 마련해야 한다. 겨울철에 눈이 오거나 해서 바깥일을 하지 못할 경우에는 머슴방에서 새끼를 꼬거나 멍석을 만들었다. 이른 봄에 지붕에 얹을 이엉을 엮는 것도 할 일이었다. 이러한 농업노동 외에 머슴은 주인집의 집안일까지 하는 경우가 많아 일이 없는 날이 없지만 그래도 명절이나 힘든 일이 끝난 뒤에는 휴가기간이 있었다. 머슴들은 3월 삼진, 5월 단오, 6월 유두, 7월 칠석, 백중, 8월 한가위 같은 명절에는 쉬었다.[23]

머슴은 1년 단위로 고용되어 노동력을 제공한 대가로 일정한 보수를 받았는데 이를 새경이라 한다. 새경은 일반적으로 현물(벼 또는 쌀)로 지급되지만, 현물에 현금을 첨가하는 방식도 있었고, 현금으로 전액 지급하는 것은 극히 예외적이었다. 새경은 대개 계약기간이 만료되는 시기에 지급되지만 머슴살이를 시작할 때 새경의 일부를 선지급(선삭)하기도 했다. 머슴은 고용주의 농가에서 같이 생활하면서 노동력을 제공하기 때문에 주인은 식사를 비롯해 술값, 담배값, 의복 등을 일정하게 지급했다.[24]

1929년 경기도 수색마을의 머슴살이 이야기를 들어보자. 먼저 머슴을 고용한 주인은 이렇게 말한다 "이곳의 머슴두는 버릇은 음력 동짓달에 머슴을 내고 드리고 하는데, 머슴군이 처음 들어 올 때에 선삭용으로 10원 내지 20원까지 주고 이듬해 가을 타작 끝에 벼 두섬반 내지 석섬을 주고 여름사리 한 벌 겨울사리 한 벌씩 준다고 한다. …시방 머슴군들이 왼통 철없는 녀석들이니 그렇지 바로 말하면 머슴군밖에는 돈 모을 사람 없지오. 왜 그러냐하면 머슴군들이 공연히 주인을 나무라면서 밥이 귀차느니 반찬이 없다느니 하여가지고 한 집에서 이태(2년)도

---

23 윤수종, 1991. 4, 앞의 논문, 153~154쪽.
24 윤수종, 1991. 4, 앞의 논문, 162~163쪽.

못있고 이집 갔다 저집 갔다 하니 그렇치. 주인이 어떠튼지 밥이 나쁘고 반찬이 없어도 억지로 참고 한 집에 10년만 있어서 가삭 석섬이면 석섬을 주인에게 맡겨 출리(出利)를 하고 보면 10년 후에는 그 집 주인이 도로 머슴이 되고 머슴이 주인될 수 있지 않겠습니까."

이에 대해 머슴군은 이렇게 응수했다. "글세 이것보세요 선삭(先朔)용이라고 10원 내지 20원까지 받기는 받지만 그것은 묵은 빚 이자 무노라고 받는 날로 없어지고 1년 내나 종노릇하다가 가을에 가서야 벼를 두 섬이나 석섬을 받는다면 내혼자 벌어서 먹여야 될 식구가 5~6명이 되니 그것을 가지고 뉘 코에나 바르겠오. 벼를 팔아서 되좁쌀은 고사하고 겨를 사먹는대도 계량(繼糧)할 수는 없지 않습니까. …일 시키는 것을 보면 참 기가 막힙니다. 밭에나 논에서 농사일을 하는 것은 말할 것 없거니와 집에 들어오면 안엣일 밖엣일 마른일 젖은일 남정들일 부인들일 심지어 아해들 심부름까지 하게 됩니다. 그러니까 그까지 먹일 것은 잘 먹인다 하여 우리를 사랑하여 주는 것이 아니라 소나 말처럼 먹여서 부려먹자는 데 불과하지 않습니까. 즉 안 먹이면 부려먹을 수가 없겠으니 먹이는 것이지요."[25]

머슴이 된다는 것은 자신의 노동력 외에는 어떠한 경제적 수단이 없기에 소나 말처럼 부려먹는 존재로 대우받으며 삶의 마지노선으로 가족의 생존을 위해 '굴욕적'인 출가노동을 버티며 살아가는 것이었다. 한 입 먹여는 줄 터이니 새경은 다시 주인에게 맡겨 재산을 불리라고 말한다. 과연 주인의 호의를 믿을 수 있느냐를 논하기 전에 머슴에게는 새경만이 유일한 목숨줄인 가족이 있다. 그러나 그 액수는 너무 작

---

25 金秉濟, 1929, 「머슴制의 典型인 近畿農村의 探訪記」, 『朝鮮農民』 제5권 제5호(1929. 8. 26).

앉고 가족과 자신의 삶은 더욱 힘들어지며 버티기 힘든 상황에 직면하여 목숨을 끊는 사건도 신문지상에 자주 등장했다.[26]

1920년대 중반 조선사회는 노동쟁의·소작쟁의와 같은 계급투쟁과 사회주의운동이 태동하며 목소리를 높이기 시작했다. 머슴은 일정한 임금을 받는 임금노동자이지만, 같은 집에 거주하며 제한 없이 다양한 일을 해내는 예속적인 성격이 강한 특수한 고용방식이었다. '세끼 밥을 먹는 것이 어려운 형편'의 농민이 넘쳐났던 조선 농촌에서 머슴과 같은 예속적 임금노동은 최저한의 생활을 유지할 수 있는 생존경제였다. 농촌의 가난한 농민(貧農)은 스스로의 재생산에서 자본과 노동의 모순을 절실히 체험하며, 채무를 갚거나 최소한의 생활을 영위하기 위해 극한 수준까지 소비를 줄였다. 빈농은 "생존을 위한 가장 잔인한 경제적 경쟁 과정 안에서, 굶주림을 견디는 법을 알고 가장 잘 적응한 이들"[27]이었다.

조선 농촌에서 날품팔이(日雇)나 머슴(常雇) 같은 농업노동자는 그야말로 최하층이었다. 자본주의 산업 분야의 발전이 더딘 상황에서 토지로부터 완전히 유리된다는 것은 절박한 상황으로 내몰리는 것이었다. 이러한 상황을 이용해 이들은 최저대우의 노동력으로 활용되었다. 당시 사회운동가는 머슴은 "노동자로서의 전체적 견지로부터 관찰할 때는 이들 '머슴'계급은 전 노동자 가운데에 그 노동의 격심함과 장시간인 비율에 그 보수·대우의 천박함은 노동가치를 정당히 인식치 아니면 안

---

26   「머슴이 飮毒, 원인은 생활난」, 『東亞日報』 1925. 6. 30; 「無辜히 매만 맞고 고민하다 자살, 생선복 먹고 자살한 머슴사리」, 『東亞日報』 1927. 5. 8; 「60노파가 蒼波에 투신 아들이 머슴사리하다 그도 실직 생활고의 질척한 일면」, 『東亞日報』 1934. 10. 10; 「머슴살이 悲觀 철도에 자살」, 『東亞日報』 1934. 11. 21.

27   Chayanov, A. V., 1966[1925], *The Theory of Peasant Economy*(D. Thorner, B. Kerblay and R. E. F. Smith (eds.), Homewood, IL; Richard Irwin for the American Economic Association).

될 근대의 사회에 있어 일종 특색이라고 할 수 있다. 따라서 그네들 '머슴'계급에 대한 노동조건, 즉 시간·임금·건강 기타 대우상 개선을 요하는 것이 없지 아니하며, 또 그들로 말하면 대체로 계절적 또는 기후적 또 혹은 지방적 지배를 받아서 그 노동조건이라는 것은 자못 평균치 못하야 가담가담 실업의 위험을 면치 못하는 상태에 있다"[28]고 평가했다.

머슴의 노동조건은 근대 초기 노동자의 처지와 비교해 봐도 노동의 격심함, 장시간 노동, 보수·대우의 천박함에서 '일종의 특색'이라고 머슴 노동의 열악함을 표현했다. 또한 농업이 갖는 계절적·기후적·지역적 변화와 차이를 감내해야 하는 것으로 노동조건 역시 케이스 바이 케이스(case by case)로 다양할뿐더러 고용의 안정성도 약한 처지였다는 것이다. 고용주와의 관계가 공사(公私) 구분이 되지 않는 예속적 성격을 가졌기에 불합리하고 느닷없는 해고의 상황이 상존했다.

1920년대 소작쟁의가 '불길처럼' 일어나고 소작단체가 '벌떼처럼' 일어났지만 "대부분 소작료 경감과 공과금 지주부담 등 단순한 소작개선에 만족케 되며… 농업노동자 즉 머슴의 대우개선과 임금 올리는 것을 실행하는 마당에 다다러서는 등한·회피 혹은 반대의 태도를 취하게 된다. 그는 더 말할 것도 없이 그네들 스스로가 머슴을 부리는 자가 되는 까닭일 것이다."[29] 앞에서 살펴본 바와 같이 머슴은 지주계급부터 소작농가에서도 고용하고 있었다. 자소작·소작농가는 지주에 대항해 소작조건 개선을 위해 싸워갔지만 자신이 고용한 머슴에게는 고용자

28   李晟煥, 1925, 「飢餓線上 가로 노힌 朝鮮의 農業勞働者問題」, 『開闢』 제62호(1925. 8. 1).
29   「靑年 及 勞農 兩總同盟, 第2回定期大會에 臨하야(=靑年 及 勞農運動의 現狀=)」, 『開闢』 제58호(1925. 4. 1).

로서의 이해관계가 앞섰다. 식민지 조선 농촌의 모순 전가 피라미드 최말단에 머슴이 있었다.

　머슴은 이러한 자신들의 처지에 어떻게 대응했을까. 앞에서 살펴본 수색마을의 머슴은 이렇게 자신의 신세를 한탄했다. "아무리 고생스럽고 통분한 들 별수 있습니까. 모두다 우리의 팔자지요. 고대광실 높은 집에 손톱에 물도 안틔우고 호의호식하는 사람도 제 팔자요 우리같이 뼈빠지도록 피땀 흘리면서 일하고도 늘 죽을 밥을 하는 것도 제 팔자가 그런 것이지요. 그리고 우리같이 못난 놈들이니까 이 잘난 일도 먹고 살 일이라고 죽엇소 하고 견디어가지 웬만만하면 이런 짓을 할 택이 있습니까."[30] 결국 '내 탓이오'인가. 자기 개인의 운명을 한탄하며 자기 인격을 무시하고 자기직업을 스스로 천시하고 있다. 20세기 근대의 노동자답지 않은 계급인식에 그들을 나무래야 할까.

　1950년대 연구에서 당시 머슴들은 일제 식민지기부터 머슴이었던 사람이 많았다. 김병태의 연구에서 5년 이상 피용 연수를 가지는 머슴은 총 522명 중 259명(49.6%)이었다. 이 중 15년 이상의 피용 연수를 가지는 머슴이 35명이나 되었고, 부친이 머슴이었고 현재 머슴인 자도 198명(38%)이었다.[31] 머슴은 세대 전승되고 있으며 계층상승의 가능성은 매우 제한적이었다. 10년 정도를 죽은 듯이 살며 새경을 묻어두면 머슴 주인으로 계층 상승이 가능했을까. 단순재생산도 어려울 정도의 임금수준과 노동조건 하에 뼈빠지게 일한다고 더 나은 삶이 주어지기는 힘들었다. '팔자타령'으로 자신을 변명하며 살아가는 생존전략이었

30　金秉濟, 1929, 「머슴制의 典型인 近畿農村의 探訪記」, 『朝鮮農民』 제5권 제5호(1929. 8. 26).

31　金炳台, 1957, 앞의 논문, 121~122쪽.

을지도 모른다.

이런 상황에도 자신들의 처지를 노동자로 인식하고 이에 저항하는 움직임도 있었다. 1923년 경남 합천군(묘산면 산제리)에서는 머슴 20명이 동맹해서 임금인상을 요구했다. 1년 품삯을 매년 벼 4섬 2말을 받았는데 올해부터는 5섬 6말로 올려달라는 요구였다.[32] 결과가 어떠했는지는 더이상 보도되지 않아 알 수 없지만, 머슴 20명의 동맹은 놀라운 상황이었다.

1931년 사회주의계열의 적색(혁명적)농민조합운동이 활발했던 함경남도 영흥군에서 머슴동맹파업이 발생했다. 영흥군(엄기면 오포리) 지주 박제헌 외 8명이 고용하고 있는 머슴 9명이 임금인상을 요구하며 파업을 벌였다. 종래는 정(情)에 치우쳐 임금이 저렴했기에 종래 임금의 25% 인상·대우개선을 요구했다.[33] 이 머슴파업은 마을 주민들이 동조하면서 대지주투쟁으로까지 번져갔고,[34] 지주들은 머슴을 대신해 날품노동자를 불러 제초 등을 하려했지만, 면농민조합의 책동으로 노동자들이 일터로 가지 않아 폐농상태가 될 거라 우려한다는 것이다. 결국 경찰이 동원되어 파업참여자 머슴 9명을 모두 검거했다.[35]

조선 농촌의 상대적 과잉인구의 적체로 형성된 머슴은 일제 침략전쟁기에 또 다른 국면을 맞이했다. 1938년부터 시작된 노동력 강제동원에 머슴은 우선 대상자였다. 〈표 6〉은 1940년 조선 농촌의 농업인구 중 노동력공출(강제동원) 가능인구를 추정한 것이다. 성인 남성이 강제동원의

---

32 「머슴盟罷, 품삭 올니라고 이십명이 결속」, 『東亞日報』 1923. 3. 20.
33 「머슴罷業, 대우개선 요구 永興 梧圃里」, 『東亞日報』 1931. 7. 29.
34 「머슴罷業의 煽動者 探査」, 『東亞日報』 1931. 8. 7.
35 「머슴罷業으로 廢農할 地境 일군이 업서서」, 『東亞日報』 1931. 8. 13.

주대상으로 세대주(가장)인 농경업주에서 30만 명, 세대주를 제외한 농가 구성원(대체로 차남 이하)에서 50만 명을 가능인구로 추정했는데 이는 농가 구성원의 20~30% 수준이었다. 그러나 머슴(作男作女)에서만 30만 명(70%)을 동원 대상으로 추정했다. 이는 한 뼘의 토지도 없이 오직 노동력만으로 삶을 이어 가며 사회적으로도 천시되었던 조선 농촌의 사회경제적 최약자인 머슴이 강제동원의 우선 대상이 되었던 것이다.

〈표 6〉 농업종사자 수(1930년)와 노동력공출 가능 수(1940년)(단위: 명)

분류	총수	남성종사자	노동력공출 대상	여성종사자	노동력공출 대상
農耕業主*	2,827,840	2,679,026	300,000(20%)	148,814	
농업관리인(마름)	3,692	3,686		6	
作男作女(머슴)	**446,675**	**442,928**	**300,000(70%)**	**3,747**	
기타 농업노무자	44,209	34,348		9,861	
農耕助手**	3,837,804	1,696,355	500,000(30%)	2,141,449	300,000(15%)

출처: 正久宏至, 「朝鮮に於ける勞動力の量的考察」, 『殖銀調査月報』 32호(1941. 1), 49~50 · 52~53쪽.
비고: 1) 농업종사자수는 1930년 국세조사의 인구수, 공출대상자수는 1940년 추정치.
2) *農耕業主는 米作, 기타농경, 과수업을 경영하는 자작, 소작업주(세대주, 家長).
3) **農耕助手는 米作, 기타농경, 과수업을 경영하는 농가의 구성원(자가노동력).

한편 머슴의 입장에서는 열악한 노동조건에서 '인간적' 대우도 받지 못하는 형편이었기에 '모집' 형태로 진행된 강제동원을 농촌을 벗어나 광공업 노동자가 될 수 있는 기회로 받아들일 수도 있었다.[36] 총독부는 농촌의 '과잉노동력'으로 치부된 머슴을 동원하는 데 부담이 없었다. 그러나 조선의 농업생산력 구조는 노동력 의존구조를 벗어나고 있지

36 「出奔하는 '머슴' 續出 農繁期 農村에 打擊 노동자 수송시에 따라 간다, 綾州 地方에 勞動飢饉」, 『東亞日報』 1938. 5. 3; 「'머슴'값이 올랏다 移民과 勞働者 輸送後의 影響 槃樹地方의 人夫饑饉」, 『東亞日報』 1939. 4. 14; 「머슴 脫走者 續出 북조선만 가면 돈이 쏟아지는 줄로 알고」, 『東亞日報』 1939. 5. 16.

못한 상태에서 농업노동자(머슴)의 동원은 농업생산에 지장을 주었다.[37] 총독부는 군수식량 확보를 위해 증산정책과 식량공출을 시행했지만, 생산력의 근간인 노동력 강제동원을 추진하면서 상호 모순되는 상황이 만들어졌다. '자의반 타의반' 강제동원에 의해 농촌을 떠난 머슴의 삶이 어떠했는지는 일제 강제동원의 실상 속에서 충분히 유출해 볼 수 있다.

이들은 일제 패망과 조선의 해방으로 귀향했지만 토지에 대한 연고권이 없어 농지개혁 과정에서도 분배 대상에서 제외되었다. 1950~60년 대까지 한국 농촌에 머물렀던 머슴은 일제 식민지기 민족모순과 계급 모순의 최하위 담지자에서 벗어나 계층상승의 사다리를 제대로 올라타지 못한채 고된 삶을 이어갔다.

2) 머슴으로 산다는 것: 멸시와 배제

1919년 4월 3일 수원군 장안면·우정면에서 시위대가 면사무소와 주재소를 공격하고 일본인 순사 가와바타 토요타로를 때려죽였다. 장안면·우정면 만세시위는 삼일운동을 대표하는 격렬한 시위였다.[38] 이 시위의 주역으로 농촌하층민이 등장한다. 시위에 참가했다가 붙잡혀

---

37 「勞働力 飢饉으로 各産業 機關 受難, 農村에는 '머슴'도 絶影(高原)」, 『東亞日報』 1938. 5. 9; 「農村의 머슴꾼 生路 찾아 離鄕 河東에 雇人大不足」, 『東亞日報』 1938. 6. 14; 「'머슴군' 離脫 續出 비 안 오니 농사일은 할 수 없어 人夫없어 걱정(居昌)」, 『東亞日報』 1939. 7. 26; 「머슴飢饉이 深刻 臨陂住民營農에 支障」, 『東亞日報』 1940. 1. 23; 「離鄕者續出로 머슴꾼이 不足 河東郡下 農家受難」, 『東亞日報』 1940. 1. 31; 「'머슴'을 求得難 中農層에서는 大頭痛 勞?謳歌의 裏面相(海州)」, 『東亞日報』 1940. 1. 31; 「潭陽에 머슴飢饉 作農期에 憂慮不少」, 『東亞日報』 1940. 4. 3.

38 정병욱, 2022, 「9. 수원군 장안면·우정면 만세시위, "많은 인민을 이길 수 없다"」, 『낯선 삼일운동』, 역사비평사. 이하 장안면·우정면 만세시위의 '머슴'의 시위참여 관련 부분은 이 책을 발췌했다.

중형을 받은 이영쇠, 가와바타의 총에 맞아 숨진 이덕명은 농가의 머슴(雇人)이었다. "떠돌아 와서 여기 들어와서 살면서 매시 적극적으로 참석한 사람이 있다구 했는데 그게 누군지 이름을 정확히 모르겠네." 이 시위로 독립운동가로 추앙되며 대표적 명문가로 인정받는 집안 자손의 기억이다(차병혁의 손자).

만세시위 후 이영쇠는 밭에 숨어 있다가 체포되었다. 헌병이 찾아낸 것이 아니라 구장이 그를 헌병에게 인도했다. 친족이나 마을 사람이 "헌병이나 경찰이 잡아가는 것은 할 수없지만 이쪽에서 인민을 잡아서 내어주는 법은 없다"며 항의하자 구장은 "이영쇠가 주재소에 불을 지르지 않았으나, 죄 있는 사람을 내어주는 것이 좋지, 마을 전체가 망하게 하는 것이 좋은가"라고 했다. 그는 15년 징역형을 선고받았고 두차례 감형으로 1929년 4월 가출옥했다. '출옥후 보호자'란에 고양군 용강면 아현리 경성구호회라 쓰여 있다. 1932년 4월 함흥으로 본적을 옮겼고 이후 삶을 알 수 없다.

1919년 4월 3일 화수리 주재소 일본인 순사 가와바타가 쏜 총알에 사망한 이덕명(이경백)이 있다. 그가 거주했던 장안면 사곡리 구장은 "그놈은 집도 없고 처자도 없는 사내", "거처가 정해진 곳이 없는 놈"이라 했고 그를 머슴으로 고용했던 김연성은 "대략 30세쯤 사내로 작년 가을부터 우리집에 있었다", "이전에도 우리집에 두고 일을 시킨 일이 있다"고 했다. 이영쇠와 이덕명, 이 만세시위의 가장 핵심적인 인물이었음에도 1968년부터 시작된 독립유공자 포상에 포함되지 못하다가 21세기 들어 마지막으로 포상과 훈장을 받았지만 후손이나 관련자가 없는 '미전수자'이다.

이들이 왜 삼일운동에 참여했는지를 알 수 있는 기록은 없다. 그러나 시위 처리 과정에서 보인 마을 상층 지역유지(구장 및 면장) 및 식민권력

(순사)의 차별과 멸시, 마을 내의 '외지인'으로서 머슴에 대한 방관자 내지 배제의 시선을 엿볼 수 있다. 1923년 경남지역 리포트기사에서 머슴은 "100의 99가 무의(無依), 무가(無家), 무식(無識), 무렴(無廉)한 사람이다. 말하면 사람의 부스럭(屑)이다. 이것이 모두 여러 원인에 기인한 생활파기(生活破棄), 품성파산(品性破産), 달리 말하면 가정파괴의 산물이다. 이리하야 그들은 드디어 형제처자(兄弟妻子) 불상견(不相見)의 참상에 빠진 것이다."[39]라고 했다. 집도 없이 의지할 데 없고 무식하고 염치없는 사람, 사람의 부스러기라고 표현하고 있다. 경제적 생활의 파탄에서 품성마저 파탄된 자들이기에 형제·처자도 만나지 못하고 흩어져 살아가는 인생이라는 것이다. 머슴을 바라보는 싸늘한 시선이다.

한편 일제 식민지기 머슴에 대해 사회적으로 이슈가 된 것은 일탈과 도덕적 파탄이다. 이러한 사건은 문학작품에서 머슴의 모습으로 형상화된 경우가 많다. 머슴은 20~40대의 청장년 남성으로 결혼 여부에 상관없이 독신으로 고용주의 집에 기거하며 농업노동에 종사하는 경우가 대부분이었다. 간혹 사정이 어려워 가족 모두가 행랑채에 기거하며 안팎으로 '더부살이'를 하는 경우도 있었다.

〈표 7〉은 머슴과 고용가 여성과의 불륜에 대한 기사이다. 일제 식민지기 사회적 도덕·윤리는 남성 중심의 가부장적 질서가 강하게 온존되는 상황에서 남녀 간의 애정 문제가 다양한 형태로 사회적 이슈가 되었다. 독신 젊은 남성의 존재는 다양한 성적(sexual) 갈등을 초래했다. 가부장적 질서 속에서 차별받고 학대받는 부녀자, 과부 등 성적·경제적·사회적으로 억압·불만을 가진 여성과 사회적 연고가 약하면서 사

---

[39] 「兄弟, 妻子, 不相見의 形形」, 『開闢』 제34호(1923. 4. 1).

회경제적으로 가장 낮은 처지에 있던 남성노동력 머슴은 불륜·일탈의
상호대상이 되었다. 또한 공간적으로 타인이 한 집에 머무는 사회적
관계는 상호 불편한 상황을 만들 여지가 많았다.

〈표 7〉 머슴 관련 불륜 기사

기사제목	내용	출전
자기집 머슴과의 비밀한 因果로, 나흔 자식을 죽이고 공판을 밧게된 계집	강원도 원주군 부론면 이○○의 처가 남편이 없는 틈을 타서 머슴과 통정하고 아이를 가져 친정에서 딸 출산 후 아이를 압살	『東亞日報』, 1921. 12. 10.
자기집 머슴인 17세 소년과 40세 과부간에 나흔 자식을 뒷산에 버리고 과부는 경찰에 잡히엇다고	전북 옥구군 구을면 이○○은 4년전 과부가 된 후 자기집 머슴 17세 소년과 관계를 맺다가 아이를 가져 딸 출산, 다른 사람의 이목이 두려워 아이를 뒷산에 유기	『東亞日報』, 1924. 5. 15.
私生兒 處置難, 머슴하고 나흔 아이를 엇절수 업서 경찰에	경기도 부천군 다주면 과부 민○○은 자기집 머슴과의 사이에서 딸을 출산, 과부로서 출산이 부끄러워 개성의 어떤 집에 유기했다가 발각되어 유기죄로 서대문형무소에서 징역 6개월 복역, 출소후 머슴 황○○에게 아이를 데려다 주었지만 홀아비 손으로 키울 수 없다고 돌려주자 인천경찰서에 實父에게 돌려달라고 청원	『東亞日報』, 1925. 4. 2.
아이 낳아서 죽이고 법정에 선 두 남녀	나이 40이 넘은 과부가 동리의 젊은 머슴과 통정한 후 출산한 아이를 압살, 치정녀에게 3년 구형	『조선중앙일보』, 1933. 8. 25.
머슴과 간통 산아후 압살	전남 장성군 삼서면 임○○은 자기집 머슴과 통정후 딸을 출산. 주위 시선이 두려워 아이를 압살	『東亞日報』, 1935. 6. 27.
분만한 아이를 압살한 처녀, 머슴과 불의 통정 결과	경기도 김포군 월곶면 소○○이란 처녀가 자기집 머슴과 통정 후 출산, 소문이 두려워 압살	『조선중앙일보』, 1936. 1. 7.
머슴과 逃走, 남편 나이 만타고	함남 문천군 구산면 곽○○의 처 정○○(19)은 시부집 머슴 정○○(28)과 통정 후 함께 종적을 감추었다. 머슴 정○○은 홀아비이고 정○○은 남편의 나이가 많다며 性的 불평을 했다고 한다.	『東亞日報』, 1925. 8. 25.
本夫와 三兒 버리고 머슴과 逃走, 돈 140원까지 훔	함남 단천군 북두일면 신○○의 처 김○○은 자기집 머슴 최○○과 통정, 최○○은 주인	『東亞日報』, 1936. 4. 30.

기사제목	내용	출전
처가	신〇〇에게 술을 강권해 취해 잠들게 한 후 돈 140원까지 훔쳐 둘이 함께 도주	
남편을 버리고 머슴과 도망	충남 연기군 전의면 차〇〇은 생활이 곤란해 그의 처를 조〇〇(22)을 여인숙에 고용녀로 보냈는데, 그 집 머슴과 함께 경성으로 도망	『東亞日報』, 1937. 12. 12.
혼인 수일전에 파혼, 십팔 세 처녀가 시집가려할 때 머슴이 나서서 자긔 안해 라고 해서	경남 고성군 고성면 이〇〇(18)은 고성면 안〇〇과 약혼하고 혼례식을 준비 중 신랑집에서 파혼 요구, 이〇〇은 8~13세까지 5촌 집에서 자랐는데 그 집 머슴살이하던 황〇〇(29)이 이미 자기와 결혼하고 부모도 허락했다고 훼방하여 파혼, 이〇〇 집에서는 그 머슴을 고소	『東亞日報』, 1925. 4. 26.
여아 능욕 상해, 남의 집 머슴이	강원도 통천군 통천면의 박〇〇집 머슴 공〇〇(38)은 집에 사람이 없는 틈을 박씨 손녀(8)를 능욕하여 국부에 중상을 입혀 생명이 위독, 공〇〇은 도주	『東亞日報』, 1927. 5. 26.
친족 집에 머슴살다, 그 며느리를 매끽	경북 영주군 장수면 권〇〇은 친족집에 머슴을 살던 중 주인 권씨의 며느리를 유인하여 현금 80원에 팔았다. 주인 권씨는 권〇〇의 부모를 무수히 구타하고 고소	『조선중앙일보』, 1936. 8. 6.
失行女의 譎計로 생명일케 된 雇人, 본부 속이고 간부까지 속인 녀자, 간통한 머슴은 마저서 생명위독	경남 산청군 시천면 조〇〇은 정〇〇 집에 머슴을 살았는데, 그 집 며느리 남〇〇과 통정해오던 중, 약속대로 남〇〇의 방에 들어가자 갑자기 '도적이야' 고함을 질러 조〇〇을 강간미수죄로 고발, 경찰 조사 후 석방하자 조〇〇은 단성으로 가서 품팔이를 하고 있었으나 매우 불쾌한 정〇〇이 찾아가 폭행	『東亞日報』, 1928. 1. 31.
불타는 戀心에 人妻를 刺殺, 愛의 갈등이 빚어낸, 중년 머슴의 범죄	평남 평원군 박〇〇은 신〇〇의 집에서 머슴을 살았는데 그 처 오〇〇과 사랑을 해 오다가 오〇〇이 마음이 변하자 목을 졸라 죽임	『조선중앙일보』, 1936. 7. 14.

　　고용가의 여성과 머슴 간의 불륜으로 임신과 출산이 이루어지면 사회적 이목이 두려워 아이를 살해·유기하는 상황이 만들어졌다. 특히 젊은 여성의 경우 남편에게 불만이 있을 때 머슴과 애정관계를 맺고 함께 도망하는 경우도 있었다. 머슴이 주인집 여성에 대해 일방적인 성폭행이나 거짓말 유포로 피해를 주기도 했고, 양자 간의 애정관계가

깨졌을 경우 결국 상대방을 죽음에 이르게 하는 경우도 있었다.

머슴의 고용가에 대한 폭력 및 도둑질 사건도 종종 발생했다(《표 8》). '떠돌이' 신세로 1~2년 단위로 고용되어 비인간적 대우와 저임금을 받는 머슴의 범죄 양상이었다. 뺨맞고 무시당하고 모욕적 언사에 시달리는 상황에서 머슴의 보복적 범죄가 발생하는 경우가 많았다.

〈표 8〉 머슴의 범죄 관련 기사

기사제목	내용	출전
뺨마즌 보수로 사람을 죽이고자	강원도 김화군 원남면 머슴 김○○은 돈을 빌렸던 엄○○과 다투고 뺨을 맞은 것이 분해 그를 죽이려다 후회하고 그만두었다.	『東亞日報』, 1921. 5. 4
여자를 短刀로 慘殺, 머슴이 주인의 누이를 죽인듯, 내용에는 무슨 관계가 잇나	황해도 장연군 용연면 김영삼의 누이가 과부가 되어 동생집에 와서 살게 되었는데, 그 집 머슴인 김○○과 어떠한 이유인지 늘 언쟁을 해 오던 바 말다툼이 되어 머슴이 여성을 찔러 죽임.	『東亞日報』, 1922. 10. 14.
侄女를 慘殺, 長淵살인범인 머슴은 바로 삼촌	위의 기사에 머슴 김○○은 삼촌, 조카딸이 더부살이하는 삼촌이 너무 게으르매 곡진하게 타이른 것에 앙심품고서 살인한 것	『東亞日報』, 1922. 10. 24.
一家三人을 慘殺한, 머슴은 잡히어, 원인은 품삭 안준 혐의로	충남 아산군 선장면 최현구, 그의 처 류씨, 며느리 김씨가 자택에서 피살, 범인은 평택역 근처에서 배회하다 체포, 범인은 최씨집 머슴으로 사소한 불평이 생겨 주인이 새경을 주지 않고 나가라 함에 분개하여 악행을 저질렀다.	『東亞日報』, 1922. 11. 29.
盜賊을 目的 主人집에 放火 머슴살이가	전남 담양군 봉산면 현○○집 머슴 강○○은 주인집 곳간의 벼를 훔칠 목적으로 방화	『東亞日報』, 1933. 3. 2.
데릴사위 十年에 깨어진 원앙의 꿈, 품팔이 갓다오니 안해 옮겨앉어, 傷害罪로 법정에 선 머슴	함남 덕원군 풍상면 장○○은 10년전 손명락의 딸 손○○와 약혼한 후 18세때부터 손씨 집에서 데릴사위로 일심정력을 다해 10년간 꾸준히 처가 일을 하며 화촉의 보금자리를 이루고 결혼의 꿈을 꾸었다. 가세가 빈한해 안변하천공사에 노동품을 팔다 돌아가니 아내는 김모라는 청년의 부인이 되었다. 이에 격분하여 말다툼을 하다 이를 말리던 장모를 발길로 차서 결국 사망했다.	『東亞日報』, 1933. 6. 3.

기사제목	내용	출전
1400餘圓을 窃取後 잠적, 동거하든 머슴의 所爲	함남 신갈파진 목재상 최운봉씨 집에 2년간 머슴을 살던 오○○(21)이 14○○원을 절취하고 만주 방면으로 도주	『東亞日報』, 1934. 1. 23.
머슴이 주인을 난타 후에 잠적	충남 홍성군 홍봉면 최순오는 머슴과 함께 추석에 홍주장에 돼지를 팔고 돌아오던 중, 갑자기 머슴 이○○이 등 뒤에서 작대기로 난타한 후 잠적. 이유는 알지 못한다.	『조선중앙일보』, 1934. 6. 11.
虛榮心이 留置場, 머슴이 주인집 畜牛를 팔아 양복을 사입어	함남 함주군 흥남읍의 머슴 박○○은 주인집 축우를 절취하여 42원에 매각하고 그 돈으로 양복을 사서 신사로 가장하고 음식점에서 술을 마시다 체포	『東亞日報』, 1935. 7. 5.
豪遊 꿈꾸든 머슴, 필경 竊盜질	경기도 부천군 부내면 서○○의 머슴 심○○은 주인집 안방에서 현금 120원을 절취	『東亞日報』, 1937. 9. 18.
覆面强盜 出現! 머슴이 주인집에 강도로 침입해	황해도 해주군 서석면 서정구 집에 복면강도가 침입하여 돈을 내놓으라고 위협하여 5원을 주어 돌려보냈다. 강도는 서정구 집 머슴 김○○으로 주인집 작은아들들과 사이가 좋지 않았는데, 정초 집에 갔다 먹을 길이 막막하여 강도를 하게 되었다.	『東亞日報』, 1938. 2. 25.
돈 가지고 도망한 시골머슴을 잡어	전북 정읍군 곽화준의 머슴 민○○은 주인의 돈 100원을 절취하여 서울로 도망	『東亞日報』, 1938. 3. 24.

〈표 8〉의 사례는 머슴의 자신에 대한 대우에 대한 불평으로부터 나온 범죄 양상이다. 그렇다면 머슴은 어떤 점을 가장 힘들어하고 그것을 해소하는 방법은 무엇이었을까. 1950년대 머슴의 목소리이지만,[40] 이것은 일제 식민지기의 상황과도 크게 다르지 않았을 것이다. 첫째, 과중한 노동과 그로 인해 발병했을 때도 휴가를 얻을 수 없는 것에 대한 불평이다. '잠자는 시간 외에는 쉴 시간이 없다', '뼈가 뿌러지도록 일을 해도 잔소리를 하니 그건 정말 듣고 있을 수 없더라', '시키는 사람은 열이고 일하는 놈은 내 하나니… 아이도 어른도 닥치는대로 부러먹

---

[40]   金炳台, 1957, 앞의 논문, 133~137쪽(제8장, 述懷를 通하여 본 머슴의 이모저모).

으랴 하니', '10년 동안 머슴살이 남은 것은 골병이고', '힘이 약해서 머슴사리에 골병들겠다.' 몸 상태가 좋지 못할 경우 이를 적절히 예방하고 치료하면 큰병이 되지 않겠지만 중태에 빠지기 전에는 꾀병이라 오해받을까 두려워 휴식을 취할 수 없었다. 그러나 때로 과중한 노동을 피하기 위해 태업이나 꾀병, 단식 등으로 저항하기도 했다.

둘째, 식사를 비롯한 간식과 담배 등에 대한 불평이다. '일이 고대서 게으름을 좀 부렸더니 먹을 것을 두고 주질 않더라', '술을 두고도 안주니 곡할 노릇이다', '술 아니면 살 수 없는데 술은 안 주고 일은 시켜 먹으랴 하니 내가 일을 제대로 할 수 있나.' 먼저 식사에 대해서는 양적인 문제이다. 그들의 과중한 노동을 감당할 수 있는 칼로리 충족은 질적으로 우수한 고칼로리 영양식이 아닌 영양가 적은 조잡한 식사를 양으로 보충하는 것이었다. 이에 식사량은 보통 사람들이 보기에는 많은 양이었다. 그런데 이들의 식욕을 채우지 못할 정도로 식사가 제공될 경우에는 예민하게 대응하며 불평이 심했다. 이에 농번기에는 관습적으로 고기류의 반찬이 식사에 제공되기도 했다. 이런 것이 없을 경우 태업 등으로 저항했다.

한편 간식으로 가장 중요한 것은 술이었다. 술을 주지 않는 것에 대해서는 '곡할 노릇이다', '일을 할 수가 없다'는 반응을 보이고 있다. 농번기에는 하루 2~3차례 탁주가 지급되는 것이 상례였다. 탁주는 노동의 피로감과 갈증을 상쇄하고 부족한 칼로리도 보충하는 역할을 했다. 술이 지급되지 않을 때는 고용주에 대한 반항심이 더욱 예민해져 때로는 고용주에게 돌발적이고 비정상적인 언사와 행동을 보이기도 했다.

이 외에도 인격적 멸시에 대한 불평으로 태업이나 폭언·폭행으로 대항하는 경우도 있었지만, 그런 경우 중도해약되어 머슴 자신의 손해가 컸다. 1950년대 머슴은 5년 이상 머슴을 하고 있는 자가 50%가 넘었고, 부친에 이어 세습적으로 머슴을 사는 자가 거의 40%에 달했다. 이것은 머슴이 자신의 지위와 대우에 대해 소극적으로 대응하며 예속적 관계를 용인하는 경우가 많았음을 반증하는 것이다. '머슴살기는 싫지만 집에 앉아서 밥 굶기보다는 낫다', '내년에도 별수 없이 머슴밖에는 살 도리가 없다', '내것 없어서 남의 집을 사는 판에 할 말 다할 수는 없지.' 자본주의적 공업의 미발달은 여전히 농촌에 상대적 과잉인구를 온존시켜 노동력 외에 다른 자산이 없는 빈민에게 근대적 계약관계에 따른 권리를 생각하고 주장할 노동자로서의 존재와 의식은 요원했다.

머슴으로 산다는 것, 법률적으로 자유인이었지만 '종놈'이라는 멸칭으로 불릴 정도로 머슴은 온전한 인격체로 인정받지 못하는 경우가 많았다. 대체로 머슴살이를 부끄러운 것으로 생각해 다른 마을의 사람이 들어와 머슴을 사는 경우가 많았다. 전통적 신분질서가 무너졌다 해도 토지에서 완전 유리된 노동력에 대해서는 '외부인', '떠돌이', '뜨내기'와 같은 차별과 멸시, 불신의 시선을 보내는 경우가 많았다. 또한 머슴에 대한 노동능력 평가는 고용주의 판단보다 마을사람들에 의해 이루어졌다. 특히 어린 머슴이 나이가 차서 정식 머슴이 되는 것도 마을 사람들의 평가에 따랐다고 한다.[41] 마을 단위의 공동체적 질서가 온존되고 있던 20세기 전반 조선 농촌에서 장기간에 걸쳐 '가족처럼' 지내야 하는 외부 노동력에 대한 집단적 감시와 평가가 이루어진 것이다. 머슴은 가난하고 외로운 처지로 경제적 수입을 얻기 위해 일을 했지만, 이들은 자유로울 수 없는 개인으로 멸시와 배제의 차별적 시선 하에 놓여 있었다.

---

41   윤수종, 1991. 4, 앞의 논문, 152쪽.

4. 맺음말

이 글에서는 일제 식민지기 조선 농촌의 특수한 고용노동력이었던 머슴의 사회경제적 지위와 삶의 방식, 이들에 대한 사회의 시선, 인식을 살펴보았다. 머슴제도가 가장 활발하게 운용된 시기는 일제 식민지기였다. 머슴이라는 존재는 한국의 근대와 자본주의 전개과정에서 전근대적 전통과 식민지체제에 의한 형성된 식민지적 근대성이 혼종된 대표적 사례였다.

머슴의 반(半, semi)프롤레타리아적인 특성은 식민지 조선사회의 성격을 둘러싼 논의의 하나였던 '식민지반봉건사회론'을 소환하여 재검토하는 매개가 될 수 있다. 농촌사회에서 식민권력(총독부)과 그에 결탁한 협력세력(식민지지주)의 지배하에 있던 농민들의 삶에 남겨진 '반(半)봉건성'은 민족모순과 계급모순의 중첩이라는 수탈과 피해의 양상이었다. 한편 식민지반봉건성은 변혁의 틀에서 민중 저항의 근거로 언급되었지만 농민의 고달픈 현실을 살아가기 위한 '안정적' 관습의 수용과 안주라는 차원에서 살펴볼 여지도 있다. 식민지 민중에게 제국주의-식민주의와 결합된 자본주의는 온정적 '위민(爲民)'을 내세우는 봉건적 체제보다 나은 대안이 될 수 없었다.

이에 대해 식민지하의 이식자본주의 전개에 대항해서 식민지 민중이 자기 재생산을 영위하는 영역을 설정하는 '민족경제권'론이 제기되었다. '민족경제권'론에서는 민족자본 여부를 둘러싼 논의가 우선되었지만, 더 본질적인 것은 민중들이 전근대적인 전통적 생활방식을 바탕으로 유치하고 세련되지 못했지만 자신들의 삶을 영위하기 위한 자구책으로 형성·유지해온 민중생활권의 영역을 찾아내고자 한 것이다.

신분제 해체로 경제외적 강제에서 벗어났음에도 조선의 소작농민들은 가혹한 소작조건을 수용하며 '죽지 못해 사는 버티기경제'(생존경제) 생활을 이어갔다. 이들의 삶은 시대착오적이고 지체된 '봉건적' 형태를 띠기도 하고, 합리적이고 세련된 근대성과 만나지도 못했다. 잦은 자연재해와 전염병으로 인한 생존에 대한 두려움이 상존했던 20세기 전반기 조선 농촌에서 이민족의 정치권력적 지배와 계약과 화폐의 물신화(物神化)를 토대로 하는 자본주의적 생산관계의 확대는 낭떠러지 지형을 만들었다. 전근대적 전통의 온존과 활용은 익숙함과 연대의 힘을 만들어 추락하지 않고 버티며 살아가는 동력이 될 수 있었다. '식민지반봉건성'과 '민족경제권' 담론은 일제 식민지기를 버티며 살아온 농민들의 삶을 읽어내는 데 도구로 재탐색될 필요가 있다.

일제 식민지기 머슴은 농업노동을 감당할 수 있는 능력을 지니고 있어야 했으므로 대체로 농사일을 할 수 있는 청장년층 남성이었다. 1930년 국세조사에서 조선 전체에 농경종사자는 730만여 명이고, 그중 머슴(作男作女)은 446,675명으로 농업종사자 중 6%를 차지했다. 반면 일고 등의 기타 농업노동자는 0.6%에 불과했다. 머슴은 남녀의 차이가 컸다. 남성 농업종사자는 500만 명인데, 그중 머슴은 442,928명으로 거의 9%에 달했다.

머슴의 고용실태는 1930년 기준 전국적으로 지주계급의 41.4%, 자작농 23.5%, 자소작농 20.4%, 소작농 7.4%의 농가가 머슴을 고용하고 있었다. 높은 경제력을 가진 지주부터 소작농까지 농업노동력으로서 머슴을 고용하고 있었다. 또한 지역별 차이도 컸다. 충청·전라·경상의 남부지역은 지주의 경우 최대 78%에서 60% 이상이 머슴을 고용했다. 경기도는 지주 호수의 27.8%만이 머슴을 고용하고 있는데, 이는 농촌에 거주하지 않고 주변 도시(경성·인천 등)에 사는 부재지주가 많았기 때문이다. 경기도는 다른 계층에서도 남부지역에 비해 머슴고용률이 낮은 편인데, 이는 농촌내 상대적 과잉인구의 유출 요인이라 할 수 있는 도시와 상공업의 발달이 이루어진 지역이라는 특성이 반영된 것으로 보인다. 평안남북도, 함경북도와 같이 상공업·광업이 발달한 지역에서 특히 머슴고용률은 10% 전후로 낮았다. 산업발달의 정도와 함께 전통적인 신분제적 질서의 존속 정도도 머슴 고용의 지역적 차이를 가져오는 요인이었다.

머슴의 하루는 일로 시작해 일로 끝났다. 이들의 기본 업무는 농업노동이다. 그러나 농사일 외에 각종 집안일을 총괄하는 실질적인 경영자의 역할도 부여되었다. 머슴의 노동시간과 강도는 가족노동력의 노동에 비해 훨씬 길고 힘들었다. 머슴은 1년 단위로 고용되어 노동력을 제공한 대가로 일정한 보수를 받았는데 이를 새경이라 한다. 새경은 대개 계약기간이 만료되는 시기에 지급되지만, 머슴살이를 시작할 때 새경의 일부를 선지급(선식)하기도 했다.

머슴이 된다는 것은 자신의 노동력 외에는 어떠한 경제적 수단이 없기에 소나 말처럼 부려먹는 존재로 대우받으며 삶의 마지노선으로 가족의 생존을 위해 '굴욕적'인 출가노동을 버티며 살아가는 것이었다. 머슴에게는 새경만이 유일한 목숨줄인 가족이 있다. 그러나 그 액수는 너무 작았고 가족과 자신의 삶은 더욱 힘들어지며 버티기 힘든 상황에 직면하여 목숨을 끊는 사건도 신문지상에 자주 등장했다

한편 머슴은 지주계급부터 소작농가에서도 고용하고 있었다. 1920년대 소작쟁의가 분출하여 자소작·소작농가는 지주에 대항해 소작조건 개선을 위해 싸워갔지만 자신이 고용한 머슴에게는 고용자로서의 이해관계가 앞섰다. 식민지 조선 농촌의 모순 전가 피라미드 최말단에 머슴이 있었다.

조선 농촌의 상대적 과잉인구의 적체로 형성된 머슴은 일제 침략전

쟁기에 또 다른 국면을 맞이했다. 1938년부터 시작된 노동력 강제동원에 머슴은 우선 대상자였다. 한편 머슴의 입장에서는 열악한 노동조건에서 '인간적' 대우도 받지 못하는 형편이었기에 '모집' 형태로 진행된 강제동원을 농촌을 벗어나 광공업 노동자가 될 수 있는 기회로 받아들일 수도 있었다. 총독부는 농촌의 '과잉노동력'으로 치부된 머슴을 동원하는 데 부담이 없었다. 그러나 '자의반 타의반' 강제동원에 의해 농촌을 떠난 머슴의 삶이 어떠했는지는 일제 강제동원의 실상 속에서 충분히 유출해 볼 수 있다.

이들은 일제 패망과 조선의 해방으로 귀향했지만 토지에 대한 연고권이 없어 농지개혁 과정에서도 분배 대상에서 제외되었다. 1950~60년대까지 한국 농촌에 머물렀던 머슴은 일제 식민지기 민족모순과 계급모순의 최하위 담지자에서 벗어나 계층상승의 사다리를 제대로 올라타지 못한 채 고된 삶을 이어갔다.

머슴은 농촌문학 작품에 등장할 정도로 일제시기 농민들의 삶에 밀접해 있었는데, 이들에 대한 사회적 시선은 '신량역천(身良役賤)'과 같이 유용하지만 모멸 · 천시의 대상이기도 했다. 특히 이들이 사회적으로 이슈가 된 것은 일탈과 도덕적 파탄이다. 머슴은 20~40대의 청장년 남성으로 결혼 여부에 상관없이 독신으로 고용주의 집에 기거하며 농업노동에 종사하는 경우가 대부분이었다. 가부장적 질서 속에서 차별받고 학대받는 부녀자, 과부 등 성적 · 경제적 · 사회적으로 억압 · 불만을 가진 여성과 사회적 연고가 약하면서 사회경제적으로 가장 낮은 처지에 있던 남성노동력 머슴은 불륜 · 일탈의 상호대상이 되었다.

머슴의 고용가에 대한 폭력 및 도둑질 사건도 종종 발생했다. 뺨맞고 무시당하고 모욕적 언사에 시달리는 상황에서 머슴의 보복적 범죄가 발생하는 경우가 많았다. 그렇다면 머슴의 주요 불평 요소는 무엇이었을까, 첫째, 과중한 노동과 그로 인해 발병했을 때도 휴가를 얻을 수 없는 것에 대한 불평이다. 둘째, 식사를 비롯한 간식과 담배 등에 대한 불평이다. 특히 간식으로 가장 중요한 것은 술이었는데 탁주는 노동의 피로감과 갈증을 상쇄하고 부족한 칼로리도 보충하는 역할을 했다. 술이 지급되지 않을 때는 고용주에 대한 반항심이 더욱 예민해져 때로는 고용주에게 돌발적이고 비정상적인 언사와 행동을 보이기도 했다. 이 외에도 인격적 멸시에 대한 불평으로 태업이나 폭언·폭행으로 대항하는 경우도 있었지만, 그런 경우 중도해약되어 머슴 자신의 손해가 컸다.

머슴은 법률적으로 자유인이었지만 '종놈'이라는 멸칭으로 불릴 정도로 온전한 인격체로 인정받지 못하는 경우가 많았다. 대체로 머슴살이를 부끄러운 것으로 생각해 다른 마을의 사람이 들어와 머슴을 사는 경우가 많았다. 토지에서 완전 유리된 노동력에 대해서는 '외부인', '떠돌이', '뜨내기'와 같은 차별과 멸시, 불신의 시선을 보내는 경우가 많았다. 또한 머슴에 대한 노동능력 평가는 고용주의 판단보다 마을사람들에 의해 이루어졌다. 마을 단위의 공동체적 질서가 온존되고 있던 20세기 전반 조선 농촌에서 장기간에 걸쳐 '가족처럼' 지내야 하는 외부 노동력에 대한 집단적 감시와 평가가 이루어진 것이다. 머슴은 가난하고 외로운 처지로 경제적 수입을 얻기 위해 일을 했지만, 이들은 자유로울 수 없는 개인으로 멸시와 배제의 차별적 시선하에 놓여 있었다.

논문 출처

본 도서 초출(初出).

식민지적 근대와 조선 사회 1

참고문헌

1. 자료

『東亞日報』.
『조선중앙일보』.

『開闢』.
『朝鮮農民』.
『殖銀調査月報』.

朝鮮總督府, 1932, 『朝鮮ノ小作慣行(上)·(下)』.
朝鮮總督府, 1932, 『朝鮮總督府統計年報(昭和5年)』.
朝鮮總督府, 1934, 『昭和五年 朝鮮國勢調査報告(全鮮編 第一卷) 結果表』.
小早川九郎 編著, 1960, 『補訂 朝鮮農業發達史 (付篇) 資料篇』, 財團法人 友邦協
    會.

2. 저서

정병욱, 2022, 『낯선 삼일운동』, 역사비평사.
정태헌, 2007, 『한국의 식민지적 근대 성찰: 근대주의 비판과 평화공존의 역사학
    모색』, 선인.
제임스 스콧, 김춘동 옮김, 2004, 『농민의 도덕경제: 동남아시아의 반란과 생계』,
    아카넷.

헨리 번스타인 지음, 임은희 · 권오범 옮김, 2018, 『농업변동의 계급동학』, 따비.

3. 논문

금인숙, 2006, 「마르크스주의 사회과학에서의 오리엔탈리즘: 1980년대 사회구성 체논쟁을 중심으로」, 『담론201』 9(3).

김병태, 1956 · 1957, 「머슴에 관한 연구(1) · (2)」, 『경제학연구』 제4 · 5호, 한국경 제학회.

연규집, 1987, 「머슴제도를 중심으로 한 농가경제 및 농업생산관계에 대한 고찰」, 『청주대논문집』 제6집.

윤수종, 1991.4, 「머슴제도에 관한 일 연구: 일제시기 이후 변모과정을 중심으로」, 『사회와 역사(구 한국사회사학회논문집)』 28.

이송순, 2008, 「일제하 식민농정과 조선 농업, 농민 연구의 현황과 과제」, 『쌀 · 삶 · 문명 연구』 창간호.

이아리, 2023, 『한국 근대 가사서비스노동의 형성과 변동』, 서울대 대학원 국사학 과 박사학위논문.

장시원, 1991. 4, 「식민지하 조선의 반봉건적 토지소유에 관한 연구: 1920~30년대 를 중심으로」, 『경제사학』 4.

梶村秀樹, 1986, 「朝鮮近代史研究における內在的發展の視覺」, 『東アジア世界史 探求』, 汲古書院.

新納豊, 1983, 「植民地下の「民族經濟」をめぐって: 直接耕作農民を中心に」, 『朝 鮮史研究會論文集』 20.

李洪洛, 1995, 「日帝下朝鮮民衆の再生産活動とその經濟的基盤: 「民族經濟」圈解 明のための一環として」, 神奈川大學大學院博士學位論文.

08 금융조합 조선인 이사의
사회적 위상과 존재 양태

1. 머리말

일제시기 지역사회에 영향력을 행사 한 엘리트는 식민지 사회의 변화 양상을 구체적으로 살필 수 있는 연구대상이다. 엘리트 성장의 사회적 배경, 지역사회 내에서의 역할, 식민권력과의 관계, 이러한 존재조건에서 형성된 정체성 등은 전통사회에서 근대사회로의 전환기에 나타난 식민지 근대의 성격을 고찰할 수 있는 연구 주제이다. 이 글의 연구 대상은 일제시기 관치금융기관의 하나인 금융조합의 조선인 이사들이다. 이들은 조선총독이 직접 임명한 준 관료로서 전문 실무 능력을 갖춘 금융조합의 실질적인 경영자였다. 또한 지역사회에서는 금융조합의 대출 업무를 통해 농민의 경제생활에 영향력을 행사한 인물들이다.

조선인 이사에 관한 선행연구는 식민지 농촌지배정책에서 이들이 수행한 역할과 경제인식을 주로 고찰하였다. 선행연구에 따르면, 조선인 이사들은 ① 식민지배 말단기구인 금융조합에 근무한 식민지배의 협조자였으며,[1] ② 조선농촌 근대화의 조건으로 국가의 강력한 지도와 통제를 받는 관제협동조합의 필요성을 주장하였다.[2] 선행연구를 바탕으로 이 글은 ① 식민권력의 지역사회 침투과정에서 조선인 이사가 수행한 역할, ② 경제인식과 관련해서 국가주의적 협동조합론에 기반한 조선인 이사들의 존재 양태와 자의식을 고찰하고자 한다.

연구방법론 측면에서 다음 두 개의 선행연구는 많은 시사점을 제공한다. 하나는 식민권력과 지역사회라는 문제의식에서 식민권력의 지역사회 침투력과 방식, 그 과정에서 발생하는 '식민권력−지역유력자−지역민' 사이의 대립과 갈등, 그 결과로 나타나는 지역사회 변화의 양상과 성격에 관한 연구이다.[3] 다른 하나는 근대주체의 역사 재구성이라는 문제의식에서 한국인 식산은행원의 식민지 경험과 의식을 분석한 연구이다.[4] 연구에 따르면, 한국인 식산은행원은 한국인으로는 드문 고학력자로서 성취욕이 강하고 엘리트 의식을 가진 근대주체였지만, 민족차별의 벽을 넘지는 못하는 식민지인이었다.

이 글은 식민지 조선이라는 역사적 조건에서 서구적 근대의 이식과 수용을 통해 형성된 식민지 근대인의 삶을 고찰하는 입장에서,[5] 조선

---

1   최재성, 2005, 「일제하 금융조합 활동과 인적구성」, 성균관대학교 사학과 박사학위논문.
2   이경란, 2005, 「경제전문가집단의 경제인식과 경제관: 금융조합 조선인 이사를 중심으로」, 『일제하 지식인의 파시즘체제 인식과 대응』, 혜안.
3   김민철, 2004, 「조선총독부의 농촌중견인물 정책 연구」, 『한국민족운동사연구』 41, 한국민족운동사학회; 김민철, 2006, 「일제의 촌락지배와 농촌중견인물」, 한국역사연구회 근대2분과 10월 발표문.
4   정병욱, 2003, 「해방이후 식산은행원의 식민지 기억과 선택적 인식」, 『역사와 현실』 제48호; 정병욱, 2003, 「한국인의 식민지 경험과 근대주체 형성: 조선식산은행원을 중심으로」, 『역사문제연구』 제11호; 정병욱, 2007, 「조선식산은행, 식민지를 살다」, 『역사비평』 제78호.(봄).
5   정태헌, 2007, 『한국의 식민지적 근대 성찰: 근대주의 비판과 평화공존의 역사학 모색』, 선인.

인 이사들이 체득한 전문 실무 능력과 근대의식의 성격을 살펴보고자
한다.[6] 이를 위해 선행 연구들을 바탕으로 먼저 고학력 조선인의 금융
조합 취업과정과 이사들이 지역사회에서 영향력을 행사하는 사회적
조건을 살펴보았다. 다음으로 농촌체험과 민족차별 경험을 통해 형성
되는 이들의 자의식을 살펴보았다. 자료의 한계로 1930년대 '농촌진흥
운동'기에 재직한 조선인 이사를 중심으로 분석하였다. 1981년부터 한
국일보사에서 출판한 『재계회고(財界回顧)』에 수록되어 있는 4편의 회고
록을 주로 이용하였다.[7]

2. 고학력 조선인의 이사 취업

1907년 설립된 금융조합은 외형상 조합원 출자금으로 경영되는 협동
조합이었다. 그러나 금융조합은 도(道)의 감독과 지시 하에서 운영되었
으며,[8] 조선총독부의 정책적 보호와 지원 속에서 식민정책자금을 공급

---

6   일제시기 조선인의 삶은 크게 세 가지 관점에서 연구되고 있다. 하나는 식민지배의
     수탈성과 민족정체성의 훼손을 비판하는 지배와 저항의 관점으로, 조선인을 민족세
     력과 반민족세력으로 범주적으로 구분하고 전자에 정당성을 부여한다. 다른 하나는
     일제시기의 '근대적 성장'을 해방 이후 한국경제발전의 전사로 파악하는 관점으로,
     경제성장에 주체적으로 참여하여 근대적 능력을 학습한 인적자본으로서의 조선인에
     주목한다. 마지막은 근대비판이라는 문제의식에서, 조선인 개인의 근대인으로의 전
     환과 근대의식 형성에 주목하는 연구이다.
7   회고록 4편으로 1930년대 조선인 이사들의 삶과 의식을 일반화하기는 힘들지만, 회
     고록 작성자들이 해방 후 한국경제에 미친 영향력을 생각할 때, 회고록을 통해서 이
     들 삶과 의식의 일단을 금융조합 이사 활동을 통해 살펴보는 것은 의미가 있을 것이
     다. 회고록 저자들의 해방 후 약력은 다음과 같다. 河祥鏞: 일본 야마구치(山口)고상
     (高商) 졸업, 해방 후 대한금융조합연합회 회장, 석탄공사총재 / 吳緯泳: 고베(神戶)
     고상(高商) 졸업, 해방 후 신탁은행(한일은행 전신) 행장, 2대 국회의원, 무임소장관
     / 金裕澤: 경성고상(京城高商) 졸업, 큐슈(九州)대학 졸업, 조선은행 입행, 해방 후 한
     국은행 총재, 6·7대 국회의원, 경제기획원 장관 / 洪在善: 경성법학전문(京城法學專
     門) 졸업, 해방 후 전국경제인연합회 회장.

하는 관치금융기관으로 성장하였다.[9] 협동조합 제도를 식민통치기구의 말단조직으로 이용하려는 일제의 정책적 의도는 금융조합이 자치적 협동조합으로 성장하는 것을 설립부터 제약하는 조건이었다.

금융조합의 경영자는 일상업무(常務)인 예금과 대출업무를 집행하고 책임지는 이사였다.[10] 이사는 1920년대 도시금융조합의 민선(民選)이사를 제외하면,[11] 일제시기 내내 조선총독이 임명하는 관선(官選)이사였다.[12] 1907년 설립 당시 초대 금융조합 이사들은 모두 일본인들이었다. 이들은 식민지통치의 첨병으로 활동할 인재, 특히 식민지행정기구의 중·하급 관리의 육성을 목적으로 설립된 동양협회전문학교[13] 출신자들이었다.[14] 이들은 자신들을 '한국정부의 관리'라고 인식하였다.[15] 또한 조선총독부는 이들을 '산업의 개발자', '경제지도자', '국민사상의 선도자'로 규정하였다.[16]

---

8   井上充亮(慶南釜山第一組合理事),「合邦前後の地方金融組合事情」,『金融組合』제84호, 1935. 9, 37쪽.

9   이경란, 2002,『일제하 금융조합 연구』, 혜안.

10 "탁지부대신은 이사 1명을 추천하여 조합의 常務를 집행시킨다"[「地方金融組合規則」(勅令 제33호, 1907년 5월 30일, 제7조)],"조합의 常務에 대해서는 이사 단독으로 이를 대표한다"[「金融組合令中改正」(制令 제4호, 1929년 4월 27일, 제35조)].

11 도시금융조합의 민선이사제 실시 배경과 운영 상황은 문영주, 2005,「일제하 도시금융조합의 운영체제와 금융활동」, 고려대학교 사학과 박사학위논문, 참조.

12 "이사는 조선총독이 임명한다"[「地方金融組合令」(制令 제22호, 1914년 5월 22일, 제31조)], "조선총독이 지정한 이사는 조선총독이 이를 임면한다"[「地方金融組合令改正」(制令 제13호, 1918년 6월 27일, 제35조)], "이사 및 부이사는 조선총독 이를 임면한다"[「金融組合令中改正」(制令 제4호, 1929년 4월 27일, 제31조)].

13 학교 명칭은 臺灣協會學校(1900~1903), 臺灣協會專門學校(1904~1906), 東洋協會專門學校(1907~1912) 東洋協會植民專門學校(1913~1917), 拓殖大學(1918~1921), 東洋協會大學校(1922~1925), 拓殖大學校(1926~현재)로 변화하였다(君島和彦, 1987,「東洋拓殖株式會社の設立過程(上)」,『歷史評論』제282호).

14 波形昭一, 1985,『日本植民地金融政策史の硏究』, 早稻田大學出版部, 213~214쪽.

15 鈴木直八(咸南·元山組合理事),「昔の思出」,『金融組合』, 제84호, 1935. 9, 27쪽.

16 H·K生, 1922.2,「我輩は朝鮮産業の開發者にして國民思想の先導者なり」,『金融と經濟』34호, 51쪽.

조선인은 금융조합 설립 13년 후인 1919년에 가서야 이사가 될 수 있었다. 1918년 11월 조선총독부는 각도금융조합연합회 이사장 회의에 조선인을 이사로 채용하는 문제를 자문하였다. 1919년 4월에 조선총독부는 32명을 발탁하여 각 도에 배치하고 이사 업무를 견습시켰다. 채용자격은 ① '학력 있고 수완 있고 경험 있고 신망 있는 자', ② 다년간 금융조합 서기 또는 군서기 등의 직무를 수행하여 사무 경험이 풍부한 자였다. 1922년 1월경 조선인 이사는 전체 433조합의 11%에 해당하는 50여 명이었다.[17]

1919년부터 조선인이 이사로 채용되기 시작한 이유는 금융조합이 증설되면서 이사의 수요가 늘어났기 때문이었다.[18] 일본에서 일본인을 이사로 직접 초빙하는 방식은 1차 세계대전의 영향으로 일본경제가 호황을 맞이하면서 어렵게 되었다.[19] 또한 조선어 구사 능력을 갖춘 일본인의 부족도 조선인이 이사로 채용되는 이유 중의 하나였다.[20] 이와 같은 배경에서 조선어와 일본어 구사 능력과 실무 능력을 갖춘 금융조합

---

17 최재성, 앞 논문, 129쪽(관련 자료는 「金組와 鮮人理事」, 『每日申報』 1919. 4. 20; 「村落金融組合 鮮人理事 登用」, 『每日申報』 1919. 4. 21; 「金組增設方針(總督府理財課當局者談)」, 『東亞日報』 1922. 1. 27).

18 1907년 10조합이었던 금융조합은 1910년 120조합, 1915년 227조합, 1920년 397조합, 1925년 510조합으로 증가하고 있었다(朝鮮金融組合聯合會, 『朝鮮金融組合統計年報』 1945년도)

19 "1907년 9월 동교(동양협회전문학교) 졸업생 30명을 초빙해서 금융조합 창설의 임무에 나가게 하고 설치와 동시에 대개 이사로 임명… 업무가 점차 확대되면서… 山口, 神戶, 東京의 각 고등상업학교 졸업생 및 관공사립대학 졸업생을 이사로 推擧… 1918, 19년 이후 歐洲大戰의 영향으로 인한 內地(일본) 사업계의 活況때문에 인재 초빙이 곤란할 때 까지 약 10개년 간 旣定 방침에 의거 이사를 임명하였다"(山根讜, 1929, 『金融組合槪論』, 380쪽).

20 "조합의 이사 제군이 朝夕 조합원에 접촉할 때마다 일일이 통역을 매개하거나 또는 출장 때 통역의 동행을 필요로 하면, 단지 사무의 능률을 減殺하고 경비의 팽창을 招致할 뿐만 아니라, 조합의 중대 사명인 조합원의 지도 훈련 상에 심대한 지장을 면키 어렵다"[一瀨千里(慶尙南道金融組合聯合會理事長), 「朝鮮語と金融組合理事」, 『金融と經濟』 제29호, 1921. 9, 15쪽].

과 군(郡)의 조선인 서기들이 이사로 채용되었다.

1925년부터는 고등교육을 이수한 고학력자를 이사로 채용하는 이사견습제도가 병행되기 시작하였다. 이사견습의 채용자격은 ① 각종 전문학교, 대학의 졸업생으로, ② 조선총독 또는 도지사의 추천을 받은 자였다.[21] 이사견습은 6개월간의 강습을 수료한 이후 정식 이사로 채용되었다. 강습은 현지 금융조합에서 2개월간 실시하는 실무견학과 금융조합연합회에서 4개월간 실시하는 이론강습으로 구성되었다.[22] 강습기간 동안 일본인 이사견습은 조선어를 강습받았다.[23] 1933년 조선금융조합연합회 설립 이후에도 이사견습 채용자격은 전문학교와 대학의 졸업한 고등학력자였다. 특히 법·경·상과 또는 농과 졸업자를 우대하였으며, 매년 40명 내지 60명 정도가 채용되었다.[24] 농과 졸업자 우대는 당시 '농촌진흥운동'과 관련이 있었던 것으로 보인다. 이들은 채용 후 3개월의 실무견학과 3개월의 이론강습을 받았다.[25]

---

21 朝鮮金融組合協會, 1934, 『朝鮮金融組合協會史』, 151쪽.
22 이사견습을 위해 실시된 강습을 갑종강습회(甲種講習會)라고 하였다. 1920년대 갑종강습회 강습과목 및 시간은 다음과 같다. 금융조합개론(협동조합론, 금융조합정신) 12시간, 금융조합령(금융조합령 해설) 15시간, 금융조합경영론(금융조합 경영이론) 35시간, 금융조합실무(서무)(금융조합 사무취급 사항) 70시간, 금융조합실무(회계)(금융조합 부기와 회계사무) 50시간, 금융조합 실무강습(금융조합실무강습 및 견학) 25시간, 민사소송법(督促수속, 강제집행) 24시간, 조선법제일반(행정조직대요, 공공단체) 10시간, 산업(일반농업, 축산, 비료) 25시간, 산업(양잠, 산업실습) 18시간, 산업단체(산업단체에 관한 講話) 5시간, 민사령(조선특수법령 해설) 20시간, 주산(주산 실지연습) 35시간, 수자(수자연습) 10시간(朝鮮金融組合協會, 1934, 『朝鮮金融組合協會史』, 210쪽).
23 朝鮮金融組合協會, 1934, 『朝鮮金融組合協會史』, 138쪽.
24 朝鮮金融組合聯合會, 1944, 『朝鮮金融組合聯合會十年史』, 210쪽.
25 1933년~1942년 갑종강습회 수업과목은 다음과 같다. 금융조합개론, 금융조합경영론, 금융조합령, 서무(실무), 회계(부기), 민사소송법, 민사령, 등기, 산업, 법규연습, 감정(34~36년), 위체(36~38년), 식산계 및 구판사무(37년부터), 농업(36년부터), 대부(37년부터), 예금 및 적금(37년부터), 조합원교육(38년부터), 주산, 공문서식, 수신 및 강화, 조선어(內地人), 실무연습(41년부터), 집무예법(41년부터), 농지관계통제법규(42년부터), 수자, 교련총검술(42년부터), 견학 기타(朝鮮金融組合聯合會, 1944, 『朝鮮金融組合聯合會十年史』, 125~126쪽).

〈표 1〉 금융조합 조선인 이사의 규모와 비중(단위: a는 조합, b는 명)

연도		경기	충북	충남	전북	전남	경북	경남	황해	평남	평북	강원	함남	함북	합계
1927	(a)	54	27	39	39	61	60	56	45	37	38	38	31	25	550
	(b)	6	5	10	8	10	16	9	13	6	10	11	8	6	118
	b/a	11%	19%	26%	21%	16%	27%	16%	29%	16%	26%	29%	26%	24%	21%
1929	(a)	59	29	41	42	64	65	63	50	41	42	44	33	25	598
	(b)	10	7	13	7	13	19	16	14	8	12	16	8	6	149
	b/a	17%	24%	32%	17%	20%	29%	25%	28%	20%	29%	36%	24%	24%	25%
1931	(a)	63	33	42	49	67	71	72	54	42	44	44	36	27	644
	(b)	12	9	11	9	15	22	19	11	9	10	14	9	13	163
	b/a	19%	27%	26%	18%	22%	31%	26%	20%	21%	23%	32%	25%	48%	25%
1933	(a)	68	34	45	49	70	77	76	56	43	46	46	37	28	675
	(b)	14	9	10	8	14	21	21	15	9	13	15	10	6	165
	b/a	21%	26%	22%	16%	20%	27%	28%	27%	21%	28%	33%	27%	21%	24%
1935	(a)	69	36	47	51	72	79	76	57	43	48	46	38	29	691
	(b)	12	12	9	8	16	21	18	16	7	13	13	11	7	163
	b/a	17%	33%	19%	16%	22%	27%	24%	28%	16%	27%	28%	29%	24%	24%
1937	(a)	71	37	48	53	73	80	77	58	46	49	46	40	30	708
	(b)	12	12	9	9	18	23	16	18	11	13	14	11	6	172
	b/a	17%	32%	19%	17%	25%	29%	21%	31%	24%	27%	30%	28%	20%	24%
1939	(a)	72	37	49	53	77	81	77	60	46	50	47	42	32	723
	(b)	16	14	10	14	21	24	16	21	12	13	17	13	6	197
	b/a	22%	38%	20%	26%	27%	30%	21%	35%	26%	26%	36%	31%	19%	27%
1941	(a)	72	37	49	53	77	81	77	60	46	50	47	42	32	723
	(b)	18	13	8	16	25	22	16	21	12	10	19	12	9	201
	b/a	25%	35%	16%	30%	32%	27%	21%	35%	26%	20%	40%	29%	28%	28%

출처: 中村資良, 『朝鮮銀行會社要錄』, 각 연도 참조.

1927년부터 1941년까지 재직한 금융조합 이사 중에서 조선인의 규모와 비중을 정리한 것이 〈표 1〉이다. 조선인 이사의 비중은 1927년 21%에서 1941년 28%로 증가하였으며, 인원도 같은 기간 118명에서 201명으로 늘어났다. 시기별로 보면, 1927년에서 1931년까지는 증가, 1931년부터 1937년까지는 정체, 1937년 이후 증가의 양상을 보였다.

조선인의 이사 채용 비중과 근무지 배정 방침 등을 확인할 수 있는 금융조합의 인사정책 자료를 현재로서는 확인할 수 없다. 다만, 〈표 1〉를 보면 1927년부터 1941년까지 전체 조합 수가 양적으로 증가하는 과정에서, 조선인 이사의 비중이 20%대를 유지하고 있음을 확인할 수 있다. 이들의 근무지는 모두 농촌지역의 촌락금융조합이었으며, 도별로 보면 양적으로는 경상도, 비중으로는 강원도가 다른 도에 비해 조선인 이사가 많았다. 따라서 조선인을 전체 이사의 20%대 수준에서 채용하고, 이들을 주로 농촌지역의 촌락금융조합에 배치하는 방침이 조선인 이사에 대한 금융조합 인사정책의 방향이었을 것으로 생각된다.

1925년부터 이사견습제도가 실시되면서, 조합서기의 이사 채용은 감소한 반면, 전문학교와 대학을 졸업한 고학력자들이 주로 이사로 채용되었다. 1937년 현재 조선인 이사 172명 중에서 최종학력이 확인된 139명의 학력을 살펴보면,[26] 대학과 전문학교 출신의 고학력자가 101명(72%)으로 다수를 차지하고 있었다.[27] 이들은 대부분 이사견습제도를 통해 이사로 채용된 인물들이었다. 1944년 현재 조선인 남자 중에서 교육을 받은 사람은 전체의 33% 정도였는데, 이 중에서 고등교육을 받은 사람은 2만 5천여 명으로 0.2%였다.[28] 따라서 1930년대 금융조합

26   藤澤淸次郞, 1937, 『朝鮮金融組合と人物』에서 정리.
27   이들이 졸업한 최종학교는 제국대학: 京都 1, 京城 4 / 사립대학: 立命館 1, 拓殖 1, 中央 3, 法政 4, 立敎 1, 明治 6, 早稻田 6, 日本 4, 傳受 1 / 고등상업: 東京 5, 大阪 1, 山口 4, 神戶 5, 福島 1, 松山 1, 巢鴨 1, 京城 12 / 고등농림: 水原 2 / 전문학교: 京城法學專門 28, 普城專門 7, 延禧專門 2이었다.
28   오성철, 2000, 『식민지 초등교육의 형성』, 교육과학사, 412쪽

의 조선인 이사는 학력 면에서 조선인 사회의 최고상층에 위치한 사람들이었다.

이들은 치열한 경쟁을 통과하고 이사견습으로 채용되었다. 이사견습은 조선과 일본으로 지역을 구분해서 모집했는데, 조선지역의 경쟁이 일본보다 치열했다.[29] 경쟁이 치열했던 배경은 1920년대 후반부터 1930년대 중반까지의 경기불황이었다. 즉 "1929년 대공황기로 대학 전문학교 출신자들의 취직이 매우 부진"하였고,[30] "1932년 3월은 국내는 물론 세계적으로 불경기가 극심한 때여서 모든 산업의 고용상태가 아주 부진"[31]한 상황이었다. 이러한 상황에서 고학력 조선인들에게 금융조합 이사는 경제적 안정이 보장되는 직업이었다.[32] 조선인 이사들의

---

29 「金組理事 見習採用에 志願者群殺到, 日本人만 百六十四人 今年 卒業生을 標準으로」, 『東亞日報』 1931. 2. 7; 「就業戰線. 金融組合 理事 見習 應募者가 九倍, 정원 40명에 370명 금년 최초의 기록」, 『朝鮮日報』 1932. 2. 7; 「金組理事見習 四十名을 採用, 금년에 채용할 리사견습 應募者는 三百餘名」, 『東亞日報』 1933. 2.9; 「金融組合理事 見習 選拔에 四十對一의 競爭. 二十四名 募集에 各校 推薦告生 六白三十名, 진땀나는 月給봉투」, 『朝鮮日報』 1937. 3. 10; 「金組理事 地方官吏 八十五名募集에 千名應募」, 『東亞日報』 1939. 1. 12; 「金理事見習採用」, 『朝鮮日報』 1938. 6. 12.

30 한국일보社, 1984, 「河祥鏞」, 『財界回顧 9: 歷代金融機關長篇 I』, 255쪽(이하 「河祥鏞」으로 줄임).

31 한국일보社, 1984, 「吳緯泳」, 『財界回顧 9: 歷代金融機關長篇 I』, 422쪽(이하 「吳緯泳」으로 줄임).

32 "1934년 나의 월급은 제 수당을 합하여 85원이었던 것으로 기억된다. …당시 근무지의 생활비는 대단히 저렴하여 신탄(薪炭) 10원어치를 사면 한겨울을 날수 있었고, 쌀 한 가마에 10원 미만이며 양복 한 벌에 30원이면 충분하였고…"(「河祥鏞」, 274쪽), "그당시 나의 월급은 본봉 55원에 수당 15원을 가산하여 70원이었는데, 이는 군수의 수입과도 거의 맞먹는 것… 출장비는 1박에 6~7원이나 되었다. 당시 쌀 한 가마니에 5원이었으니 출장비에서 남는 돈만으로도 생활에 큰 보탬…"(한국일보社, 1984, 「金裕澤」, 『財界回顧 10: 歷代金融機關長篇 II』, 27쪽)(이하 「金裕澤」으로 줄임), "이사의 초봉은 60원이었는데 쌀 한 섬에 10원, 시골에서 한 달 하숙비가 3원하던 때였으니 상당히 후한 봉급이었다"(「吳緯泳」, 412쪽), "1932년 경성법전을 졸업… 당시 재판소 월급은 30원, 행정관청은 40원, 관리 이외의 최고로 월급이 많은 자리는 식산은행으로 월급이 95원, 그 다음이 금융조합 이사로 70원이었다"(한국일보社, 1981, 「洪在善」, 『財界回顧 3: 元老企業人編 III』, 209쪽)(이하 「洪在善」으로 줄임).

일제시기 전후 집안 내력과 사회경제적 지위를 현재로서는 파악할 수 없다. 다만 이들의 집안이 자식에게 고등교육을 시킬 수 있는 경제력과 근대교육의 필요성을 인식하고 있었던 것은 분명하다.

3. '농촌 3거두'의 하나인 관치금융기관장

1930년대 농촌지역사회에서 금융조합 이사는 관공서 기관장으로 인식되었다. 당시 농촌지역사회에는 속칭 '3거두' 기관장이 있었는데, "군청소재지에서는 군수, 경찰서장, 금융조합 이사를, 면사무소 소재지에서는 면장, 주재소주임, 그리고 금융조합이사"를 일컫는 말이었다."[33] 금융조합 이사가 기관장으로 인식된 까닭은 "그 감독권이나 이사 임명권이 관(官)에 속해 있기 때문에 특히 지방에서는 관공서의 일원으로 간주"되었기 때문이다.[34] 이와 같이 조선인 이사들은 관치금융기관인 금융조합의 경영자로서 그리고 식민지배정책의 말단 담당자로서 농촌지역사회에서 활동하였다.

부임한 조선인 이사들은 바쁜 일상을 보냈다. 촌락금융조합의 업무는 "10원 대부, 심지어 비료대부 등은 5~6원으로 대부 액수는 적지만, 건수가 많아 가만히 앉아서 도장만 찍는 것이지만 눈코 뜰 새가 없이" 바쁜 것이었다. 또한 조선총독부는 1932년부터 추진한 '농촌진흥운동'의 성공을 위해 "농촌부녀자들로 부인회를 각 부락마다 조직하고 이들

---

33   「金裕澤」, 25쪽.
34   「河祥鏞」, 267쪽.

에게 근로 습성을 개발"하는 임무를 이사에게 부여했다. 이 때문에 이사들은 "밤낮으로 바쁜 것은 물론이고 퇴근을 해서도 부락마다 찾아다니며 부녀회를 찾아가 야간 연설을" 했다.[35]

조선인 이사들은 자금 대출업무를 통해 농민들의 경제생활을 파악할 수 있었다. 금융조합은 자금 차입자의 신용을 철저히 조사한 이후 자금을 대출하였다. 신용조사를 위해 이사들은 농가를 직접 방문하였다. 이사들은 "신용조사차 출장을 나가 가가호호를 방문하여 살림살이를 조사 기록할 양이면 지방유지들이 서로 초대하여 대접받기에 바빴으며", "농민들의 거의 전부와 친숙해졌을 뿐만 아니라 그들의 생활과 어려움을 알게 되고 심지어는 어느 집에는 신랑감이 또는 신붓감이 있다는 것까지도 알 정도"였다."[36]

당시 이사로 재직했던 한 인물은 "농민들은 세 기관장이 함께 가면 나에게는 진심에서 우러나오는 인사를 했다. 그것은 금융조합이 농민들에게 땅을 사도록 주선해 주었고, 농사를 짓는 농우소를, 가을까지 비료를 외상으로 공급하기 때문에, 농민들은 금융조합 이사인 나에게는 마음속 깊숙한 곳에서 고마움을 표시했다"라고 회고하였다.[37] 이처럼 조선인 이사들은 관치금융기관장으로서 농가경제에 필요한 자금대출 업무를 통해 농촌지역사회와 농민에게 영향력을 행사 할 수 있었다. 물론 영향력을 행사하는 과정에서 기관장으로의 권위적인 태도를 보이거나,[38] 자금횡령과 같은 개인 비리를 저지르기도 하였다.[39]

---

35 「洪在善」, 212~213쪽.
36 「金裕澤」, 26쪽.
37 「洪在善」, 216쪽.
38 「金龍起 理事의 악평. 조합원을 학대하고 고집쟁이라고 비난」, 『朝鮮日報』 1925. 3. 28; 「金組理事가 六十翁毆打(豊基)」, 『東亞日報』 1935. 7. 4.

그렇다면 이들의 영향력은 농촌지역사회의 전통적 금융질서를 금융조합 중심의 근대적 금융질서로 재편할 만큼 실질적인 힘을 가진 것이었을까. 조선인 이사들이 당시 농촌에서 직면했던 전통적 금융질서는 아래 인용문에서 잘 드러난다.

> 채무자는 대부분이 영세 소작농이므로 불러서 조합저리자금으로 고리채를 정리하도록 권유하면 대개가 두려움이 앞서는 표정들이었다. 거기에는 자기가 지주의 비위를 건드려 놓으면 장차 자신의 명맥인 소작권에 변동이 있거나 또는 곤란한 일이 있을 때 돈이나 장리벼를 다시는 얻어 쓸 길이 막히게 되고, 나아가서 어떠한 보복조치로 그 고장에서 못 살게 되지나 않을까 염려하였다. 수백 년 동안의 봉건제도하의 농촌에서 살아온 농민들의 인습에서 빚어진 결과였다.[40]

1930년대 금융조합이 실시한 자작농창정사업이나 부채정리사업의 목적은 농가경제 안정을 통해 농민을 식민지 체제 안으로 포섭하는 것이었다.[41] 사업 실시 과정에서 금융조합 이사는 '갱생의 지도자'로서 임무가 부여되었고, '갱생의 공로자'로 평가되었다. 입석(立石)금융조합 이사 배기열(裵基烈),[42] 고령(高靈)금융조합 이사 조범석(趙範錫),[43] 대소원(大召院)금융조합 이사 오재혁(吳在赫)[44] 등은 이 임무를 성공적으로 수행한 인물들

39 「金組理事가 公金橫領消費 주색잡기에 공금을 소비, 犯人 金海署에 被捉」, 『東亞日報』 1931. 8. 22;「苗浦金組理事 井邑署로 押送」, 『東亞日報』 1932. 7. 10;「負債整理金金組理事가 橫領 任實警察署에서 嚴取」, 『東亞日報』 1933. 7. 15.

40 「河祥鏞」, 261쪽.

41 문영주, 2001, 「일제말기(1937~45) 금융조합 농업대출금의 운용실태와 성격」, 『역사문제연구』 제6호, 참조.

42 森幸次郎, 1935, 「賭博と反抗に變る 更生模範村安州郡松山里: 安州郡 立石面 松山里」, 『更生部落を訪ねて』, 平壤每日新聞社, 214~218쪽.

43 朝鮮總督府, 1937, 「慶尚北道 尙州郡 咸昌面 梧洞里 木橋 共勵組合」, 『農山漁村振興功績者名鑑』, 35~38쪽.

로서 조선총독부가 널리 선전하였다. 또한 지역사회 내부에서도 자신들의 '갱생'에 도움을 준 이사들을 위하여 송덕비를 세우기도 하였다. 소천(韶川)금융조합 이사 윤의중(尹義重)[45]과 누천(漏川)금융조합 이사 손홍록(孫鴻祿)[46]은 송덕비가 세워진 대표적인 인물이었다.

그러나 위와 같은 '성공'에도 불구하고, 전통적인 금융질서는 해체되지 않았다. 1945년 전남 나주지역 한 촌락 조사보고를 보면, 농민들은 여전히 계나 개인을 통해 필요한 자금을 차입하고 있었다《표 2》. 〈표 2〉 사례의 보고자는 "왜 금융조합에서 저리자금을 빌리지 않으냐는 질문에 조합은 수속이 까다롭다는 이유와 함께, 명목적인 고리(高利)가 실질적으로 주는 영향을 농민들은 가혹하게 느끼지 않았다. 예를 들면 고리를 지불하고 돼지새끼 1마리를 40원 주고 사면 가을에 100원 정도에 팔 수 있다는 관념이 그것이다"[47]라고 기술하였다.

---

44 "충주대소원(忠州大召院)금융조합 이사 오재혁(吳在赫)씨는 소화八년 부임 이래 조합원을 위하야 농사개량 부업장려 품평회개최 온돌개량 등 열심 지도 노력한 결과 현재 조합원으로는 한사(람)도 생활에 곤난을 받는자가 없다고 하며 최근 충청북도로부터 모범금융조합으로서 지정까지 되엿다한다"(「金組理事로서 農振에 猛活動; 吳在赫氏(忠州)」, 『東亞日報』1935. 3. 13).

45 "경북 영주군 부석면 소천시장 부지는 동리 홍순옥씨의 소유이든바 작년에 홍씨가 경성 계동정으로 이사간후부터 도조를 인상하야 거주자 33인의 부담이 과중하든바 소천금융조합이사(韶川金融組合) 윤의중(尹義重)씨는 그들 주민을 위하여 동조합의 저리자금을 운용하야 동대지(垈地) 3천여평을 사서 각개인에게 원가로 대부하는 동시 자작농창정을 실시하엿으므로 주민들이 감격하야 전기 유시의 영세불망비를 세우고 지난 20일에 성대한 제막식을 거행하엿다고 한다"(「尹義重 金組理事 不忘碑(榮州)」, 『東亞日報』1936. 4. 27).

46 "황해도 평산군 누천금융조합(漏川金融組合) 이사 손홍록(孫鴻祿)씨는 동조합에 부임한 이래 조합사무에 정려하야 조합을 일층 갱신케하고 또 조합원을 융화시키여, 피폐하여가는 우리농촌을 위하야 즉접간접으로 구제에 노력하야 고리채를 정리케하고 부업장려 소비절약등을 힘써 지도하야 만흔 공헌이 있다 하야 당지유지들은 이러한 사적을 영구히 기념키위하야 송덕비건설기성회(頌德碑建設期成會)를 조직하고 만반준비를 완료한후 오는 13일 오전 11시에 송덕비제막식을 동조합에서 성대히 거행한다고 한다"(「漏川金組理事孫鴻祿氏 頌德碑建設」, 『東亞日報』1936. 8. 5).

47 朝鮮殖産銀行 調査部, 「1945년 1~2월」, 『殖銀調査月報』79호.

〈표 2〉 전남 나주군 노안면 금암부락 부채 상황

차입대상	부채호수	1구좌 평균	대출방식	대출목적
나주식산은행	2	8,850엔	담보	토지구입 2
금융조합	4	287엔	담보	부채상환 2, 토지구입 1, 영농자금 1
계	4	53.70엔	개인신용	'소극적' 영농자금(豚, 비료구입), 생활자금
개인	8	110엔	연리 2할~4할 8푼 개인신용	

출전 : 朝鮮殖産銀行 調査部, 「1945년 1~2월」, 『殖銀調査月報』 79호.

〈표 3〉 1942년 금융조합 조합원의 금융기관별 자금차입 상황

	금융조합	은행+동척	신탁회사	무진회사	금융업자	합계(a)	(a)/조합원 총수
조합원	78.1%	2.0	0.1	1.0	18.8	2,291,402명	97.4%
구수	80.6%	1.5	0.1	0.7	17.2	2,908,067	123.7%
금액	58.8%	25.9	1.6	3.2	10.5	745,450천円	
1구당	201円	3,227	3,292	971	137		

출전 : 朝鮮金融組合聯合會, 『金融組合調査彙報』 1943. 1, 11~14쪽.

1942년 금융조합 조합원 중에서 18.8%는 여전히 전통적 금융질서를 통해 자금을 차입하고 있었다(〈표 3〉). 농촌지역사회에서 조선인 이사는 관치금융기관장으로서 자금 대출업무를 통해 농민에게 영향력을 발휘할 수 있었다. 그러나 전통적인 금융질서를 해체시킬 수 있을 정도의 영향력은 아니었던 것으로 보인다. 정책금융기관이기는 하지만 근대금융기관인 금융조합 자금 대출의 경제적 채산성 고려, 전통적인 금융질서의 주체인 지주와 지역유지의 존재, 전통적인 금융 방식에 대한 농민의 친근성 등의 장벽이 존재하고 있었다. 경우에 따라서는 금융조합 자금이 지주나 지역유지를 매개로 농민에게 공급되기도 하였다.

금융조합 중심의 근대적 금융질서는 전통적 금융질서와 병존하고

있었으며, 이러한 병존의 조건하에서 농민들은 경제생활을 영위하고 있었다. 이러한 조건에서 조선인 이사는 근대 금융을 매개로 농촌사회와 농민들의 삶에 영향을 미치는 존재였을 것으로 생각된다.

4. 식민지 삶과 자의식

1) 농민을 계몽하는 도시의 '청년지식계급'

해방 후인 1946년 4월 6일 조선금융조합연합회 이사 하상용(河祥鏞)은 경성중앙방송국에서 「금융조합(金融組合)의 신발족(新發足)」이란 제목으로 다음과 같은 내용을 방송하였다.

> 일본의 압정(壓政)아래서 정치면이나 중요산업계에 활약할 기회를 잘 얻지 못했던 조선청년지식계급(朝鮮靑年知識階級)의 대량(大量)은 비참(悲慘)한 조선농촌의 현실을 바라보고 협동조합운동의 숭고한 정신으로서 농촌개척에 이바지 하겠다는 이상으로써 문화와 오락시설이 없고 권세와 지위의 매력(魅力)이 없는 삭막(索莫)한 산간벽지에 들어가서 농민의 벗이 되고 농민의 두뇌(頭腦)가 되어 농촌생활을 체험하였으며 또한 농민을 위하여 정열과 지성을 기울여서 일해 온 사실만은 조선농촌발전사상(朝鮮農村發展史上)에 있어 일점(一點)의 이채(異彩)요 광망(光芒)이라고 특기(特記)해야 할 줄 믿습니다.[48]

그의 주장은 식민지배정책의 의도와는 상관없이, 일제시기 자신들은 '농촌개척'을 위해 '농민의 두뇌'로서 온갖 고생을 했으며, 결과적으로

---

48   농협협동조합중앙회, 1963, 『한국농업금융사』, 124쪽.

농촌발전에 이바지했다는 것이다. 이는 해방 후 식민지 수탈기구였던 금융조합을 해체하자는 주장과 금융조합 근무를 친일행위로 비판하는 주장에 대한 자기 변호였다.

해방 후 조선인 이사들은 일제시기 자신의 이사 경험을 같은 논리로 회고하였다. 즉 "조선총독부가 하는 일이지만, 금융조합은 동양척식이나 다른 금융기관같이 착취기관만은 아니었다"는 것이다. 왜냐하면 금융조합은 "농민을 위해 땅도 사게 주선해 주고 소도 살 수 있게 해주었"으며, "농민들에게 자작농을 창설해 주고 농우 구입과 비료 구입을 외상으로 사도록 대부해 주었다"는 것이다. 또한 "일본사람이 이사로 있는 금융조합은 착취를 했지만, 조선사람이 이사로 있는 금융조합은 농민을 도와주는 쪽으로 더 기울어졌다."[49]는 일본인 이사와의 차이를 강조하였다. 이와 같이 조선인 이사들은 금융조합을 "민족을 위한 농촌운동을 합법적으로 행할 수 있는 최적의 직장"이라고 인식했으며, 자신들은 "그 이념이 훌륭하였기에 소여(所與)의 분야(分野)에도 꿈을 실현시켜 보려고 노력"하였으며, 이러한 노력은 "농촌진흥이란 이상적 써-비스를 꿈꾸었기 때문"이라고 강조하였다.[50]

그렇다면 '농촌진흥'의 꿈을 실현하는 '청년지식계급'은 자신들이 마주했던 농민들을 어떻게 인식하고 있었을까. 한 이사는 "너무나 삶에 대한 여유도 없고 삭막한 농촌생활을 하고 있던 농민들에게 무엇인가 깨우침을 주고 싶은 내 나름대로의 계획이 있었다."[51]고 회고하였는데, 그에게 농민은 무엇인가 깨우침을 주어야 하는 대상이었다. 또 다른

---

49   「洪在善」, 213쪽.
50   이경란, 「경제전문가집단의 경제인식과 경제관」, 243쪽 각주 18번 재인용(원자료는 1956. 9, 「내가 본 금융조합②」, 『농은(農銀)』 창간호, 100~104쪽).
51   「河祥鏞」, 259쪽.

이사는 "땅 없는 육명 농가에게 경작을 하게하니 지금까지 낙오자로만 자신이 비관하던 이들도 근면하여 삼년 안에 자작농이 되어 그들이 장래생계에 대하여 희망과 포부를 갖고 나에게 무언의 감사를 표시할 때 그 통쾌함이 생전에 잊혀 지지 않는다."[52]라는 회고하였다. 여기서 농민은 자신의 도움 이전에는 삶의 의욕을 상실한 낙오자였다.

어떤 이사는 일제시기 농촌피폐의 원인을 진지하게 고민하였다. 그는 "농촌이 피폐하게 되는 원인은 한국농민들의 생활태도와 전통 등에 있다."고 생각했다. 농민은 너무나 많은 명절이나 휴일을 가졌고 일할 때도 근로시간이 짧았으며, 관혼상제에는 분수에 넘치는 지출을 하고 있다는 것이었다. 그는 이사 취임인사에서 "여러분들은 다른 어떤 나라의 농민들보다도 노는 날과 쉬는 시간이 많으므로 일을 더 적게 하고 있다."고 지적하고, "여러분들은 분수에 맞게 소비생활을 하여 자립하도록 노력해야 되며 새로 나온 고무신이나 인조 옷은 사지 않도록 하자"고 역설했다.[53] 그는 농촌의 피폐 원인을 식민지배정책이나 식민지 자본주의의 확대라는 구조적 문제에서 찾지 않았다. 농민 개인의 전통적인 또는 전근대적인 생활방식 즉 짧은 근로시간, 분수에 넘치는 소비생활 등에서 농민피폐의 원인을 찾았다. 즉 그에게 농민은 검약과 성실, 근로의 덕목을 지도하고 계몽해야 할 대상이었다.

그렇다면 지도와 계몽의 대상인 농민과 마주하고 있었던 자신들은 어떤 존재라고 생각했을까. 자신은 "문명의 혜택 속에서 불편 없이 자

---

52   尹楨大, 「나의 金組生活三十年」, 『協同』 통권 45호 (1955년 1월), 93쪽. 尹楨大는 "학교를 나와 금융계에 투신하여 경제계에 헌신하겠다는 초지가 성취되어 개성금조 서기－제2회 을종장기강습－서기 생활 7년 반, 부이사(26세)… 곤지암지소 근무 4년에 지소가 본소로 승격됨에 딸아 나도 약관이나 그대로 승격"되어 이사가 된 인물(92~93쪽).
53   「吳緯泳」, 413쪽.

랐고, 외국 문물을 경험한 젊은이"였고, "서울에 있는 마루젠오쿠(丸善屋)라는 서점에서 1년분 12원 20전을 선불하고 런던 타임즈 주간지를 구독"하는 근대인이었다. 교통사정이 편리한 경부선 연변의 조합에 부임했을 때 "전기가 들어와 있는 것"이 가장 큰 기쁨이었던 도시인이었다. 근무지와 "서울간은 기차의 왕복 횟수가 많아 하오에 사무를 마감하고 별일이 없으면 서울에 가서 영화를 보고 밤차로 돌아오는" 영화광이었다.[54]

외국경험, 런던 타임즈, 전기, 기차, 영화 등 근대문물과 익숙했던 이들에게 농민을 지도하고 계몽하는 보람은 '도시에 대한 그리움'때문에 포기되기도 하였다. 경성법전 출신으로 산골 벽촌에 근무하던 한 이사는 "경주에는 법전 동기생도 있고, 또 선배들도 있어 시골 농민만 상대하던 나는 대화가 이루어지고 정보를 나눌 수 있는 사람들이 좋았다."고 회고하였다. 결국 그는 "도시와 완전히 결별되나 싶은 두메산골이라 이 세상에서 낙후해 간다는 생각이 들기 시작해서 무리를 하더라도 도시로 나와야겠다는 생각" 때문에 이사를 그만두었다.[55]

금융조합 이사를 그만두고 조선신탁회사 군산지점의 지배대리인으로 전직했던 이사는 "새로운 직장은 단지 농촌으로부터의 탈출"하기 위한 선택이었다고 회고하였다. 그가 이사직을 그만둔 이유는 "이사 재직 중에는 항상 농민들을 지도하는 입장이어서 나보다 더 넓은 견문과 깊은 지식을 가진 인사들과 접촉할 기회가 없었으므로 자만심이 생기기도 쉬웠고 또한 당면한 현실에만 침체되기 쉬웠기" 때문이었다.[56] 농촌 생활과 농민 속에서 근대 엘리트로서의 자기 발전에 한계를 느꼈다는

---

54 「河祥鏞」, 259~278쪽.
55 「洪在善」, 217~219쪽.
56 「吳緯泳」, 419쪽.

것이었다.

이와 같이 이들에게 농민은 깨우침과 계몽이 선행되어야 할 대상이었다. 그리고 자신들은 농민을 지도하고 계몽하는 근대 엘리트였다. 이러한 인식은 "현재의 조선 민도(民度) 및 문화의 정도에서… 조합원의 다수는 근대 교육을 받지 못한 자이다. 또 문자도 쓸 수 없는 자도 적지 않아서, 단체적 행동에는 전연 부적당한 뿐만 아니라, 결의사항에 대해서도 그 비판과 질문과 논의를 할 수 없는 자들"이라는 일본인 이사들의 농민 인식을 '근대적'으로 공유하고 있었다.[57]

이러한 농민 인식은 이들이 당시 조선농촌의 근대화를 위해서는 국가주도의 관제협동조합이 필수조건이라는 경제인식의 바탕이 되었을 것이다. 농민 스스로 협동조합을 운영할 능력이 없기 때문에 국가가 이를 보호 육성하는 것은 당연한 것으로 생각되었을 것이다. 이들에게 계몽의 대상인 농민은 자신과 같은 민족의 한 구성원으로 인식되기 보다는, 근대 권력이 지도하고 통제해야 하는 대상으로 인식되었을 것이다. 근대 권력의 범주 안에 식민지 권력은 어쩔 수 없이 받아들여야 하는 권력이었을 것이다. 이러한 인식에는 근대적 엘리트와 계몽의 대상인 전근대적인 농민이라는 이분법적 차별과 위계질서가 내재해 있었다.

2) 차별을 개인화하는 고학력 조선인

조선인 이사들은 민족적 차별을 감내해야 하는 근대적 엘리트였다. 금융조합의 인사제도를 통해 자신이 조선인이라는 현실을 체험하였다. 이들은 이사 취업 이후 일본인 이사와 비교해서 급여, 근무지, 간부승

---

57   川崎勇, 「金融組合運動と人類愛善運動」, 『金融組合』 제19호, 1930. 5, 107쪽.

진에서 차별을 당하였다.

학력이나 능력에서 뒤질 것이 없음에도 불구하고, 일본인과 조선인 사이의 급여 차별은 조선인 이사들이 취업 후 최초로 경험한 제도적 차별이었다. 야마구치(山口)고상을 졸업하고 이사견습으로 채용되었던 한 이사는 "같은 학교를 졸업한 동기동창인 이사견습 중에 일본인들에게는 재근수당이라는 명목으로 본봉의 6할을 가산하고, 그 밖에 사택료(舍宅料)란 명목으로 수당을 더하여 한국인의 배액에 달하는 월급을 지불하는 차별대우를 당하였다."고 회고하였다.[58] 급여차별은 이사 임명 이후에 더욱 확대되었다. 일본인 이사는 조선인 이사가 받지 못하는 사택료를 월급 100원 이상은 월액 22원, 월급 100원 이하는 월액 17원을 받았다. 또한 재근수당이라는 명목으로 월급 120원 이상은 급여의 55%, 월급 120원 미만은 급여의 60%를 지급받았다.[59]

근무지는 "일본사람은 군청소재지와 소도시에 모두 배치되었고, 조선사람들은 두메산골로 많이 배치"되는 차별을 당하였다.[60] 또한 조선인은 금융조합의 중앙기관인 조선금융조합연합회는 물론 각도 연합회 지부의 간부로 승진하기도 어려웠다. 연합회 간부는 일본인이 독점하고 있었다. 조선인 이사의 간부승진 제한은 전국이나 도 단위의 실무 경험을 원천적으로 봉쇄하는 것으로, 이들의 근대적 실무 능력이 제한적으로 습득되는 조건이었다. 이 때문에 조선인 이사들은 "금융조합 이사라는 것은 아무런 장래성이 없고 백 년을 있어도 한국인은 이사에 그쳤다. 젊음 사람이 할 노릇이 못 되었다."[61]라고 생각하였다.

---

58   「河祥鏞」, 256쪽.
59   江原道, 1942, 「金融組合職制及職員給與規定準則」, 『江原道金融組合例規集』, 193~195쪽.
60   「洪在善」, 213쪽.

조선인 이사들은 제도적 차별을 경험하면서 자신들이 결국은 차별받는 식민지 조선인이라는 것을 자각했을 것이다. 그러나 이들은 차별에 대해 조직적으로 저항하지는 않았다. 식민지 사회에서 누리고 있던 근대적 기득권이 많았다. 일본인들도 인정하는 고학력, 지역사회에서 조선인들이 인정하는 사회적 지위, 안정된 경제생활 등은, 이들이 민족적 차별을 개인적 불만으로 희석시키는 조건이었다. 이 때문에 급여 차별, 근무지 차별, 간부승진 제한은 자신들의 도시생활을 봉쇄하고, '자녀들의 교육에도 지장'을 주는 불만스럽고, 불편한 제도였을 뿐이었다.

따라서 조선인 이사들이 제도적 민족 차별을 극복하는 방식은 개인적으로 농촌생활로부터 '탈출'하는 것이었다. 도시 직장으로의 전직, 차별을 최소화 할 수 있는 최상층으로 상승하기 위한 일본유학 등이 이들의 선택한 방식이었다. 이 과정에서 만주국 정부가 민심수습책으로 금융조합을 모방한 금융합작사 설립을 추진하자, "수입이 3~4배나 된다는 유혹 때문에 만주국행 바람"이 불기도 했다.[62] 또한 "나의 진정한 장래를 위하여 현실에서 탈피하여 더 공부하지 않으면 안 되겠다는 것이었다. 그리하여 나는 일본에 유학할 것을 결심"[63]하기도 하였다.

더구나 이사로 채용되는 과정에서 작동했던 고학력을 배경으로 한 인적 네트워크는 '탈출'이 성공할 수 있었던 중요한 요인이었다. 고학력은 이들의 취직과정부터 인사네트워크를 작동시켰다. 경성고상을 졸업한 한 학생은 '일본인 은사 → 도 이재과장(은사의 동향인)'의 연결망을 통해 이사견습으로 채용되었다.[64] 고베(神戸)고상 출신의 한 학생은 '은

---

61 月波 桂哲淳, 1987, 『四柱: 내가 지낸 이야기』, 中外出版社, 34쪽.
62 「河祥鏞」, 274쪽.
63 「金裕澤」, 27쪽.

사 마루타니(丸谷) → 조선식산은행 이사 노다 신고(野田新吾, 고베고상 선배)'의 연결망을 통해 취직하였다.[65] 보성학교—경성법전을 졸업한 학생은 '보성학교 정대현(鄭大鉉) 교장 → 동일은행(東—銀行) 비서역 임긍순(任兢淳) → 조선총독부 이재과 금융조합 담당 주임 하야시타 사하치로(林田佐八郎)'의 인적네트워크를 통해 이사견습에 채용되었다. 그는 "사실 나는 금융조합 이사가 될 만큼 성적이 좋은 것은 아니었기 때문에 임전좌팔랑 씨의 백이 주효하게 작용한 것을 알고 있다."고 회고하였다. 이 학생이 이사 생활에 회의를 느껴 조선신탁주식회사로 전직을 결심했을 때, 도움을 청한 사람도 하야시타였다.[66]

취직 과정과 함께, 이사로 부임한 이후에도 학력과 학교 선후배 관계는 업무수행에도 영향을 미쳤다. 조합 이사를 그만두려고 결심했던 한 이사는 "경기도 지부장 일본인 세다이(貞廣) 씨는 야마구치 고상 출신이므로 나에게는 학교 선배"였는데, "이 낙후된 농촌의 개발을 위해서 헌신적 노력을 해야 하지 않느냐고 열심히 나의 사의를 만류"하자, 이사 생활을 계속하였다.[67] 업무 추진 과정에서도 "이재과장은 후쿠시마(福島) 고상 출신으로 고베고상 출신인 나에게 비교적 호감을 보이면서, 나의 제안에 대하여 조금도 편견 없는 보고를 함으로써 엉뚱한 나의 안이 오히려 채택되어 결국은 실시"[68]되기도 하였다. 출신학교를 중심을 맺어진 고학력 인적 네트워크는 해방 후에도 여전히 자신의 삶을 살아가는 유용한 수단으로 인식되었다.[69]

64   「金裕澤」, 24쪽.
65   「吳緯泳」, 412쪽.
66   「洪在善」, 209~210쪽.
67   「河祥鏞」, 267쪽.
68   「吳緯泳」, 416쪽.

5. 맺음말

일제시기 금융조합 이사로 재직한 조선인 중에서, 이 글은 주로 1900
년대와 1910년대에 출생하여 1920년대와 1930년대에 20대 중후반의 나
이에 이사로 취임했던 인물들을 중심으로 살펴보았다.[70] 이들은 일제
시기 금융조합 이사로 재직한 조선인은 고학력과 전문적인 금융실무
능력을 갖춘 근대 엘리트였다. 이들은 자신들을 농민을 근대적으로 계
몽하는 '청년지식계급'으로 생각했다. 그러나 이사 취업 이후 체험한
임금, 근무지, 승진 등에서 일본인과의 제도적 민족 차별을 통해서 자
신들이 식민지 조선인이라는 현실을 체험한다. 그러나 제도적인 민족
차별은 개인적인 근대의 삶을 가로막는 장애물이기는 했지만, 자신의
노력이나 자신이 가지고 있던 고학력 인적 네트워크를 통해 어느 정도
극복할 수 있는 대상이었다. 이런 측면에서 일제시기 금융조합 조선인

---

69 "당시 한국인에 대한 극심한 민족적 차별감정을 신호고상에서는 찾아 볼 수 없었다.
나의 여러 은사들 중 특히 丸谷교수 같은 분은 학자적인 사고방식 때문인지는 모르
지만 나를 친동생처럼 아껴주었고 일본인 동기들도 한결같이 나를 하나의 좋은 학우
로서 대하여 주었다. 물론 당시의 신호고상 학생들의 학교에 대한 긍지는 대단한 것
이었고 동문들 사이에는 조금의 격의도 없이 사회에 진출한 후에도, 서로 돕고 아껴
주는 것이 전통으로 되어 있었다… 해방 후에도 내가 일본을 방문할 때마다 찾아뵈
었는데 지금은 90대 노인으로 은퇴생활… 우리 동문의 모임인 浚霜會의 회원들도 내
가 1960년에 민주당의 지도자로써 일본을 방문했을 때도 동문회를 갖고 나를 환영해
주었으며, 주로 금융계와 실업계에서 활약하는 동문들과 후배들이 요즘 사업차 방문
하는 이들이 많아서 나를 찾는 경우도 많아졌다. 망국의 서러움을 당하며 제국주의
의 본토에서 공부한 나로서는 이러한 은사들과 동문들을 가질 수 있었다는 것은 매
우 다행스럽게 생각한다"(「吳緯泳」, 409쪽).

70 이후 연구에서는 1919년부터 1925년까지 금융조합 서기에서 이사로 승진했던 인물
들, 1929년 『금융조합령』 개정 이후 등장하는 조선인 부이사들, 1940년대 전시체제기
에 이사 재직했던 인물들을 살펴볼 필요가 있다. 특히 1940년대 재직한 이사들은 해
방 후 금융조합의 재편과정에 직접으로 참여했던 인물들로서, 해방 전후의 연속과
단절의 측면을 고찰할 수 있는 연구대상들이다. 그리고 다수를 차지하고 있던 일본
인 이사들의 취업 방식과 동기, 의식을 조선인 이사와의 비교를 통해 연구할 필요가
있다.

이사로 근무했던 이들이 해방 후 회고록에서 '민족', '농민을 위해서' 헌신했음을 강조한 것은 식민지배에 대한 제도적 협력과 민족적이지 못했다는 비난에 대응하기 위한 담론이었다. 이 담론에 '근대 엘리트와 계몽이 필요한 전근대적인 농민'이라는 이분적인 구분 논리는 여전히 유지되었다. 그러나 식민지에서는 이들의 '근대－전근대' 담론을 유지해 주는 현실 권력이 외생적으로 주어져 결합되어 있었지만, 해방 이후 이 담론을 유지하기 위해서는 자신들의 '헌신'을 인정해 줄 수 있는 내생적인 현실 권력의 출현이 필요하였다.

논문 출처

2007, 「금융조합 조선인 이사의 사회적 위상과 존재양태」, 『역사와 현실』 63.

참고
문헌

1. 자료

『金融と經濟』.

『金融組合』.

『朝鮮金融組合統計年報』.

『殖銀調査月報』.

『朝鮮銀行會社要錄』.

『朝鮮日報』.

『東亞日報』.

『每日申報』.

山根讜, 1929, 『金融組合概論』.

朝鮮金融組合協會, 1934, 『朝鮮金融組合協會史』.

森幸次郎, 1935, 『更生部落を訪ねて』, 平壤每日新聞社.

朝鮮總督府, 1937, 『農山漁村振興功績者名鑑』.

藤澤淸次郎, 1937, 『朝鮮金融組合と人物』.

朝鮮金融組合聯合會, 1944, 『朝鮮金融組合聯合會十年史』.

江原道, 1942, 「金融組合職制及職員給與規定準則」, 『江原道金融組合例規集』.

농협협동조합중앙회, 1963, 『한국농업금융사』.

한국일보社, 1984, 『財界回顧 9: 歷代金融機關長篇Ⅰ』.

2. 저서

波形昭一, 1985, 『日本植民地金融政策史の硏究』, 早稻田大學出版部.

오성철, 2000, 『식민지 초등교육의 형성』, 교육과학사.

이경란, 2002 『일제하 금융조합 연구』, 혜안.

정태헌, 2007, 『한국의 식민지적 근대 성찰: 근대주의 비판과 평화공존의 역사학
모색』, 선인.

3. 논문

尹楨大, 1955. 1, 「나의 金組生活三十年」, 『協同』 통권 45호.

君島和彦, 1987, 「東洋拓殖株式會社の設立過程(上)」, 『歷史評論』 제282호.

김민철, 2004, 「조선총독부의 농촌중견인물 정책 연구」, 『한국민족운동사연구』
41, 한국민족운동사학회.

김민철, 2006, 「일제의 촌락지배와 농촌중견인물」, 『한국역사연구회 근대2분과
10월 발표문』.

문영주, 2001, 「일제말기(1937~45) 금융조합 농업대출금의 운용실태와 성격」, 『역
사문제연구』 제6호.

이경란, 2005, 「경제전문가집단의 경제인식과 경제관: 금융조합 조선인 이사를
중심으로」, 『일제하 지식인의 파시즘체제 인식과 대응』, 방기중 편, 혜
안.

정병욱, 2003, 「한국인의 식민지 경험과 근대주체 형성: 조선식산은행원을 중심
으로」, 『역사문제연구』 제11호.

정병욱, 2003, 「해방이후 식산은행원의 식민지 기억과 선택적 인식」, 『역사와 현
실』 제48호.

정병욱, 2007, 「조선식산은행원, 식민지를 살다」, 『역사비평』 제78호(봄).

최재성, 2005, 「일제하 금융조합 활동과 인적구성」, 성균관대학교 사학과 박사학
위논문.

一瀨千里(慶尙南道金融組合聯合會理事長),「朝鮮語と金融組合理事」,『金融と經濟』 제29호.

H・K生,「我輩は朝鮮産業の開發者にして國民思想の先導者なり」,『金融と經濟』 34호.

井上充亮(慶南釜山第一組合理事),「合邦前後の地方金融組合事情」,『金融組合』 제 84호.

鈴木直八(咸南・元山組合理事),「昔の思出」,『金融組合』, 제84호.

「村落金融組合 鮮人理事 登用」,『每日申報』1919. 4. 21.

「金組增設方針 (總督府理財課當局者談)」,『東亞日報』1922. 1. 27.

「金組理事 見習採用에 志願者群殺到, 日本人만 百六十四人 今年 卒業生을 標準 으로」,『東亞日報』1931. 2. 7.

「就業戰線. 金融組合 理事 見習 應募者가 九倍, 정원 40명에 370명. 금년 최초의 기록」,『朝鮮日報』1932. 2. 7.

「金組理事見習 四十名을 採用, 금년에 채용할 리사견습 應募者는 三百餘名」,『東 亞日報』1933. 2. 9.

「金融組合理事見習 選拔에 四十對一의 競爭. 二十四名 募集에 各校 推薦告生 六 白三十名, 진땀나는 月給봉투」,『朝鮮日報』1937. 3. 10.

「金組理事 地方官吏 八十五名募集에 千名應募」,『東亞日報』1939. 1. 12.

「金組理事見習採用」,『朝鮮日報』1938. 6. 12.

「金龍起 理事의 악평. 조합원을 학대하고 고집쟁이라고 비난」,『朝鮮日報』1925. 3. 28.

「金組理事가 六十翁毆打(豊基)」,『東亞日報』1935. 7. 4.

「金組理事가 公金橫領消費 주색잡기에 공금을 소비, 犯人 金海署에 被捉」,『東亞 日報』1931. 8. 22.

「茁浦金組理事 井邑署로 押送」,『東亞日報』1932. 7. 10.

「負債整理金 金組理事가 橫領 任實警察署에서 嚴取」,『東亞日報』1933. 7. 15.

「金組理事로서 農振에 猛活動; 吳在赫氏(忠州)」,『東亞日報』1935. 3. 13.

「尹義重 金組理事 不忘碑(榮州)」,『東亞日報』1936. 4. 27.

「漏川金組理事孫鴻祿氏 頌德碑建設」,『東亞日報』1936. 8. 5.

09 1910~20년대 조선인 교원의 일본 시찰

장인모

1. 머리말

일반적으로 여행이라고 하면 개인적 욕구와 의지에 따라 낯선 공간으로 이동하여 새로운 세계를 체험함으로써, 세계에 대한 시야를 넓히고 타자 인식을 통해 자기 정체성도 새롭게 형성하는 활동이라고 할 수 있다.[1] 그런데 일제강점기 식민지 조선에서는 이러한 개인의 능동적인 여행과는 다른, 식민 지배권력에 의해 기획되고 동원되는 하나의 정치적 프로젝트 혹은 이벤트로서의 여행이 빈번하게 시행되었다. 바로 일제에 의해 조직되고 파견된 '해외 시찰 여행'이 그것이다.

---

[1]   김유철, 2008, 「동아시아사에서의 경계넘기와 정보·교류」, 김유철 외, 『동아시아 역사 속의 여행』 1, 산처럼, 12~37쪽; 임성모, 2008, 「동아시아 여행 속의 네트워크와 정체성」, 『동아시아 역사 속의 여행』 2, 산처럼, 13~33쪽 참조.

주지하다시피 일제가 가장 많이 시찰 여행을 파견한 곳은 일본이었다. 조선총독부나 그 외곽 단체, 관변 언론사 등은 조선인 관료, 교원, 유생, 청년 등으로 이른바 '내지 시찰단'을 조직하여 일본에 보냈다. '내지 시찰단' 파견은 조선인 중상층에게 일본의 발달된 근대 자본주의 문명과 일본문화의 우수성을 보여줌으로써, 이들을 자발적으로 일제에 협력하도록 유도하는 프로젝트로서 추진되었다.[2] 이 밖에도 일제는 만주, 대만은 물론 서구 열강과 그 식민지에까지 조선인과 일본인을 파견하였다.[3] 일제가 이러한 시찰 여행을 파견한 배경 혹은 목적, 여행의 실태, 그 효과 등을 규명하는 것은 일제의 식민지배 정책을 한층 깊이 이해하는 데 있어서 필요한 작업이라고 할 수 있다.

필자는 일제가 파견한 해외 시찰여행 중 학교 교원을 단원으로 하는 시찰단에 주목하여 그 전체적인 양상과 특징을 규명하는 연구를 진행하고 있으며, 본고는 그 연구의 일환이다. 교원 해외 시찰단 파견의 추이를 보면 크게 1930년대 이전과 이후로 나누어 볼 수 있다. 1910~20년대에는 주로 조선인 교원을 단원으로 하는 일본시찰단과 '만주 · 칭다오(靑島) · 북경 시찰단', '대만 · 홍콩 · 필리핀 · 중국 시찰단'이 파견되었다.[4] 1930년대 이후 일본이 중국 침략을 본격화하고 조선에서는 농촌진흥운동을 진행하면서 해외 시찰단 파견은 이전과 다른 양상을 보인

2   박찬승, 2006, 「식민지시기 조선인들의 일본시찰」, 『지방사와 지방문화』 9권 1호, 203~206 · 244~246쪽; 국사편찬위원회 편, 2008, 『여행과 관광으로 본 근대』, 두산동아, 226~227쪽.

3   「만주시찰단의 주지」, 『매일신보』 1917. 3. 9; 한길로, 2013, 「일제강점기 조선에 비친 식민지 대만의 허실, 그리고 조선: 『매일신보』 소재 대만시찰기를 중심으로」, 『인문논총』 70; 최현우, 2020, 「日帝强占期 朝鮮總督府 官僚의 歐美 視察과 調査 活動」 서울대학교 역사교육과 박사학위논문.

4   「滿洲靑島 學事視察團 日程」, 『朝鮮敎育硏究會雜誌』 38, 1918. 11; 「臺灣香港支那及比律賓諸島 視察日程槪要」, 『文敎の朝鮮』, 1929. 3.

다. 즉, 교원을 만주 지방에 보내 일본군을 위문하고 만주국을 시찰케
하는 '황군(皇軍) 위문 및 만지(滿支) 교육시찰단', '만주국 교육시찰단'이 파
견되었다.[5] 또 초등교원이 농촌진흥운동을 지원하는 역할을 하게 됨에
따라 일본시찰단도 일본의 우량농촌 시찰단이 많이 파견되는 변화를
보인다.[6] 본고에서는 지면의 제한상 이를 전부 다룰 수는 없고, 우선
1910~20년대 조선인 교원 일본시찰단에 주목하고자 한다.

일제시기 일본시찰단에 관해서는 그동안 꾸준히 연구가 진행되어
왔다. 대표적인 것으로 1920년대 이후 일본시찰단 파견의 전체적인 양
상을 개관하고 조선인들의 여행 과정과 시찰 소감을 분석한 박찬승의
연구,[7] 일본시찰단 파견의 시기별 양상과 특징을 고찰한 조성운의 연구
가 있다.[8] 이후 종교계의 시찰단, 도쿄 평화박람회 참관 시찰단 등 개
별 시찰단에 관한 연구, 시찰기의 내용 분석에 집중한 연구 등이 제출
되었다.[9] 하지만 교원 시찰단과 관련해서는 1920~30년대 조선총독부와
'이왕가어경사기념회(李王家御慶事記念會)'가 주최한 여교원 시찰단을 살펴본
연구만이 제출되어 있을 뿐이다.[10]

---

5   「제3회 황군위문 만지교육시찰단원 조사연구록」, 『文敎の朝鮮』; 「조선교육회 만주
     국 교육시찰단 파견」, 『文敎の朝鮮』 1941. 12.
6   「소화 5년도 학사시찰단 실시 예정표」, 『文敎の朝鮮』 1930.2.
7   박찬승, 2006, 앞의 책.
8   조성운, 2011, 「1910년대 일제의 동화정책과 일본시찰단」, 「1920년대 식민지 지배정
     책과 일본시찰단」, 「전시체제기 일본시찰단 연구」, 『식민지 근대관광과 일본시찰』,
     景仁文化社.
9   이경순, 2000, 「1917년 불교계의 일본시찰단 연구」, 『한국민족운동사연구』 25; 조성
     운, 2011, 「일제하 불교시찰단의 파견과 그 성격」, 『식민지 근대관광과 일본시찰』, 景
     仁文化社; 성주현, 2015, 「1920년대 유림계의 내지시찰」, 『한국민족운동사연구』 83;
     한규무 · 노기욱, 2010, 「1922년 평화기념 동경박람회와 조선인시찰단」, 『한국민족운
     동사연구』 65; 임경석, 2012, 「일본 시찰보고서의 겉과 속: 「일본시찰일기」 읽기」, 『사
     림』 41; 박찬모, 2009, 「'전시(展示)'의 문화정치와 '내지' 체험: 1920년대 '내지 시찰감
     상문'을 중심으로」, 『한국문학이론과 비평』 13권 2호.

이에 본고에서는 1910~20년대에 한정하여 조선인 교원을 단원으로 하는 일본시찰단에 관해 고찰해 보고자 한다. 먼저 일제가 시찰단을 파견한 목적과 시찰단 파견의 전체적인 양상에 관해 검토해 보고자 한다. 다음으로 조선인 교원들이 주로 어떤 장소를 방문했으며, 시찰 여행 중에 무엇을 느끼고 어떠한 생각을 하였는지 살펴볼 것이다. 이를 통해 교원 시찰단을 파견한 목적이 어느 정도 달성되었는지 확인해 보고자 한다.

조선인 교원 일본시찰단[11]은 교원에 대한 재교육 정책의 하나로서 일본 시찰을 통해 정신적, 실무적 양 차원에서 식민지 교육 담당자로서의 자질을 향상시키려는 것이었다. 따라서 이에 대해 고찰하는 작업은 이 시기 일제가 식민 교육체제를 안정시키고 원활하게 하기 위해 어떠한 노력을 기울였는지를 파악하는 데 도움이 될 것이다.

이 글에서 주로 활용한 자료는 조선총독부 기관지 『조선휘보(朝鮮彙報)』·『조선(朝鮮)』, 조선교육(연구)회[12] 기관지 『조선교육연구회잡지(朝鮮敎育研究會雜誌)』·『조선교육(朝鮮敎育)』·『문교의 조선(文敎の朝鮮)』, 그리고 『매일신보』에

---

10 하세봉, 2008, 「타자를 보는 젠더의 시선: 1930년을 전후한 조선인 여교사의 일본시찰기를 중심으로」, 『역사와 경계』 69; 有松しづよ, 2010, 「朝鮮人女性敎員による「內地視察」と李王家御慶事記念會」, 『桃山学院年史紀要』 29; 太田孝子, 2016, 「柳原吉兵衛の支援活動: 朝鮮人女子敎員內地学事視察を中心に」, 『岐阜大学留学生センター紀要』 2015年号.

11 여기서 '조선인 교원 일본시찰단'은 조선인 교원이 단원으로 참여한 '모든' 일본시찰단을 지칭한다.

12 조선교육회는 1902년 결성된 경성교육회를 모체로 1910년 12월에 조직된 교육단체로서 조선총독부 학무국의 외곽단체라고 할 수 있다. 1915년 조선교육연구회로 축소 개편되었다가 1923년 5월 다시 조선교육회로 확대 개편되었다. 기관지는 그 명칭이 시기에 따라 『朝鮮敎育會雜誌』, 『朝鮮敎育研究會雜誌』, 『朝鮮敎育』, 『朝鮮敎育時報』로 바뀌었고, 1925년 9월부터 『문교의 조선』으로 개칭되어 1945년 1월까지 간행되었다. 김광식, 2013, 「식민지 시기의 조선교육회(조선교육연구회) 기관지에 대한 서지 연구」, 『근대서지』 8 참조.

실린 교원 일본시찰단 관련 기사와 조선인 교원이 작성한 일본 시찰기 등이다.[13]

2. 시찰 여행의 실시

1) 시찰단 파견의 목적

일제가 1910~20년대 조선인 교원 시찰단을 일본에 파견한 목적은 대체로 다음 세 가지를 들 수 있다.

교원 시찰단의 첫 번째 목적은 조선인 교원들에게 일본의 압도적인 근대 문명을 보여줌으로써, 이들이 일제의 식민지배 논리인 '문명화론'을 수긍하여 일제에 협력하게 하는 한편, 이들로 하여금 일본이 문명국이라는 인식을 조선인에게 전파하게 하는 것이었다. 1910~20년대 일제는 조선에 대한 식민 통치가 미개한 조선을 문명화시켜 조선인의 복리를 증진시키기 위한 것이라고 선전하였다. 그러면서 조선인은 일제의 통치에 순종하며 문명의 상태에 이르기 위해 노력해야 한다고 주장하였다.[14]

이 시기 일본시찰단은 조선인 중상층으로 하여금 이와 같은 문명화론을 긍정하여 일제에 더욱 협력하게 만드는 주요한 수단으로 활용되었다. 즉, 일제는 조선 내 여론을 주도하는 조선인 중상층으로 일본시

---

13 특히 조선교육(연구)회 기관지 중 국내에 소장되어 있지 않은 판본은 일본 쓰쿠바 대학 부속도서관을 방문하여 확보함으로써 종래의 자료적 제약을 극복하고자 했다.

14 권태억, 2004, 「1910년대 일제 식민통치의 기조」, 『한국사연구』 124, 221~224쪽; 2014, 『일제의 한국 식민지화와 문명화(1904~1919)』, 서울대학교출판문화원, 98~100쪽; 이정선, 2020, 「1910~20년대 '내선융화' 선전의 의미: 일본인과 부락민·조선인 '융화'의 비교」, 『역사비평』 130, 355~360·372~376쪽 참조.

찰단을 조직·파견하여 일본이 문명국임을 확인하게 함으로써, 조선도 일본의 통치를 통해 일본 제국의 한 부분으로서 일본처럼 발전할 수 있으며, 따라서 일본의 통치에 협력해야 한다는 생각을 갖도록 유도하였다.[15] 또 한편으로 일제는 시찰단원들이 시찰을 마치고 귀국한 후에 시찰기나 강연회 등을 통해, 일본의 근대 문명이 얼마나 발달되어 있는지 조선 민중에게 선전하게 함으로써, 일반 대중들 역시 문명화론을 받아들여 일제의 식민 지배에 순응하도록 만들고자 했다.[16]

일제가 교원 시찰단을 파견한 것 역시 이러한 의도에 따른 것이었다고 할 수 있다. 일제 입장에서 학교 교원은 체제 유지의 첨병이었기에, 확실한 협력자로 만들어 놓을 필요가 있었다. 또 교원은 학교교육 또는 사회교육을 통해 일제의 식민지배 이데올로기를 조선인에게 침투시키는 역할을 담당하고 있었기 때문에,[17] 일본의 우월성·선진성을 선전하게 하는 데에도 적합하였다.

교원 시찰단의 두 번째 목적은 조선인 교원에게 일본 천황에 대한 충성심, 일본 국민으로서의 국민의식을 심어주는 것이었다. 식민지 조선에서 교육의 목표는 제국 일본의 '충량한 국민'의 양성으로 설정되었고,[18] 일제로서는 그 목표 달성을 위해 교육 담당자인 조선인 교원부터 먼저 확실하게 '신민화(臣民化)'할 필요가 있었다. 뒤에서 보다 자세히 살펴보겠지만 일제는 교원 시찰단으로 하여금 천황의 거처나 천황릉, 주

---

15 조성운, 2011, 앞의 책, 248~258쪽; 이명화, 2009, 『1920년대 일제의 민족분열통치』, 독립기념관 한국독립운동사연구소, 90~91쪽 참조.

16 권태억, 2014, 앞의 책, 65~71, 105~111쪽; 조성운, 2011, 앞의 책, 257~259쪽; 강종훈 외, 2011, 「선망과 비하의 일본 여행: 총독부가 파견한 내지 사찰단」, 『미래를 여는 한국의 역사 5』, 웅진씽크빅, 112~113쪽 참조.

17 1910~20년대 식민지 조선에서 초등교원이 수행했던 사회교육의 역할에 관해서는 이정연, 2010, 『한국 '사회교육'의 기원과 전개』, 학이시습, 139~179쪽 참조.

18 「朝鮮教育令」, 『朝鮮總督府官報』 1910. 9. 1.

요 신사(神社), 천황제 관련 행사장을 방문하거나 참배하게 했는데, 이를 통해 시찰단의 목적 중 하나가 조선인 교원의 신민화에 있었음을 엿볼 수 있다.

마지막으로 교원의 실무적 능력을 향상시키는 것도 교원 시찰단의 또 다른 목적이었다. 일제는 조선인 교원으로 하여금 일본의 교육 관련 기관[19]을 시찰시켜 교육 정책이나 교육 방법, 학교 · 학급 운영 방법 등을 참고하게 함으로써 교원으로서의 능력을 향상시키려 했다. 『매일신보』는 당시 각종 일본시찰단에 대해 "각기 자기의 사업 · 사상에 따라 선진의 문명을 흡수코저 함"이라고 하였고, 특히 조선인 교원 내지시찰단에 대해서는 "시찰을 마친 후 얻은 지식으로써 후일 고국에 돌아와 혹은 참고로써 하며 혹은 실지(實地)에 응용하기에 노력"할 것을 주문하고 있다.[20] 이를 보면 교원 시찰단의 목적이 일본 교육 현장의 '선진적'인 교육 정책이나 교육 방법 중 참고할만한 지식을 습득케 함으로써 교원의 능력을 향상시키는 데 있었음을 알 수 있다. 이는 물론 궁극적으로는 식민지 교육을 한층 원활하게 하기 위한 것이었음은 두말할 나위 없다.

2) 시찰단 파견의 양상

위와 같은 목적을 이루기 위해 일제는 1910년대 후반부터 교원 시찰단을 일본에 보내기 시작했다. 즉, 조선총독부는 1918년 공립보통학교 남자 교원을 주요 단원으로 하여 제1회 '조선인 교원 내지학사시찰단'

---

19 여기서 '교육 관련 기관'은 각종 학교를 비롯하여 실제 교육을 행하는 '교육기관'과 각 지방 현청 학무과와 같은 '교육행정기관'을 포함하는 개념으로 사용하였다.

20 「내지시찰단」, 『매일신보』 1914. 3. 15;「조선인교원 내지시찰단: 특히 교원에게 告함」, 『매일신보』 1920. 10. 15.

을 파견하였으며,[21] 이어 1919년 11월에도 제2회 시찰단을 파견하였다.[22] 이 시기에 일제가 교원 시찰단을 파견하기 시작한 것은 1910년대 중반 들어 조선인 교원을 식민교육의 충실한 수행자로 보다 확실하게 만들어 놓을 필요성이 대두된 것을 배경으로 한다. 구체적으로 1910년대 중반 보통학교 조선인 교원 중에서 조선의 독립을 희구하거나 말하는 교원, 혹은 학생에게 기독교를 포교하고 민족의식을 고취하거나, 일제의 교육방침을 비판하는 교원 등이 나오고 있었다. 이에 조선총독부에서는 일본인 교장들에게 조선인 교원의 사상 동향에 주의하면서 그에 대한 지도에 힘쓸 것을 촉구하는 등 대책 마련에 나서고 있었다.[23] 이처럼 식민교육 담당자의 역할로부터 일탈하여 오히려 일제에 저항하는 조선인 교원이 출현하는 상황에서, 일제로서는 이들을 잘 교화하여 식민교육에 적극 협력하도록 만들 필요가 있었다. 조선인 교원 시찰단이 파견된 것은 바로 이러한 맥락에서였다고 할 수 있다.

조선인 교원 시찰단의 파견은 1920년대 들어 본격적으로 실시되었다. 이 시기 조선인 교원이 단원으로 참여한 시찰단은 총 37개로 파악되는데, 그 파견은 다음과 같은 특징을 보이면서 전개되었다.

첫째, 조선총독부에서 1920년대 초에 집중적으로 시찰단을 파견하였

---

21 「내지학사시찰단 출발」, 『朝鮮教育研究會雜誌』 39, 1918. 12. 여행 기간은 1918년 11월 21일부터 23일 간이었으며, 단원은 전국에서 선발된 조선인 남자 교원 23명이었는데, 공립보통학교 훈도 및 부훈도 20명, 사립 여자보통학교 교원 1명, 공립농업학교 교유 1명, 공립상농학교 교유 1명으로 공립보통학교 교원이 대다수를 점하고 있었다.

22 「朝鮮人教員內地學事視察團の件」, 『朝鮮教育研究會雜誌』 50, 1919. 11. 단원은 조선인 남자 교원 32명이었는데, 그중 공립보통학교 교원이 28명으로 대다수를 차지하고 있었다.

23 朝鮮總督府內務部學務局 編, 1915, 『(公立普通學校教員)講習會講演集』, 2, 25~27쪽. 공립보통학교 교원 강습회에서 세키야(關屋貞三郎) 학무국장은 이와 같은 '불온한' 조선인 교원의 사례를 들며 일본인 교장들에게 부하 교원의 사상에 주의하여 선도할 것을 주문하였다.

다는 점이다. 즉, 총독부는 1920년과 1921년 2년 연속 연 3회씩 교원 시
찰단을 일본에 보냈다. 구체적으로 총독부는 이전에 연 1회 파견하던
조선인 남자교원 시찰단을 연 2회로 늘리는 한편,[24] 조선인 여자교원
시찰단도 따로 조직하여 연 1회 파견하였다.[25]

　이러한 현상은 1919년 3·1운동을 겪은 일제가 민심을 안정시키기
위해 조선인에 대한 정치선전을 강화한 데 따른 것으로 보인다. 3·1운
동이라는 거족적 저항을 맞은 일제는 종전의 무단통치를 '문화정치'로
전환하고 이른바 '내지 연장주의'에 입각해 조선인에 대한 차별을 이전
보다 다소 완화하는 정책을 펴나갔다.[26] 그러면서 일제는 '문명화론'을
다시금 내세우며 조선인의 독립 의지를 약화시키고 민심을 안정시키
려 했다.[27] 즉, 일제는 조선에 대한 새로운 통치정책이 '무차별'의 방침
이라고 주장하면서, 조선인으로 하여금 독립을 하기보다는 일본 제국
의 일부로서 문명화하여 행복·이익을 증진하는 것이 낫다는 생각을
하도록 회유했다.[28] 그리고 일제는 이러한 문명화론을 조선인이 받아
들여 그들의 통치에 순응하도록 만들기 위해 각종 선전 정책을 활발하

---

[24]　「第三回 鮮人敎員 內地視察團」, 『朝鮮彙報』 1920. 6; 「第四回朝鮮人敎員內地視察」, 『朝
鮮』 1920. 11; 「第五回朝鮮人敎員團の內地視察」, 『朝鮮』 1921. 8; 「학사시찰단」, 『朝
鮮』 1921. 12.

[25]　「朝鮮人女敎員一行の內地視察」, 『朝鮮』 1920. 11; 「학사시찰단」, 『朝鮮』 1921.12.

[26]　권태억, 2007, 「1920~1930년대 일제의 동화정책론」, 『한국 근대사회와 문화』 3, 서울
대학교출판부, 7~26쪽.

[27]　예컨대 조선 총독 사이토 마코토는 1919년 9월 훈시에서 신시정(新施政) 방침이 "문
화적 제도의 혁신에 의하여 조선인을 유도하고 이끌어서 그 행복·이익의 증진을 꾀
하"려는 것이라고 주장하였다. 「總督訓示」, 『매일신보』 1919. 9. 4.

[28]　1919년 8월 다이쇼 천황은 "짐은 일찍이 조선의 강녕을 염원하고 그 민중을 애무하기
를 일시동인(一視同仁), 짐의 신민으로서 추호의 차이도 없고, 각기 그 자리를 얻어
그 삶을 유지하면서 똑같이 휴명(休明)의 은택을 향유하게 할 것을 약속한다"는 '일
시동인'의 성지를 내렸다[조선총독부, 1935, 『시정 25년사』, 311, 316쪽(이정선, 2020,
앞의 논문, 361쪽에서 재인용)].

게 전개하였다. 즉, 일제는 지방 유력자에 의한 강습회 개최, 활동사진의 상영, 각종 선전 인쇄물 발간 등의 정책을 전개했으며, 이전에 시행하던 일본시찰단 파견도 더욱 적극적으로 실시하였다.[29]

1920년대 초에 조선총독부에서 열성적으로 교원 시찰단을 파견한 것도 이러한 흐름의 일환이었다고 할 수 있다. 일제는 조선인 교원들에게 일본의 화려한 근대 문물을 보여줌으로써, 조선도 '문명국'인 일본의 '지도'를 받아 일본처럼 문명화할 것이라는 인식을 심어주어 친일화시키는 한편, 이들로 하여금 일본 근대 문명의 발달상을 조선 민중에게 전파시켜 민중들 역시 일제에 순응하도록 만들고자 했던 것이다. 당시 조선총독부 관료였던 모리야(守屋榮夫)의 다음 발언은 이러한 해석을 어느 정도 뒷받침해 준다. 즉, 그는 1920년대 초 교원 시찰단에 대해 "조선 사람들이 일본을 다녀와서 그 문화의 선진화된 상황을 보고 알게 됨으로써 이번 신정(新政)에 대해서도 신뢰감이 고양될 수 있게 하는 것이 목적"이었으며, 신정의 취지를 선전하여 민심을 안정시키려는 방법 중 하나였다고 밝히고 있다.[30]

둘째, 시찰단을 파견하는 주체가 다양했다는 점도 특징으로 지적할 수 있다. 즉, 조선총독부 외에도 조선교육회, 매일신보사, '이왕가어경사기념회',[31] 각 지방 행정기관 등 다양한 주체들이 교원시찰단을 조

---

29 강동진, 1980, 『일제의 한국침략정책사』, 한길사, 21~69쪽; 이명화, 2009, 앞의 책, 87~111쪽 참조.

30 이충호 편역, 2012, 『조선통치 비화』, 국학자료원, 133~140쪽.

31 '이왕가어경사기념회'는 일본의 실업가·사회사업가인 야나기하라 키치베에(柳原吉兵衛)가 1920년 4월 조선왕세자 이은(李垠)과 나시모토노미야 마사코(梨本宮方子)의 결혼을 기념하여 지역유지들을 모아 조직한 단체였다. 기념회는 조선의 여자고등보통학교와 고등여학교 우등 졸업생에 대한 표창을 주된 사업으로 하면서 조선인 여자 일본유학생에 대한 원조사업도 진행하였다(박선미, 2007, 『근대 여성 제국을 거쳐 조선으로 회유하다』, 창비, 116~118쪽).

직 · 파견하였다.

이는 일제가 1919년 3 · 1운동, 그리고 1920년대 전국적으로 빈발하는 학생운동을 겪으면서, 교원에 대한 재교육의 중요성을 강하게 인식했기 때문인 것으로 보인다. 3 · 1운동 과정에서 학생들은 만세시위, 동맹휴학을 전개하거나 각종 선언서 · 유인물을 전파하여 시위를 확산시키는 등 중요한 역할을 하였다.[32] 또 상당수의 보통학교, 사립학교 조선인 교원들도 만세시위를 벌이거나 독립선언서 · 태극기를 제작 · 배포하는 등의 활동을 전개했다.[33] 한편 1920년대 들어서는 전국 각지의 학교에서 학생들이 식민지 차별 교육의 철폐와 조선인 본위 교육의 실시를 요구하며 동맹휴학 투쟁을 활발하게 전개하였다.[34] 이러한 상황에서 조선인 교원에 대한 재교육의 필요성은 한층 높아졌다. 즉, 일제의 입장에서 위와 같은 사태의 재발을 막기 위해서는 조선인 교사들에 대한 재교육을 통해 이들을 확실하게 친일화시켜서 교사 본인이 일제에 협력하게 하고, 또 한편으로 조선인 학생에 대한 식민교육을 충실히 수행케 함으로써 학생들이 항일의식 · 민족의식을 갖지 못하게 할 필요가 있었던 것이다.[35] 일제 측 다양한 주체들은 이처럼 조선인 교원을 일제의 협력자로 포섭하는 것이 중요하다는 데 인식을 같이했고, 이에 따라 교원 시찰단을 파견한 것으로 판단된다.

---

[32] 김정인, 2019, 『오늘과 마주한 3 · 1운동』, 책과 함께, 72~84쪽.

[33] 김정인 · 이정은, 2009, 『국내 3 · 1운동 1: 중부 · 북부』, 독립기념관 한국독립운동사연구소, 118 · 187 · 200 · 221 · 237 · 240 · 245 · 256 · 272 · 285 · 319~321 · 324~325쪽; 김진호 · 박이준 · 박철규, 2009, 『국내 3 · 1운동 2: 남부』, 독립기념관 한국독립운동사연구소, 15, 61, 266쪽.

[34] 장규식, 2009, 『1920년대 학생운동』, 독립기념관 한국독립운동사연구소, 207~243쪽 참조.

[35] 이에 관해서는 조성운, 2011, 앞의 책, 286쪽; 이명화, 2009, 앞의 책, 92~93쪽 참조.

구체적으로 그 파견 양상을 살펴보면 다음과 같다. 먼저 조선총독부에서는 1920년, 1921년 각각 3회 시찰단을 파견한 이후에 지속적으로 일본에 시찰단을 보냈다. 1922년에는 36명의 조선인 남자교원을 단원으로 도쿄 평화박람회 참관을 겸한 일본시찰단을 구성하여 파견하였다.[36] 이어 1927년 3월에는 사립고등보통학교·여자고등보통학교 조선인 교원 18명, 총독부 관료 3명으로 '사립중등학교교원 내지시찰단'을 조직·파견하였으며,[37] 1928년에는 11월 교토에서 개최된 전국교육대회 참석을 주목적으로 하여 조선인·일본인 교원 40명으로 구성된 일본시찰단을 파견하였다.[38] 이 밖에도 1924~28년에는 여교원 일본시찰단, 1928년에는 '내지실업교육시찰단'을 파견하기도 하였다.[39]

조선총독부 이외의 기관·단체가 조직한 교원 시찰단을 살펴보면, 총독부 외곽단체인 조선교육회에서는 1927년 후쿠오카에서 열린 동아권업박람회에 맞춰 5월에 8일간의 일정으로 '기타큐슈(北九州) 학사시찰단'을 파견하여 박람회와 규슈 북부지방을 시찰케 했다.[40] 한편 매일신보사에서는 1926년 9월 창간 20주년 기념사업의 일환으로 조선 내 모범적인 '우량 교원' 7명을 총독부에 의뢰하여 선발한 후 일본을 시찰케 하였는데, 여기에 조선인 교원 4명이 포함되어 있었다.[41] 또 1928년 11월에는 일본의 '이왕가어경사기념회'라는 단체가 조선인 여자교원 시찰

---

36 「學事視察團 發期」, 『매일신보』 1922. 5. 10
37 「사립중등학교교원 내지시찰단 출발」, 『文教の朝鮮』 1927. 4.
38 「전국교육대회출석 及 내지학사시찰단 명부 及 일정」, 『文教の朝鮮』 1928.12.
39 「朝鮮總督府主催女教員內地學事視察團」, 『文教の朝鮮』 1925. 12; 「朝鮮總督府主催女教員內地視察團」, 『文教の朝鮮』 1926. 12; 「조선총독부주최 여교원내지학사시찰단 일정명부」, 『文教の朝鮮』 1927. 11; 柴田喜四郎, 「女教員內地の旅」, 『文教の朝鮮』 1929. 4; 「조선총독부주최 내지실업교육시찰단」, 『文教の朝鮮』 1927. 9.
40 「조선교육회 주최 북구주학사시찰단일정 단원명부」, 『文教の朝鮮』 1927. 6.
41 「選拔의 榮光을 얻은 教育家內地派遣員」, 『매일신보』 1926. 9. 1.

단을 일본에 파견하였다.[42] 이 밖에 각 지방 행정기관에서도 조선인 교원을 선발하여 일본을 시찰케 하였다. 특히 경기도 학무과에서는 1921년 3월 중등 이상 사립학교 교원 시찰단을 파견한 이래 같은 해 10월부터는 이를 '사립중등학교 교원 시찰단'으로 변경하여 1927년까지 매년 파견하였다.[43] 이 외에도 경성부, 부산부, 평안북도, 평안남도, 함경남도, 강원도, 전라북도, 전라남도, 경상북도 등에서 조선인 교원 단독 또는 일본인 교원과 연합으로 일본시찰단을 구성하여 파견한 것이 확인된다.[44]

셋째로 1920년대 교원 시찰단의 파견에서 보이는 또 다른 특징으로 여자교원 시찰단을 별도로 조직하여 파견했다는 점을 들 수 있다. 앞서 간단히 언급한 바 있지만, 조선총독부에서는 1920년, 1921년에 각각 관공립보통학교 조선인 여교원 14명, 최근 일본 견학의 경험이 없는 조선인 여교원 20명으로 시찰단을 조직하여 일본에 보냈다.[45] 이어 1925 ~1928년에는 매년 조선인·일본인 여교원 18명~31명을 선발하여 일본을 시찰하게 하였다.[46] 한편 1928년 '이왕가어경사기념회'에서는 같은 해 11월 교토에서 열린 쇼와 천황 즉위식에 맞춰 '대례봉배(大禮封拜) 조선

---

42 朝鮮總督府編輯課, 1929, 『(大禮奉拜)朝鮮女子教員內地視察記』, 朝鮮總督府編輯課.
43 「私校教員 視察」, 『매일신보』 1921. 2. 24; 「中等教員視察」, 『매일신보』 1921. 10. 25; 「私立女學校職員 內地學事視察團」, 『매일신보』 1927. 9. 9.
44 「교원 평박시찰단」, 『매일신보』 1922. 4. 11; 「여교원 내지 시찰」, 『매일신보』 1924. 10. 10; 「지방통신: 교원 내지시찰」, 『매일신보』 1921. 3. 21; 「평남교원 내지시찰」, 『매일신보』 1925. 11. 13; 「함남공립학교 직원 내지학사시찰」, 『매일신보』 1924. 1. 3; 「강원학사시찰단」, 『매일신보』 1921. 9. 6; 「학사시찰단 조직」, 『매일신보』 1924. 3. 3; 「내지시찰단 조직」, 『매일신보』 1922. 4. 27; 「경북 교원시찰단」, 『매일신보』 1922. 6. 20.
45 「朝鮮人女教員一行の內地視察」, 『朝鮮』 1920. 11; 「학사시찰단」, 『朝鮮』 1921. 12.
46 「朝鮮總督府主催女教員內地學事視察團」, 『文教の朝鮮』 1925. 12; 「朝鮮總督府主催女教員內地視察團」, 『文教の朝鮮』 1926. 12; 「조선총독부 주최 여교원내지학사시찰단일정 명부」, 『文教の朝鮮』 1927. 11; 柴田喜四郎, 「女教員內地の旅」, 『文教の朝鮮』 1929. 4; 「女教員內地の旅(二)」, 『文教の朝鮮』 1929. 5; 「女教員內地の旅(三)」, 『文教の朝鮮』 1929. 6.

여자교원 내지시찰단'을 조직·파견하여 즉위식 부대 행사를 참관하게 하고 일본의 주요 지방을 시찰케 하였다.[47]

마지막으로 이 시기 교원 시찰단의 특징으로 들 수 있는 것은 일반적인 일본시찰단과 달리 교원의 실무적 능력 향상에 중점을 둔 시찰단을 파견했다는 점이다. 즉, 조선총독부에서는 1927년 9월에 조선인 교원 3명을 포함 고등농림학교·실업보습학교·농업보습학교 교원, 공립보통학교 교장 등 총 25명을 단원으로 '내지실업교육시찰단'을 조직·파견하였는데, 이 시찰단은 다른 일본시찰단이 주로 방문하는 장소는 거의 가지 않고 일본의 실업 교육기관 및 관련시설을 집중적으로 견학하였다.[48] 이 시찰단은 3·1운동 직후 일시적으로 주춤했던 실업교육이 1920년대 중반부터 다시 강화됨에 따라,[49] 교원의 실업교육 수행 능력을 제고시키기 위해 파견된 것이라고 볼 수 있다.

그렇다면 교원 시찰단의 여정은 어떠했을까. 박찬승의 연구에 따르면, 일본시찰단의 여정은 '시모노세키-오사카-교토-나라-도쿄-닛코(日光)' 코스가 대체로 일반적이었으며 여기에 시찰단의 목적에 따라 다른 도시들이 추가되었다고 한다.[50] 교원 시찰단의 여정도 이러한 일반적인 경향에서 크게 벗어나지 않았다. 즉 교원 시찰단은 대체로 도쿄, 오사카, 교토, 나라를 기본적으로 방문하고 여기에 히로시마, 고베, 나고야, 후쿠오카 등 다른 지역을 추가하는 여정을 취하고 있었다. 여

---

47 朝鮮總督府編輯課, 1929, 『(大禮奉拜)朝鮮女子教員內地視察記』, 朝鮮總督府編輯課, 2쪽.

48 「조선총독부주최 내지실업교육시찰단」, 『文教の朝鮮』1927. 9.

49 나카바야시 히로카즈, 2014, 「조선총독부의 교육정책과 동화주의의 변천」 연세대학교 사학과 박사학위논문, 161~166쪽; 안홍선, 2015, 「식민지시기 중등 실업교육 연구」 서울대학교 교육학과 박사학위논문, 35~40쪽.

50 박찬승, 2006, 앞의 논문, 213~216쪽.

기서 도쿄와 오사카는 일본의 '근대 문명'을, 교토와 나라는 일본의 '역사와 전통문화'를 분명하게 보여주는 도시였기에,[51] 일제는 시찰단의 여정에 특별한 경우가 아니면 이들 도시를 반드시 포함시켰던 것으로 보인다. 시찰단은 부산에서 배를 타고 시모노세키에 상륙한 후 육지에서는 기차를 이용하여 이들 방문지 사이를 이동하며 일정을 소화하였다. 다만 도쿄, 오사카, 교토, 나라를 방문하는 순서는 일반적인 경향과 약간의 차이를 보여, '시모노세키 – 오사카 – 나라 – 도쿄 – 교토' 순으로 교토를 나중에 방문하는 경우가 많았다.[52]

한편 특정 행사 참관을 주요 목적으로 할 때에는 위와 같은 일반적인 경로와는 전혀 다른 여정을 취하기도 했다. 예컨대 1927년 조선교육회가 주최한 '기타큐슈 학사시찰단'은 후쿠오카에서 열린 동아권업박람회 참관이 주요 목적이었다. 이에 따라 시찰단은 도쿄, 오사카, 교토, 나라 4개 도시는 전혀 방문하지 않고 야하타(八幡), 후쿠오카, 다자이후(太宰府), 구마모토 등 규슈 북부 지역만을 집중적으로 시찰하였다.[53]

3. 조선인 교원의 시찰 여행 경험

1) 주요 장소의 시찰과 소감

교원 시찰단이 주로 방문한 장소는 크게 농촌, 도시의 근대적 시설,

---

51 박찬승, 2006, 위의 논문, 216쪽 참조.
52 여정을 확인할 수 있는 시찰단은 총 17개인데 이 중 11개가 이 순서였고 4개는 일반적인 경향과 같았으며, 2개는 일반적인 여정과는 다른 코스였다.
53 「조선교육회 주최 북구주학사시찰단일정」, 『文教の朝鮮』 1927. 6, 135쪽.

사찰·역사유적, 천황제 관련 시설, 그리고 교육 관련 기관으로 분류할 수 있다.

(1) 농촌에 대한 소감

시찰단은 기차로 이동하는 중에 차창 밖으로 농촌의 모습을 보았으며, 일부 시찰단은 농촌을 방문하여 시찰하기도 했다. 이때, 시찰단은 일본 농촌의 다음과 같은 점에 크게 놀라고 감탄하였다.

먼저 시찰단원들은 이구동성으로 조선의 산은 황량한 민둥산인 데 반해, 일본의 산은 수목이 무성하고 울창한 것에 놀라며 이를 높이 평가하였다.[54] 산림이 무성한 것은 단순히 아름다울 뿐만 아니라 기후를 조화롭게 하고 홍수를 막아주는 역할을 하고 있으며, 이는 내지의 문명 발달을 잘 보여준다는 것이다.[55] 그리고 산림이 울창한 이유로 애림(愛林) 사상 및 보호 관념과 식림(植林) 방법이 일반에 널리 보급되어 있는 점을 들었다.[56]

다음으로 시찰단은 일본의 농업 발달 정도가 높은 것에서 깊은 인상을 받았다. 시찰단원들은 바둑판처럼 잘 정리된 경지, 황무지가 거의 없을 정도의 효율적인 토지 이용, 수로·저수지·제방과 같은 치수 시설의 완비, 농작물의 완성도가 높고 생산량이 많은 것 등을 보고 경탄

---

54 「여교원내지시찰단 소식: 일행 一人」, 『朝鮮敎育硏究會雜誌』62, 1920. 11, 50쪽; 柳基駿, 「普通學校敎員 內地視察團より」, 『朝鮮敎育』64, 1921. 1, 56쪽; 全弘國, 「內地視察の感想」, 『朝鮮敎育』69·70, 1921. 7, 64쪽; 金秉律, 「內地視察の印象」, 『朝鮮敎育』7-1, 1922. 10, 74쪽; 黃南周, 「讀者通信: 北九州視察の雜感」, 『文敎の朝鮮』1927. 7, 83쪽.
55 柳基駿, 「普通學校敎員 內地視察團より」, 『朝鮮敎育』64, 1921. 1, 56쪽; 崔貞翰, 「普通學校敎員 內地視察團より」, 『朝鮮敎育』64, 1921. 1, 58쪽.
56 柳基駿, 「普通學校敎員 內地視察團より」, 『朝鮮敎育』64, 1921. 1, 56쪽; 李貞燮, 「普通學校敎員 內地視察團より」, 『朝鮮敎育』64, 1921. 1, 56쪽.

하였다. 그리고 오곡이 윤택한 전답, 초가집보다 기와집이 많은 것을 목격하고 일본의 농촌은 부유하다는 평가를 내렸다.[57]

시찰단원들은 농촌에까지 교통기관이 잘 발달되어 있는 것에 대해서도 놀라움을 금치 못했다. 예컨대 단원들은 "기차, 기선, 전차, 자동차, 자전거, 인력거 등 문명의 이기(利器)가 도회는 물론 벽지(僻地)까지 능히 사용되어 교통기관의 설비가 완전하며 그에 따라 교통이 빈번"하다거나[58] "산길에도 십수 대의 자동차·마차가 끊임없이 달리고 있고, 도로는 모두 자갈이 깔려 있어 차창으로 보면 푸른 들판에 흰 베를 널어놓은 것 같다"며 놀라움을 표시했다.[59]

(2) 도시 경관과 근대적 시설에 대한 소감

시찰단은 주요 도시를 방문했을 때, 먼저 도시의 전체적인 도시 경관과 거리 풍경을 보았는데, 특히 단원들에게 강한 인상을 준 도시는 도쿄와 오사카였다. 시찰단원들은 도쿄와 오사카에서 일본이 창출한 근대 자본주의 문명의 진수를 느낄 수 있었고[60] 두 도시에 대한 소감으로 "문화의 번영, 문명의 세상. 오사카, 도쿄. 혼을 빼앗기는 것 같았다"라

57 柳基駿,「普通學校教員 內地視察團より」,『朝鮮教育』64, 1921. 1, 56쪽; 黃南周,「讀者通信: 北九州視察の雜感」,『文教の朝鮮』1927. 7, 83~84쪽; 李貞燮,「普通學校教員 內地視察團より」,『朝鮮教育』64, 1921. 1, 57쪽; 全弘國,「內地視察の感想」,『朝鮮教育』69·70, 1921. 7, 64쪽; 金秉律,「內地視察の印象」,『朝鮮教育』7-1, 1922. 10, 74쪽.

58 李貞燮,「普通學校教員 內地視察團より」,『朝鮮教育』64, 1921. 1, 56~57쪽.

59 黃南周,「讀者通信: 北九州視察の雜感」,『文教の朝鮮』1927. 7, 84쪽.

60 川上新之助,「조선총독부주최학사시찰단 내지학사시찰상황」,『朝鮮教育研究會雜誌』53, 1920. 2, 47쪽; 李恩暎,「初めて內地を觀て: 靜岡より東京まで」,『朝鮮』1920. 11, 39쪽; 朝鮮總督府編輯課, 1929,『(大禮奉拜)朝鮮女子教員內地視察記』, 朝鮮總督府編輯課, 10, 26쪽;「여교원내지시찰단 소식: 일행 一人」,『朝鮮教育研究會雜誌』62, 1920. 11, 53쪽;「여교원내지시찰단 소식: 일행 一人」,『朝鮮教育研究會雜誌』62, 1920. 11, 46쪽.

고 적고 있다.[61]

시찰단은 주요 도시에서 일본 자본주의 경제의 발달상을 분명하게 보여주는 상점, 백화점 같은 상업 시설과 공장, 회사 등 근대산업 시설을 방문하였다. 시찰단원들은 이토추(伊藤忠) 상점, 미쓰코시(三越), 시로키야(白木屋), 다이마루(大丸) 백화점 등 규모가 큰 상점이 많이 존재하는 것 자체에서 일본의 경제가 발달해 있음을 실감하였고,[62] 상점들의 설비가 잘 갖추어져 있으며 상품의 종류가 많고 영업이 활발한 것에서 깊은 인상을 받았다.[63] 한편 시찰단은 야하타 제철소, 오사카의 가네가후치(鐘淵) 방적 공장, 조폐국, 고베의 가와사키(川崎) 조선소 등의 공장과 오사카의 마이니치(每日) · 아사히(朝日) 신문사 등 회사도 방문하였다. 그들은 이곳에서 기계를 활용한 대규모의 효율적 생산, 그로 인한 엄청난 생산력을 직접 목격하면서 감탄을 금치 못했다.[64]

교원 시찰단은 박람회장도 방문했는데, 그들이 참관했던 박람회는 1922년 도쿄의 평화기념동경박람회,[65] 1927년 후쿠오카의 동아권업박람회,[66] 그리고 1928년 오사카에서 열린 '대례봉축(大禮奉祝) 교통전기박람회'[67] 등이었다. 박람회장을 둘러본 조선인 교원들은 일본과 조선을 비

---

61 朝鮮總督府編輯課, 1929, 『(大禮奉拜)朝鮮女子敎員內地視察記』, 朝鮮總督府編輯課, 42쪽.

62 全弘國, 「內地視察の感想」, 『朝鮮敎育』 69 · 70, 1921. 7, 64쪽.

63 李貞燮, 「普通學校敎員 內地視察團より」, 『朝鮮敎育』 64, 1921. 1, 57쪽.

64 黃南周, 「讀者通信: 北九州視察の雜感」, 『文敎の朝鮮』 1927. 7, 84쪽.

65 평화기념동경박람회는 제1차 세계대전 종전에 맞춰 "세계의 평화를 기념하고 제국산업의 발달에 이바지"하기 위해 동경부 주최로 1922년 3월 10일부터 7월 31일까지 우에노 공원에서 열렸으며, 조선관도 설치되었다(한규무, 노기욱, 2010, 앞의 논문, 35~59쪽).

66 동아권업박람회는 일본 국민에게 산업정신을 환기시키고 경제사상을 고취하는 한편, 공업의 발달 · 기술의 정교(精巧)를 장려함으로써 국부(國富)의 증진에 기여할 목적으로 1927년 3월 25일부터 5월 23일까지 후쿠오카에서 개최되었다(「東勸博覽會 視察團」, 『매일신보』 1927. 3. 4).

교하면서, 일본 근대산업의 선진성을 실감하는 한편 조선 경제의 상황에 대해 열등감을 느꼈다.[68]

한편 교원 시찰단은 구레(吳), 요코스카(橫須賀) 등 군항 도시를 방문하여 항구에 정박되어 있는 많은 군함들, 해군 항공대의 비행기 작업 등을 보았으며 해군 공창에서는 전함 '나가토(長門)'나 대포 탄환 등이 만들어지는 과정을 견학하였다. 단원들은 이를 보고 '제국 국방'의 근원이 어디에 있으며, 일본 제국이 왜 강국인지를 실감할 수 있었다.[69]

마지막으로 교원 시찰단은 도시에서 공원, 그리고 박물관, 도서관 같은 문화 시설도 방문하였다. 시찰단원들은 분수, 화단 등이 잘 조성되어 있는 히비야 공원을 보고 조선의 공원들보다 훨씬 훌륭하다고 평가했다. 또 아사쿠사 공원 내 설치된 극장에서 연극 등 다양한 활동이 이루어지고 있는 것을 보고, 그런 것이 시민들에게 큰 위안이 된다며 부러움을 표시하기도 했다.[70] 한편 시찰단원들은 도쿄, 교토, 나라의 '제실(帝室) 박물관', 오사카 시민박물관 등을 방문하고 공원과 함께 도처에 박물관이 있어서 사회교육에 기여하고 있다며, 박물관의 교육적 역할에 주목하면서 이를 높이 평가하였다.[71] 시찰단은 도쿄 제국도서관, 도

---

67   '대례봉축 교통전기박람회'는 1928년 쇼와 천황의 즉위식에 맞춰, 천황의 즉위를 축하하고 교통 및 전기에 관한 지식의 보급·발전에 공헌할 목적으로 10월 1일부터 11월 30일까지 오사카시에서 열렸다(交通電氣博覽會事務局 編, 1928, 『交通電氣博ポスター選集: 大禮奉祝』, 日本廣告學會, 1~3쪽).

68   金秉律, 「內地視察の印象」, 『朝鮮敎育』 7-1, 1922. 10, 74쪽; 黃南周, 「讀者通信: 北九州視察の雜感」, 『文敎の朝鮮』 1927. 7, 84쪽.

69   山口喜一郎, 「內地學事視察團の通信」, 『朝鮮敎育硏究會雜誌』 41, 1919. 2, 41쪽; 川上新之助, 「조선총독부주최학사시찰단 내지학사시찰상황」, 『朝鮮敎育硏究會雜誌』 53, 1920. 2, 46쪽.

70   李恩暎, 「初めて內地を觀て: 靜岡より東京まで」, 『朝鮮』 1920. 11, 39쪽; 金永子, 「初めて內地を觀て: 동경견물」, 『朝鮮』 1920. 11, 41쪽.

71   柳基駿, 「普通學校敎員 內地視察團より」, 『朝鮮敎育』 64, 1921. 1, 56쪽.

야마(富山) 현립 도서관 등도 방문하였는데, 단원들은 도서관의 시설과 그곳을 이용하고 있는 일본인들의 모습을 보고 감탄하는 한편 부러움을 느꼈다. 예를 들어, 도야마 현립 도서관을 둘러본 김병률은 도서관이 보통열람실, 부인실, 아동실, 맹아실 등 설비가 완전하고 5만 2천 권의 장서를 소장하고 있는 것에서 깊은 인상을 받았다. 특히 아동실을 보며, 환경이 좋은 곳에 있는 일본 아동의 행복함에 부러움을 느끼는 한편 놀 곳도 없고 배움의 길도 적은 조선의 아동들을 떠올리며 불쌍하다는 생각을 하였다.[72]

(3) 사찰과 역사 유적에 대한 소감

시찰단은 시찰 여행 중에 사찰과 역사 유적도 많이 들렀다. 시찰단이 주로 찾은 사찰은 교토의 히가시혼간지(東本願寺), 니시혼간지(西本願寺), 치온인(知恩院), 산주산겐도(三十三間堂), 기요미즈테라(清水寺), 나라의 도다이지(東大寺), 고후쿠지(興福寺) 등이었고, 역사 유적으로는 오사카성(大阪城), 구마모토성(熊本城), 다자이후(太宰府) 유적지, 닛코의 도쇼구(東照宮) 등을 들 수 있다.

일제가 시찰단에게 일본의 오래된 사찰과 역사 유적지를 시찰시킨 의도는 일본이 근대화 이전에도 상당한 문명을 이룩한 나라라는 것을 보여주기 위한 것으로 판단된다. 조선 사람들은 오랫동안 일본의 문화를 경시해왔고, 당시 일본의 발전은 메이지 유신 이후 수십 년 동안 일본이 서구 문명을 적극적으로 받아들인 결과라고 생각하는 경향이 있었다.[73] 일제는 시찰단으로 하여금 오래되고 뛰어난 일본의 사찰 건축

---

72   金秉律,「內地視察の印象」,『朝鮮敎育』7-1, 1922. 10, 67쪽.
73   박찬승, 2006, 앞의 논문, 226쪽.

물, 유적 등을 시찰케 함으로써, 그러한 고정 관념을 깨뜨리고 일본이 메이지 유신 이전에도 상당히 발달해 있었음을 보여주려 했던 것이다.

일제의 이러한 의도는 어느 정도 실현되었다. 나라 도다이지의 대불(大佛)을 본 한 시찰단원은 그 규모에 크게 놀라며, "덴표시대(天平時代)의 분들에게 경복했다. 그 시기 분들은 힘이 세고, 현명한 분들이었을 것이다"라고 하여 나라시대에 일본이 강한 국력과 높은 수준의 문화를 갖고 있었을 것이라고 생각했다.[74] 또 오사카성을 본 또 다른 시찰단원은 "오사카성의 천수대의 돌의 크기는 높이 8미터, 가로 12미터. 용케도 이러한 큰 돌을 현대와 같이 기차나 기계, 기구가 발달하지 않은 시대에 운반했다고 생각하니, 당시의 도요토미 히데요시의 위대한 힘에 놀랄 수밖에 없었다"라고 하여, 근세 일본의 기술 수준이 높았음을 실감했다.[75]

(4) 천황제 관련 시설에 대한 소감

시찰단이 들렀던 또 다른 주요 시찰 장소로 천황제 관련 시설을 들 수 있다. 구체적으로 천황의 현재 및 옛 거처인 도쿄의 황거(皇居)와 교토 고쇼(京都御所), 황실 정원인 신주쿠 교엔(新宿御苑), 메이지 천황릉인 모모야마 어릉(桃山御陵), 진무천황릉, 쇼와 천황 즉위식 관련 행사장, 그리고 이세 신궁(伊勢神宮), 이즈모 대사(出雲大社), 가시하라 신궁(橿原神宮), 메이지 신궁(明治神宮), 야스쿠니 신사(靖國神社) 등 주요 신사들이다.[76] 일제는 시찰단원

---

74 朝鮮總督府編輯課, 1929, 『(大禮奉拜)朝鮮女子敎員內地視察記』, 朝鮮總督府編輯課, 19쪽.

75 朝鮮總督府編輯課, 1929, 『(大禮奉拜)朝鮮女子敎員內地視察記』, 朝鮮總督府編輯課, 9쪽.

들로 하여금 이러한 곳을 둘러보거나 참배하게 함으로써, 천황 및 황실의 위엄을 느끼게 하고 천황제 이데올로기[77]를 침투시켜 일본 제국 국민으로서의 국민의식을 갖게 하려 했던 것으로 보인다.

일제의 이러한 의도는 일정 정도 효과를 거두었던 것으로 판단된다. 즉, 천황제 관련 시설을 본 시찰단원들은 천황제 이데올로기를 어느 정도 내면화하는 모습을 보이고 있었다. 도쿄의 황거를 찾아 참배를 한 조선인 여자 교원들은 "일반 신민의 군주에 대한 충심(忠心)을 엿보았고, 그저 숭경(崇敬)의 마음"이 일어났다고 했으며,[78] 시찰단원 류기준은 이세신궁과 진무천황릉을 참배한 후 "만세일계의 천황폐하를 받드는 충군애국의 마음"을 한층 깊게 했다고 그 소감을 적고 있다.[79] 쇼와 천황 즉위식 관련 행사장을 찾은 조선인 여교원의 경우 이러한 모습을 좀 더 분명히 엿볼 수 있다. 천황 부부의 행차를 본 한 교원은 "신을 뵙고 나도 신이 된 것처럼, 마음이 정화되었다"라고 하면서, 평소 추상적으로만 알고 있었던 "국민적 정신"을 실감했다고 하였다.[80]

물론 이러한 소감들에는 다소 과장한 것 같은 표현도 보인다. 하지만 위와 같은 공간들과 의례는 모두 치밀한 전략에 의해 천황 숭배의

---

76 이세 신궁은 천황가의 조상신인 아마테라스 오미카미(天照大神)를, 이즈모 대사는 아마테라스의 손자인 니니기(瓊瓊杵尊)에게 국토를 이양한 오쿠니누시(大國主神)를 모신 신사였으며, 가시하라 신궁은 일본 초대 천황인 진무 천황(神武天皇)을, 메이지 신궁은 메이지 천황과 황후를 제신(祭神)으로 하는 신사였다. 또 야스쿠니 신사에는 막말 이래 여러 전쟁에서 사망한 군인과 군속들이 신으로 간주되어 모셔져 있었다 (박규태, 2017, 『일본 신사(神社)의 역사와 신앙』, 역락 참조).

77 여기서 천황제 이데올로기는 주지하다시피 일본은 '만세일계(萬世一系)'의 천황이 통치하는 신성한 국가이며, 제국 일본의 '신민'은 천황을 숭배하고 그에게 충성해야 한다는 것이었다(박진우, 2000, 「근대 천황제와 일본 군국주의」, 『역사비평』 50 참조).

78 「여교원내지시찰단 소식: 일행 一人」, 『朝鮮教育研究會雜誌』 62, 1920. 11, 53쪽.

79 柳基駿, 「普通學校教員 內地視察團より」, 『朝鮮教育』 64, 1921. 1, 56쪽.

80 朝鮮總督府編輯課, 1929, 『(大禮奉拜)朝鮮女子教員內地視察記』, 朝鮮總督府編輯課, 40쪽.

감정을 불러일으키는 특유의 엄숙하고 성스러운 분위기를 연출하고 있었고,[81] 이러한 독특한 분위기 속에서 조선인 교원들은 어느 정도 일본 천황의 존엄성을 인식하고, 그에 대한 외경심을 갖게 되었던 것으로 보인다.

한편 어떤 시찰단원들은 위와 같이 직접적으로 천황제 이데올로기를 내면화하지는 않더라도, 천황 숭배 혹은 천황을 정점으로 하는 국민통합을 긍정적으로 받아들이는 모습을 보였다. 예컨대 한 시찰단원은 시찰 중 인상 깊었던 점으로 일본 국민 모두 신사에 대한 숭경의 관념이 강한 것, 애국심이 풍부하며 군주에 충성하는 것 등을 들었다.[82]

이 부분을 특히 긍정적으로 보았던 시찰단원들은 쇼와 천황 즉위식 관련 행사를 참관한 조선인 여교원들이었다. 그들은 교토에서 즉위식을 마친 천황이 도쿄로 환궁하는 행차를 참관했는데, 늦가을 추위에도 불구하고 환궁 행사 전날부터 밤새워 행사를 기다리는 일본인들의 모습을 보고 감격했다. 또 그들은 도쿄에서 열린 관병식을 보고 "하늘, 육상에서 폐하 아래에 하나가 되는 모습"은 '군민일체(君民一體)'인 일본국의 모습 그대로라며 높이 평가했다.[83] 요컨대 이들은 천황에 대한 무조건적 숭배, 그리고 마치 하나의 대가족처럼 부모인 천황을 자식인 국민이 떠받들며 하나가 되는 것을 긍정적으로 받아들였던 것이다.

---

81 이에 관해서는 다카시 후지타니 지음, 한석정 옮김, 2003, 『화려한 군주: 근대일본의 권력과 국가의례』, 이산; 박삼헌, 2009, 「근대일본 '국체(國體)' 관념의 공간화: 도쿄의 메이지신궁(明治神宮)을 중심으로」, 『인천학 연구』 11 참조.

82 「여교원내지시찰단 소식: 일행 一人」, 『朝鮮教育研究會雜誌』 62, 1920. 11, 52쪽.

83 朝鮮總督府編輯課, 1929, 『(大禮奉拜)朝鮮女子教員內地視察記』, 朝鮮總督府編輯課, 17, 29~30쪽.

(5) 교육 관련기관 시찰 소감

마지막으로 교원 시찰단이 많이 방문한 장소는 교육 관련기관이었
다. 시찰단은 각 방문지에 위치한 각급 학교를 시찰하였으며, 그중에서
도 특히 소학교와 초등·중등 교원 양성기관인 사범학교, 고등사범학
교 및 그 부속 소학교를 자주 방문하였다. 또 맹학교와 같은 특수교육
기관이나 감화원(感化院) 같은 사회교화 기관을 방문하기도 했다. 한편 조
선총독부 내지실업교육시찰단은 농업·공업·상업 보습학교, 농업공민
학교, 현립농학교, 실업보습학교 교원양성소 등 실업 교육기관을 집중
적으로 방문하였다.[84]

학교를 방문한 시찰단은 그 학교의 교장이나 직원, 해당 지역 현청(縣
廳) 학무과 직원 등의 안내를 받으며 학교를 시찰하였다. 시찰단원들은
일단 학교 건물과 교실, 운동장, 강당, 각종 실험·실습실과 실험·실습
기계, 도구, 표본, 액자 등 학교 시설 전반을 꼼꼼하게 둘러보았다. 또
그들은 몇몇 과목의 수업을 참관하면서 교사의 교육 방법과 학생들의
학습 태도를 주의 깊게 보았으며, 무도장에서 학생들의 유도 시범을 보
며 체육 교육의 상태를 확인하기도 했다.[85]

한편 시찰단은 교육행정기관을 찾아가 방문한 지역의 교육 정책이
나 현황을 조사하기도 했다. 예컨대 1920년대 함경북도 교원내지시찰
단은 도야먀(富山) 현청 학무과를 방문하여, 실업보습교육 현황, 지도원

---

84 「휘보: 조선총독부주최 내지실업교육시찰단」, 『文教の朝鮮』 1927. 11, 131~134쪽.
85 「여교원내지시찰단 소식: 일행 一人」, 『朝鮮教育研究會雜誌』 62, 1920. 11, 50~51쪽;
    朝鮮總督府編輯課, 1929, 『(大禮奉拜)朝鮮女子教員內地視察記』, 朝鮮總督府編輯課,
    5, 8~9, 33쪽; 李貞燮, 「普通學校教員 內地視察團より」, 『朝鮮教育』 64, 1921. 1, 57~58
    쪽; 金秉律, 「內地視察の印象」, 『朝鮮教育』 7-1, 1922. 10.

의 소학교 '순회 지도'를 통한 교원 재교육 등 그 현에서 실시하고 있는 교육 정책에 대한 보고를 들었다. 또 니가타(新潟)현이 사회교육이 발달되어 있다는 정보를 입수하고 니가타 현청 학무과를 방문하여 그 현에서 사회교육을 어떠한 방식으로 실시하고 있는지에 대해 설명을 듣기도 했다.[86]

그렇다면 시찰단원들은 교육 관련 기관을 시찰한 후 무엇을 느꼈을까.

먼저 시찰단원들은 일본 내 교육의 보급 정도가 높은 데 대해 감탄하고 부러움을 느꼈다. 시찰단원 전홍국은 일본의 초등 의무교육에 대해 부러움을 표시하고, 중등 및 고등교육기관과 특수교육도 거의 완비되어 있다고 지적하였다.[87] 또 다른 시찰단원들은 교육이 충분히 보급되어 있는 가운데, 특히 여성에 대한 교육이 초등·중등 모두 잘 시행되고 있으며, 여성 중등교육의 수준도 남성 교육에 비해 열등하지 않은 점에 대해 놀라움을 표시하였다.[88] 다음으로 시찰단원들은 학교 내 시설이 잘 갖추어져 있는 점에 대하여 놀라움과 부러움을 금치 못했다. 구체적으로 그들은 체조장, 이과실, 가사실, 창가실, 수공실 등 실험, 실습을 위한 특별 교실과 실험 도구, 실물 표본, 운동 기구 등이 완비되어 있는 것에 크게 경탄하고 부러움을 느꼈다.[89]

---

[86] 金秉律, 「內地視察の印象」, 『朝鮮教育』 7-1, 1922. 10, 66, 70~72쪽. 1920년대 일제는 3·1운동과 같은 항일운동의 재발을 막기 위한 민중 교화의 방법으로 '학교를 중심으로 한 사회교육' 시책을 강화해 갔는데, 교원시찰단으로 하여금 일본의 사회교육 정책을 조사시켜 참고할 만한 사항을 습득하게 했던 것으로 보인다(이정연, 2010, 앞의 책, 156~172쪽).

[87] 全弘國, 「內地視察の感想」, 『朝鮮教育』 69·70, 1921. 7, 63~64쪽.

[88] 李貞燮, 「普通學校敎員 內地視察團より」, 『朝鮮教育』 64, 1921. 1, 56쪽; 柳基駿, 「普通學校敎員 內地視察團より」, 『朝鮮教育』 64, 1921. 1, 57쪽.

[89] 金秉律, 「內地視察の印象」, 『朝鮮教育』 7-1, 1922. 10, 73~74쪽; 全弘國, 「內地視察の感想」, 『朝鮮教育』 69·70, 1921. 7, 63~64쪽.

마지막으로 시찰단원들은 수업을 참관하면서, 학생의 참여와 자발성을 중시하는 교육 방법을 보고 깊은 인상을 받았으며, 이를 긍정적으로 평가하였다.[90] 시찰단원 황남주는 후쿠오카의 소학교에서 일본어와 체조 수업을 참관하였는데, 일본어 수업이 독자적 학습에서 시작해 상호 학습으로 옮겨가고 부족한 부분은 교사가 지도하는 것을 보고 학생의 "자력으로써 신장케 하고 보다 나은 자기를 창조하게" 하는 수업이었다며 감탄하였다. 또 그는 체조 수업도 "교사의 명령에 마지못해 복종하는 동작이 아닌, 직접 스스로 자각한 정신적 체조를 하고 있다"면서 높이 평가했다.[91] 이 밖에도 시찰단원들은 이과 수업에서 학생들에게 일일이 실험·관찰시키는 것을 보고 진보적이며 타당한 교육 방법이라고 평가했으며,[92] 어느 학교를 불문하고 학생이 수동적이지 않고 자발적으로 공부하고 있는 점을 시찰 여행 중 인상 깊었던 부분으로 꼽기도 했다.[93]

2) 일본인에 대한 긍정적 인식

조선인 교원들은 시찰 여행을 하면서 일본의 근대 물질문명과 문화

---

[90] 시찰단의 시선에 이러한 교육 장면이 많이 포착되었던 배경에는 '다이쇼 자유교육운동'의 영향이 있다고 생각된다. 1910~20년대 일본에서는 사범학교 부속소학교와 사립소학교를 중심으로 기존의 획일주의, 형식적 교육에 반대하며 아동의 개성이나 자발성을 존중하는 교육개조운동인 '다이쇼 자유교육운동'이 활발하게 전개되었으며, 각 지역 공립소학교에도 일정한 영향을 미치고 있었다. 이에 관해서는 鈴木和正, 2017,「近代敎育制度と大正新敎育運動: 敎育學における諸槪念の檢討を中心に」,『敎育研究実践報告誌』第1卷 第1号 참조.

[91] 黃南周,「讀者通信: 北九州視察の雜感」,『文敎の朝鮮』1927. 7, 84쪽.

[92] 川上新之助,「조선총독부주최학사시찰단 내지학사시찰상황」,『朝鮮敎育研究會雜誌』53, 1920. 2, 47쪽; 李貞燮,「普通學校敎員 內地視察團より」,『朝鮮敎育』64, 1921. 1, 57쪽.

[93] 柳基駿,「普通學校敎員 內地視察團より」,『朝鮮敎育』64, 1921. 1, 56쪽.

유산뿐만 아니라 그 속에서 살아가고 있는 사람들, 즉 일본인들의 모습에도 주목하였다. 시찰단원들은 일본의 근대 문명을 이룩하고 그것을 더욱 발전시켜 나가고 있는 일본인들의 삶의 자세나 생활 태도, 풍습 등에 주목하면서, 이를 높이 평가하거나 더 나아가 본받아야 한다고 생각했다.

시찰단원들이 가장 높이 평가한 부분은 일본인들이 부지런하고 활동적이라는 점이었다. 단원들은 농촌이나 공장에서 일본인이 근면하게 일하는 것, 특히 여성들의 노동이 활발한 점을 인상 깊게 보았으며 이를 긍정적으로 평가했다. 예컨대 시찰단원 황남주는 일본 사회에 대해 "일반적으로 근면성이 가득 차 있다. 남녀노소를 불문하고 처마 밑, 길거리에서 빈둥빈둥하는 자는 한 명도 볼 수 없다. 모두 부지런히 일하고 있다. 저 약한 여자들도 우마(牛馬)를 몰고, 짐수레를 끄는 일이 예사이다"라고 그 인상을 적었다.[94] 시찰단원들은 대도시에서 시민들이 바쁘게 움직이는 모습조차 긍정적으로 보았다. 구체적으로 단원들은 도시의 거리에서 통행하는 사람들의 발걸음이 빠른 것에 주목하면서 "내지는 다망(多忙)한 나라"라고 생각했으며[95] 누구나 태도가 긴장해 있고 거동이 민첩한 것에 깊이 감동했다.[96]

더 나아가 시찰단원들은 이러한 일본인의 근면하고 활동적인 생활 태도를 본받아야 한다고 생각하기도 했다. 예를 들어, 단원 김병률은 일본의 "인민은 누구도 노는 자 없이 각자 생업에 힘쓰며, 상공업은 더욱 발달하고 능률은 증진해 왔다"고 평가하면서, 조선인들도 "저 내지

94   黃南周, 「讀者通信: 北九州視察の雜感」, 『文敎の朝鮮』 1927. 7, 85쪽.
95   川上新之助, 「조선총독부주최학사시찰단 내지학사시찰상황」, 『朝鮮敎育硏究會雜誌』 53, 1920. 2, 47쪽.
96   「여교원내지시찰단 소식: 일행 一人」, 『朝鮮敎育硏究會雜誌』 62, 1920. 11, 51쪽.

인이 일하는 방식, 그 정신을 모범으로 삼아" 조선의 발전을 위해 노력해야 한다고 주장하였다.[97]

한편 시찰단원들은 일본인들의 교육열이 높은 점에 대해서도 감탄했다. 한 여자 단원은 시찰 여행에서 많은 학교를 보지는 못했지만, 인민 일반의 교육에 대한 열성에는 놀랐다고 적고 있으며,[98] 우지 야마다(宇治山田)의 소학교를 방문한 단원들은 교육이 잘 보급되어 있고 시골 사람들까지 교육에 열심인 것에 감탄하였다.[99]

마지막으로 시찰단원들은 일본인들이 신사·사찰에 가서 참배하는 풍습도 긍정적으로 평가하였다. 여교원 시찰단원들은 "고귀한 사람들이나 국가에 공로가 있는 사람, 혹은 선조 등에게 감사의 마음, 친밀한 마음을 가지고 제사 지내는 사람의 마음은 숭고하고 아름답다"라며 높이 평가했다.[100] 또 다른 시찰단원은 "도처의 사원(寺院), 불각(佛閣)은 지금 일본 국민의 강한 혼을 기르는 바이다. 무엇과도 바꾸기 어려운 그 신앙이 일반에 왕성해, 스스로 기뻐하고 스스로 강하고 스스로 위로하기에 충분하다"라고 평가하였다.[101]

이 밖에도 시찰단원들은 일본인들이 친절하고, 미적 감각이 발달해 있으며, 규율을 잘 지키고, 위생 관념이 발달해 있는 점에 대해서도 긍정적인 평가를 내렸다.[102]

---

97 金秉律, 「內地視察の印象」, 『朝鮮教育』 7-1, 1922. 10, 74~75쪽.
98 李恩暎, 「初めて內地を觀て: 靜岡より東京まで」, 『朝鮮』 1920. 11, 39쪽.
99 川上新之助, 「조선총독부주최학사시찰단 내지학사시찰상황」, 『朝鮮教育研究會雜誌』 53, 1920. 2, 47쪽.
100 朝鮮總督府編輯課, 1929, 『(大禮奉拜)朝鮮女子教員內地視察記』, 朝鮮總督府編輯課, 42쪽.
101 金秉律, 「內地視察の印象」, 『朝鮮教育』 7-1, 1922. 10, 74쪽.
102 全弘國, 「內地視察の感想」, 『朝鮮教育』 69·70, 1921. 7, 64쪽; 黃南周, 「讀者通信: 北九州視察の雜感」, 『文教の朝鮮』 1927. 7, 85쪽.

3) 조선에 대한 비판과 교사로서의 결의

그런데 여기서 주목되는 부분은 시찰단원들이 일본과 일본인에 대해 찬탄하고 긍정적인 평가를 하면서, 이와 더불어 조선과 조선인에 대하여 비판을 가하고 있다는 점이다.

그것은 한마디로 조선인은 게으르고 정체되어 있으며, 조선은 일본에 비해 한참 뒤처져 있다는 것이었다. 예를 들어, 시찰단원 황남주는 조선인이 따뜻한 온돌을 사용하는 풍습 때문에 게을러졌으며 그 결과 조선의 문화가 지체되었다고 비판하였다. 이어서 그는 일본의 농촌은 기와집이 대부분일 정도로 부유한 반면, 조선의 농촌에서는 작고 낮은 초가집에서 불결하고 가난한 생활을 하고 있다고 지적하였다. 또 현재 조선인이 사용하고 있는 의류나 기구 중 조선인에 의해 생산된 것은 매우 적다며, 공업의 미발달로 인해 빈곤이 초래되고 있다고 주장하였다.[103] 또 여교원 이은영은 조선이 30년, 혹은 50년이 지나도 현재 일본의 상태에 도달할 수 있을지 의심된다며, 조선의 발전 정도가 일본에 비해 매우 뒤떨어져 있다고 진단하였다.[104]

한편 시찰단원들은 조선과 조선인에 대한 비판에 그치지 않고, 교사로서의 다짐과 결의를 하기도 하였다. 즉, 시찰단원들은 조선이 일본에 비해 한참 낙후되어 있다는 인식을 바탕으로 일제 식민 지배 하에서 교육을 진흥시키거나 발전시켜, 조선인을 계몽하고 각성시킴으로써 조선을 문명화하는 데 일조하겠다고 결심했다. 예컨대 여교원내지시찰단의 한 교원은 도쿄와 오사카에서 일본의 발전상을 보고 "아직 암흑에

103　黃南周, 「讀者通信: 北九州視察の雜感」, 『文教の朝鮮』 1927. 7, 83~84쪽.
104　李恩暎, 「初めて內地を觀て: 靜岡より東京まで」, 『朝鮮』 1920. 11, 39쪽.

서 잠자고 있는 조선의 형제, 자매들에게 하루라도 빨리 이 상황을 전하고 또 전력을 다해 일 초라도 빨리 각성시켜 내지처럼 발전하고 싶다고 깊이 느꼈"으며 "우리 조선도 빨리 분기하여 세상으로 나아가지 않으면 안 된다"고 생각했다. 그리고 이를 위하여 "교육의 진보"를 위해 노력해야겠다고 다짐하였다.[105] 또한 경기도 중등교원 내지시찰단에 참여했던 진명여자고등보통학교 교사 남상찬은 일본의 "발달된 문화는 교육에 의하여 이루어진 바"이며 "교육의 힘에 의하여 농공상 각 방면에 걸쳐 오늘날의 문명을 이룩한 것"이라 하여 일본의 문명은 교육의 힘에 의한 것이라고 판단하였다. 그러면서 "조선에서도 더욱 교육을 존중, 장려해야 한다고 느꼈다"라고 하여, 조선의 문명화를 위해 한층 더 교육을 진흥하겠다는 다짐을 밝히고 있다.[106]

이러한 결심과 다짐 중에는 노골적으로 일제의 식민 지배를 긍정하면서, 교육을 통해 제국 일본의 한 부분으로서 조선을 발전시키고 '문명화'할 것을 결의하는 경우도 있었다. 이는 사실상 교사로서 일제의 식민교육 정책에 협력하겠다는 다짐이었다고 할 수 있다. 예컨대 전홍국은 조선의 현재 발달 수준이 일본의 메이지 22~23년(1889-90년)경 정도라는 한 일본인의 발언을 인용하며, 조선의 문명은 일본에 비해 30년 뒤처져 있다고 진단하였다. 그러면서 조선은 동양의 일부이자 일본 제국의 일부이고, 황색인종의 영역에 속해 있으므로 조선인을 빨리 각성시켜 조선을 '내지'와 같은 정도까지 발전시켜야겠다고 결의하였다.[107] 그가 당시 공립보통학교 교원이었음을 고려해 볼 때,[108] 이러한 결의는

---

105 「여교원내지시찰단 소식: 일행 一人」, 『朝鮮教育研究會雜誌』 62, 1920. 11, 51~53쪽.
106 「교원시찰단 감상」, 『매일신보』 1921. 3. 18.
107 全弘國, 「內地視察の感想」, 『朝鮮教育』 69 · 70, 1921. 7, 64쪽.

일제의 식민교육정책에 따라 학교교육과 사회교육을 통해 조선인을 각성시킴으로써 조선을 발전시키겠다는 다짐으로 해석할 수 있을 것이다.

또 다른 시찰단원 김병률 역시 조선이 일본에 비해 낙후된 원인을 교육에서 찾으며 '교육칙어'라는 일본 천황제 교육정책에 입각한 아동교육과 촌락개발·풍속개량 같은 사회교육을 통해 조선을 일본과 같은 단계까지 발전시키도록 노력하겠다고 다짐하였다. 즉, 그의 결심은 '충량한 신민' 양성이라는 일제의 식민교육 정책에 협력하여 일본 제국의 일부로서 조선을 '문명화'하는 데 일조하겠다는 것이었다.[109]

한편 어떤 시찰단원들은 이보다 좀 더 구체적인 차원에서, 시찰 여행을 통해 습득한 교육 방법이나 교육방침을 조선에 적용할 것을 결의하기도 했다. 예를 들어, 이정섭은 일본에서 이과 교육을 위해 실험 설비를 완전히 갖추어 놓고 아동에게 일일이 실험·관찰하도록 하는 것을 보고 크게 경탄하였으며, 자신도 조선 아동에 대한 이과 교수를 점차 이렇게 해 나갈 것이라고 각오했다.[110] 또 함북길주농업학교 교원 김구현은 일본 농촌과 농업학교에서 시찰한 것을 조선의 '민도'에 맞게 적용하도록 노력할 것이라고 밝혔다. 구체적으로 그는 조림(造林) 사상을 보급시켜 조선의 산야를 변모시키고, 농민들이 시비·파종 등 농사 전반에 선진적인 기술을 응용할 수 있도록 지식을 향상시키겠다고 다짐하였다.[111]

---

108   전홍국은 1921년 당시 평안남도 맹산공립보통학교 훈도였다[국사편찬위원회 한국사데이터베이스 직원록자료(https://db.history.go.kr/item/level.do?itemId=jw) 참조].

109   金秉律, 「內地視察の印象」, 『朝鮮教育』 7-1, 1922. 10, 74~75쪽.

110   李貞燮, 「普通學校教員 內地視察團より」, 『朝鮮教育』 64, 1921. 1, 57쪽.

111   「視察한 바를 기울여 農村開發에 盡力 本社派遣員 金九鉉氏談」, 『매일신보』 1926. 10. 19.

4. 맺음말

이상으로 1910~20년대 조선인 교원을 대상으로 한 일본시찰단에 관해 살펴보았다. 조선인 교원 일본시찰단은 교원 재교육 정책의 일환으로서, 정신적·실무적 차원에서 식민지 교원으로서의 능력과 자질을 향상시키려는 것이었다. 일제는 조선인 교원들로 하여금 일본 현지 경험을 통해 그들의 '문명화론'과 천황제 이데올로기를 내면화시키고, 교육정책·방법 등 실무적 지식을 습득시키고자 하였다. 일본 시찰을 통한 조선인 교원의 자질 향상은 결국 식민교육체제를 한층 안정적이고 원활하게 운영하기 위한 것이었고, 이는 일제로서는 식민지배의 안정화와 직결된 중요한 문제였다고 할 수 있다.

이러한 중요성을 반영하여 일제는 1910년대 후반부터 교원 시찰단을 일본에 파견하였다. 1910년대 중반 보통학교에서는 식민교육 담당자의 역할에서 일탈하여 일제에 저항하는 조선인 교원들이 출현하고 있었고, 일제로서는 조선인 교원에 대한 재교육 강화 차원에서 일본 시찰단을 파견하기 시작했다. 이어 1920년대 들어서 교원 시찰단 파견은 한층 본격화하였으며, 그 파견 주체도 다양화하는 양상을 보였다. 즉, 조선총독부에서는 1920년대 초 집중적으로 교원 시찰단을 파견했으며, 이후 1920년대 내내 총독부뿐만 아니라 조선교육회, 매일신보사, 이왕가 어경사기념회, 각 지방 행정기관 등 다양한 주체들이 교원 시찰단을 파견하였다. 1919년 3·1운동과 1920년대 빈발하는 학생운동을 겪으면서, 일제 측 다양한 주체들은 조선인 교원을 그들의 협력자로 포섭하는 것이 얼마나 중요한 것인지 인식하였으며, 이에 보다 적극적으로 일본시찰단을 파견했던 것이다.

시찰단원들이 여행 과정에서 시찰한 내용과 소감을 살펴보면, 결과적으로 일제는 교원 시찰단을 파견한 목적을 상당한 정도 달성했다고 할 수 있다. 시찰단원들은 화려한 도시 경관, 백화점이나 공장, 박람회 등을 보고 일본의 자본주의 발달과 경제력을, 군항 도시를 시찰하고 일본의 군사력을 실감하였으며, 이를 통해 일본이 '문명국'임을 분명하게 확인할 수 있었다. 또한 시찰단원들은 천황제 관련 시설의 시찰을 통해 천황의 위엄과 존엄성을 인식하는 등 일정 정도 천황제 이데올로기를 내면화하는 모습을 보였다. 마지막으로 그들은 교육행정기관과 학교 시찰을 통해 일본의 '선진적'인 교육정책이나 교육방법 등 참고 사항을 습득하였는데, 이는 교원으로서의 능력 향상으로 이어질 수 있는 것이었다. 한편 시찰단원들은 일본 근대 문명의 물질적 측면뿐만 아니라 그것을 성취하고 발전시켜 나가고 있는 일본인에 대해서도 찬탄하고 긍정적으로 평가하였다. 특히 그들은 일본인들의 근면하고 활동적인 생활 태도에 감탄하며 본받아야 할 부분으로 인식하였다.

이와 같은 일본과 일본인에 대한 예찬과 긍정적인 평가는 조선과 조선인에 대한 비판과 반성으로 이어졌다. 그들은 조선이 일본에 비해 매우 낙후되어 있으며, 조선인은 나태하고 정체되어 있다고 진단하였다. 그리고 이러한 인식을 바탕으로 시찰단원들은 식민지 교사로서의 다짐과 결의를 하고 있었다. 즉, 그들은 일제의 식민 지배 하에서 교육을 진흥하고 발전시켜 조선인을 계몽하고 각성시킴으로써 낙후된 조선을 문명화하겠다고 결의하였다. 또, 일본 시찰을 통해 습득한 교육방침이나 교육방법을 조선에 적용하리라 다짐하기도 하였다. 한편 어떤 시찰단원들은 일제의 식민 지배를 긍정적으로 받아들이면서, 교육을 통하여 일본 제국의 한 부분으로서 조선을 발전시키겠다고 결의하였다. 결과적으로 교원 시찰단은 조선인 교원들로 하여금 일제 식민지배

하 교육의 진흥을 통한 문명화, 혹은 일제 식민교육에의 협력을 지향하
게 하는 효과를 거두었다고 할 수 있다.

논문 출처

2023, 「1910~20년대 조선인 교원의 일본 시찰」, 『역사와 담론』 105.

참고
문헌

1. 자료

『매일신보』.

『文教の朝鮮』.
『朝鮮』.
『朝鮮教育』.
『朝鮮教育研究會雜誌』.
『朝鮮總督府官報』.
『朝鮮彙報』.

交通電氣博覽會事務局 編, 1928, 『交通電氣博ポスター選集: 大禮奉祝』, 日本廣告
　　學會.
朝鮮總督府內務部學務局 編, 1915, 『(公立普通學校教員)講習會講演集』.
조선총독부 편집과, 1929, 『(大禮奉拜)朝鮮女子教員內地視察記』, 朝鮮總督府編輯
　　課.
조선총독부, 1935, 『시정 25년사』.
이충호 편역, 2012, 『조선통치 비화』, 국학자료원.

2. 저서

강동진, 1980,『일제의 한국침략정책사』, 한길사.

권태억, 2014,『일제의 한국 식민지화와 문명화(1904~1919)』, 서울대학교출판문화
    원.

김유철 외, 2008,『동아시아 역사 속의 여행』1·2, 산처럼.

다카시 후지타니 지음, 한석정 옮김, 2003,『화려한 군주: 근대일본의 권력과 국
    가의례』, 이산.

박선미, 2007,『근대 여성 제국을 거쳐 조선으로 회유하다』, 창비.

이정연, 2010,『한국 '사회교육'의 기원과 전개』, 학이시습.

조성운, 2011,『식민지 근대관광과 일본시찰』, 景仁文化社.

한국독립운동사 편찬위원회 편, 2009,『한국독립운동의 역사』5·19·20·39권,
    독립기념관 한국독립운동사연구소.

3. 논문

박찬모, 2009, '전시(展示)'의 문화정치와 '내지' 체험: 1920년대 '내지 시찰감상문'
    을 중심으로」,『한국문학이론과 비평』13권 2호.

박찬승, 2006,「식민지시기 조선인들의 일본시찰」,『지방사와 지방문화』9권 1호.

성주현, 2015,「1920년대 유림계의 내지시찰」,『한국민족운동사연구』83.

이정선, 2020,「1910~20년대 '내선융화' 선전의 의미: 일본인과 부락민·조선인 '융
    화'의 비교」,『역사비평』130.

임경석, 2012,「일본 시찰보고서의 겉과 속: 「일본시찰일기」 읽기」,『사림』41

하세봉, 2008,「타자를 보는 젠더의 시선: 1930년을 전후한 조선인 여교사의 일본
    시찰기를 중심으로」,『역사와 경계』69.

한규무·노기욱, 2010,「1922년 평화기념 동경박람회와 조선인시찰단」,『한국민
    족운동사연구』65.

有松しづよ, 2010,「朝鮮人女性教員による「内地視察」と李王家御慶事記念会」,『桃
    山学院年史紀要』29.

太田孝子, 2016,「柳原吉兵衛の支援活動: 朝鮮人女子教員內地学事視察を中心に」,
『岐阜大学留学生センター紀要』2015年号.

1920~1938년 공설운동장 건설과
조선인 엘리트의 활동

임동현

1. 머리말

　1876년 개항 이후 새로운 근대 국가 체제가 한반도로 수용되기 시작
했다. 근대 국가 체제는 기존과 다른 삶의 방식을 요구하였고, 새로운
근대 문화가 형성되어 갔다. 하지만 일제의 식민지배로 인해서 식민지
조선에는 식민지적 근대가 형성되어 갔다. 식민지적 근대는 조선인에
게 자신의 문화에 대한 왜곡된 인식을 확산시켰고, 그 결과 자기 문화
에 대한 열등의식이 고착되었다. 일제는 식민 지배의 문화적 기반으로
이와 같은 식민지적 근대 문화를 형성하고자 하였다.[1] 조선인들은 식민
지적 근대 문화에 대항하여 조선인들의 독자적인 근대 문화를 형성하

---

[1]　식민지적 근대의 형성과 성격에 관해서는 정태헌, 2007, 『한국의 식민지적 근대성찰』,
　　선인, 참조.

고자 하였다.

본 논문은 식민지시기 조선인들이 형성하였던 다양한 근대 문화 중에서 대표적인 여가활동이자 대중문화였던 스포츠(Sports)[2]와 관련된 공설운동장 건설을 살펴보고자 한다. 스포츠는 1905년을 전후하여 다양한 운동경기가 도입되면서 서구 근대 문화로 수용되었다. 3·1운동 이후 1920년 조선체육회가 창립되면서 스포츠 활동이 본격적으로 진행되었다. 그런데 스포츠가 대중문화로서 성립되기 위해서는 경기를 관람하는 관객이 반드시 필요했다. 스포츠는 선수와 관객들이 상호 소통하면서 만들어지는 사회현상이기 때문이다. 따라서 선수와 관객들이 모이는 운동장은 스포츠 활동의 필수불가결한 구성요소였다.

운동장에서 경기를 관람하는 관객들은 일상과 분리된 운동장 안의 규칙에 따라 새로운 경험을 하게 되고 직접 경기에 참여하지 않더라도 다양한 행사를 통해서 집단공감대를 형성하게 된다.[3] 운동장 안에서 만들어진 집단 공감대는 쉽게 사라지지 않는다. 운동장 바깥에 있는 일상에도 영향을 미쳐 집단 정체성을 강화하는 결과를 가져온다.[4] 운동장에서 진행되는 스포츠가 집단 정체성에 큰 영향을 미치기 때문에 스포츠 행사를 기획하는 권력자들은 스포츠를 정책적 수단으로 활용하고자 한다.

---

2   스포츠는 개념 정의가 명확하지 않은 대중문화이다. 단순한 여가활동으로서 신체 활동, 신체 단련을 위한 운동, 경쟁과 시합을 하는 운동경기 등 강조점에 따라 다양하게 정의되고 있다(『체육학대사전』, 「스포츠」, 민중서관, 2000). 본 논문에서는 스포츠를 운동경기를 중심으로 한 여가활동으로서 경쟁을 수반한 신체활동으로 규정하였다.

3   박상욱, 2015, 「1930년대 독일 나치 정부시기의 축구관람 문화」, 『역사와 경계』 95, 부산경남사학회, 320쪽.

4   요한하위징아는 놀이가 끝나도 효과는 사라지지 않고 놀이 바깥에 있는 일상적 세상에도 영향을 미쳐 공동체의 결속을 강화한다고 했다(이종인 역, 2010, 『호모루덴스』, 연암서가, 54쪽).

식민지 조선에서 식민권력은 스포츠를 사상선도(思想善導) 정책의 수단
으로 활용하기 위해서 경성운동장을 건설하고 조선신궁경기대회를 개
최했다.[5] 하지만 운동장에서 만들어지는 공동체 의식은 자신들을 통제
하려는 권력자들의 의도를 회피하기도 한다.[6] 조선인들은 스포츠 활동
을 통해서 민족정체성을 강화하고자 하였다.[7] 이처럼 식민지시기 운동
장은 식민권력의 의도가 반영되는 정책적인 수단인 동시에 민족정체
성이 강화되는 공간이었다.

식민지시기 운동장 중에서 공설운동장은 대규모 스포츠 대회가 개최
되는 공간이었다. 조선인들이 스포츠 활동을 하는 데 있어서 가장 큰
문제는 운동 공간 부족이었다. 따라서 조선인 사회의 스포츠 활동을
장려하기 위해서는 안정적으로 경기를 진행할 수 있는 일정한 크기 이
상의 종합운동장인 공설운동장이 필요했다.

식민지시기 공설운동장에 대한 연구는 많이 진행되지는 않았다. 부
산 공설운동장,[8] 대구 공설운동장,[9] 인천 공설운동장,[10] 전주 공설운동

---

5   식민지시기 경성운동장에 대해서는 손환, 2003, 「일제하 한국 근대스포츠 시설에 관
     한 연구: 경성운동장(京城運動場)을 중심으로」, 『한국체육학회지』 42, 한국체육학회
     참조. 조선신궁경기대회에서 대해서는 박해남, 2015, 「제국과 식민지 간 재현 경쟁의
     장, 스포츠: 조선신궁체육대회와 메이지신궁체육대회를 중심으로」, 『翰林日本學』 26,
     한림대학교 일본학연구소 참조.
6   박원용, 2014, 「1930년대 러시아 스포츠 관람문화」, 『역사와 경계』 92, 부산경남사학
     회, 419쪽.
7   스포츠 활동과 민족정체성 형성에 관해서는 박해남, 2015, 앞의 책; 이동진, 2006, 「표
     상으로서의 스포츠」, 『만주연구』 Vol.4, 만주학회; 2004, 「민족과 국민 사이」, 『만주연
     구』 Vol. 1, 만주학회 참조.
8   손환, 2015, 「일제강점기 부산공설운동장에 관한 연구」, 『한국체육학회지』 54, 한국
     체육학회.
9   손환, 2010, 「일제강점기 대구공설운동장에 관한 연구」, 『한국체육학회지』 49, 한국
     체육학회.
10   조준호, 2010, 「광복 이전 인천공설운동장 변천과정」, 『체육사학회지』 15, 한국체육
     사학회.

장[11] 등 개별 공설운동장의 건설 과정과 각 운동장에서 진행된 스포츠 활동에 대해서는 연구가 진행되었다. 하지만 공설운동장 건설의 전반적인 특징에 대해서는 연구가 진행되지 않고 있다. 특히 식민지시기 공설운동장은 공원, 공회당, 공중목욕탕 등과 함께 식민지시기 근대적 도시 발전을 상징하는 대표적인 공공시설로 분류가 되었다. 따라서 공설운동장 건설은 스포츠 활동뿐만 아니라 식민지 도시의 발전 과정과 함께 연계하여 분석되어야한다.

다음으로 조선인 사회에서 공설운동장 건설을 담당했던 주체에 대한 분석이 필요하다. 공설운동장은 대규모 운동경기대회를 개최하는 공간으로 지역에서 가장 상위 단계의 스포츠 활동을 목적으로 한다. 공설운동장 건설은 지역의 스포츠 활동을 확대·발전시키겠다는 확고한 목적의식적 활동이다. 따라서 공설운동장 건설의 주체를 분석하는 과정은 식민지 시기 스포츠 활동의 주체를 밝히는 과정이다. 그리고 근대 문화 형성의 주체도 확인할 수 있다.

식민지시기 스포츠는 학교를 통해서 수용되었고 학력엘리트인 학생들이 스포츠 활동의 주요한 주체가 되었다. 이러한 특징은 초기 스포츠의 형성과정에서도 나타났다. 서구에서 새로운 근대적 여가활동으로 스포츠가 만들어지는 과정에서 중요한 역할을 담당한 것은 영국의 퍼블릭 스쿨이었다. 초기 스포츠는 영국 퍼블릭 스쿨의 귀족층 자제와 신흥 부르주아 자제들이 즐기던 엘리트 문화로 출발했다.[12]

---

11   조정규·김달우·이영진, 2014, 「일제강점기 전라북도 덕진공설운동장에 관한 연구」, 『한국사회체육학회지』 58, 한국사회체육학회.

12   정준영, 2009, 「근대 민족국가의 형성과 스포츠」, 『사회와 역사』 84, 한국사회사학회, 77~81쪽.

학교에서 스포츠를 수용한 학력엘리트들은 이후 관공서, 교원, 은행 등 전문직종에 진출하거나 자본가, 지주, 부호 등 자산가가 되었다. 학력과 경제력을 바탕으로 지역에서 영향력을 행사하는 조선인 엘리트로 성장하였다. 그리고 각 지역에서 스포츠 활동을 전개했고, 스포츠 활동에는 공설운동장 건설도 포함되었다. 공설운동장 건설에는 대규모 자금이 필요했기 때문에 상공업자를 중심으로 한 자본가, 지주, 부호 등 자산가들이 주로 참여했다. 하지만 자산가 계층만 공설운동장 건설에 참여한 것은 아니었다. 각 지역의 조선인 단체들이 공설운동장 건설을 주도하였고, 전문직종 종사자 또는 군수, 면장 등의 행정관료 등도 참여했다.

본 논문에서는 학력과 경제력을 바탕으로 지역에서 공설운동장 건설에 참여했던 조선인들을 '조선인 엘리트'로 범주화하여 살펴보고자 한다. 이기훈은 조선인 엘리트를 조선인 사회의 상층을 구성하는 계층으로 비교적 높고 안정된 경제적 수입, 사회적으로 우월한 지위와 발언권을 가진 계층으로 정의하였다. 그리고 조선인 엘리트들이 식민지 근대화의 주도자로 자처하며 가장 적극적으로 근대화를 추진한 세력이라고 분석하였다. 조선인 엘리트들이 근대적 제도를 확산시킨 이유는 자신의 영향력을 확대하기 위해서였다.[13] 공설운동장 건설을 통해서 조선인 엘리트들이 스포츠라는 근대 문화 형성의 주체로 활동하면서 자신들의 영향력을 확대하는 과정을 살펴보고자 한다.

식민지시기 스포츠 활동에 관해서 스포츠 활동을 주도한 계층에 주목한 대표적인 연구는 오미일의 연구이다.[14] 오미일은 원산의 스포츠

---

13   이기훈, 2007, 「식민지 엘리트의 사회적 기반과 의식」, 『역사와 현실』 63, 한국역사연구회, 33, 36쪽.

활동, 씨름대회·학교운동회·시민운동회 등을 분석하였다. 원산 지역의 유지들, 그중에서도 조선인 경제계를 대표하는 경제단체들이 스포츠 활동을 주도했음을 밝혀냈다. 그리고 조선인들이 일본인들과 민족별로 분절되어 체육대회를 개최했다는 사실도 분석하였다. 오미일의 연구는 지역 단위에서 조선인 자본가들이 스포츠 활동을 주도하였으며 그 과정에서 조선인들의 독자적인 활동공간을 구축하려고 했다는 점을 밝히고 있다는 점에서 의의가 있다.

이상의 연구 성과를 바탕으로 본 논문에서는 공설운동장이 처음 건설된 1920년부터 여가활동으로서 스포츠 활동이 종식되고 전쟁을 위한 전략증강을 이유로 금지대상이 되었던 1938년까지를 분석대상으로 하였다. 1920년대, 1930년대 시기별로 공설운동장의 건설 현황을 살펴보고, 시기별 변화를 추적하고자 한다. 그리고 공설운동장 건설 과정에 대한 조선인 사회의 반응과 조선인 사회에서 공설운동장 건설을 추진했던 이유를 분석하고자 한다. 마지막으로 조선인 엘리트들이 공설운동장 건설에 참여하여 어떠한 역할을 했는지 살펴보고, 자신들의 사회적 위상을 강화하는 과정을 밝히고자 한다.

본고에서 활용한 자료는 다음과 같다. 공설운동장 건설 현황에 관해서는 문부대신 관방체육과의『本邦一般社会ニ於ケル主ナル体育運動場調』(1934년 3월)을 기초 자료로 활용했고『동아일보』,『조선일보』,『매일신보』등 신문에서 확인되는 공설운동장 관련 기사들을 활용하여 건설 현황과 건설 과정을 분석하였다.

---

14   오미일, 2017,「스포츠 이벤트와 민족의 지리학」,『제국의 관문』, 선인.

2. 식민당국의 공설운동장 건설과 조선인 사회의 대응

1) 스포츠 활동 공간 부족과 도시 중심의 공설운동장 건설

조선인 엘리트들은 1920년 조선체육회 창립을 시작으로 본격적인 스포츠 활동을 시작하였다.[15] 조선인 엘리트들은 각 지역에서 스포츠 활동을 위해서 체육단체들을 결성하였고, 운동경기대회를 개최하기 시작했다. 하지만 운동경기대회를 개최할 공간이 부족했고, 공간 문제를 해결하는 것이 최우선 과제가 되었다.

처음에는 학교운동장에서 운동경기대회를 개최하였다. 하지만 학교운동장 사용에는 몇 가지 문제가 있었다. 첫째, 공간이 협소했다. 특히 많은 관객이 참여하는 대규모 운동경기대회를 개최하기에 적합하지 않았다.[16] 1920년대 초반 학교운동장 중에서 경성중학교, 용산중학교 정도만이 야구대회와 같은 운동경기대회를 개최하기에 적합하였다.[17]

둘째, 자유롭게 사용하기가 어려웠다. 우선 시간이 자유롭지 못했다. 학생들의 수업시간에는 사용이 불가능했고,[18] 일요일에 사용하지 못하는 경우도 있었다.[19] 그리고 학교운동장 사용에는 여러 가지 조건이 부

---

15 조선체육회 창립에는 학교장 및 교원, 상공업자, 금융업 관계자, 언론인, 의사, 법조인, 군인 등 다양한 계층이 참여했다. 조선체육회 창립에 참여한 조선인 엘리트에 관해서는 임동현, 2022, 앞의 글, 59~65쪽 참조.
16 「거창 율림에 공중운동장 건설 기타 면적이 8천여평」, 『매일신보』 1925. 9. 5; 「내 지방당면문제」, 『동아일보』 1936. 4. 29; 「공설운동장 문제」, 『동아일보』 1936. 5. 27; 「지방논단」, 『동아일보』 1936. 8. 19; 「성진의 최급무 운동장의 건설」, 『조선일보』 1937. 7. 29.
17 손환, 2003, 「일제하 한국 근대스포츠 시설에 관한 연구: 경성운동장(京城運動場)을 중심으로」, 『한국체육학회지』 42, 한국체육학회, 35쪽.
18 「공설운동장 문제」, 『동아일보』 1936. 5. 27.
19 「운동장 설치에」, 『조선일보』 1935. 1. 8.

가되었고,[20] 당국자의 승낙도 필요했다.[21] 이러한 제약에도 사용하지 못하는 경우도 있었다. 일본인 교장이 조선인 학생들의 운동장 사용을 금지하기도 했다.[22] 이처럼 학교운동장 사용이 자유롭지 못했기 때문에 조선체육회는 운동경기대회에 적합한 경성중학교, 용산중학교 운동장 대신에 "불완전하나마 조선인이 자유롭게 사용할" 수 있는 배재고등보통학교 운동장을 선호하였다.[23]

이처럼 사용에 많은 제약이 있었지만 학교운동장을 제외하면 운동경기를 개최할 수 있는 운동장은 더 부족했다. 경성에서는 훈련원 운동장과 만주철도국 운동장 정도가 운동경기대회를 개최하기에 적합한 운동장으로 평가되었다.[24] 운동장이 없는 지역에서는 넓은 공터, 해안 매축지나 정거장 부근 공터, 철도국 소유의 공터, 강변 모래사장 등에서 운동경기대회를 개최했다.[25] 그런데 제대로 된 운동시설이 아니었기 때문에 여러 가지 어려움이 있었다. 사용을 위해서 매번 토지 소유자들의 승인을 받아야 했고,[26] 관람객들은 새끼와 말뚝으로 만들어진 위험한 관람석에서 경기를 관람해야했다.[27]

조선인 엘리트들이 스포츠 활동을 전개하기 위해서는 이러한 공간 문제를 해결해야 했다. 이를 위해서 식민지시기 대표적인 종합운동장

---

20 「공회당과 운동장에 대하야」, 『조선일보』 1932. 2. 19; 「지방논단 공설운동장을 설치하라」, 『동아일보』 1936. 7. 14.
21 「지방논단」, 『동아일보』 1936. 8. 19.
22 「광양교장의 체육반대」, 『조선일보』 1925. 7. 21.
23 「횡설수설」, 『동아일보』 1921. 7. 1.
24 「휴지통」, 『동아일보』 1921. 3. 5; 「공설운동장 문제」, 『동아일보』 1936. 5. 27.
25 「지방 당면문제」, 『동아일보』 1936. 2. 22; 「내 지방당면문제」, 『동아일보』 1936. 4. 29; 「회령의 당면 문제는 무엇보다 공설운동장」, 『조선일보』 1936. 1. 4.
26 「회령의 당면 문제는 무엇보다 공설운동장」, 『조선일보』 1936. 1. 4.
27 「지방 당면문제」, 『동아일보』 1936. 2. 22.

이었던 공설운동장 건설에 주목하였다. 식민지시기 공설운동장은 조선인들의 스포츠 활동을 위한 필수공간으로 인식되었다. 정주에서는 운동회를 작은 마당이나 남의 밭에서 임시로 개최한다고 하면서 운동 장소가 없어서 체육을 장려할 수 없기 때문에 공설운동장을 건설해야 한다고 했다.[28] 창성에서는 축구를 할 운동장이 없어서 "이 마당 저 마당으로 헤매이"고 있는 것이 시민의 치욕이라고 지적하면서 공설운동 장 건설을 주장했다.[29] 이러한 문제를 해결하고 스포츠를 장려하기 위해 공설운동장 건설이 필요하다고 생각했다.[30] 사람에게 집이 필요하듯이 운동은 운동장이 있어야 기술을 배울 수 있다고 했다.[31]

기록상 확인되는 최초의 공설운동장은 1920년 11월에 건설한 인천 산근정(山根町)공설운동장이다. 인천 산근정공설운동장은 인천 조계지의 외국인들이 스포츠 활동을 위해서 만들었던 산근정운동장을 확장하여 건설하였다. 1920년 11월 인천부는 조선체육협회와 용산철도 야구부의 협조를 얻어 산근정운동장을 확장해서 2,300여 평의 공설운동장을 건설하였다.[32] 인천 산근정공설운동장을 시작으로 1920년대 건설된 공설운동장은 총 27개가 확인된다.[33] 1920년대 공설운동장 건설 현황은 〈표 1〉과 같다.

28　「지방당면문제」,『동아일보』1935. 1. 12.
29　「지방논단 공설운동장을 설치하라」,『동아일보』1934. 4. 13.
30　「지방 당면문제」,『동아일보』1936. 2. 18;「공설운동장을 설치하라」,『동아일보』1935. 11. 23.
31　「체육계의 척후 축구왕 강대완씨」,『조선일보』1935. 11. 17.
32　조준호, 2010, 앞의 글, 20~22쪽.
33　경성운동장은 식민지시기 대표적인 종합운동장으로 동양 제일의 경기장으로 평가되었다(손환, 2003, 앞의 글, 35쪽). 식민지시기 공설운동장으로 명명되지는 않았지만 종합운동장이라는 점과 부(府)에서 건설을 주도했던 점을 고려하여 공설운동장에 포함하였다.

〈표 1〉 1920년대 공설운동장 건설 현황

연번	지역별		운동장 명칭
1	경기(5개)	경성부	경성운동장
2		인천부	산근정공설운동장
3			월미도공설운동장
4		강화군	내가면 공설운동장
5		개성	송도면 동대문외공설운동장
6	충남(1개)	연기군	조치원역전공설운동장[34]
7	황해(1개)	연백군	백천공설운동장
8	전북(2개)	군산부	군산공설운동장
9		전주	덕진공설운동장
10	경남(4개)	부산부	대신정공설운동장
11		마산부	마산공설운동장
12		대구부	동운정공설운동장
13		안동군	예안면 예안공설운동장
14	평북(1개)	신의주부	신의주공설운동장
15	평남(3개)	평양부	기림리공설운동장
16		진남포부	용정리공설운동장
17		안주	안주 대황산공설운동장[35]
18	함남(5개)	원산부	원산공설운동장
19		북청군	북청 동리공설운동장
20		문천군	도초면 노흥리 문천공설운동장
21		갑산군	갑산면 북문외공설운동장
22		삼수군	신파면 신갈파 두지리공설운동장
23	함북(5개)	경흥군	웅기공설운동장[36]
24		성진군	학남면 용대동 공설운동장
25			성진공설운동장
26		회령군	회령공설운동장
27		경성군	나남공설운동장

출처: 『本邦一般社会ニ於ケル主ナル体育運動場調』, 『동아일보』, 『조선일보』, 『매일신보』 참고.

1920년대 공설운동장 건설의 지역적 특징을 살펴보도록 하겠다. 먼저 수부(首府)인 경성에 경성운동장이 건설되기 전에 공설운동장이 건설된 지역을 살펴보겠다. 인천 산근정공설운동장(1920년 11월), 월미도공설운동장(1923년 8월), 군산공설운동장(1921년 9월), 마산공설운동장(1924년 1월), 진남포 용정리공설운동장(1924년 11월) 등이다. 이 공설운동장들은 근대 문물 수용이 빨랐던 개항장 지역에 건설되었다.

초기 개항장인 부산, 인천, 진남포, 마산, 군산[37] 중에서 4곳에 공설운동장들이 먼저 건설되었다. 부산에 상대적으로 늦게 건설된 이유는 1918년 5월에 야구장, 정구장, 스모장을 갖춘 대정공원운동장이 건설되어 공설운동장의 역할을 수행하고 있었기 때문이다.[38] 개항장 지역에는 공설운동장 건설이 빠르게 진행되었다. 개항장은 일제의 경제적 수탈과 정치적 침략을 위한 교두보였다. 동시에 서구 근대 문화의 수용 통로이기도 했다. 서구 근대 문화를 수용하는 과정에서 스포츠도 같이 들어왔다.[39] 개항장 지역에서 공설운동장 건설이 먼저 진행된 이유도

34　『本邦一般社会ニ於ケル主ナル体育運動場調』(1934. 3)에서는 1930년 6월에 건설되었다고 하지만 『동아일보』기사에 1925년에 공설운동장 이용 내역이 나온다(「각교추계운동」, 『동아일보』 1925. 11. 7).

35　1929년 안주시민협회 주최 육상경기와 각희대회가 안주 대황산하공설운동장에서 개최되었다(「안주각희」, 『조선일보』 1929. 6. 19).

36　웅기공설운동장은 1927년 공사가 진행되었고, 1928년 3월 경흥청년동맹 주최의 제3회 극동축구대회를 웅기공설운동장에서 개최했다(「웅기시민 2일 부역으로 운동장 도착」, 『조선일보』 1927. 5. 26; 「극동축구대회 웅기에서」, 『조선일보』 1928. 3. 29).

37　손정목, 1982, 『한국개항기 도시변화과정연구』, 일지사, 459쪽.

38　강영조, 2013, 「근대 부산에서 대정공원의 성립 과정과 공간 구성에 관한 연구」, 『韓國傳統造景學會誌』 Vol. 31, 한국전통조경학회; 손환, 2021, 「한국 최초의 운동장, 부산 대정공원 운동장의 역사적 의미」, 한국체육사학회지, 제26권 제3호, 한국체육사학회.

39　개항장의 대표적인 스포츠 수용 사례는 인천에서 야구와 축구의 수용이다. 1882년 영국 군함 '플라잉 피쉬'(Flying Fish)호의 수병들이 놓고 간 축구공을 아이들이 차고 놀면서 흉내 낸 것이 축구 도입의 시초로 보기도 한다. 야구는 1899년 인천영어야학교의 일본인 학생이 인천 일련종(日蓮宗) 광장에서 영사관 교사, 상우회(商友會) 회원과 같이 '베이스볼이란 서양 공치기'를 한 일기 기록이 있다(조준호, 2014, 『인천체육사』, 인천대학교 인천학연구원, 37~38, 44~45쪽).

서구·일본과 접촉면이 넓었던 개항장 지역에서 근대 스포츠 수용이 다른 지역보다 앞섰기 때문이다.

다음으로 1920년대 공설운동장은 대부분 일본인 인구 비율이 높았던 '부(府)', '지정면' 등 도시 지역[40]을 중심으로 건설되었다.[41] 1914년 지정된 12개 부 중에서 청진부와 목포부를 제외한 경성, 인천, 군산, 대구, 부산, 마산, 신의주, 평양, 진남포, 원산 등 10개 부에 모두 공설운동장이 건설되었다. 지정면에는 개성 송도동대문외공설운동장, 조치원역전공설운동장, 전주 덕진공설운동장, 경성군 나남공설운동장, 성진공설운동장, 웅기공설운동장, 안주 대황산공설운동장, 북청 동리공설운동장, 회령공설운동장 등이 건설되었다. 부(府)·지정면 지역에는 총 20개의 공설운동장이 건설되었다.

이상의 내용을 정리하면 1920년대 공설운동장은 개항장을 시작으로 재조일본인의 거주 비율이 높았던 도시 지역을 중심으로 건설이 진행되었다. 1920년대 공설운동장 건설이 도시 지역을 중심으로 건설되었던 이유는 식민당국이 건설을 주도했기 때문이다. 다음 절에서는 공설운동장 건설 과정을 분석하여 1920년대 공설운동장 건설 주체를 살펴보고, 조선인 사회의 반응을 살펴보고자 한다.

---

40 본 논문에서는 조선총독부가 법제적으로 도시지역으로 정의한 '부(府)'와 '지정면'에서 읍으로 지정된 지역, 식민지배 기간 동안 읍으로 승격한 지역을 포함하는 '부(府)', '읍' 지역을 도시지역으로 분석하고, 1945년 해방이 될 때까지 군과 면으로 남아있던 지역을 농촌지역으로 분석하였다.

41 1913년 말 현재 인천의 일본인 인구 비율은 43.2%, 진남포는 26.9%, 부산은 24.8%, 대구는 26.2%, 마산은 35.6%, 군산은 51.2%로 일본인 인구 비율이 높았다(손정목, 1983, 「일제침략초기 지방행정제도와 행정구역에 관한 연구(2)」, 『지방행정』 32권 360호, 대한지방행정공제회, 92쪽). 조선총독부는 일본인 인구 비율이 높은 지역들을 우선적으로 '부'나 '지정면'으로 선정했다.

2) 공설운동장 사용의 차별과 조선인 사회의 불만

1920년대 건설된 27개 공설운동장 중에서 건설과정이 확인되는 공설운동장은 인천 산근정공설운동장을 포함하여 인천 월미도공설운동장(1923년 8월), 마산 공설운동장(1924년 1월), 안주 대황산공설운동장(1923~1924년 추정), 진남포 용정리공설운동장(1924년 11월), 경성운동장(1925년 10월), 평양 기림리공설운동장(1926년 9월), 웅기공설운동장(1927~1928년), 성진공설운동장(1927년 9월), 부산 대신정공설운동장(1928년 3월), 신의주 공설운동장(1928년 10월), 원산공설운동장(1928년 11월), 개성 송도면 동대문외공설운동장(1929년 10월), 전주 덕진공설운동장(1929년 10월) 등 14개이다.

14개 공설운동장의 건설 과정을 통해서 1920년대 공설운동장 건설주체를 살펴보고자 한다. 조선인 사회에서 스포츠 활동을 위해서 공설운동장이 필요하다는 인식이 있었지만, 1920년대 공설운동장 건설을 주도한 것은 식민당국이었다. 식민당국도 기본적으로 스포츠 장려를 위해서 공설운동장을 건설하였다. 개성 송도면 동대문외공설운동장은 타테카와(立川) 면장이 송도면에 체육 발달을 위해서 건설을 주도하였다.[42] 부산에서는 대정공원 운동장이 공용운동장의 기능을 담당했는데, 도시가 발전하면서 스포츠 활동을 위한 전용 운동장이 필요해지자 새롭게 공설운동장 건설이 추진되었다.[43]

식민당국은 스포츠 장려 이외에 시가지 계획에 따른 도시 개발을 위해 공설운동장을 건설하였다. 인천 월미도 공설운동장은 인천부 개발과 함께 건설이 진행되었다. 만철이 경영하는 조탕호텔과 유원주식회

---

42 「공설운동장 계획」, 『동아일보』 1927. 3. 20.
43 손환, 2015, 앞의 글, 27쪽.

사의 별장 등 다양한 관광시설이 건설되었다. 월미도와 인천 사이에 돌방죽이 개통되고, 전등, 전화가 개설되면서 교통과 통신도 개선되었다. 관광시설이 정비되면서 인천부는 스포츠 시설을 추가하여 월미도를 관광지로 개발하고자 했다.[44] 월미도 공설운동장은 관광지 개발의 일환으로 진행되었다.

마산 공설운동장은 마산부가 확장되는 과정에서 신(新)·구(舊) 마산 간의 연락과 운동 장려를 목적으로 건설되었다.[45] 평양부 기림리 공설운동장은 시가지 계획의 일환으로 시구(市區) 확장 과정에서 공설운동장이 건설되었다.[46] 시가지의 확대 과정에서 도시 발전에 필요한 시설로서 공설운동장 건설이 진행되었다. 이외에도 진남포공설운동장,[47] 전주 덕진공설운동장,[48] 원산공설운동장[49]도 부 당국에서 건설 계획을 세우고 식민당국이 건설을 추진하였다.

마지막으로 천황가 기념사업의 일환으로 운동장을 건설하였다. 경성운동장이 대표적이다. 경성운동장은 조선총독부, 조선체육협회, 경성부가 후에 쇼와(昭和) 천황이 되는 히로히토(裕仁)의 결혼식 기념사업으로 경성운동장을 건설했다. 그 이유는 히로히토가 평소 체육 장려를 열심히 했기 때문이었다.[50] 그리고 경성운동장은 천황제 이데올로기 확산

44   조준호, 2014, 앞의 책, 62~63쪽.
45   「일대 공설운동장 설계. 마산부의 사업으로」, 『조선일보』 1923. 10. 29.
46   「평양부의 시구확장문제 순조로 진행」, 『동아일보』 1925. 7. 3; 「기림리대발전 공설운동장까지 되어」, 『동아일보』 1925. 8. 30.
47   「진남포 공설운동장」, 『동아일보』 1924. 10. 5.
48   「전주면에서 공설운동장 계획」, 『조선일보』 1929. 9. 12; 「팔천원의 연금으로 공설운동장 설계」, 『동아일보』 1929. 9. 15.
49   「원산공설운동 만오천원으로 계획」, 『조선일보』 1926. 7. 17.
50   金誠, 2012, 『朝鮮半島における植民地主義とスポ：ツに關する研究』, 神戶大學大學院 國際協力硏究科 博士學位論文, 23~25쪽.

을 위한 스포츠 이벤트였던 조선신궁경기대회 장소로 이용되었다.[51] 그리고 신의주공설운동장도 천황가 기념사업의 일환으로 건설되었다. 신의주공설운동장은 관변체육단체인 평북체육협회[52]가 쇼와 천황의 즉위를 기념하는 어대전(御大典) 기념사업으로 건설하였다.[53]

식민당국은 공설운동장을 스포츠 활동 장려, 도시 개발, 천황가 기념사업 등으로 건설하였다. 공설운동장은 스포츠 활동을 위한 물질적 토대가 되었다. 1920년대 시민대운동회,[54] 부민운동회,[55] 학교운동회,[56] 점원위안운동회[57] 등 시민들과 학생, 상점·공장의 직원들이 참가하는 대규모 운동회가 개최되었다. 전통명절인 단오를 기념하여 씨름대회를 비롯하여 각종 운동경기대회를 개최했다.[58] 이외에 육상, 축구, 야구, 정구, 자전거대회 등 다양한 스포츠 활동이 공설운동장에서 진행되었

---

[51] 조선신궁경기대회는 메이지신궁경기대회의 지방예선대회로 개최되었다. 메이지신궁경기대회는 1차세계대전 후 일본 군주제의 위기 속에서 천황제이데올로기에 기초하여 국민을 통합하려고 개최한 국민적 스포츠 이벤트였다. 조선신궁경기대회는 메이지신궁대회와 마찬가지로 조선신궁을 활용하여 천황제 이데올로기를 전파하기 위해 기획된 스포츠 이벤트였다(박해남, 2015, 앞의 글, 116~119쪽).

[52] 部大臣官房体育課 編, 『本邦ニ於ケル体育運動団体ニ関スル調査 昭和7年度』, 1932. 3. 23.

[53] 「신의주공설운동장 17일에 개장식 신의주에 공설운동장 설치」, 『매일신보』 1928. 10. 12; 「신의주공설운동장」, 『중외일보』 1928. 10. 19.

[54] 「전인천 장거」, 『동아일보』 1927. 10. 9; 「예안운동성황」, 『동아일보』 1927. 5. 19; 「진남포시민 춘계대운동회 래 23일 개최」, 『동아일보』 1925. 5. 7; 「단오노리 후보」, 『조선일보』 1927. 6. 12.

[55] 「인천부민운동」, 『동아일보』 1925. 11. 3.

[56] 「인천공보교운동회」, 『동아일보』 1921. 11. 3; 「인천초등교운동」, 『동아일보』 1925. 10. 3; 「사립학교 연합운동 집일교주최」, 『동아일보』 1927. 5. 12; 「각교추계운동」, 『동아일보』 1925. 11. 7; 「평양고보운동회」, 『동아일보』 1927. 10. 6; 「학남공보운동회」, 『동아일보』 1927. 6. 9.

[57] 「포목상운동 인천에서 준비」, 『동아일보』 1928. 5. 22; 「군산점원운동성황리에 종료」, 『동아일보』 1928. 4. 18; 「잡신」, 『동아일보』 1928. 10. 24.

[58] 「단오노리 후보」, 『조선일보』 1927. 6. 12; 「단오놀이」, 『동아일보』 1928. 6. 5; 「회령에 운동성황」, 『동아일보』 1924. 6. 16; 「단오놀이」, 『동아일보』 1926. 6. 19.

다. 하지만 식민당국이 건설한 공설운동장에서 조선인들은 자유롭게 스포츠 활동을 전개하지 못하였다.

식민지시기 가장 대표적인 체육단체였던 조선체육회는 조선인들의 독자적인 스포츠 대회인 '전조선대회'를 경성운동장에서 개최하였다. 하지만 조선체육회는 경성운동장 사용에 불편함을 느끼고 있었다. 경성운동장의 관람료, 좌석료 등 사용료가 비싸다는 내용과 함께 순사가 관객을 감시하는 '불쾌감'이 지적되었다. 이러한 관세(官勢)로 인해서 운동장 사용이 부자유롭다고 했다. 문제 원인으로 경성운동장이 '관영'이라는 점을 지적했다.[59] 이러한 문제를 해결하기 위해서 조선체육회의 전용운동장을 만들자는 의견도 있었다.[60] 경성운동장 사용에서 발생한 불편함의 원인을 '관영'에서 찾고 이를 해결하기 위해서 전용운동장 건설을 요구하는 모습은 조선체육회가 가지고 있었던 경성운동장에 대한 불만을 보여준다.

조선인들의 공설운동장 사용을 제한하는 민족차별적 사건도 발생했었다. 1924년 진남포부는 시내 용정리에 공설운동장을 건설하였다.[61] 1925년부터는 진남포공설운동장에서 일본인 시민대운동회와 조선인 시민대운동회를 개최하였다.[62] 그런데 1928년 시민대운동회 개최를 위해서 운동회 총무 오중락(吳中洛)이 나카오 후토시(中尾太) 토목과장과 공설운동장 사용권을 교섭하던 중 "일본인 시민대운동회면 그만인데 또 무슨 운동회를 할 필요가 무엇이냐", "체육협회(일본인 기관: 필자)에서 그날 사

---

59   朴돌이, 「京城은 一年間 얼마나 變햇나?」, 『개벽』 제64호, 1925. 12. 1.
60   「조선체육계의 과거 십년간(4)」, 『동아일보』 1929. 1. 5.
61   「진남포 공설운동장」, 『동아일보』 1924. 10. 5; 文部大臣官房体育課, 『本邦一般社会ニ於ケル主ナル体育運動場調』, 1934. 3, 38쪽.
62   「일인측 시민운동」, 『동아일보』 1925. 5. 5; 「진남포시민 춘계대운동회 래 28일 개최」, 『동아일보』 1925. 5. 7.

용할 일이 없으면 빌려주되 체육협회에서 사용하면 못 빌린다", "대체 당신네(조선인: 필자)로서 운동장 사용에 대하야는 말할 수가 있느냐"는 등의 민족차별 발언을 들었다. 나카오 토목과장은 운동장을 사용하더라도 이튿날까지 전부 전과 같이 정돈하지 않으면 허가할 수 없다는 무리한 조건도 걸었다.

폭언과 무리한 사용조건으로 분개한 주최 측은 부청 당국 탄핵을 결의하고 부윤을 방문해 나카오 토목과장이 조선인 시민 전체를 모욕했다고 항의했다.[63] 항의 결과 1928년 5월 23일 나카오 과장이 진남포시민대운동회 회장 임창하(林昌夏)를 방문하여 사과했다.[64] 하지만 진남포부에서 공설운동장 사용에 대한 민족차별은 쉽게 사라지지 않았던 것으로 추정된다. 1929년 3월 진남포부 부협의회에서 오중락이 진남포 공설운동장 사용에 있어서 조선인에게 무리한 간섭을 한다고 지적하면서 조선인과 일본인의 사용에 있어서 차별을 지적했다.[65]

다음으로 공설운동장의 위치에 대한 불만도 있었다. 원산공설운동장은 일본인 거주지를 중심으로 건설되었기 때문에 원산이라는 글자를 빼고 일인공설운동장이라고 하는 것이 '명실상부'하다고 비판받았다.[66] 그리고 1927년 원산개항기념사업 논의자리에서 조선인 부위원들이 일인 측의 운동장이 완성되면 조선인 시가지에도 운동장을 건설할 것을 만장일치로 결의하였다.[67] 공설운동장의 편향된 위치 때문에 공

---

63   「토목과장실언 남포부인분개」, 『동아일보』 1928. 5. 18.
64   「토목과장 사과」, 『동아일보』 1928. 5. 27.
65   「와지매축과 하수도문제로 조선의원 대논격」, 『동아일보』 1929. 3. 19.
66   「촌철」, 『조선일보』 1926. 7. 29.
67   「원산개항기념사업과 조선인측 태도」, 『조선일보』 1927. 7. 29; 「원산항두에서(하)」, 『조선일보』 1927. 7. 31.

설운동장을 '일인 측' 운동장으로 비판하고 조선인들을 위한 공설운동장을 새롭게 건설할 것을 요구했다.

이상에서 살펴봤듯이 조선인들은 식민당국이 건설한 운동장을 사용할 때 차별을 느끼고 있었고, 이러한 문제들로 식민당국이 건설한 공설운동장을 공설이 아닌 '일인(日人)' 운동장이라고 인식했다. 조선인들에게 공설운동장이란 조선인들이 자유롭게 사용할 수 있는 '공공운동장'으로서 성격이 강했다. 그래서 규모나 기능면에서 식민당국이 건설한 종합운동장에 미치지 못하더라도 조선인들이 자유롭게 사용할 수 있었던 운동장을 건설해서 '공설운동장'으로 불렀다.

수원청년동맹이 사용하고 있었던 청년동맹운동장은 "수원 유일의 공설운동장 모양"으로 사용되었고,[68] 제주도에서는 중앙탐흥회가 기부받은 임시운동장을 제주도의 공설운동장으로 만들겠다고 했다.[69] 식민당국이 건설하지 않은 공설운동장에 대해서는 "시민공설운동장"[70]이라고 부르면서 시민의 이용이 자유로운 운동장이라고 했다.[71]

1920년대 공설운동장은 대다수 식민당국이 건설했지만 조선인 엘리트들이 건설한 공설운동장도 있었다. 안주 대황산공설운동장과 웅기공설운동장이 대표적인 사례이다. 안주 대황산공설운동장은 안주 살수구락부(薩水俱樂部)가 건설하였다. 안주 살수구락부는 체육단체인 안주

---

68 「주요도시 순회좌담(110) 제22 수원편 〈7〉」, 『동아일보』, 1931. 1. 24.

69 「전영준씨 미거」, 『동아일보』, 1925. 8. 14.

70 「김천시민의 공설운동장 사용을 금지」, 『조선일보』, 1928. 10. 17;「공설운동장에 군청을 건축」, 『동아일보』, 1934. 5. 30.

71 경북 김천군 김천면의 남산공원 시민공설운동장은 시민의 노력으로 만들어진 운동장으로 원래는 자유롭게 사용했는데, 당국에서 남산공원을 신사로 승격해서 사용을 금지하여 공설운동장을 자유롭게 사용하지 못하게 되었다(「김천시민의 공설운동장 사용을 금지」, 『조선일보』, 1928. 10. 17).

운동부의 후신이다.[72] 안주 살수구락부는 1923년 4월 제3회 정기총회에서 공설운동장 건설을 처음으로 논의하였고,[73] 6월 제15회 임시총회에서 구체적인 건설 방안을 논의하였다.[74] 건설 자금은 지역 유지들의 찬조를 얻고 경비 보충을 위해서 연극 공연도 기획하였다. 건설 자금이 부족했기 때문인지 공설운동장 공사에 구락부원들이 직접 참가하기로 했다.

안주 대황산공설운동장의 정확한 완공 시점은 확인되지 않지만 1924년 5월 11일 안주시내점원 위로대운동회 개최 기사[75]를 통해서 1924년 5월 이전에 건설되었다고 추정된다. 안주 대황산공설운동은 건설 이후 운동장 사용료를 둘러싼 분쟁이 발생하였다. 이 분쟁에서 조선인 엘리트들이 생각하고 있던 '공설'운동장의 성격을 엿볼 수 있다. 운동장 건설을 주도했던 살수구락부는 1925년 6월 임시총회에서 운동장 사용료로 매일 5원 이상씩 받기로 결의했다. 사용료 징수 결정에 곧 반발이 일어났다. 1925년 7월 각희대회(脚戱大會)를 준비하던 김기복(金基福) 외 4인이 대황산운동장 지주인 김옥용(金玉龍)과 교섭하여 5년간 대부 계약을 체결하고자 했다. 이들은 대황산공설운동장을 "단지 모 일개 단체에 한하야는 절대 사용치 못하게"하겠다 고 하였다. 살수구락부는 이러한 조치에 반대하여 대황산 운동장에 대한 자신들의 권리를 주장하면서 각희대회 주최 측과 살수구락부의 분쟁으로 발전했다.[76]

---

72   「살수구락부 소식」,『동아일보』1921. 11. 18.
73   「살수구락부 총회」,『동아일보』1923. 4. 4.
74   「살수구락부 총회」,『동아일보』1923. 6. 18.
75   「안주시민운동 성황리에 종료」,『동아일보』1924. 5. 13.
76   「운동장은 공설」,『동아일보』1925. 7. 4;「운동장의 말성 공설로 변경됨과 살수구락부 대항」,『동아일보』1925. 7. 7.

대황산공설운동장을 둘러싼 분쟁은 살수구락부가 운동장에 대한 독점적 권리를 주장하면서 운동장 사용료를 받기로 하면서 발생하였다. 각희대회 측은 운동장을 한 개 단체만이 사용하는 것에 반대하면서 토지 소유권자와 협상을 하여 다시 운동장을 '공설'로 돌리고자 하였다. 대황산공설운동장의 분쟁은 조선인에게 '공설' 개념이 조선인의 자유로운 사용이라는 공공적 성격이라는 것을 보여준다.

웅기공설운동장은 웅지 지역의 스포츠 활동을 위한 공간 부족 문제를 해결하기 위해서 건설되었다. 웅기공설운동장 건설을 주도한 김기도(金基道)는 웅기항이 개발되는 과정에서 많은 부를 축적한 신흥자산가였다.[77] 형제인 김기덕(金基德)과 함께 웅기를 대표하는 실업가[78]였고, 웅기체육회 회장[79]과 신간회 웅기지회 집행위원장[80]을 지낸 대표적인 웅기 지역의 엘리트였다. 김기도가 토지 2,200여 평을 기부하고 "시민 유지 제 씨"의 기부금으로 공설운동장 공사가 진행되었다.[81]

공설운동장은 아니지만 조선인 엘리트들이 운동장 건설에 참여한 경우는 순천에서도 확인된다. 순천운동장은 순천의 청년 지식인들이 중심이 되어 운동장 건설을 진행했다. 순천유학생회[82]는 총회에서 운동장 건설을 결의하고 순천청년회와 함께 순천군 당국과 지역 향교의 유림들과 교섭을 진행했다. 교섭 결과 지역 향교로부터 향교부지 2,300평을 운동장으로 사용하는 결의를 얻어냈다. 순천청년회에서는 운동장

---

77 「최단항나진답사기」, 『동아일보』 1932. 11. 26.
78 「실업계의 풍운아 불굴의 의기는 육영에」, 『동아일보』 1937. 12. 2.
79 「전조선체육단체 순례 3」, 『동아일보』 1934. 1. 12.
80 「웅기신간지회 정긔대회」, 『조선일보』 1929. 12. 16.
81 「웅기공설운동장」, 『조선일보』 1927. 5. 13.
82 순천유학생회는 일본, 경성, 기타 지역에 유학한 학생들의 모임이었다(「순천유학생 환영회」, 『동아일보』 1923. 8. 18).

건설을 위해서 지상물 매매와 의연금 징수를 결의하기도 했다.[83] 순천 운동장은 학생을 중심으로 한 신진지식인의 주도와 전통지식인인 유림층의 후원 등 조선인 엘리트에 의해서 건설이 추진되었다.

1920년대 대다수 공설운동장은 식민당국이 건설하였다. 식민당국이 건설한 공설운동장은 스포츠 활동을 위한 물질적 토대로 기능했지만 조선인들의 자유로운 사용이 어려웠다. 그래서 조선인 사회에서는 조선인들이 자유롭게 사용할 공설운동장 건설을 원했다. 1920년대 조선인 엘리트들이 건설한 공설운동장은 소수였다. 하지만 1930년대 조선인 엘리트들의 스포츠 활동이 더 확대되고 조선인 사회의 공설운동장에 대한 필요가 심화되면서 조선인 엘리트들은 공설운동장 건설에 적극적으로 참여하기 시작하였다.

3. 조선인 엘리트의 활동과 헤게모니 확보

1) 근대적 도시 발전과 조선인 엘리트의 사회적 역할 요구

1930년대에 들어서면서 조선총독부는 식민지 조선의 안정적인 지배를 위해서 사회교화 사업을 적극적으로 추진하였다. 사회교화사업을 체계적으로 추진하기 위해서 총독부 부서를 개편하고 업무를 조정했다. 1932년 2월 총독부는 사회과를 학무국으로 이속하였고, 학무국의 업무 범위를 사회사업, 사회교화사업까지 확대되었다. 그리고 교화사

---

83   「순천유학생총회」, 『동아일보』 1923. 8. 12; 「순천운동장문제」, 『동아일보』 1923. 9. 4; 「순천청년회 총회」, 『동아일보』 1923. 10. 12.

업의 수단에 체육장려를 포함하였다.[84] 1920년대 중반부터 사상선도(思想善導) 정책의 수단으로 주목받았던 스포츠가 1930년대 식민지의 안정적인 지배를 위한 지배정책 수단으로 본격적으로 활용되기 시작했다.

조선총독부의 정책 변화는 1930년대 스포츠 활동이 더 활발해지는 배경이 되었다. 조선총독부의 정책 변화를 이용해서 조선인 엘리트들도 스포츠 활동을 전국적으로 활성화하였다. 각 지역체육단체들을 새롭게 창설하거나 재조직 및 통합하였다. 그리고 지역체육단체들의 활동 범위도 확대되어 도 단위 활동을 계획하였다.

1920년대 대표적인 체육단체였던 관서체육회는 평양의 체육단체였지만 활동범위는 지역을 넘어서 조선체육회와 함께 '조선 스포츠계의 쌍벽'으로 평가받았다.[85] 대구에서 새롭게 창립된 영남체육회도 관서체육회처럼 영남 지역을 대표하는 체육단체로 성장했다.[86] 황해도에서는 황해도의 재령체육회, 해주체육회, 안악체육회, 사리원체육회, 신천구락부, 장연체육회 등 6개 군 6개 체육단체가 연합하여 도 단위 체육단체인 황해도체육연맹을 결성했다.[87] 황해도 체육연맹은 도 단위 체육활동을 전개하였다. 조선인 스포츠 활동이 각 지역체육단체를 기반으로 전국화되었고, 도 단위로 활동범위가 확대되면서 대규모 운동경기 개최를 위한 공설운동장의 필요성은 더 커져갔다. 하지만 1930년대 공설운동장 건설은 스포츠 활동만을 목적으로 진행된 것은 아니었다.

1930년대 식민지 도시의 근대적 발전을 뒷받침하는 사회시설로 공설

---

84   이명화, 1992, 「조선총독부 학무국의 기구변천과 기능」, 『한국독립운동사연구』 6, 독립기념관 한국독립운동사연구소, 51·78쪽.
85   「전조선체육단체 순례(2) 평남편」, 『동아일보』 1934. 1. 10.
86   「체육전선통일 세계적 약진 후 제1년 계유년의 신표어」, 『동아일보』 1933. 1. 1.
87   「전조선체육단체 순례(3) 황해편」, 『동아일보』 1934. 1. 12.

운동장 건설이 요구되었다. 1930년대 일제의 '조선공업화 정책'이 실시
되면서 식민지 산업화가 진행되었다. 식민지 산업화의 결과 외형적으
로는 근대적으로 도시가 발전하였다. 하지만 식민지 산업화의 결과로
진행된 근대적 도시 발전은 조선인들에게 근대 문화를 향유할 수 있는
사회경제적 환경을 조성해주지 않았다. 조선인들의 삶과는 괴리된 발
전이었다. 그래서 조선인들은 외형적 발전을 뒷받침하는 사회시설을
건설하고자 했다. 근대적 도시에 필요한 구성요소 중에는 공설운동장
도 포함되었다.

공설운동장 건설을 요구하는 논의에는 우선 도시의 규모, 인구의 증
가가 전제로 제시되었다. 6천 호를 돌파하고 인구가 2만 6천여가 되도
록 장족의 발전을 한 사리원,[88] 인구 3천여에 달하는 신흥도시 신흥,[89]
3만여 명 시민이 거주하는 황해도의 신흥도시 겸이포,[90] 시내와 근교를
합쳐 5만의 인구를 가진 대전,[91] 인구 3만에 달하는 국경의 중요도시 회
령,[92] 2만 읍민이 밀집한 울산[93] 등 인구 증가는 도시 발전의 증거였다.

다음은 '산업 발전'이다. 해서(海瑞) 중앙에 위치해 교통이 편리하고 산
물이 풍부하며 곡물산지로 공업이 발달한 신천,[94] 강화직물의 원산지
이며 화문석으로 연간 생산액 40만 원을 돌파하는 강화군 서부의 유일
한 산업촌이자 빈궁을 모르는 모범촌 강화군 하점면,[95] 북부 조선의 요

---

88   「사리원 위선 긴급한 삼개시설 이목영씨 담」, 『조선일보』 1934. 1. 6.
89   「운동장기지로 천오백평 기부」, 『동아일보』 1934. 1. 16.
90   「지방논단」, 『동아일보』 1935. 8. 28.
91   「대전의 요망(3) 사회시설은 "제로" 도청만은 전도의 일 세민주택이 가장 관심처」,
       『조선일보』 1935. 11. 26.
92   「회령의 당면 문제는 무엇보다 공설운동장」, 『조선일보』 1936. 1. 4.
93   「울산 2만 읍민이 공설운동장 촉진」, 『동아일보』 1937. 10. 5.
94   「운동장문제로 사회에 일언 신천지국 김역생」, 『조선일보』 1931. 9. 2.

새항, 상업도시에서 근대 공업 공장지대로 진출한 신흥 공업 도시로 약진의 발전을 하는 성진,[96] 교통망이 보급되고 광공업이 비약적으로 발전한 단천[97] 등 근대적 산업의 발전은 공설운동장 건설 논의에 항상 등장하는 전제였다.

인구 증가, 근대 산업의 발전으로 "황해도 굴지의 도시",[98] "영동의 중심도시",[99] "명실 공히 국제적 대도시화",[100] "타군에 손색이 없는"[101] 근대적 도시로 지역이 발전하고 있었다. 하지만 이러한 근대적 발전에 어울리는 사회시설, '공공시설'이 부족했다. 발전한 도시에 필요한 사회시설로 공회당,[102] 공원,[103] 도서관,[104] 공중목욕탕[105] 등이 언급되었고, 공설운동장도 빠지지 않은 사회시설이었다.

95 「산업촌 하점면에 공설운동장 신설」, 『동아일보』 1933. 9. 2.
96 「성진의 최급무 운동장의 건설」, 『조선일보』 1937. 7. 29.
97 「대단천건설의 전제 시계령 실시 진정」, 『동아일보』 1940. 7. 22.
98 「공회당과 운동장에 대하야」, 『조선일보』 1932. 2. 19.
99 「江陵 公設運動場 時急히 實現을 促進」, 『매일신보』 1939. 10. 15.
100 「신정차장 부근에 대운동장 건설」, 『동아일보』 1936. 6. 26.
101 「농어촌 회합」, 『동아일보』 1932. 5. 15.
102 「농어촌 회합」, 『동아일보』 1932. 5. 15; 「공회당과 운동장 금춘내로 착수 영변구락부의 활동」, 『동아일보』 1934. 1. 26; 「상업학교 설립문제와 상수도 실현을 촉진」, 『동아일보』 1935. 2. 21; 「신설된 삼부의 확장안 대전부편(2)」, 『동아일보』 1936. 1. 26; 「연안공회당과 공설운동장 문제」, 『동아일보』 1937. 7. 6; 「읍의 통과예산을 도청에서 불인가 공회당과 공설운동장 설치비 읍당국, 읍의 등 대분개」, 『조선일보』 1934. 9. 30; 「대전의 요망(3) 사회시설은 "제로" 도청만은 전도의 일 세민주택이 가장 관심처」, 『조선일보』 1935. 11. 26; 「강화의 당면문제 중학, 운동장, 공회당 등 "힘"을 모아 기성할 것」, 『조선일보』 1936. 1. 3; 「영변읍에 공회당과 운동장을 신설 영변구락부의 활동으로 2월경 실현에 착수」, 『매일신보』 1934. 1. 30.
103 「주요도시 순회좌담(28) 제6 함흥편」, 『동아일보』 1930. 10. 16; 「신설된 삼부의 확장안 대전부편(2)」, 『동아일보』 1936. 1. 26; 「대단천건설의 전제 시계령 실시 진정」, 『동아일보』 1940. 7. 22; 「대전의 요망(3) 사회시설은 "제로" 도청만은 전도의 일 세민주택이 가장 관심처」, 『조선일보』 1935. 11. 26.
104 「신설된 삼부의 확장안 대전부편(2)」, 『동아일보』 1936. 1. 26.
105 「울산 2만 읍민이 공설운동장 촉진」, 『동아일보』 1937. 10. 5.

대전은 도청 이전 이래 비약적인 발전을 이루어 3만 3천 명 이상의 인구를 가진 도시로 발전했지만 단기간에 형성된 "허울 좋은 신흥도시"로, 공원, 공회당, 공설운동장, 공설시장, 도서관 등 사회시설이 없었고,[106] 사리원은 호수가 6천을 돌파, 인구가 2만 6천이나 되고 경제계도 놀랄 만큼 발전을 했지만 공중을 위한 운동장, 집회장소 등의 설비가 부족했다.[107] 울산은 2만 읍민을 가진 도시로 교육기관이 모두 완비되었고, 공회당, 극장이 있지만 공설운동장과 공중목욕탕이 없어서 큰 수치라고 했다.[108] 이처럼 다른 사회시설과 함께 공설운동장이 없는 것은 도회지로서 큰 수치였다.[109]

다음으로 청년 문제 해결을 위해서 공설운동장 건설을 요구했다. 1930년대 중반을 지나면서 식민지 조선의 청년은 고뇌하고 방황하는 존재로 인식되었고, 사회가 해결해야 할 고민거리가 되어가고 있었다.[110] 청년들은 고리대금업과 화류계 때문에 무기력에 빠져 있었다.[111] 주사(酒肆)나 청루(青樓)를 돌아다니면서 유흥으로 세월을 허비하거나 불량배가 되고 있었다.[112] 이처럼 향락과 유흥, 무기력에 빠진 식민지 청년에게는 건전한 심신단련이 필요했고, 그 방법 중 하나는 스포츠였다.

청년들을 스포츠 활동에 참여시키기 위해서는 청년들이 스포츠를

---

106 「상수도수원지수리」, 『동아일보』 1933. 4. 25; 「신설된 삼부의 확장안 대전부편(2)」, 『동아일보』 1936. 1. 26.

107 「사리원 위선 긴급한 삼개시설 이목영씨 담」, 『조선일보』 1934. 1. 6.

108 「단신」, 『동아일보』 1937. 9 . 21.

109 「운동장문제로 사회에 일언 신천지국 김역생」, 『조선일보』 1931. 9. 2; 「성진의 최급무 운동장의 건설」, 『조선일보』 1937. 7. 29; 「지방논단」, 『동아일보』 1935. 8. 28; 「내 지방당면문제」, 『조선일보』 1936. 4. 29.

110 이기훈, 2014, 『청년아 청년아 우리 청년아』, 돌베개, 216~218쪽.

111 「공설운동장 설치를 촉함」, 『동아일보』 1933. 5. 1.

112 「공설운동장을 설치하라」, 『조선일보』 1937. 12. 9.

할 수 있는 공간, 공설운동장이 필요했다. 퇴폐와 무기력에 빠진 청년들을 구하기 위해서는 "뛰고 놀 만한" 공설운동장 시설이 필요했다.[113] 청년들의 타락에 대해서 운동장이 없기 때문이라고 지적도 했다. 청년들은 운동장이 없어서 노상을 방황하거나[114] 집안에 틀어박혀 무의미한 공상으로 시간을 보내고 있었다.[115] 청년들의 방향을 해결하기 위해서는 운동장을 건설해 청년들에게 건전한 신체와 건전한 정신을 가지게 해야 했다.[116] 조선인들은 청년들의 퇴폐와 무기력을 해결하기 위한 해결책으로 공설운동장 건설을 요구했다.

1930년대에 들어오면서 공설운동장은 스포츠 활동의 공간뿐만 아니라 외형적인 도시 발전을 뒷받침하는 근대 도시의 필수 사회시설로 강조되었고, 청년 문제 해결책으로 제시되면서 공설운동장 건설의 필요성이 커져갔다. 그리고 공설운동장 건설의 주체로 조선인 엘리트들의 역할이 강조되었다. 공설운동장 건설은 막대한 자금이 필요한 사회사업이었다.[117] 작게는 1,500원에서, 많게는 200,000원의 거금이 드는 공사였다.[118] 자금 문제는 정치, 경제, 사회문화 면에서 주도권을 가지고 있었던 조선인 엘리트들이 공설운동장 건설에 참여할 수 있는 배경이 되었다.

단순한 자금 지원이 아니라 조선인 엘리트들의 집단적인 참여를 요구했다. 공설운동장 건설은 "개인(個人)의 미(微)한 역(力)과 고(孤)한 세(勢)로

---

113 「함남 신고산편」, 『동아일보』 1936. 3. 3.
114 「성진의 최급무 운동장의 건설」, 『조선일보』 1937. 7. 29.
115 「함남 신고산편」, 『동아일보』 1936. 3. 3.
116 「내 지방당면문제」, 『동아일보』 1936. 4. 29.
117 「공회당과 운동장에 대하야」, 『조선일보』 1932. 2. 19.
118 「공설운동장 설치 지대가 답지」, 『동아일보』 1935. 12. 11; 「평양편(완)」, 『동아일보』 1936. 1. 4.

서는 도저히 그 성취(成就)를 기대(期待)"할 수 없었다. "시민의 일치단결"이 필요했다.[119] 따라서 "여유 있는 유지 제 씨",[120] "조선인 상공업자",[121] "경제조건을 담당하는 자본가",[122] "사업에 공헌할 개인 부호",[123] "굴지(屈指)하는 재산가"[124]들이 다 같이 힘을 모아 공설운동장을 건설해야 한다고 했다. 공설운동장 건설의 실질적인 역할을 상공업자, 부호, 유지 등 조선인 엘리트 계층에게 요구하였다.

조선인 엘리트들의 참여를 독력하기 위해서 타지역 조선인 엘리트들과 비교도 하였다. "타군처럼 분기적(奮起的) 기업자와 자발적 투자"를 요구하거나[125] 우리 군에도 자랑할 만한 사업가와 자발적 투자자가 반드시 있을 것이라고 자신하거나[126] 우리 지역이 빈약하고 생활난에 쪼들릴지라도 재산가가 없지 않고, 공공사업에 열중하는 인물이 없지 않을 것[127]이라고 했다.

경쟁심만 자극한 것은 아니었다. 책임감도 강조했다. 근대적 도시로의 발전은 "지방 부호 당신들의 책임"[128]이고 "물질문명이 뒤진 조선사회"를 "약진 도상"시키는 것이 "유지 제 씨의 임무"[129]였다. 이러한 책임과 의무를 다해서 대중을 위한 사회사업에 자본을 투자해 탐금노(貪金奴)

119 「지방인사의 의견(1) 못살겟다는 소리뿐 궁황타개책 여하 어떠케 하면 살 수 잇슬가?」, 『조선일보』 1932. 1. 1.
120 「지방당면문제 경북 점촌편」, 『동아일보』 1935. 8. 26.
121 「원산항두에서 (하)」, 『조선일보』 1927. 7. 31.
122 「사업의 공사는 불문 위선완몽부터 각성」, 『조선일보』 1936. 1. 3.
123 「지방논단」, 『동아일보』 1936. 8. 19.
124 「공설운동장을 설치하라」, 『조선일보』 1937. 12. 9.
125 「지방논단 공회당과 운동장 급설하라!」, 『동아일보』 1936. 5. 26.
126 「지방논단 공설운동장을 설치하라」, 『동아일보』 1936. 7. 14.
127 「공설운동장을 설치하라」, 『조선일보』 1937. 12. 9.
128 「사업의 공사는 불문 위선완몽부터 각성」, 『조선일보』 1936. 1. 3.
129 「공설운동장의 급속 시설 촉진」, 『조선일보』 1937. 7. 21.

니 수전노(守錢奴)니 하는 누명을 벗으라고 했다.[130]

조선인 엘리트들도 근대적 도시로 발전을 담당하라는 조선인 사회의 여론에 적극적으로 부응하고자 하였다. 조선인 엘리트들의 적극적인 참여는 1930년대 공설운동장 건설의 주요한 동력이 되었다. 다음 절에서는 1930년대 공설운동장 건설에 참여한 조선인 엘리트들의 활동을 분석하고 조선인 엘리트들의 정치적 의도를 살펴보고자 한다.

2) 공설운동장 건설 자금 지원과 사회적 위상 강화

1930년대 공설운동장 건설은 1920년대에 비해서 급격하게 증가하였다. 1930년대 확인되는 공설운동장은 55개로 1920년대와 비교하여 2배가 넘는 공설운동장이 건설되었다. 1930년대 공설운동장 건설 현황은 다음 〈표 2〉와 같다.

〈표 2〉 1930년대 공설운동장 현황

연번	지역별		운동장 명칭
1	경기(6개)	인천부	도산정공설운동장
2		수원군	수원읍 화홍문외공설운동장[131]
3		파주군	임진면 문산리 공설운동장[132]
4		김포군	김포공설운동장[133]
5		강화군	하점면 하점공설운동장[134]
6			강화면 강화중앙운동장
7	충북(2개)	청주군	청주읍 공설운동장[135]
8		음성군	음성면 공설운동장
9	강원(1개)	강릉군	남대천공설운동장

---

[130] 「사업의 공사는 불문 위선완몽부터 각성」, 『조선일보』 1936. 1. 3.

연번	지역별		운동장 명칭
10	황해(7개)	해주부	해주공설운동장
11		안악군	신장리공설운동장
12		장연군	장연공설운동장
13		연백군	연일 비봉산하공설운동장
14		서흥군	흥수공설운동장
15		은율군	은율공설운동장
16		해주군	청단공설운동장
17	전북(3개)	군산부	경장리 일출정공설운동장
18		익산군	이리읍 공설운동장
19		김제군	김제읍 공설운동장
20	전남(4개)	광주읍	광주공설운동장
21		목포부	목포공설운동장
22		보성군	벌교공설운동장
23		고흥군	해수욕장공설운동장
24	경북(4개)	대구부	대명동 공설운동장
25		김천군	김천읍 금정공설운동장
26		의성군	의성공설운동장
27		경주군	안강면 안강공설운동장
28	경남(4개)	고성군	고성공설운동장
29		통영군	통영읍 통영공설운동장
30		거창군	거창공설운동장[136]
31			위천면 위천공설운동장
32	평북(8개)	정주군	정주읍 정주공설운동장
33		강계군	강계읍 인풍루전공설운동장[137]
34		후창군	후창공설운동장
35		용천군	용암포공설운동장
36		운산군	북진공설운동장
37		구성군	이현면 원창공설운동장
38		용천군	운향공설운동장
39		창성군	학천곡공설운동장

연번	지역별		운동장 명칭
40	평남(6개)	양덕군	천도교종리원구내공설운동장
41		용강군	가룡공설운동장
42			탄부공설운동장
43			광량만공설운동장
44			해운공설운동장
45			온천공설운동장
46	함남(10개)	함흥부	함흥공설운동장
47			반룡산공원공설운동장
48		이원군	차호공설운동장[138]
49		안변군	석왕사면 석왕사공설운동장[139]
50		신흥군	신흥면 신흥공설운동장
51		정평군	정평공설운동장[140]
52		북청군	신창공설운동장
53			신포공설운동장
54		고원군	고원공설운동장
55		혜산군	봉두면 봉두공설운동장

출처: 『本邦一般社会ニ於ケル主ナル体育運動場調』, 『동아일보』, 『조선일보』, 『매일신보』 등 참고.

---

131 1938년 6월 수원공설운동장에서 제10회 수원시민대운동회를 개최했다(「수원시민운 동임박 대성황을 예기한다」, 『동아일보』1938. 6. 7).

132 문산공설운동장은 33년 11월 현재 공사가 진행 중으로 11월 말에 공사가 완료될 예 정이다(「공동작업으로 공설운동장을 건설」, 『동아일보』1933. 11. 22).

133 1939년 12월에 김포경방단 강습회가 김포공설운동장에서 개최되었다(「경방단강습 회」, 『조선일보』1939. 12. 3).

134 1936년 6월 하점체육회 주최와 『동아일보』사 강화지국 후원으로 제3회 리대항 경기 대회를 강화도 하점면 공설운동장에서 개최했다(「이대항경기성황」, 『동아일보』1936. 6. 10).

135 『本邦一般社会ニ於ケル主ナル体育運動場調』에는 청주읍 내 운동장이 2개 나온다. 그중 야구, 정구, 스모를 위한 종합경기용 운동장은 1930년 9월에 건립되었다. 1930년 10월에 충북야구대회가 청주공설운동장에서 개최된 것으로 보아 1930년 9월 건립된 운동장이 공설운동장으로 사용된 것으로 추정된다(文部大臣官房体育課, 『本邦一般 社会ニ於ケル主ナル体育運動場調』, 1934. 3, 33쪽; 「회합」, 『동아일보』1930. 10. 16).

136 거창공설운동장은 최초의 활동 기록은 1933년에 등장한다(「거창경남소년축구대회」, 『조선일보』, 1933. 10. 6).

1930년대 공설운동장 건설이 증가한 이유는 공설운동장 건설이 일본인 비율이 높은 도시 지역 중심에서 농촌지역인 군·면 단위로 확대되었기 때문이다. 1920년대 군·면 단위에 건설한 공설운동장은 7개로 전체 27개 중에서 약 26%이다.[141] 반면에 1930년대에 건설된 공설운동장 중에서 부·읍에 건설된 공설운동장은 17개이고, 군·면에 건설된 공설운동장은 38개이다.[142] 1920년대는 도시지역에 건설한 공설운동장이 압도적으로 많았는데, 1930년대가 되면 농촌지역에 건설된 공설운동장이 약 69%로 비중이 역전되었다. 농촌지역으로 건설이 확대된 배경에는 조선인 엘리트들이 적극적으로 공설운동장 건설에 참여했기 때문이다.

1930년대에도 도시 지역의 공설운동장은 여전히 식민당국이 주도하여 시가지 계획의 일환으로 건설하였다. 새롭게 공설운동장을 신설하거나 기존 운동장을 확장하였다. 인천부에서는 산근정공설운동장 부지에 인천중학교 신교사를 짓고 새롭게 도산정(桃山町)에 공설운동장을 신설하였다.[143] 대구부에서는 1934년 8월 세무감독국 청사건설로 인해

---

137 1933년 10월 강계석주체육회 주최로 공설운동장에서 강계시민대운동회를 개최했다 (「석주체육회주최 강계시민대운동」, 『조선일보』, 1933. 10. 6).

138 1939년 차호 각 신문지국 후원하에 전조선육상경기대회가 공설운동장에서 개최되었다(「각지 단오노리 대성황」, 『동아일보』, 1939. 6. 26).

139 1937년 8월 석왕사 동지번영회에서 납량대회를 공설운동장에서 개최했다(「단신」, 『동아일보』, 1937. 8. 16).

140 1935년 5월 정평체육회에서 각희와 여자 추천대회를 정평공설운동장에서 개최했다 (「정평 각희 추천대회」, 『동아일보』, 1935. 5. 24).

141 강화군 내가면공설운동장, 안동군 예안공설운동장, 문천군 문천공설운동장, 갑산군 북문외공설운동장, 삼수군 두지리공설운동장, 연백군 백천공설운동장, 성진군 학남면 용대공설운동장 등이다.

142 1930년대 건설한 공설운동장 중 도시지역에 건설한 운동장은 인천부 도산정공설운동장, 수원군 수원읍 화홍문외공설운동장, 청주군 청주읍 공설운동장, 해주부 해주공설운동장, 군산부 경장리 일출정공설운동장, 익산군 이리읍 공설운동장, 광주읍 광주공설운동장, 목포부 목포공설운동장, 대구부 대명동 공설운동장, 김천군 김천읍 금정공설운동장, 통영군 통영읍 통영공설운동장, 정주군 정주읍 정주공설운동장 등이다.

서 부지를 일부 반환하게 되면서 새롭게 운동장을 건설할 필요가 제기되어 종합운동장 건설을 기획했다.[144] 하지만 1930년대 공설운동장 건설에는 조선인 엘리트들이 조직한 다양한 조선인 단체들도 적극적으로 공설운동장 건설을 주도하였다.

가장 적극적으로 공설운동장 건설을 주도한 단체는 각 지역체육단체들이다. 강화군 하점면 공설운동장은 하점면 신봉리체육회에서 체육회 사업으로 공설운동장 건설을 추진하였다.[145] 강계읍에서는 강계석주체육회가 공설운동장 건설을 위해서 음악회를 개최하고 인풍루 앞의 공터를 이용해서 공설운동장을 건설했다.[146] 정평체육회는 체육회 기금으로 부지 3,000평을 매입하여 건설을 추진하였다.[147] 차호 공설운동장과 석왕사 공설운동장은 각 지역의 체육회가 창립되고 체육회 총회에서 공설운동장 건설을 결의하고 추진하였다.[148] 체육회가 공설운동장 건설에 적극적으로 참여한 경우는 부 단위에서도 확인된다. 1934년 함흥부에서 신규사업으로 공설운동장 건설을 추진하여 1935년 5월 공설운동장을 건설하였다.[149] 이때 공설운동장 건설의 공로자로 함흥체육회 간부들의 활동이 강조되었다.[150]

다음으로 지역 번영회, 상공단체, 종교단체 등도 건설을 주도하였다.

---

143 「공설운동장 도산정에 이전」, 『동아일보』 1935. 3. 1; 「인천부예산 팔십구만여원」, 『동아일보』 1935. 3. 21; 「인천종합대운동장」, 『동아일보』 1935. 8. 23.
144 손환, 2010, 앞의 글, 15쪽.
145 「新鳳里體育會 公設運動場新設」, 『매일신보』 1933. 10. 21.
146 「운동장 설치 음악회 수입으로」, 『동아일보』 1931. 10. 6.
147 「정평체육회에서 공설운동장매수」, 『조선일보』 1935. 1. 29.
148 「다년간 현안 중이든 차호체육회 창립」, 『동아일보』 1937. 7. 1; 「석왕사 체육창립회」, 『동아일보』 1937. 7. 4.
149 「우피건조장과 공설운동장」, 『동아일보』 1934. 2. 21; 「함흥부민의 공설운동장」, 『동아일보』 1934. 6. 29; 「함흥공설운동장 25일 준공식」, 『동아일보』 1935. 5. 16.
150 「함흥부의 숙제 공설운동장」, 『조선일보』 1934. 6. 30.

강화읍에서는 공설운동장 문제를 해결하기 위해서 강화 지방 발전을 위한 강화진흥회를 발기하였다.[151] 강화진흥회는 공설운동장 문제를 해결하기 위해서 설비자금을 마련하고 부지 후보지를 선정하는 등 공설운동장 문제에 적극적으로 대응하였다.[152] 함남 고원에서는 고원시민구락부가 중심이 되어 수년간 공설운동장 건설을 추진하였다.[153] 함남 홍원에서는 상인들이 조직한 홍원상무회[154]가 공설운동장 건설을 상무회 사업으로 추진하였다.[155] 마지막으로 평남 양덕읍에서는 일반 시민들의 기부를 통해서 천도교 종리원 간부들이 종리원 구내에 공설운동장을 건설했다.[156]

시민단체는 아니지만 조선인 엘리트들이 협력하여 공설운동장 건설을 주도한 경우도 있었다. 평북 후창은 문화 발전이 낮은 산간협읍(山間狹邑)으로 운동장이 없었다. 이러한 문제를 해결하기 위해서 호생의원장(好生醫院長) 이제은(李濟殷),[157] 면장 유진태(俞鎭台), 이승춘(李勝椿) 등의 발기로[158] 공설운동장 건설을 진행했다.

1930년대 공설운동장이 1920년대와 달리 도시 지역이 아니라 군·면 단위를 중심으로 농촌지역에 더 많이 건설될 수 있었던 이유는 조선인 엘리트들이 조직한 체육단체, 시민단체, 상공단체, 종교단체 등이 체육 장려와 근대적 도시 발전을 목표로 공설운동장 건설을 추진했기 때문이었다.

---

151 「농어촌회합」, 『동아일보』 1932. 5. 15.
152 「강화공설운동장 지대삼천원 제공」, 『동아일보』 1932. 9. 18.
153 「다년현안이든 공설운동장, 시민구락부 사업으로 신춘 고원에 희소식」, 『동아일보』 1935. 1. 22.
154 「홍원상무회 창립」, 『동아일보』 1929. 6. 10.
155 「상인의 협조기관 상무회의 내용」, 『조선일보』 1937. 8. 14.
156 「양덕에 공설운동장」, 『조선일보』 1931. 9. 12.
157 「후창공설운동장」, 『조선일보』 1931. 7. 22.
158 「후창운동장 새로인 건설」, 『동아일보』 1931. 7. 9.

공설운동장 건설에는 대규모 자금 지원이 필요했다. 따라서 조선인 엘리트들은 공설운동장 건설을 위한 토지와 자금을 제공하면서 공설운동장 건설을 주도하였다. 먼저 토지를 제공하여 공설운동장 건설 부지를 확보하는 과정을 살펴보겠다. 먼저 조선인 엘리트들은 본인 소유 토지를 공설운동장 건설 부지로 기부하였다. 1933년 강화군 하점면 신봉리에서는 이동승(李東承)이 공설운동장 건설 과정에 공설운동장 부지 매수가 계속 문제가 되자 자기 토지 중에서 2,000여 평을 기부하였다.[159] 1934년 함경남도 신흥군 신흥면에서는 김중옥(金重玉) 여사가 토지 1,500여 평을 기부하였다.[160] 1939년 김포군 김포면에서는 오홍섭(吳鴻燮)·유동정(劉東丁)·유정식(劉貞植)·김희선(金熙善)·최원기(崔元基)·김성류(金聖柳) 등이 자신들의 토지 5,000여 평을 공설운동장 건설에 기부하였다.[161] 1937년 강화군 길상면에서는 김용환(金容煥)이 사망하면서 유언으로 공설운동장 건설을 위해 현금 500원을 기부하기로 했다가 김용환의 부인이 이를 취소하였다.[162] 하지만 1938년 토지 3,000평을 공설운동장 부지로 기부하였다.[163]

다음으로 공설운동장 건설을 추진하는 단체에 토지를 기부하기도 하였다. 강화군 강화읍에서 강화번영회가 공설운동장 건설을 추진하자 지역 유지들이 강화번영회에 토지를 기부하였다. 홍재용(洪在龍)이 밭 1,300평을 기부,[164] 송순봉(宋順奉)이 토지 800여 평을 기부,[165] 최웅섭(崔雄燮)

---

159 「공설운동장기지 이천평을 기부」, 『동아일보』 1933. 12. 17.
160 「운동장기지로 천오백평 기부」, 『동아일보』 1934. 1. 16.
161 「김포운동장 기지 유지지주가 기부」, 『조선일보』 1939. 2. 19.
162 「공설운동장기지로 임야 사천평 기부 온수 김관식씨의 장거」, 『조선일보』 1938. 8. 28.
163 「길상면민의 숙원 공설운동장 실현 김용환씨 기부 기지로」, 『조선일보』 1938. 10. 1.
164 「운동장설치 기지로 천여평토지 제공 강화 홍재룡씨 성거」, 『조선일보』 1936. 4. 4.

이 공설운동장 건설 부지에 있는 토지 3,800여 평을 기부했다.[166] 윤상
건(尹相健)은 정확한 토지 평수는 확인되지 않지만 다른 사람들도 많은 토
지를 기부했다고 기록될 정도 많은 토지를 기부했다.[167] 1938년 강화군
길상면 온수리에서는 김관식(金寬植)이 임야 4,000평을 해서강습회에 일
임하여 길상면 공설운동장 건설에 사용하도록 했다.[168]

토지 기부가 몇 년간 계속되는 사례도 있다. 연백군 연안읍에서는
청년단체인 연안구락부가 공설운동장 건설을 1931년부터 추진하였다.
당시 연안읍에는 전영수(全永鉃)가 830평, 전연준(全然俊)이 1,951평 토지를
공설운동장 건설에 기증했지만 자금 문제로 건설이 중단된 상황이었
다.[169] 이후 기부 토지의 사용처 문제로 논란이 계속되다가 1936년 김
기준(金基俊)이 군수로 부임한 것을 계기로 송선일(宋善日)이 연안공설운동
장 기지로 4,000여 평을 기부하였다.[170] 하지만 송선일이 기부한 토지도
토지 사용조건에 문제가 있어서 운동장 건설이 진행되지 못하였다.[171]
마지막으로 1937년 공설운동장 건설을 위해서 송경일(宋慶日)이 2,992평,
한석천(韓石天)이 276평, 이병철(李炳哲)·이대식(李大植) 460평 등 4명이 토지를
기부하였다.[172] 하지만 결국 공설운동장을 건설하지는 못했다.

건설 부지를 확보한 다음에는 공설운동장 건설 비용을 제공하였다.
조선인 엘리트들이 공설운동장 건설 비용을 자발적으로만 부담했던 것

---

165 「운동장 설치에 또 양씨의 미거」, 『조선일보』 1936. 4. 6.
166 「공설운동장 확장에 오천원 기지를 희사」, 『동아일보』 1938. 11. 8.
167 「윤상건씨 장서」, 『동아일보』 1937. 9. 8.
168 「공설운동장기지로 임야 사천평기부 온수 김관식씨의 장거」, 『조선일보』 1938.8.28.
169 「공회당과 운동장에 대하야」, 『조선일보』 1932. 2. 19.
170 「사천여평 기부 공설운동장용으로」, 『동아일보』 1936. 7. 18.
171 「연안공설운동장문제」, 『동아일보』 1936. 8. 15.
172 「공설운동장 기지 삼천여평희사」, 『조선일보』 1937. 4. 2.

은 아니다. 식민당국은 건설에 필요한 비용 일부를 '기부' 형태로 조선인 엘리트들에게 전가하였다. 목포부에서는 부소유지에 공설운동장 건설을 준비하면서 유지들에게서 기부금 2,000원을 모집하고 부비 1,600원을 더해서 총 3,600원으로 운동장공사에 착수했다.[173] 의성읍에서는 공설운동장과 신사 건설을 위해서 군 내 각 관공리에게서 월급을 차출하고 유력자들에게 기부금을 받기로 했다.[174] 경상북도 김천에서는 공설운동장 건설을 위한 공사비를 7,000~8,000원으로 책정했다. 그중에서 대흥전기회사로부터 5,000원을 기부 받고 부족한 돈은 읍내 독지가로부터 기부받기로 하였다.[175]

1920년대 진남포부와 광주부의 사례로 볼 때 기부는 호분할(戶分割) 납부금 형식으로 진행되었다. 진남포부에서는 처음에 3,500원의 예산을 설정해 공설운동장 건설을 진행했다. 하지만 예산이 부족해서 부협의회의 협찬을 얻어 일반시민으로부터 호분할 부담금의 비례로 2,000원의 기부금을 받아 공서를 진행했다.[176] 광주부에서는 공설운동장 기부금 모집 과정에서 조선인과 일본인 간의 액수 배정문제로 논쟁이 발생해 전남도평의원, 광주면협희원, 광주번영회장 등 공직을 지내고 지역사업에 꾸준히 활동을 했던 현준호(玄俊鎬)가 공직에서 사임하는 일도 발생했다.[177]

조선인 엘리트들이 식민당국의 강압만으로 공설운동장 건설에 자금을 제공했던 것은 아니었다. 지역 체육단체와 시민단체의 공설운동장

---

173 「전남 목포 공설운동장을 설치」, 『조선일보』 1930. 4. 26.
174 「의성공원과 공설운동장 설치」, 『동아일보』 1933. 1. 20.
175 「김천공설운동장 불일간 공사착수」, 『동아일보』 1935. 7. 29.
176 「진남포 공설운동장」, 『동아일보』 1924. 10. 5.
177 「현준호씨 공직 전부 사임」, 『동아일보』 1928. 10. 24.

건설에는 적극적으로 자금을 제공하였다. 1934년 신의주부에서는 신의주체육회가 지역 유지들로부터 공설운동장 기금 모집을 진행했다.[178] 1935년 삼례체육회에서는 공설운동장 건설을 위해 1,500원의 예산 계획을 세웠다. 삼례체육회 간부들이 시내 유지 제 씨에게 방문하여 취지를 설명해 450원을 모집했다.[179]

공설운동장 기성회를 조직해서 자금을 모으기도 하였다. 1929년 함경남도 북청군 신포에서 공설운동장 건설을 위해서 각 구대표(區代表) 수십 명이 모여서 공설운동장 기성회를 만들고 공사비 1,000원 중 300원을 기부로 모집하기로 했다.[180] 1930년 전라북도 익산군 이리에서는 시민 본위의 공설운동장 건설을 위해서 기성회를 조직하고 공사비는 전부 시민의 기부로 진행하기로 했다.[181]

조선인 엘리트들은 개별적으로도 공설운동장 건설에 재정적인 지원을 했다. 수원군 수원읍에서는 홍사훈(洪思勛)이 공설운동장 기금으로 100원을 기부했고,[182] 통영군에서는 김옥아(金玉牙)가 읍당국에 운동장 건설기금 1,000원을 기부,[183] 박천군 가남면에서는 김태선(金泰善)과 동아일보 영미(嶺美)지국 지국장이 공설운동장 건설기금을 기부했다.[184]

죽기 전에 자신의 재산을 기부하거나 고인의 유언에 따라 공설운동장 건설 비용을 기부하는 경우도 있었다. 1940년 천안공설운동장 건설

---

178   「평북편기일 운동장을 목표로」, 『동아일보』 1934. 1. 9.
179   모금에 참여한 유지는 황두현(黃斗賢), 송병우(宋炳雨), 윤성집(尹成執), 강야선일(岡野善一), 권일용(權日用) 등이었다. 조선인들의 참여가 더 높았지만 일본인도 공설운동장 건설에 참여했다(「공설운동장 설치 지대가 답지」, 『동아일보』 1935. 12. 11).
180   「신포에 공설운동장 기성회창립」, 『조선일보』 1929. 6. 5.
181   「기지 만여평의 공설운동장」, 『동아일보』 1930. 9. 9.
182   「수원6단체에 김백원씨 기부 홍사훈씨 특지」, 『동아일보』 1935. 4. 13.
183   「운동장 신설비 일천원을 희사」, 『동아일보』 1937. 7. 14.
184   「공설운동장 설치」, 『조선일보』 1934. 10. 26.

을 위해서 고(故) 정덕순(鄭德順)이 부군 남응원(南應元)에게 유언을 해서 2,000원을 공설운동장 비용으로 기부했다.[185] 또한 고(故) 김창현(金昌賢)의 유산 3,500원을 기부 받은 평북체육협회 영변지부는 고인의 유지에 따라 공설운동장 건설에 착수하였다.[186] 연백군 호동면 고(故) 김윤겸(金允謙)의 유언에 따라 유족들이 연안공설운동장 설비비로 500원을 기부하였다.[187] 황해도 안악에서는 원경섭이 선친인 원종옥(元景發)의 유지를 받아 안악 공설운동장 완성 기금 3,000원을 안악축구단에 기부하였다.[188]

공설운동장 건설에는 이와 같이 대규모의 토지와 자금이 필요했기 때문에 공설운동장 건설을 주도한 조선인 엘리트들은 주로 지역의 상공업자들이었다. 대표적인 인물로 수원 공설운동장 건설에 참여했던 홍사훈이 있다. 홍사훈은 수원에서 전통 있는 상업가이자 대지주인 가문을 배경으로 포목상으로 부를 축적했다. 1933년 10월 15일에 결성된 수원 포목상조합에도 참여를 했다. 수원, 용인, 진위에 걸쳐 각각 549정보를 소유한 대지주였다. 상업과 지주 경영을 통해서 그는 경성에서도 자산가의 반열에 오를 만큼 대자산가였다.[189] 이외에도 연안공설운동장 건설에 토지를 기부했던 송선일은 "곡상계의 패왕"으로 불린 정미업자였으며,[190] 강화공설운동장 건설에 토지를 기부한 이동승은 강화에서 개량직기를 처음 사용한 직물업자로 신흥염직조합을 창설하여 조합장으로 활동하였다.[191] 김포공설운동장에 토지를 기부한 오홍섭은

---

185 「공설운동장 설치비 2천원을 희척」, 『동아일보』 1940. 5. 20.
186 「영변에 공설운동장 고 김씨 유지로」, 『동아일보』 1935. 6. 12.
187 「연안사회를 위해 일만여원을 희사 고 김윤겸씨의 유지로」, 『조선일보』 1938. 4. 22.
188 「운동장 설치에 삼천원 희사」, 『동아일보』 1936. 2. 20.
189 이승렬, 2013, 「한말·일제하 '근대의 충격'과 수원 지역 상인층의 대응」, 『서울과역사』 84, 178쪽.
190 「송선일씨 특지」, 『조선일보』 1935. 3. 1.

정미업자,[192] 유동정은 곡물상[193]이었다. 함경남도 신흥군에서 토지를 기부한 김중옥은 요리업을,[194] 천안 공설운동장 건설에 토지를 기부한 정덕순은 여관업을 했었다.[195]

공설운동장 건설은 조선인 엘리트들의 다양한 지역 사회사업 중에 하나였다. 강화군 하점면 신봉리에서 토지를 기부했던 이동승은 면내 모든 사업에 참여하는 '자력갱생'한 인물로 평가되었고,[196] 강화군 강화면의 윤상건은 구한말부터 자선사업을 지속해 왔으며 소작인에게도 후했고, 일반인들에게도 돈과 쌀, 의복 등을 구제하는 것을 일생의 낙으로 삼아 "세궁민의 활불"이라는 칭호를 받았다.[197] 연백군의 김윤겸은 각 사회 방면에 기부금을 아끼지 않아서 살아 있을 때부터 지역 사회에서 칭송받는 인물이었다.[198]

다른 사회사업처럼 공설운동장 건설은 지역에서 조선인 엘리트들의 영향력을 강화해 주었다. 공설운동장 건설을 통해서 지역의 발전을 외면하는 탐금노나 수전노가 아니라 지역을 대표하는 건실한 '청년 실업가'가 되었다. 강화에 본적을 두고 경성에 거주하는 청년 유지인 최응섭은 24살이라는 젊은 나이에 조선농구회사 사장으로 "장래가 촉망받는 청년 실업가"로 평가 받았다.[199] 강화번영회에 자신의 밭 1,300평을 기부한 홍재용도 강화에서 직물회사를 창설한 '신진실업가'로 평가되었다.[200]

---

191   「불창양조(不昌釀造) 이동승씨」, 『조선일보』 1931. 9. 28.

192   「김포백미절도」, 『조선일보』 1940. 4. 2.

193   「김포곡물조합총회」, 『조선일보』 1939. 11. 7.

194   「김중옥여사특지」, 『조선일보』 1934. 3. 22.

195   「가칭형사가 천안서 음식대를 사취탈주」, 『조선일보』 1930. 12. 2.

196   「공설운동장기지 이천평을 기부」, 『동아일보』 1933. 12. 17.

197   「윤상건씨 장서」, 『동아일보』 1937. 9. 8.

198   「연안사회를 위해 일만여원을 희사 고 김윤겸씨의 유지로」, 『조선일보』 1938. 4. 22.

199   「공설운동장 확장에 오천원 기지를 희사」, 『동아일보』 1938. 11. 8.

조선인 엘리트들은 공설운동장 건설에 참여함으로써 '금전노', '수전노'라는 악명에서 벗어나 지역의 명망 있는 유지, '세궁민의 활불', '장래가 촉망 받는 청년 실업가', '신진 실업가'가 되었다. 공설운동장은 서구 근대 문화인 스포츠 활동을 위한 토대였기 때문에 근대 문화 수용의 선구자로서 자리매김할 수 있었으며, 지역체육단체의 후원자로서 자신의 명망을 높일 수 있었다. 조선인 엘리트들은 공설운동장 건설을 통해서 지역 사회에서 자신들의 영향력을 확대하고 위상을 강화하였다.

4. 맺음말

1920년 조선체육회 창립 이후 조선인 사회에서 스포츠 활동이 본격화되었지만 스포츠 활동을 위한 공간이 부족했다. 공간 부족 문제를 해결하기 위해서 종합운동장인 공설운동장 건설이 요구되었다. 1920년대 공설운동장은 식민당국이 재조일본인들의 거주 비율이 높았던 부(府)·지정면 등 도시 지역을 중심으로 건설하였다. 공설운동장의 건설은 다양한 스포츠 활동의 물질적 토대가 되었지만 조선인들의 자유로운 사용은 보장되지 않았다. 진남포공설운동장 사례에서 확인되듯 공설운동장 사용에는 민족적 차별이 존재했다. 조선인들은 자유로운 스포츠 활동이 가능한 공설운동장을 원했다. 조선인들이 생각하는 공설운동장은 식민당국이 건설한 '부영', '읍영'만이 아니라 공공적 사용이 가능한 운동장이었다.

---

200 「강화방직계」, 『동아일보』 1935. 8. 26; 「강화운동장 착공 재이」, 『동아일보』 1937. 10. 11.

1930년대 초 식민지의 안정적인 지배를 위해서 조선총독부는 적극적으로 사회교화 사업을 실시했고, 스포츠를 본격적으로 지배정책의 수단으로 활용하였다. 이러한 정책적 변화와 맞물려 조선인 엘리트들은 스포츠 활동을 전국적으로 확산하였다. 전국적으로 확산된 조선인 스포츠 활동의 안정적인 운영을 위해서 공설운동장에 대한 수요가 증가하였다. 이와 함께 식민지 산업화의 결과 외형적으로 근대적인 도시 발전이 진행되었고, 근대적인 도시 발전을 뒷받침하는 사회시설로 공설운동장 건설의 필요성이 강조되었다. 그래서 조선인 엘리트들에게 공설운동장 건설에 참여하여 근대적 도시로 발전을 담당하라는 여론이 형성되었다.

조선인 엘리트들은 조선인 사회의 여론에 적극적으로 부응하기 위해서 공설운동장 건설에 필요한 토지를 제공하고 건설자금을 기부하였다. 조선인 엘리트 중에서 자금 지원이 가능했던 상공업자를 중심으로 한 자산가 계층이 적극적으로 참여했다. 조선인 엘리트의 적극적인 참여는 1930년대 공설운동장 건설이 도시 중심을 벗어나 농촌지역으로 확대되는 동력이 되었다. 조선인 엘리트들은 이러한 활동을 통해서 탐금노, 수전노 같은 오명을 벗고 지역 사회에서 자신들의 영향력과 위상을 강화하였다.

논문 출처

2023, 「1920~1938년 공설운동장 건설과 조선인 엘리트의 활동」, 『한국독립운동사연구』, 83.

참고
문헌

1. 저서

나현성, 『한국운동경기사』, 普文閣, 1958.

대한체육회 편, 『대한민국 체육 100년 II』, 2020.

손정목, 『한국개항기 도시변화과정연구』, 일지사, 1982.

오미일, 『제국의 관문』, 선인, 2017.

요한하위징아, 이종인 역, 『호모루덴스』, 연암서가, 2010.

이기훈, 『청년아 청년아 우리 청년아』, 돌베개, 2014

조준호, 『인천체육사』, 인천대학교 인천학연구원, 2014.

金 誠, 『朝鮮半島における植民地主義とスポ: ツに關する研究』, 神戶大學大學院
     國際協力研究科 博士學位論文, 2012.

2. 논문

강영조, 「근대 부산에서 대정공원의 성립 과정과 공간 구성에 관한 연구」, 韓國
     傳統造景學會誌 Vol.31, 한국전통조경학회, 2013.

박상욱, 「1930년대 독일 나치 정부시기의 축구관람 문화」, 『역사와 경계』 95, 부
     산경남사학회, 2015.

박원용, 「1930년대 러시아 스포츠 관람문화」, 『역사와 경계』 92, 부산경남사학회,
     2014.

박해남, 「제국과 식민지 간 재현 경쟁의 장, 스포츠: 조선신궁체육대회와 메이지 신궁체육대회를 중심으로」, 『翰林日本學』 26, 한림대학교 일본학연구소, 2015.

손정목, 「일제침략초기 지방행정제도와 행정구역에 관한 연구(2)」, 『지방행정』 32권 360호, 대한지방행정공제회, 1983.

손 환, 「일제강점기 대구공설운동장에 관한 연구」, 『한국체육학회지』 49, 한국 체육학회, 2010.

손 환, 「일제강점기 부산공설운동장에 관한 연구」, 『한국체육학회지』 54, 한국 체육학회, 2015.

손 환, 「일제하 한국 근대스포츠 시설에 관한 연구: 경성운동장(京城運動場)을 중심으로」, 『한국체육학회지』 42, 한국체육학회, 2003.

손 환, 「한국 최초의 운동장, 부산 대정공원 운동장의 역사적 의미」, 한국체육 사학회지, 제26권 제3호, 한국체육사학회, 2021.

이기훈, 「식민지 엘리트의 사회적 기반과 의식」, 『역사와 현실』 63, 한국역사연구 회, 2007.

이동진, 「표상으로서의 스포츠」, 『만주연구』 Vol.4, 만주학회, 2006.

이동진, 「민족과 국민 사이」, 『만주연구』 Vol.1, 만주학회, 2004.

이명화, 「조선총독부 학무국의 기구변천과 기능」, 『한국독립운동사연구』 6, 독립 기념관 한국독립운동사연구소, 1992.

이승렬, 「한말·일제하 '근대의 충격'과 수원 지역 상인층의 대응」, 『서울과역사』 84, 2013.

정준영, 「근대 민족국가의 형성과 스포츠」, 『사회와 역사』 84, 한국사회사학회, 2009.

조정규·김달우·이영진, 「일제강점기 전라북도 덕진공설운동장에 관한 연구」, 『한 국사회체육학회지』 58, 한국사회체육학회, 2014.

조준호, 「광복 이전 인천공설운동장 변천과정」, 『체육사학회지』 15, 한국체육사 학회, 2010.

11 한국 근현대 선거에서 기호투표의 정착 과정 연구

최선웅

1. 머리말

선거는 대의민주주의에서 국민주권을 실현하는 가장 중요한 제도이며 국민이 정치에 참여하는 가장 보편적인 형식이다. 선거 없는 민주주의란 존립할 수 없고 더구나 선거과정이 자유롭고 공정하게 이루어지지 않는다면 민주주의를 실현하기 불가능하다. 이 점에서 선거는 현대 민주주의의 본질적인 제도라고 말할 수 있다. 또 선거는 비단 민주정치에서만 의미를 갖는 것은 아니다. 비민주적인 정치체계에서도 선거는 나름대로 매우 중요한 기능을 수행한다.[1]

현대 민주주의국가의 정치과정에서 선거의 제도화 과정은 지극히 중대한 의미를 갖는다. 특히 민주화 과정에 있는 나라에서는 더 말할

---

[1]   김욱, 2011, 「선거와 한국 정치」, 『한국 선거 60년 이론과 실제』, 오름, 17~18쪽 참조.

나위도 없다. 선거가 정당체계와 정치문화에 지대한 영향을 미치고, 이는 정부의 정당성과 안정성에도 결정적인 효과를 발휘하기 때문이다. 물론 민주정치와 정당체계가 제도화된 나라에서는 선거의 역할이 과소평가될 수 있다. 그렇더라도 그런 제도화 이전 단계의 나라에서 선거의 제도화 과정은 향후 민주주의 발전과 정치지향성에 커다란 영향을 끼치는 중요한 문제가 아닐 수 없다.

따라서 한국에서 선거의 제도화 과정을 살펴보는 연구는 민주주의 발전 과정을 반추해 볼 수 있는 중요한 주제이다. 이미 일제강점기에 처음 시작된 근대적 선거에 대한 연구는 적지 않게 축적되어 있다. 다만 대부분 연구가 지방의회 선거 실태 및 운영, 조선인 의원 분석 등을 통해 일제시기 '지방자치'의 허구성을 폭로하거나 지역사회의 정치적 동향에 대해 분석하는 데 초점을 맞추고 있다. 선거 그 자체의 특성에 주목한 연구는 김동명의 연구 외에 거의 없다.[2]

보통선거가 제도화된 해방 이후 치러진 선거에 대해서는 각 선거마다 비교적 많은 연구가 한국정치사의 맥락에서 진행되어 풍부한 내용을 전해준다. 그렇지만 역시 제도사적으로 선거 시스템의 각 요소가 어떤 과정을 거쳐 제도화되었으며 그 성격은 어떠했는지 아직 연구해야 할 주제들이 적지 않다. 선거제도는 투표와 출마 방법, 당선자 확정 방식, 선거구 크기와 최소조건, 선거관리기구 등 여러 가지 요소로 구성되어 있다. 이들이 조합되는 방식에 따라 이론상 몇 백 가지의 다양한 선거제도가 가능하며, 실제로 많은 나라의 선거제도가 각기 상이하다. 이렇듯 여러 요소가 당대의 정치·사회·문화적 맥락에서 취사선

---

2   김동명, 2005, 「1931년 경성부회 선거 연구」, 『한국정치외교사논총』 26-2.

택되고 변형되어 현재 한국의 선거제도로 구조화된 것이다. 이와 관련해 제헌국회의원선거법을 제도사적 관점에서 분석한 이현우의 연구에서 적지 않은 시사점을 받았다.[3]

선거와 관련해 한국사에서 가장 극적인 순간은 3·15 부정선거와 4·19가 아닐 수 없다. 형해화된 선거제도를 국민의 손으로 바로 잡은, 민주주의 발전사에 매우 중요한 순간이었다. 3·15 부정선거의 반성에서 세워진 제2공화국은 공정한 선거제도 확립을 위해 다양한 정치적 제도적 장치를 도입하였다. 한국사에서 현재까지 유일무이한 내각책임제를 도입하여 민의원과 참의원 양원 국회를 구성하였고, 지방선거를 더욱 확대하여 지방의회 의원은 물론 시·읍·면장과 서울특별시장, 도지사까지 모두 선거를 통해 선출하였다. 이를 통해 "완전한 지방자치"를 표방하였다. 선거제도에서도 참의원의원선거에 중선거구제를 도입하고, 부재자투표제도 신설, 선거공영제 확대, 독립적인 헌법기관으로 중앙선거위원회 창설 등 현재까지 이어지고 있는 중요한 제도적 장치를 마련하였다.

특히 투표과정에서도 실험적인 시도가 단행되었는데, 바로 자서식(自書式) 기명투표제(記名投票制)의 도입이었다. 이는 선거인이 지지하는 후보자의 성명을 직접 투표용지에 자서하는 방식이었다. 현재 우리가 시행하고 있는 것처럼 후보자 이름이 인쇄된 투표용지에 일정한 기호 등으로 표시하는 기호투표(記號投票)와는 전혀 다른 방식이었다.[4] 기호투

---

3   이현우, 2018, 「민주주의 선거제도 관점에서 본 제헌국회의원선거법」, 『한국정치연구』 27-2.
4   기호투표는 두 가지 의미로 나누어 볼 수 있는데, 하나는 후보자에게 각각 특정한 기호를 부여하여 투표하게 한다는 의미이고, 다른 하나는 투표용지에 기표할 때 문자가 아닌 기호로써 표시하는 방법을 말한다. 본고에서는 후자를 지칭한다.

표는 유·무효를 판별하기 쉽고 개표사무를 간소화할 뿐만 아니라 무효표를 감소시키는 데도 효과적이다. 다만 후보자 이름 등을 선거일 전에 미리 인쇄해야 하기 때문에 각 선거구마다 투표용지가 모두 다르고, 이에 따른 기술적 시간적인 문제가 발생할 여지가 있다. 그에 비해 기명투표는 단순하고 통일된 투표용지를 사용할 수 있으나 필적을 남겨 비밀투표에 위배될 소지가 있고 악필·오기 등에 따른 유·무효 판별의 어려움과 개표사무가 번잡해지는 단점이 있다. 특히 기명투표는 문자쓰기 능력을 요구한다는 점에서 선거권을 제한할 가능성이 높다.

근대적인 선거제도가 도입된 서구에서는 구두로 지지자를 밝히는 구두투표나 거수투표가 시행되다가 그 폐해가 심각해지자 이를 극복하는 방안으로 1856년 호주에서 처음 공식(official) 투표용지에 기호로 투표하는 방법이 고안되었다. 그래서 이런 투표방식을 호주식 투표법이라고 불렀다. 이후 영국에서도 1872년 기호투표가 도입되었고, 미국에서는 1888년 켄터키주를 시작으로 여러 가지 변형된 형태로 속속 각 주로 퍼져나갔다.[5] 다만 일본에서는 메이지헌법에 따라 선거제도를 도입한 초기부터 기명투표를 실시해 오늘날까지 이어오고 있으며 일부 지방선거에 한해 기호투표를 채용하고 있다.

본고는 기표방법의 변천을 역사적으로 살펴보고자 한다. 투표는 선거인의 선택을 구체화시키는 행위이다. 선거에서 각 선거인이 일정한 방법에 따라 기표해 그 의사를 표시하면 다수가 되는 의사에 따라서 하나의 새로운 의사가 구성되며 그것이 법률상 그 선거인단의 의사로

---

5   森口繁治, 1931, 『現代政治學全集 第八卷 選擧制度論』, 日本評論社, 271~272頁; 朴承載, 1966, 『選擧制度論』, 일조각, 176쪽.

확정된다. 즉 투표는 선거인의 의사를 구조화하는 절차이며, 기표는 그 정치적 의사를 표현하는 행위이다. 이런 기표행위가 해방 전후 어떤 굴곡을 거쳐 현재와 같은 모습을 갖추게 되었는지 살펴봄으로써 선거제도에 내재된 당대 정치인식, 민주주의에 대한 인식 등을 고찰할 수 있을 것이다.

2. 해방 전후 선거과정의 기표

1) 일제시기 기명투표의 경험

한국사에서 근대적인 선거제도가 도입된 때는 일제시기였다. 근대문명을 전파한다는 문명화 이데올로기를 내세웠던 제국주의는 식민지에 근대적인 정책을 이식하면서 허울 좋은 선거를 시행하곤 했다. 선거는 정치적 측면에서 근대화를 가늠할 수 있는 척도가 되었기 때문이다. 일제도 예외는 아니었다. 삼일운동 이후 일제는 '문화정치'를 내세우면서 식민지의 불만을 달래고자 조선에 선거를 실시하기로 결정했다. 1920년 7월 일제는 지방제도를 개편하면서 부(府) · 면(面)의 자문기관인 부 · 면협의회 회원 일부를 선거를 통해 선출하기로 하였다. 이로써 조선인의 정치 참여를 확대하고 지방자치의 초석을 놓았다고 자평했다. 이후 1930년대가 되면 읍회(邑會)까지 선거가 확대되었다.

이때 도입된 선거제도는 보통선거제와는 거리가 멀었다. 독립생계를 영위하는 연령 25세 이상의 남자로 년 5원 이상의 납세자에게만 선거권이 주어졌다. 선거일 전 50일에 선거인명부를 작성하고 선거일 전 30일부터 7일간 명부를 열람한 뒤 선거일 전 3일까지 확정하는 과정을 거쳤다. 또 7일간 선거 장소, 투표일시, 선거할 협의회원 수를 고시했고 선거인 중 2~4명의 선거입회인을 선임했다. 투표는 무기명으로 하되 후보자 한 명의 이름을 자서했다. 이름 외에 작위, 직업, 신분, 주소, 경칭을 쓰는 것은 무방했으나 그 외에 다른 내용을 기입하면 무효였다. 개표는 유효투표지에 기재된 성명을 낭독한 후 채점하였다. 당선자는 최다 득표자로 정했고, 동수일 경우 연장자가 당선되었다. 선거인명부 작성, 선거일 공지, 후보자등록, 선거운동, 입회인 선임, 투·개표 등 선거과정은 근대적인 제도에 입각해 수행되었다.[6]

이렇게 식민지 조선에 도입된 선거제도는 일본의 선거법을 준거하고 있음은 물론이다. 메이지헌법 초기 일본 선거법 역시 선거권을 15엔 이상 납세한 사람에게만 부여했던 제한선거였다. 이후 기준은 하향 조정되었지만, 여전히 보통선거권 도입에 소극적이다가 1925년이 되어서야 보통선거법이 제정되었다.[7] 또 일본은 처음부터 선거인이 후보자의 성명을 자서하는 기명투표를 채택했다. 투표용지의 앞뒤를 가리지 않고 어디에나 자서해도 유효했고, 한문, 가타가나, 히라가나는 물론 점자(點字)와 로마자, 글자의 좌우를 바꿔 써도 유효했다.[8] 최대한 무효표를 방지하고 투표의 효력을 보장하기 위해 선거인의 의사를 확인할 수 있는 선에서 다양한 표기방법을 인정하고 있었던 것이다.

---

6   『조선총독부관보』호외, 1920. 7. 29, 4~5면; 『조선총독부관보』 2464, 1920. 10. 27, 295면. 후보자등록과 선거운동에 대한 규정은 적시되어 있지 않았고, 1931년 3월 24일 「朝鮮地方選擧取締規則」이 개정 발포되면서 선거운동 기준이 제시되었고, 후보자도 선거일 전 3일까지 신고하도록 규정되었다. 선거운동은 연설회, 호별 방문, 운동원 동원, 입간판, 포스터·추천장 등 인쇄물, 신문광고 등이 행해졌다(김동명, 2005, 앞의 논문, 6~7쪽).

7   宋石允, 2005, 「선거운동 규제입법의 연원: 1925년 일본 보통선거법의 성립과 한국 분단체제에의 유입」, 『서울대학교 法學』 46-4 참조.

8   宮澤俊義, 1930, 『選擧法要理』, 一元社, 125~127頁.

식민지 조선의 경우도 마찬가지였을 텐데, 다만 조선의 지방선거에서는 한글로 자서해도 유효했지만, 일본 중의원의원선거에서는 무효로 간주되었다.[9]

일제시기 식민지 조선의 지방선거에서 기명투표가 도입된 이유는 말할 것도 없이 일본의 제도를 따랐기 때문이다. 이미 당시 대부분의 국가에서 기호투표를 시행하고 있음에도 불구하고 유독 일본에서만 기명투표를 고수한 이유는 "선거인의 선거능력을 식별함으로써 적당한 선거권 행사를 바랄 수 있"기 때문이라고 설명하고 있다. 즉 기명투표에는 본래부터 선거권을 제한하려는 의미가 내포되어 있었는데, 보통선거법이 제정되어 납세능력 등 제한조항이 사라진 상황에서 제한선거를 유지하는 수단으로 남아 있다는 뜻이었다. 다만 일본의 경우 초등교육 보급으로 문자해독 능력이 높아졌기 때문에 사실상 무의미해진 기능이었다. 이 때문에 일본에서도 기명투표가 보통선거의 취지에 맞지 않을 뿐만 아니라 무효표가 많으며, 유·무효에 대한 분쟁이 많고 필적을 남겨 비밀투표 원칙에도 위배된다는 지적이 있었다.[10]

일제시기 투표를 직접 경험한 조선인들은 1% 내외 남짓으로 그리 많지 않았다. 선거권 자체가 달갑지만은 않은 특권이었던 시절이었다. 그럼에도 불구하고 1920~30년대 지방선거에서 행해진 기명투표는 조선인들이 처음 경험한 근대적 선거의 원형이 되어 해방 이후에도 많은 영향을 끼쳤다.

---

9   「朝鮮文投票가 千三百九十餘」,『동아일보』1931. 5. 23;「朝鮮文은 無效」,『동아일보』1930. 2. 1.

10   森口繁治, 1931, 앞의 책, 271頁.

2) 기명투표로 구성된 남조선과도입법의원

　해방 이후 한국인들이 경험한 첫 공직선거는 1946년 10월 남조선과
도입법의원(이하 입법의원) 민선의원 선거였다. 이때 투표방법은 일제시기와
같은 기명투표였다. 제1차 미소공동위원회가 휴회에 들어가자 미군정
은 미국식 민주주의 개념에 들어맞는 전국 선거를 통해 입법자문의회
를 구성하는 구상을 구체화하기 시작했다. 1946년 8월 24일 제정된 「조
선과도입법의원의 창설」(법령 제118호)은 이를 위한 규정이었다. 법령에 적
시된 선거방식은 각 세대주를 선거인으로 하여 동·리부터 부(府)·군(郡)
까지 단계적으로 대표들을 선출해 최종적으로 서울시와 각 도(道)에 할
당된 의원을 선거하는 간접선거였다.

　그런데 법령 제118호는 선거법이 아니었기 때문에 선거인, 후보자등
록, 선거운동, 투표방법 등 선거에 대한 구체적인 규정은 미비했다. 미
비한 규정을 채우는 것은 보통 관례인데, 당시 선거에 대한 관례라고는
일제시기 시행되었던 선거밖에 없었다. 이 때문에 한 미군정 장교의
고백대로 '아직도 법령집에 남아 있었던 일본선거법에 따라 일제시기
선거방법이 그대로 이용'되었다는[11] 발언은 과장이 아니었다. 투표방법
역시 일제시기 방식 그대로였기 때문이다.

　　임시입법의원 서울시 대의원 후보자 선거는 예정대로 28일 서울시 정동
　　덕수국민학교에서 아침 9시부터 시행되었다. 선거투표식이 있은 후 10시
　　반부터 서울 숯지구, 甲乙丙 순서로 투표를 시작하였는데 각 동대표 투표
　　자는 제각기 選擧場 어구에 한 줄로 늘어서서 차례차례로 먼저 투표명부

11　金榮美, 1994,「미 군정기 南朝鮮過渡立法議院의 성립과 활동」, 『韓國史論』 32, 265~
　　266쪽. 당시 미군정청 정보장교로 활동한 그란트 미드(E. Grant Meade)의 선거권과
　　관련한 발언이지만, 당시 선거 상황 전반을 이해할 수 있어 보인다.

에 도장을 찍고 투표지를 받아 들고 임시 장만해 놓은 투표 記載所에 한 사람씩 들어가 붓으로 후보자 이름과 주소만을 적은 다음 세 사람의 입회인 앞에 놓인 투표함에 집어넣었다.[12]

위에 인용한 10월 28일 서울시 대의원 후보자 선거과정을 살펴보면, 530명의 동 대표자들이 투표소에 모여 각기 지지하는 후보자의 이름과 주소를 자서한 뒤 투표함에 넣어 장덕수(張德秀) 등 9명의 대의원을 선출하였다. 선거인 중 53명이 기권하였고, 투표된 인물 중에는 이승만, 김구, 박헌영, 김원봉, 김규식 등 유명인사의 이름도 나왔다고 한다. 그리고 이틀 뒤 이 9명의 대의원 후보자 중에서 다시 최종적으로 입법의원 3명을 같은 방법으로 선거하기로 되어 있었다. 물론 창씨명(創氏名)을 자서하면 무효였다. 좌우합작위원회에서 파견한 선거 감시원에 따르면 전북의 경우 유권자의 약 46%가 문맹이어서 총 유권자 중에 절반이 넘는 기권자가 나오는 곳도 있었다고 한다.[13]

해방 이후 첫 공직선거를 일제시기 선거방법에 따라 시행했다는 사실은 적지 않은 시사점을 던져준다. 근대적 선거제도의 원형으로 일제시기 도입된 선거방식에 대해 당시 거부감이 크지 않았다는 사실을 보여주는 것이기도 하고, 또 후보자등록이 선행되지 않아 인쇄된 투표용지를 제작할 수 없어 기호투표를 도입하지 못하는 현실적인 한계도 감안할 수 있다. 그런데 이후 입법의원에서 보통선거법을 제정하는 과정을 살펴보면 단순히 현실적인 이유 때문에 기명투표를 시행했던 것이 아니라는 사실을 확인할 수 있다.

---

12   「立議 서울 市議員候補」, 『조선일보』 1946. 10. 29.
13   「代議員選擧에 創氏名은 無效」, 『동아일보』 1946. 10. 19; 「立議選擧는 不合理」, 『大韓獨立新聞』 1946. 11. 10.

3. 입법의원 선거법으로 명문화된 기명투표

입법의원의 주요 임무 중 하나는 장차 시행될 총선거를 대비해 보통선거법을 제정하는 것이었다. 미군정 역시 보통선거법을 즉시 제정해야 한다는 입장이었다. 그리하여 1947년 9월 3일 법률 제5호로 「입법의원 선거법」이 공포되었다. 전문 73조의 비교적 상세한 이 선거법은 선거연령을 만 23세로 높였다는 점과 함께 기명투표를 규정했다는 특징을 갖고 있다. 선거법 제39조에 "투표는 선거자가 자기 의중에 있는 의원 후보자의 성명을 자서하여 가지고 나와 직접 투표용지를 투표함에 투입하야 행함"이라고 규정되어 있는 것이다.

우리 손으로 제정한 최초의 선거법에서 기명투표를 명문화했다는 사실이 놀라운데, 이 규정은 입법의원에서도 적지 않은 논란을 일으켰다. 1947년 3월 25일 입법의원에서 선거법 초안에 대한 제1독회가 시작되었다. 선거법기초위원회 위원장인 김붕준(金鵬濬)은 인격주의에 입각해 성별, 지식, 재산, 신앙의 구별 없이 자유·비밀·직접선거를 채택해 제도화했다고 역설했다.[14] 그러자 김돈(金敦)이 자서 규정을 문제 삼아 "자기가 쓰지 못하는 사람은 유권자입니까 무권자(無權者)로 봅니까"라고 묻자 김붕준은 "유권자"라고 대답했다. 그러나 자서하지 못하기에 투표를 못하니 '무권자'와 같다는 반론은 뼈아픈 지적이었다. 김학배(金鶴培) 역시 문맹자가 7~8할 이상으로 추산되는 현실을 감안해 반드시 대책이 강구되어야 한다고 지적했다.

흥미로운 사실은 신의경(辛義卿) 의원 등이 남녀 동등한 선거법 규정과

---

14 『남조선과도입법의원속기록』 제41호, 1947. 3. 25, 16~18면.

별개로 실제로는 여성의 정치적 사회적 진출이 어려운 현실을 감안하여 여성의 권리를 향유할 수 있게 도와줄 수 있는 방책을 요구하고 있음에도 불구하고 문맹자에 대한 구제책에 대해서는 별다른 논의가 없다는 점이다.[15] 왜 그랬는지 김붕준의 다음과 같은 발언에서 그 해답을 찾을 수 있다.

> 문맹문제에 대해서는 나도 동감입니다. 그러나 자기도 노력해야 합니다. 자기의 이름 석字 쓰는 것은 조금만 노력하면 되는데 기록할 수 있는데도 불구하고 그것을 못한다면 앉아서 먹겠다는 말입니까. 그것은 안 되는 말예요(笑聲)[16]

문맹자가 글을 못 써 투표를 못한다면 그건 그 사람이 조금도 노력하지 않은 나태한 사람이기 때문이지 결코 제도의 문제가 아니라고 단호하게 못 박고 있다. 김붕준은 "만약 투표권을 가졌지마는 자기가 투표권을 행사하지 못한다면 그것은 자기가 못해서 못하는 것이지 이 선거법 때문에 못하는 것은 아닙니다"라고 강변하면서 거지에게는 정치능력이 없고, 장님이라도 글 못 보고 못 쓰면 어쩔 수 없다고 주장했다. 선거권을 향유하기 위해서는 개인도 최소한의 노력, 지적인 자격이나 능력이 필요하다는 뜻이었다. 다시 말하면 그런 자격이나 능력이 부족한 국민의 선거권은 제한해야 한다는 의미였다. 일본이 기명투표로 제한선거를 의도한 방식과 별로 다르지 않음을 알 수 있다.

결국 선거연령 등에 대한 수정이 있었지만 기명투표 방식은 고수한 채 선거법 전문이 1947년 6월 27일 입법의원에서 통과되었다.[17] 그러자

---

15   『남조선과도입법의원속기록』제41호, 1947. 3. 25, 19~24면.

16   『남조선과도입법의원속기록』제41호, 1947. 3. 25, 25면.

군정장관대리 헬믹(Charles G. Helmick)이 기명투표가 문자해득 능력 시험을 부과하여 선거권을 제한하려는 일제시대 규정과 같다며 재고를 요청하였다. 그는 지성과 문자해독은 동의어가 아니라면서 문맹인 국민에게도 투표할 기회를 부여하는 방법이 있어야 한다고 지적했다.[18]

헬믹의 재고 요청에 대해 입법의원 법제사법위원회[위원장 백관수(白寬洙)]에서 재심한 후 답신을 보냈다. 답신은 기명투표가 선거권을 제한하려는 의도는 전혀 없으니 헬믹의 우려가 기우에 불과하다면서 다음과 같이 한글의 우수성을 강변하는 내용이었다.

> 원래 우리 국문은 세계에 자랑할 만한 간결하고도 우수한 문자로서 성인이면 짧으면 1시간 내외에 길어도 一夜間이면 전부를 解得할 수 있고 더구나 자기가 선거하고저 하는 후보자의 성명 三字쯤은 幾分間에 충분히 해득할 수 있는 것이므로 투표지에 자서하는 것쯤은 결코 무리한 요구가 아닐 뿐더러 더욱이 처음으로 실시되는 보통선거이니만치 다른 편법을 채용함으로 인한 여러 폐단을 미연에 방지하는 효과도 적지 않을 것으로 믿사오며 투표의 자서에 관한 本院의 견해는 변함이 없습니다.[19]

이 답신도 앞서 김붕준의 발언과 크게 다르지 않은 인식을 보여주고 있다. 문맹자라 할지라도 후보자 성명 석 자쯤은 아주 쉽게 배워서 쓸 수 있으니 문제될 것이 없다고 답변했는데, 이는 결국 그럴 능력이 되는 성인만이 선거권을 향유할 수 있다는 인식이 깔려 있다. 이런 다소 안일한 인식, 근거 없는 자신감에도 불구하고 그럼 어떻게 후보자 이름을 교육시킬지에 대한 문제의식은 전혀 찾아볼 수 없었다. 또 법의 테

17 「普選法案遂通過」, 『中央新聞』 1947. 7. 1.
18 「普選法案에 對해」, 『조선일보』 1947. 7. 27.
19 『남조선과도입법의원속기록』 제132호, 1947. 8. 12, 6면.

두리 내에서 유권자들이 쉽게 투표할 수 있도록 편의를 제공할 방법을 찾을 수 있었을 텐데, 편의를 '편법'으로 치부하는 이런 교조적인 인식에는 그럴 여지가 많지 않았다.

4. 기호투표의 시작: 5·10 총선거

제2차 미소공동위원회가 무기한 휴회에 들어가자 미국은 한국문제의 해결을 유엔(UN)에 회부했고, 정국은 사실상 남한만의 단독선거로 굳어져 갔다. 1948년 총선거를 감독하기 위해 남한에 파견된 유엔한국임시위원단(이하 유엔한위)은 3월부터 구체적인 선거준비에 들어갔다. 그전에 선거제도를 검토해 확정하는 작업을 추진했는데 이와 관련해서는 제3분과위원회(이하 제3분과)에서 담당했다. 제3분과는 1948년 1월 19일 유엔한위 제6차 회의에서 설립이 결정되어 4명의 위원과 각 1명의 간사와 조수로 구성되었다. 주요 목적은 남북한에 시행 중인 선거법을 검토하는 것이었다. 실제 업무는 간사인 마크 슈라이버(Marc Shreiber)가 전담한 것으로 보인다.[20]

마크 슈라이버는 유엔한위의 법률고문으로 벨기에 출신 변호사이자 벨기에 사회민주당의 일원이었고 기탄없는 진보주의자로 평가되었다. 그는 서구 선거법의 최고 기준에 비견할 만한 선거법을 만드는 데 열중했다. 그러다 보니 한국 실정과는 동떨어진 네덜란드와 유사한 비례대표제를 도입하려다가 실패하기도 했다. 그는 식민지였던 한국의 입

---

20   국사편찬위원회 편, 1987, 『대한민국사자료집 1』(UN한국임시위원단관계문서 Ⅰ), 55~56쪽.

11 한국 근현대 선거에서 기호투표의 정착 과정 연구

433

장을 나치 치하의 유럽국가들과 유사하게 인식해 부일협력자들의 선거권 박탈에 동조했다. 무엇보다 그는 정치적 소수파들의 '보호'와 '정정당당한 경쟁'에 몰두해 있었다고 한다.[21]

제3분과는 일차적으로 입법의원에서 제정한 보통선거법과 그 시행규정을 연구하는 데 관심을 기울였다. 1월 23일 제3분과는 남북한의 선거법 검토를 중심으로 구체적인 토의를 개시하였다.[22] 이 과정에서 미군정 관리들, 중앙선거준비위원회 위원들, 노진설(대법관), 김동성(언론협회장), 입법의원 전규홍(全奎弘), 윤기섭(尹琦燮), 백관수, 김붕준 등과 협의를 거쳤다.

슈라이버는 입법의원에서 통과된 보통선거법이 기술적 법률적 관점에서 모두 불만족스러웠지만 몇 가지 규정을 개정해 사용하기로 했다. 그가 불만을 가진 규정 중 하나는 기명투표 방식이었다. 이미 기호투표가 보편화된 서구적 관점에서 기명투표는 합당해 보이지 않았을 것이다. 그것은 지지하는 후보자의 이름을 쓸 수 있는 능력을 선거인의 최소자격으로 요구하는 조항이었다. 미군정 담당자 역시 슈라이버의 의견에 동조했는데, 다만 그는 문맹 선거인이 지명한 사람의 도움을 받아 자서하는 절충안을 제시했다.[23]

그러나 제3분과는 다른 사람의 도움을 받아 기표하는 방법이 비밀투표 원칙에 위배되기 때문에 채택하지 않았다. 대신 출마한 후보자들의 이름이 미리 인쇄된 투표용지로 기명투표용지를 대체하기로 결정했다. 미군정 또한 이 방법을 전적으로 지지했고 문맹자의 투표에 편의를 제

---

21 국사편찬위원회 편, 1987, 앞의 책, 56쪽.
22 「選擧準備進步」, 『조선일보』 1948. 1. 27.
23 국사편찬위원회 편, 1987, 위의 책, 57~60쪽.

공하기 위해 각 후보자에게 기호를 배정하기로 합의했다.[24]

기호가 배정된 후보자들의 이름이 미리 인쇄되어 있는 투표용지에 기표하는 방법은 두 가지가 있었다. 하나는 한 후보자를 선택해 그 이름이나 번호를 모사할 수도 있었고, 다른 하나는 단순한 표시를 남겨 지지 의사를 표현할 수도 있었다. 전자는 기명투표 형식이지만 문자해독 능력을 판별할 수 없어 사실상 기명투표로 기능할 수 없는 번잡한 절차에 불과했다. 슈라이버의 의중은 후자인 기호투표에 있었다.[25]

최종 선거법은 1948년 3월 12일 미군정사령부에 제출되었고, 최종적으로 3월 17일 미군정법령 제175호로 공포되었다. 전문 57조의 이 선거법은 제6장에 선거방법 및 당선인에 관해 규정했는데, 그중 제33조와 제34조에 다음과 같이 투표용지 양식 및 제작, 후보자 성명·기호·기표란의 배치, 기표 방법 등에 대해 규정하고 있다.

> 제33조 각 선거구 선거위원회에서 작성하여 국회선거위원회의 감독 하에 인쇄한 통일 투표용지와 국회선거위원회에서 작성하여 同會 감독 하에 인쇄하고 공식으로 날인한 통일 봉투를 각 투표소에서 사용하여야 함.
> 각 투표소에서 사용하는 투표용지는 국회선거위원회에서 작성한 표준양식에 일치하여야함. 각 투표용지는 해당 선거구에 입후보한 의원 후보자의 성명을 인쇄하고 각 후보자의 성명 상에 기호를 표하며 선거인이 택하는 후보자를 표시할 수 있도록 각 후보자 성명 下에 적당한 공간을 둠으로써 此를 구성함. 후보자의 성명은 국문 及 한문으로 인쇄함…
> 제34조 …선거인은 표를 한 투표용지를 넣은 봉투를 선거위원회의 위원장 及 위원의 면전에서 투표함에 넣음…[26]

---

24   국사편찬위원회 편, 1987, 앞의 책, 60쪽.
25   「選擧法檢討」, 『조선일보』 1948. 2. 4.
26   「朝鮮國會議員選擧法」, 『경향신문』 1948. 3. 19.

국회선거위원회에서 작성한 표준양식에 따라 인쇄한 투표용지를 사용해야만 하고, 투표용지에는 출마한 후보자의 성명을 인쇄하고 각 후보자의 이름 위에 기호를 표시하며, 이름 아래에는 적당한 공간을 두어 투표자가 선택 표시를 기입할 수 있도록 규정했다.

이후 3월 22일 공포된 선거법시행세칙에 따라 각 후보자에게는 'Ⅰ, Ⅱ, Ⅲ, ⅢⅠ, ⅢⅢ'와 같이 작대기 개수로 순위를 표시하고(제47조), 기표방법은 'O, X, —, Ⅰ, V' 또는 이와 유사한 표로써 하되 문자나 물형(物形)을 기입한 것은 무효로 규정하였다(제53조).[27] 이렇게 하여 5·10 총선거를 치를 법적 장치는 구비되었다. 우리 역사에서 최초의 기호투표가 시작될 예정이었다.

3월 30일부터 선거인등록이 시작되었고, 같은 날 후보자등록도 시작되어 4월 16일까지 계속되었다. 후보자등록이 끝나야 기호를 추첨해 순위를 매기고 투표용지 인쇄에 들어갈 수 있었다. 각 선거구마다 투표용지가 모두 달랐기 때문에 과거의 기명투표용지를 준비하는 것보다 훨씬 많은 시간과 재원을 필요로 했다. 투표용지뿐만 아니라 투표함 제작, 등록용지와 선거인명부 작성, 각급 선거위원회 설치, 투표소 준비, 홍보프로그램 운영 등 여러 가지 준비해야 할 사항이 많았다. 당시 빈약한 교통과 통신시설, 종이 등 원자재 부족, 생산력 문제 등을 고려하면 선거일까지 한 달여 남은 시점에서 결코 녹록치 않은 과정이었다.

그럼에도 불구하고 5·10 총선거에서 첫 선을 보인 기호투표는 별다른 문제 없이 성공적으로 정착되었다. 슈라이버의 '제안'으로 이식

---

27   「國會議員選擧法施行細則」, 『동아일보』 1948. 3. 24.

된 기호투표였지만 이후 제헌국회에서 1950년 국회의원선거법을 제정할 때도 아무런 논란 없이 그대로 유지되었다.[28] 1952년 제2대 대통령선거 때부터 기표모형을 'O'로 정하고, 이를 표시할 수 있는 붓대나가는 대나무를 잘라 기표용구로 사용하기 시작했다. 기표용구에 대해서는 별도 규정이 없어 나뭇가지를 이용한 지역이 있는가 하면, 일부 지역에서는 총알 탄피의 둥근 부분을 활용하기도 했다. 한국전쟁의 영향으로 탄피가 흔했기 때문이었다. 심지어 1960년대 초 인제 보궐선거에서는 '호박 꼭지'를 기표용구로 썼다는 기록도 있다. 그만큼 'O' 모양을 나타낼 수 있는 다양한 재질의 도구가 각지 실정에 맞게 사용되었다.[29]

5. 기명투표의 부활과 좌절: 1960년 서울특별시장선거

1) 시험적으로 부활한 기명투표

5·10 총선거 이후 기호투표가 정착되었지만, 내재적 요구라기보다는 외부의 개입으로 이식된 요소이다 보니 이에 대한 불만이 없지는 않았다. 기호투표를 작대기선거, 막대기선거, 붓대롱 선거로 폄하하면서 특히 문맹 타파와 관련해 시급히 해결해야 할 '국민적 수치'라고까지 인식했다.

---

28   「제6회 국회정기회의속기록」 제54호, 1950. 3. 16, 12~13쪽.
29   중앙선거관리위원회 편, 2018,『대한민국을 만든 70가지 선거이야기』, 중앙선거관리위원회, 328쪽.

지난 1월 20일부터 70일 동안 전국에 걸쳐 실시한 제3차 문맹퇴치 교육
에서 약 백만명으로 추산되는 문맹자 중 50만 명에 달하는 유권자들의
문맹을 없애고 기호식 투표 선거를 면하려던 문교부 계획은 성공할 수 없
게 되었다. 2일 문교부당국에 의하면 오는 5월 25일에 실시할 정·부통령
선거를 비롯하여 금년 안으로 있을 예정인 참의원의원 및 각급 지방의원
선거에 있어 **국민의 수치인 소위 작대기식 선거를 철폐하고 기명식 투표
를 실현할 계획**이었으나 지난 3월로 끝낸 제3차 문맹퇴치 이후에도 아직
남아 있는 전국 문맹자는 약 40만에 달하고 있다 한다. 그런데 이와 같은
실정으로 문교부가 계획하던 기명식 투표는 결국 좌절된 것인데… 금년에
도 소위 작대기식 선거를 면할 도리가 없는 것이라 한다.[30]

그러나 이미 정착된 투표방식을 바꾸는 것은 쉽지 않았는지 실제 국
회 입법과정에서 투표방식 변경을 논의한 적은 없었다. 그저 교육당국
자들이 문맹 때문에 기호투표에서 벗어나지 못하고 있다는 자책 또는
비난에 가까운 하소연을 하는 정도였다. 이렇게 기호투표에 대한 불만
또는 기명투표에 대한 욕망이 잠재하고 있었다.

1960년 3·15 부정선거로 제1공화국이 무너지고 제2공화국이 수립되
자 정세가 급변했다. 그간 억눌려 있던 정치적 욕망이 분출하는 시기
가 도래했다. 기명투표에 대한 욕망도 이 기회를 놓치지 않았다. 1960
년 9월 24일 민의원에서는 지방자치법 개정법률안을 축조 심의하면서
서울특별시장선거에 한해서 "투표용지에 후보자 1인의 성명(국문 또는 한문)
을 기재하여야 한다"는 조항을 통과시켰다(제77조 3항).[31] 기명투표가 13년
만에 부활한 것이다.

당연하게도 이 조항은 민의원에서 적지 않은 논란을 불러일으켰다.

30　「記號投票는 不免」, 『馬山日報』 1956. 4. 4. 강조는 인용자.
31　「地自法改正案 77條까지 通過」, 『경향신문』 1960. 9. 24.

김영환(金英煥), 김용환(金容煥), 황한수(黃漢洙), 최성욱(崔成旭), 우홍구, 주도윤, 성태경 등은 문맹자의 선거권을 박탈하는 위헌적인 조치이며 무효표와 기권율을 높일 것이라고 반대했다. 이에 동조하는 40명의 의원들은 관련 조항을 삭제하는 수정안을 제출했다. 하지만 수정안은 재석의원 120명 중 찬성을 21표밖에 얻지 못해 압도적인 표차로 부결되었다.[32] 참의원에서도 엄민영(嚴敏永) 외 6명이 같은 이유를 들어 서울시장선거에서도 기호투표하는 수정안을 제출했으나 10월 22일 각 교섭단체대표들의 협의를 거친 뒤 '자진' 철회하였다.[33]

논란에도 불구하고 수정안이 통과되지 않은 이유는 지방선거가 얼마 남지 않았기 때문이었다. 지방선거가 2개월도 채 남지 않은 상황에서 서울시 한 지역에 국한된 쟁점에 법안 전체가 발목을 잡힐 수는 없었다. 교섭단체대표회의에서는 법안의 긴급성에 비추어 민의원 원안대로 가결하되 수정안에 대해서는 이후 참의원 의원 전체 서명으로 개정안을 제출하기로 합의하고 일단 법안을 통과시키기로 했다.[34]

그리하여 다소 진통을 겪은 기명투표 조항은 민의원에서 재석 126명 중 86표의 찬성을 얻어 가결되었다. 참의원에서도 재석 53명 중 찬성 48명에 반대 0명으로 무수정 통과되었다.[35] 이렇게 논란을 무릅쓰고 기명투표를 부활시킨 의도는 무엇이었을까? '지방자치법 개정법률안 기초특별위원장'인 고담룡(高湛龍) 등은 다음과 같이 말했다.

32 「제37회 국회 민의원속기록」 제20호, 1960. 9. 24.
33 「제37회 국회 참의원회의록」 제29호, 1960. 10. 22.
34 대한민국국회사무처, 1971, 『국회사』 제4대 국회 제5대 국회 제6대 국회, 344쪽.
35 「제37회 국회 민의원속기록」 제20호, 1960. 9. 24; 「제37회 국회 참의원회의록」 제29호, 1960. 10. 22.

고담용: 우리나라에서 전체적으로 이 기명투표식은 하지 못할망정 서울특
　　　별시에 있어서라도 이 기명투표식을 해 가지고 그래서 우리나라
　　　수도 서울만치는 문화인들이 살고 있고 기명투표도 할 수 있는 그
　　　러한 지식수준에 도달하고 있다는 이런 긍지를 보여 주는 것이 당
　　　연하지 않느냐 이런 견지 밑에서 이 기명투표식을 저희들이 채택
　　　했던 것입니다.[36]

박주운: 세계에 소위 독립문화국가라는 견지에서 볼 때에 우리가 그간
　　　12~3년간 건국 이래 각종 투표에 있어서 붓대 위로써 자기 의사
　　　를 표시한다는 것은 세계 선진국가에 대해서 후진국이라는 것을
　　　항상 자인하는 동시에 선거 때마다 부끄러움을 금치 못해 왔던
　　　것입니다. …이 선거에 대한 선진국가의 예를 따라서 한 번 선거
　　　에 본래의 기능을 발휘해 보자 이러한 의도에서 신설한 것은 틀
　　　림이 없을 것입니다.[37]

　고담용은 기명투표를 통해 문화인의 긍지를 드러낼 수 있다고 주장
했고, 같은 맥락에서 박주운은 13년간의 선거사에서 붓대롱으로 투표
해 왔다는 것은 문명국가로서 수치스러운 일이라고 개탄했다. 선거를
더욱 문화적으로 향상시키기 위해서는 아예 문맹자들이 선거권을 행
사하지 못하는 편이 낫다는 위헌적인 발상까지 엿보였다.[38]
　이제 투표방식은 문화와 문명의 수준, 선진국과 후진국을 가늠하는
척도가 되었고, 기명투표는 "문명국식 선거"가 되었다.[39] 그런데 이들

36　「제37회 국회 민의원속기록」 제10호, 1960. 9. 13.
37　「제37회 국회 민의원속기록」 제20호, 1960. 9. 24.
38　「제37회 국회 민의원속기록」 제20호, 1960. 9. 24, 9쪽. 주병환 의원은 "참말로 무식
　　문맹자 같으면 죄송한 말씀이지마는 우리나라 선거를 좀 더 문화적으로 향상시켜서
　　좀 더 부정 난잡한 선거를 없애기 위한 이 대전제 아래서는 그런 분들은 죄송하지만
　　좀 얼마 동안 선거권 행사를 못하는 것이 좋지 않을까 저는 이런 당돌한 확신을 가지
　　고 있는 것입니다"라고 발언했다.
39　「제37회 국회 민의원속기록」 제20호, 10쪽.

이 바라보고 있던 선진 문명국, 문화인이 어디였는지 의구심이 든다. 서구 대부분의 나라에서는 이미 기호투표가 행해지고 있었고, 기명투표를 하는 나라는 일본 정도였기 때문이다. 이들의 시선이 일본을 향해 있었던 것인지 단언하기는 쉽지 않다. 일단 이들이 예로 든 나라는 필리핀이었다.

> 비율빈 하면 우리나라하고 문화수준이 과히 차이가 없다 이렇게 생각하고 있는데 비율빈 같은 데는 선거를 하는데 처음부터 이 작데기 표가 아니올시다. …비율빈 같은 데서는 처음부터 기명투표올시다. 여기의 인종이 우리보다 더 많고 지역도 도서지역이라서 우리보다 더 불편한 교통망을 가지고 있고 동시에 언어도 수백 종이 됩니다. 이런데도 불구하고 전부 입후보자를 기명식으로서 표하는 이런 제도를 택하고 우리나라에서 아직도 작데기 표를 하고 하는 선거를 한다고 그러면… 비율빈 사람들이 웃고 있읍니다.[40]

어조로 보아 필리핀을 문명국가로 예시한 것은 아니었다. 필리핀에서도 하는 것을 우리라고 왜 못하겠느냐고 안타까움 섞인 목소리로 자신만만하게 말하는 듯한 상황이었다. 필리핀도 오랫동안 식민지였다가 해방되었고, 한국도 마찬가지였으니 비교할 만하긴 했다. 하지만 필리핀이 기명투표를 행한 시기는 영어나 스페인어를 읽고 쓸 줄 알아야 투표권이 주어졌던 1902년 선거부터였다.[41] 이미 반세기가 훌쩍 지나 역사가 제법 길었다. 어쨌든 필리핀에서도 하는데 한국의 수도 서울만

---

[40] 「제37회 국회 민의원속기록」 제10호, 1960. 9. 13.

[41] 서경교, 1999, 「필리핀의 선거제도와 정당체제: 지속성과 변화」, 『동남아시아연구』 7, 7쪽. 필리핀은 현재도 기명투표를 유지하고 있는데, 후보자들의 이름을 모두 확인할 수 있도록 준비된 기표소에 앉아 선거인이 직접 지지하는 후보자의 이름을 일일이 투표용지에 기입한다(김동엽, 2008, 「필리핀 선거제도와 민주주의 공고화: 화려한 이상, 공허한 현실」, 『동남아의 선거와 정치과정』, 서강대학교 출판부, 235쪽).

큼은 정치적으로 문화인의 수준에 올라 있으니 선도적인 의미에서 시험적으로 기명투표를 도입해 보자고 주장했다. 결과가 좋으면 장차 모든 선거에 도입한다는 장밋빛 청사진을 그리면서 말이다.[42]

2) 낮은 투표율과 높은 무효표 비율

처음 기명투표제를 논의할 때부터 가장 문제가 되었던 점은 유권자가 제대로 선거권을 행사하지 못할 수도 있다는 사실이었다. 기명투표제를 찬성하는 논자들도 문맹 때문에 기권자가 적지 않을 것으로 생각했지만 적어도 투표하고 싶으면 후보자 이름 석 자 정도는 쉽게 외울 수 있지 않겠느냐고 자신했다.[43] 그렇게 된다면 선거의 품격도 높이고 문맹도 퇴치하는 일거양득이라고 낙관했다.

하지만 낙관론을 뒷받침해 줄만큼 현실적 여건은 녹록치 않았다. 서울시교육위원회의 조사에 따르면, 서울에는 당시 16만 명의 문맹자가 있는데 그중 만 20세 이상의 유권자가 11만 명이나 되었다. 11만 명이면 유권자 111만 명의 약 10%에 달하는 숫자였다. 이들에게 교과서와 노트, 연필 등을 무상으로 나눠주고 초등학교에서 본인과 후보자 이름이라도 가르치기 위해서는 2,400반으로 편성해 1억1천6백만 환의 경비가 필요한 것으로 조사됐다.[44] 당시 방 3칸짜리 단독주택 한 채가 50만 환이던 시절이었다. 도무지 엄두가 나지 않아 교육당국도, 시당국도 손

---

42 「民議院 記名投票制를 採擇」, 『동아일보』 1960. 9. 25; 「사설 地自法 改正案은 無修正 通過되어야 한다」, 『동아일보』 1960. 10. 21.
43 「地自法改正案 77條까지 通過」, 『경향신문』 1960. 9. 24; 「사설 謀略은 公明選擧를 害친다」, 『경향신문』 1960. 12. 29.
44 「벌써 10% 棄權한 셈」, 『경향신문』 1960. 11. 1.

을 놓았다. 과거 입법의원에서 보통선거법을 제정할 때부터 이어져 오던 근거 없는 자신감이 여실히 깨지는 순간이었다. 결국 선거가 끝날 때까지 어떠한 교육적 시도도 진행되지 못했다.

이런 상황에서는 제아무리 문화적인 서울시민이라 할지라도 글쓰기가 제대로 되지 않을 가능성이 높았다. 그렇다면 글쓰기에 자신 없는 유권자들도 투표장으로 불러 모을 대책이 필요했다. 즉 무효표를 줄이고 투표 참여를 독려하기 위해서는 가능한 유효 기준을 폭넓게 완화할 필요가 있었다. 1960년 12월 27일 중앙선거위원회에서는 기명투표에 대한 유·무효 투표 기준을 제시했다. 이에 따르면 후보자의 이름을 한글과 한문 어느 것으로 써도 무방하며 혼용과 병기도 유효했다. 썼다가 다시 고쳐 쓴 흔적이 남은 경우도 유효했고, 당 관계 직업이나 경칭을 쓴 것도 유효했다. 심지어 글자가 틀렸더라도 비슷한 이름의 후보자가 없거나 방언 발음으로 볼 수 있다면 유효했다. 또 자획이나 자형이 비슷할 경우 음이 다르더라도 유효했다. 다만, 성이나 이름만 기재한 경우, 어느 후보자의 이름인지 분명하지 않은 경우, 당 관계 직업이나 경칭을 제외하고 문자 혹은 물형을 표기한 경우, 자서가 아닌 경우는 무효가 되었다.[45] 이 기준은 설령 글쓰기에 실수가 있더라도 어느 후보자를 지지하려 했는지 투표인의 의사만 파악할 수 있다면 유효로 간주하려는 폭넓은 유권해석이었다. 첫 기명투표라는 사실을 감안한 너그러운 조치였다.

선거일이 다가올수록 첫 기명투표에 대한 기대와 우려가 고조되었다. 기명투표 방식을 계몽한다는 미명 아래 유권자들에게 특정 후보자

---

45 「誤記라도 音만 통하면 可」, 『경향신문』 1960.12.28.

에 대한 선거운동을 하고 있다는 등의 항의가 있기는 했지만,[46] 후보자들의 첫 합동유세가 있었던 교동국민학교에는 영하 7도의 혹한을 무릅쓰고 1,500여 명의 시민들이 운집하는 열기를 보여주기도 했다.[47]

그러나 문제는 연이은 투표로 선거에 대한 기대감이 감소하고 전반적인 투표율이 하락세를 타고 있다는 점이었다. 1960년은 가히 '선거의 해'라고 할만했다. 무효가 된 3·15 정·부통령선거부터 제5대 민의원과 초대 참의원 의원선거, 시·읍·면의회의원선거, 서울특별시·도의회의원선거, 시·읍·면장선거까지 7번의 선거가 있었고, 12월 29일 대망의 서울특별시·도지사선거까지 모두 8번의 선거가 내리치러졌다. 선거에 대한 국민들의 피로감이 점점 심해졌고, 투표율도 민의원의원선거 84.3%에서 충청남도 내 시장선거 45.2%[48]까지 하락했다.

선거일 당일 서울은 영하 12도의 한파가 몰아쳤다.[49] 투표소는 한산했다. 투표하는 유권자보다 투표사무원과 참관인이 더 많을 지경이었다. 투표하러 온 사람들도 기명투표에 당황하며 '어디에다 동그라미를 치느냐고 물었다. 기표소에 들어갔다가도 누가 나왔는지 이름이 기억나지 않는다며 다시 나와 버리기도 했다.[50] 차라리 기표소에 후보자들의 명단을 붙여놓기라도 했다면 선거인들이 모사하기라도 했을 텐데 그런 최소한의 조치조차 없었던 것이다. 무효표나 기권을 방지하고 투표 참여를 독려하기 위해 선거인에게 투표편의를 제공해야 한다는 인

---

46 「地方選擧에 公務員動員」, 『동아일보』 1960. 12. 27; 「사설 公正한 選擧運動과 棄權 없는 投票」, 『경향신문』 1960. 12. 27.

47 「熱띤 것은 出馬者뿐」, 『경향신문』 1960. 12. 18.

48 中央選擧委員會, 1960, 『地方自治團體長 地方議會議員 選擧 當選者名簿』, 45쪽.

49 「開票場도 極히 閑散」, 『경향신문』 1960. 12. 30.

50 「麻浦 記名式에 어리둥절」, 『경향신문』 1960. 12. 29.

식이 아예 없었던 듯하다. 오로지 외워서 쓸 수 있는 시민만이 투표해야 한다는, 아집에 가까운 '신념'이 타성에 젖어 무책임하게 나타나고 있었다.

투표가 끝나고 개함하며 쏟아져 나온 무효표는 차라리 '넌센스'에 가까웠다고 한다. 후보자 이름을 쓰고 정성껏 동그라미를 치거나 격려와 당부의 말을 함께 적은 무효표는 애교에 가까웠다. 김상돈이라 쓰고 싶었는데 잘 생각나지 않아 '김장돈, 김상도, 김삼, 김도'라고 쓴 안타까운 경우도 있었다.

> 눈물이 핑도는 문맹자의 주권행사의 '흔적'도 있었다. 한 예를 들면 어렵사시 'ㅈ'을 적어놓고 그 오른쪽에 아물아물 기억해둔 획수를 잊어버렸음인지 지그적 거리고는 기특하게도 이름 두자는 '기영'이라고 알아볼만큼 적었다. 姓字가 틀리면 무효. 이래서 이름만 두 자 쓴 것도 적지 않아 모두 '무효'[51]

이래서인지 지지하는 후보자 이름을 미리 써 가지고 온 종이를 풀로 붙이거나 지장, 도장을 찍은 무효표가 부지기수였다. 아예 자기 이름을 쓰거나 아무 이름이나 생각나는 대로 쓰기도 했다. 난데없이 장경근이라고 쓴 무효표도 있었는데, 3·15부정선거와 관련되어 일본으로 밀항해 신문지상에 오르내리던 이름이었다. "국민이야 죽던 말던 너희들은 싸움만 하느냐"며 정치권을 욕하거나 조롱하는 문구도 많았고, "장기영 당선되면 한턱내시오"라고 써 개표사무원들의 폭소를 자아내기도 했다. 백지로 내놓은 것도 수두룩하였다고 한다. 과거 선거에서는 주로 특정 후보가 찍힌 무더기표가 나와 말썽을 빚었었는데, 이번에는 무더

---

51   「現實에 反映된 記名投票의 '넌센스」, 『경향신문』 1960. 12. 30.

기 무효표가 나와 항의하는 소동이 벌어지기도 했다.[52]

서울특별시장선거 투표율은 36.4%가 나왔다. 전체 시·도지사선거 투표율은 38.8%였다. 가장 낮은 곳은 경남도지사선거 31.6%였다. 기명투표를 도입하지 않은 경기도와 경북의 투표율도 서울보다 낮았으니 기명투표가 낮은 투표율의 결정적인 원인이라고 볼 수는 없을 듯하다. 전반적으로 투표율이 모두 낮았는데 그 이유는 정치에 대한 냉소와 연이은 선거에 대한 피로감, 지방선거에 대한 낮은 관심이 복합적으로 작용했을 것이다.

〈표 1〉 1950~60년 서울특별시·도 지방선거 투표율[53]

구분		평균	서울	경기	충북	충남	전북	전남	경북	경남	강원	제주
1956년 시·도의회의원선거	투표율	85.8	74.9	83.9	88.8	86.9	89.7	89.4	84.9	84.3	90.1	90.6
	유효투표율	97.3	97.4	97.5	98	98	98	97.6	95.8	97.1	98.1	98.5
1960년 시·도의회의원선거	투표율	67.4	46.2	62.9	72.8	68.8	71.8	74.1	67.3	68.3	75.9	84.3
	유효투표율	95.1	96.5	94.7	94.8	94.2	94	95	94.7	95.9	95.1	96.4
1960년 시·도지사선거	투표율	38.8	36.4	32.8	44.5	39.8	42.7	44.2	35.8	33.2	47.8	62.2
	유효투표율	95.2	90.3	94.8	97.4	96.2	94.3	93.6	96.8	97.4	94	98.4

그런데 한 가지 짚고 넘어가야 할 사실은 1960년 서울특별시장선거 유효투표율이 눈에 띄게 낮았다는 점이다. 서울시 선거의 유효투표율은 항상 평균보다 높았지만, 유독 기명투표를 도입한 이번 선거에서만 90.3%로 전보다 5%포인트 가까이 낮았다. 90% 중반대의 다른 도지사

---

[52] 「現實에 反映된 記名投票의 '넌센스'」, 『경향신문』 1960. 12. 30; 「辱질·넋두리·하소연 開票」, 『동아일보』 1960. 12. 30; 「宇宙船」, 『동아일보』 1960. 12. 31. 중앙선거위원회에서 유권해석한 유·무효 기준에 따르면 김장돈, 김상도 등은 유효표로 볼 여지가 있는데 실제 어떻게 처리되었는지 불명확하다.

[53] 중앙선거관리위원회 편, 1973, 『대한민국선거사』 제1집(1948. 5. 10~1972. 10. 16), 중앙선거관리위원회, 1421·1445·1447쪽.

선거와 비교해서도 분명히 차이가 있어 보인다. 환언하면 무효표가 10% 정도 나왔는데, 서울에서 치러진 다른 선거에서는 대략 3~5% 수준이었으니 기명투표로 배가 넘는 무효표가 나온 셈이었다. 기명투표가 많은 무효표를 양산할 것이라는 우려가 현실이 된 것이다. 특히 무효투표 38,833건의 내역을 살펴보면, 정규 투표용지를 사용하지 않은 546건, 문자 또는 물형을 기입한 1,493건, 어느 후보자인지 확인할 수 없는 36,794건이었다.[54] 대부분의 무효표를 양산한 '어느 후보자인지 확인할 수 없는 경우'는 백지투표이거나 오기를 한 경우일 터인데, 많은 경우 문맹으로 인한 무효표였을 것으로 추측된다.

선거가 끝나고 낮은 투표율의 원인을 기명투표에 돌리기도 했지만, 오히려 투표율이 전국적으로 워낙 낮았던 탓에 기명투표의 실패 여부를 확정적으로 단언하기에는 무리가 있다. 투표율이 어느 정도 높아서 표본이 더 많았어야 그 효과와 영향을 제대로 판별할 수 있었을 것이다. 실패가 확실한지 애매한 상황에서 선거 이후에도 기명투표에 대한 요구가 없지는 않았다. 교육당국에서 기명투표를 위해 문맹퇴치사업을 전개한다거나 5·16 이후 재건국민운동본부에서 다가올 선거를 기명투표로 치르기 위해 교육사업을 서두르고 있다는 소식이 전해졌다.[55]

이 무렵 투표를 기명으로 하느냐 기호로 하느냐 하는 것이 반드시 문명의 척도를 결정하는 표준이 아니라는 점이 지적되었다. 선진국이

---

[54] 무효투표 내역은 '1. 정규의 투표용지를 사용하지 않은 것, 2. 어느 후보자인지 확인할 수 없는 것, 3. ○표를 하지 아니하고 문자 또는 물형을 기입한 것 4. 定數까지의 ○표 외에 다른 사항을 기입한 것, 5. 우편투표에서 봉함되지 않은 것 또는 본인 여부가 확인되지 아니한 것'으로 분류되어 있다(中央選擧委員會, 1960, 앞의 책, 27쪽).

[55] 「올해를 '文盲退治의 해'로」, 『경향신문』 1961. 1. 5;「文盲者를 完全히 退治」, 『동아일보』 1961. 11. 21;「革命一年을 批判한다⑨」, 『동아일보』 1962. 5. 23;「逆光 ⑲ 글을 배우는 사람들: 작대기記號 選擧여 安寧」, 『馬山日報』 1962. 9. 14.

든 후진국이든 대부분 기호투표를 하고 있다는 새로울 것 없는 사실을 인정한 것이다.[56] 이미 알 사람들은 다 알고 있었던 이 엄연한 사실을 이제야 언론에서 인정했다는 것은 기호투표를 문명국의 수치라고 오해하며 기명투표를 지지했던 과거에 대한 반성에 다름없었다.

결국 2년여의 군정이 끝나고 1963년 대통령선거가 치러지면서 기호투표가 유지된 반면 지방선거는 폐지되어 기명투표는 더이상 존속할 수 없었다. 이렇게 단명한 기명투표를 아쉬워하는 목소리는 거의 없었다.[57] 한국의 모든 선거를 기명투표로 바꾸게 될 것이라며 야심차게 기획했던 서울특별시장선거의 기명투표 실험은 실패로 끝나고 말았다.

6. 맺음말

대다수 서구 민주주의 국가에서는 투표율의 지속적인 하락으로 대의제 민주주의가 위기에 처했다는 말을 많이 한다. 한국도 예외는 아니다. 이런 위기 상황을 극복하기 위해 사전투표제도, 투표 인센티브제도와 같은 다양한 방안들이 마련되었다. 국민들에게 투표 편의성을 제공하여 참여율을 높이기 위한 방안들이다. 여기에는 국민들이 투표할

---

56 「各國의 選擧法」, 『경향신문』 1962. 7. 9.

57 기명투표에 대한 요구가 전혀 없지는 않아서 1963년 9월 30일 '한국의 경험에서 본 민주정치의 조건'이라는 제목의 정치세미나가 세계문화자유회의 한국본부 주최로 신문회관에서 열렸는데 여기에 참석한 朴權相 동아일보 논설위원은 "권리와 의무를 터득한 '시민'에 의해서만 민주주의가 가능하다"고 발언했고, 비슷한 맥락에서 崔錫采 조선일보 논설위원은 자서할 수 있는 사람만이 투표하게 하자면서 서울특별시장선거의 기명투표를 옹호했다. 이에 대해 차기벽 성균관대 교수는 "이미 준 선거권을 빼앗을 수는 없고 표의 가치를 덜 수 있는 방법은 없을까요?"라고 응대하며 선거와 같은 정치적 활동을 제한하고 특권화하려는 인식을 보여주고 있다(「民主政治의 病理診斷」, 『동아일보』 1963. 10. 1).

때 소요되는 거리비용, 시간비용, 등록비용 등 투표비용을 덜어줌으로써 더욱 편하고 쉽게 참여할 수 있게 만들고자 하는 목적이 담겨 있다. 현재도 지속적인 편의성 제고를 위해 생활 속에서 투표에 참여할 수 있는 방안을 찾고 있고, 투표시간의 신축적 설정, 생활양식의 다원화에 대응하는 투표소 설치 등 다양한 방안들이 연구되어 시도되고 있다.

그런데 투표율에 영향을 미치는 요인은 매우 다양하다. 정치적 상황과 주체적 인식은 물론 근로환경과 생활패턴, 투표소까지 거리와 위치, 교통, 선거일의 날씨와 기온, 시간 등 다양한 요인이 선거인의 투표 참여에 영향을 끼친다. 이런 모든 요인들을 단번에 해결해줄 수 있는 방안을 찾기는 요원하지만 차근차근 해결책을 찾아나가는 노력을 멈추지 않을 것이다. 민주주의의 최소한의 조건이 선거라고 할 때 이를 위한 투표환경 개선은 민주주의의 토대와 직결되는 문제이기 때문이다.

그럼에도 불구하고 과거 기명투표제도는 선거인의 투표 편의성을 몰각한 조처였다. 그것은 글쓰기라는 최소한의 요건을 요구함으로써 유권자의 선거권 행사를 어렵게 만들었다. 교육수준이 열악한 당시 상황에서 보통선거라는 대의를 실현하기 위해서는 선거에 대한 진입장벽을 최대한 낮추는 조치들을 선제적으로 마련해야 함에도 오히려 기명투표를 통해 제한선거를 묵인하고 말았다. 선거에 출마할 당시 정치인들에게 일제시기부터 이어져온 기명투표 방식은 낯설지 않았을지도 모른다. 선거에서 무효표나 기권은 항상 존재하는 것이기에 기명투표로 발생할 그것은 문제가 되지 않았을지도 모른다. 이들의 말처럼 후보자 이름 석 자를 외워 쓰는 것은 일도 아니었을지도 모른다. 이런 사고방식 속에 선거인의 투표 편의성은 전혀 생각하지 못했으니 선거나 정치참여를 지적 능력을 보유한 엘리트의 특권으로 생각했던 것은 아니었을까. 이런 잘못된 생각은 결국 낮은 투표율로 되돌아왔다.

한국의 모든 선거를 기명투표로 바꾸게 될 것이라며 야심차게 추진했던 1960년 서울특별시장선거 기명투표 실험은 선거의 품격이 투표방식이 아니라 거기에 참여하는 국민들의 적극성에 달려 있다는 역사적 교훈을 남겨 주었다. 풀뿌리 민주주의인 지방선거를 활성화하는 제도적 장치는 국민들의 투표 참여를 높일 수 있는 방안을 찾아보는 것에서 시작해야 한다. 이런 점에서 선거인의 투표 편의성 문제는 매우 중요하다. 선거인의 투표비용을 감소시켜 선거참여를 높이는 것은 한국의 대의민주주의 토대를 다지는 것이며 민주정치의 정당성을 강화시키는 것이기 때문이다.

논문 출처

본 도서 초출(初出).

참고문헌

1. 자료

『동아일보』.
『경향신문』.
『조선일보』.
『마산일보』.
『大韓獨立新聞』.
『中央新聞』.

『조선총독부관보』.
『남조선과도입법의원속기록』.

국사편찬위원회 편, 1987,『대한민국사자료집 1』(UN한국임시위원단관계문서 Ⅰ).
국회회의록시스템(http://likms.assembly.go.kr/record/).
중앙선거위원회, 1960,『지방자치단체장 지방의회의원 선거 당선자명부』.

2. 저서

강원택, 2015,『대한민국 민주화 이야기』, 대한민국역사박물관.

미네르바정치연구회 편, 2007,『지구촌의 선거와 정당』, 한국외국어대학교 출판부.

박승재, 1966,『선거제도론』, 일조각.

박승재, 1977,『현대선거론』, 법문사.

서중석, 2008,『대한민국 선거이야기』, 역사비평사.

신윤환 편, 2008,『동남아의 선거와 정치과정』, 서강대학교 출판부.

중앙선거관리위원회 편, 1973,『대한민국선거사』제1집(1948. 5. 10~1972. 10. 16).

중앙선거관리위원회 편, 2018,『대한민국을 만든 70가지 선거이야기』.

한국선거학회 편, 2011,『한국 선거 60년 이론과 실제』, 오름.

宮澤俊義, 1930,『選擧法要理』, 一元社.

森口繁治, 1931,『現代政治學全集 第八卷 選擧制度論』, 日本評論社.

谷合靖夫, 1983,『選擧制度論』, 第一法規.

3. 논문

김동명, 2005,「1931년 경성부회 선거 연구」,『한국정치외교사논총』26-2.

김득중, 1994,「1948년 제헌국회의원 선거과정」,『성대사림』10.

김영미, 1994,「미 군정기 南朝鮮過渡立法議院의 성립과 활동」,『韓國史論』32.

서경교, 1999,「필리핀의 선거제도와 정당체제: 지속성과 변화」,『동남아시아연
　　　구』7.

송석윤, 2005,「선거운동 규제입법의 연원: 1925년 일본 보통선거법의 성립과 한
　　　국 분단체제에의 유입」,『서울대학교 法學』46-4.

심지연, 2018,「'기호투표' 이대로 좋은가?」,『햇불』70년 여름호.

이미란·고선규, 2016,「유권자의 투표편의성과 일본·미국의 사전투표소」,『일
　　　본연구논총』44.

이현우, 2018,「민주주의 선거제도 관점에서 본 제헌국회의원선거법」,『한국정치
　　　연구』27-2.

조명근, 2017,「1920~30년대 대구부협의회·부회 선거와 조선인 당선자」,『대구
　　　사학』129.

엮은이
글쓴이
소 개

정태헌_ 고려대학교 한국사학과 교수

주요 저서로는 『이념과 현실: 평화와 민주주의를 향한 한국근대사 다시 읽기』(역사비평사, 2024), 『혁명과 배신의 시대: 격동의 20세기, 한·중·일의 빛과 그림자』(21세기 북스, 2022), 『평화를 향한 근대주의 해체: 3·1운동 100주년에 식민지 '경제 성장'을 다시 묻다』(동북아역사재단, 2019), 『한반도 철도의 정치경제학』(선인, 2017), 『문답으로 읽는 20세기 한국경제사』(역사비평사, 2010), 『한국의 식민지적 근대 성찰』(선인, 2007), 『일제의 경제정책과 조선사회』(역사비평사, 1996) 등이 있고, 이외 다수의 논문이 있다.

조명근_ 영남대학교 역사학과 부교수

주요 저서로는 『일제강점기 화폐제도와 금융』(동북아역사재단, 2022)와 『일제하 조선은행 연구: 중앙은행 제도의 식민지적 변용』(아연출판부, 2019) 등이 있고, 주요 논문으로는 「1930년대 중후반 식민지 조선 금융기구 개편론의 전개와 함의」(『한국사연구』 190, 2020), 「戰時期 동양척식주식회사의 자금 조달과 운용 실태」(『아세아연구』 63, 2020), 「일제시기 조선은행 개조 논쟁과 그 함의: 제국의 이상과 식민지 현실의 길항」(『한국사학보』 51, 2013) 등 다수가 있다.

노성룡_ 고려대학교 문학박사

주요 논문으로는 「1910년대 식민지 가축방역체계 연구」(『사학연구』 142, 2021), 「일제강점기 造林貸付制度와 일본 자본의 임업경영: 東洋拓殖株式會社를 중심으로」(『동방학지』 194, 2021), 「일제하 면양장려계획(1934~1945)의 전개과정과 식민지개발」(『한국문화』 89, 2020), 「일제하 식민지 가축보험제도의 전개와 축산조합: '축우공제보조사업'을 중심으로」(『대구사학』 128, 2017) 등이 있다.

이명학_ 한국교원대학교 한국근대교육사연구센터 전임연구원

주요 논문으로는 「1928~37년 조선총독부 공영주택정책의 전개 과정과 특징」(『역사문제연구』 27-2, 2023), 「총동원체제기(1938~45) 주택지경영사업의 전개와 사택촌의 형성: 경인 지역을 중심으로」(『한국사학보』 91, 2023), 「일제시기 토지수용제도의 특징과 적용 추이」(『한국독립운동사연구』 82, 2023), 「1930년대 조선총독부의 주택금융 도입과 도시금융조합의 자금 운용」(『한국사연구』 198, 2022) 등이 있다.

박우현_ 고려대학교 아세아문제연구원 박사후연구원

주요 저서로는 『식민통치의 혈관을 놓다: 교통으로 본 일제시대』(동북아역사재단, 2021)와 『新한국철도사: 총론』(공저, 국토교통부, 2019) 등이 있고, 주요 논문으로는 「1930년대 중반 조선사업공채 발행과 교통망 구축의 불균형」(『한국사연구』 201, 2023), 「대공황 초기 조선사업공채 정책과 궁민구제토목사업의 축소(1929~1931)」(『역사문제연구』 26-3, 2022) 등이 있다.

김상규_ 국방부 군사편찬연구소 선임연구원

주요 논문으로는 「1910~20년대 조선 주둔 일본군 헌병대의 편제와 역할 변화」(『한국사연구』 203, 2023), 「3·1운동기 조선 주둔 일본군의 탄압: 국사편찬위원회 삼일운동데이터베이스를 중심으로」(『역사와 교육』 29, 2019), 「대한제국 군대해산 후 일본군의 의병탄압 기록, 韓國駐箚軍司令部의 '戰鬪祥報'(1907.8~1908.7)」(공저, 『한국학논총』 48, 2017), 「전시체제기(1937~1945) 조선주둔일본군의 陸軍 兵事部 설치와 역할」(『한국근현대사연구』 67, 2013) 등이 있다.

안자코 유카_ 일본 리츠메이칸대학[立命館大学] 문학부 교수

주요 저서로는 『精選日本史探求 今につなぐ 未来をえがく』(共著, 実教出版, 2022), 『전쟁과 동원문화』(공저, 선인, 2020), 등이 있고, 주요 논문으로는 「전장으로의 강제동원: 조선인 지원병이 경험한 아시아 태평양 전쟁」(『역사학연구』 81, 2021), 「朝鮮人強制動員の実態と「徴用工判決」(『歴史学研究』 992, 2020), "War Museums in the Netherlands"(*Public History & Museum*, vol.2. 2019) 등이 있다.

이송순_ 고려대학교 민족문화연구원 연구교수

주요 저서로는 『일제말 전시 총동원과 물자 통제』(동북아역사재단, 2021)와 『일제하 전시 농업정책과 농촌경제』(선인, 2008) 등이 있고, 주요 논문으로는 「해방 전후 전쟁기(1937~1953년) 사무직(White-Collar) 여성의 형성과 사회진출, 젠더 인식: 조선식산은행 여자행원 사례를 중심으로」(『역사학연구』 82, 2021), 「미군정기 한국농업기술기구의 변천과 농업기술관료」(『사학연구』 137, 2020), 「일제하 1920~30년대 여성 직업의 지역별 분포와 존재양태」(『한국사학보』 65, 2016) 등 다수가 있다.

문영주_ 한국교육과정평가원 선임연구위원

주요 저서로는 『경제성장론의 식민지 인식에 대한 비판적 검토』(공저, 동북아역사재단, 2009) 등이 있고, 주요 논문으로는 「일제시기 도시지역 유력자집단의 사회적 존재형태: 도시금융조합 民選이사·조합장을 중심으로」(『사총』 69, 2009), 「금융조합 조선인 이사의 사회적 위상과 존재양태」(『역사와 현실』 63, 2007), 「일제시기 도시금융조합의 관치운영체제 형성과정: 1929년 금융조합령 개정을 중심으로」(『한국사연구』 135, 2006) 등이 있다.

장인모_ 가천대학교 가천리버럴아츠칼리지 자유전공학부 강사

주요 논문으로는 「1910~20년대 조선인 교원의 일본 시찰」(『역사와 담론』 105, 2023), 「1930년대 초 조선인 초등교원의 한일 연대를 통한 프롤레타리아 교육운동」(『한국독립운동사연구』 75, 2021), 「1920년대 재일본조선교육연구회의 활동과 교육 논의」(『한국교육사학』 36-2, 2014), 「1920년대 근우회 본부 사회주의자들의 여성운동론」(『한국사연구』 142, 2008) 등이 있다.

임동현_ 독립기념관 한국독립운동사연구소 연구위원

주요 논문으로는 「1920~1938년 공설운동장 건설과 조선인 엘리트의 활동」(『한국독립운동사연구』 83, 2023), 「1920년대 조선체육회의 '전조선대회' 성격과 한계」(『한국독립운동사연구』 80, 2022), 「1930년대 중반 임화와 홍기문의 사회주의 민족어 구상」(『민족문화연구』 77, 2017), 「1930년대 조선어학회의 철자법 정리·통일운동과 민족어 규범 형성」(『역사와 현실』 94, 2014) 등이 있다.

최선웅_ 중앙선거관리위원회 선거기록보존소 전문경력관

주요 저서로는 『죽을 수도, 죽일 수도 없는 불가살 소야 윤자영』(경상북도독립운동기념관, 2023), 『대한민국선거사』 8(공저, 중앙선거관리위원회, 2022), 『대한민국을 만든 70가지 선거이야기』(공저, 중앙선거관리위원회, 2018) 등이 있고, 주요 논문으로는 「선거부정과 투표편의: 1960년대 부재자투표제도 도입과 변화」(『대동문화연구』 112, 2020), 「일제시기 사법보호사업의 전개와 식민지적 성격: 사상범 사법보호단체를 중심으로」(『동방학지』 186, 2019), 「독립적 헌법기관으로서 선거기관의 탄생: 제2공화국 중앙선거위원회의 창설과 폐쇄」(『선거연구』 9-1, 2018) 등이 있다.

식민지적 근대와 조선 사회 1